Max L. J. Wolf, Rudolf Mlekusch, Gerhard Hab

Projektmanagement live

Instrumente, Verfahren und Kooperationen
als Garanten des Projekterfolgs

6., überarbeitete Auflage
Mit zahlreichen Abbildungen, Tabellen und Checklisten

21 Edition expertsoft

Dipl.-Volksw. Max L. J. Wolf
Dr. Rudolf Mlekusch
Dipl.-Wirtsch.-Ing. (FH) Gerhard Hab

Projektmanagement live

Instrumente, Verfahren und Kooperationen als Garanten des Projekterfolgs

6., überarbeitete Auflage
Mit zahlreichen Abbildungen, Tabellen und Checklisten

Enthält:
1 CD-ROM

Bibliografische Information Der Deutschen Bibliothek

Die Deutsche Bibliothek verzeichnet diese Publikation
in der Deutschen Nationalbibliografie;
detaillierte bibliografische Daten sind im Internet über
http://dnb.ddb.de abrufbar.

Bibliographic Information published by Die Deutsche Bibliothek

Die Deutsche Bibliothek lists this Publication
in the Deutsche Nationalbibliografie;
detailed bibliographic data is available in the Internet at
http://dnb.ddb.de .

ISBN-10: 3-8169-2604-5
ISBN-13: 978-3-8169-2604-7

6., überarbeitete Auflage 2006
5., neu bearbeitete Auflage 2004
4. Auflage 2002
3. Auflage 2001
2., neu bearbeitete Auflage 1999
1. Auflage 1997

Bei der Erstellung des Buches wurde mit großer Sorgfalt vorgegangen; trotzdem können Fehler nicht vollständig ausgeschlossen werden. Verlag und Autoren können für fehlerhafte Angaben und deren Folgen weder eine juristische Verantwortung noch irgendeine Haftung übernehmen.
Für Verbesserungsvorschläge und Hinweise auf Fehler sind Verlag und Autoren dankbar.

Tel.: +49 (0) 71 59-92 65-0, Fax: +49 (0) 71 59-92 65-20
E-Mail: expert@expertverlag.de, Internet: www.expertverlag.de

Inhaltsverzeichnis

Vorwort

Das seit langem in der Fachwelt zu den Grundlagen praktischer, systematischer und beziehungswirksamer Projektarbeit gehörende Standardwerk stellen wir Ihnen jetzt in der 6. Auflage vor.
Viele Leser und Kritiker, aber auch unsere konkrete Mitarbeit in Projekten wie „Standardisierung der Projektarbeit in einer Papierfabrik", haben den Blick geschärft und dazu beigetragen, Begriffe zu konkretisieren, unser Musterprojekt „Ampel am Gymnasium" zu erneuern, die beiliegenden Bilder und Formulare konkreter und noch praktischer zu gestalten und mehr Einblick in die Abläufe von Projekten zu bringen.
In Projekten gilt es, viele Arten von Prozessen (wie Vertrags-, Teambildungs-, Planungs-, Änderungs- und technische Prozesse) wirkungsvoll und zielorientiert zu formen. Prozesse in Projekten gestalten, ist heute ein entscheidendes Instrument, Kundennähe und Qualität sicherzustellen, Durchlaufzeiten zu verkürzen und Kosten zu senken. Projektmanagement verfügt über geeignete Vorgehensweisen, Methoden und Werkzeuge, die den Ansprüchen einer flexiblen Firmenorganisation gerecht werden.
Dieses Buch zeigt praxisnah auf, wie die wichtigsten Prozesse eines Projektes in ihrer Gesamtheit gestartet, geplant, geregelt und beendet werden. Es bietet dazu konkrete Methoden und Verhaltensaspekte in Beispielen und Checklisten.

Die Themenschwerpunkte sind:

- ⇨ Was ist ein Projekt und was ist Projektmanagement?
- ⇨ Wie wird aus einer Kette von Prozessen ein erfolgreiches Projekt?
- ⇨ Welche Faktoren spielen beim Start eines Vorhabens die entscheidende Rolle?
- ⇨ Wie wird eine Projektplanung systematisch betrieben?
- ⇨ Wie werden unvorhergesehene Situationen gesteuert und geregelt?
- ⇨ Worauf kommt es beim Einsatz von Software-Werkzeugen in der Projektarbeit an?
- ⇨ In welchen Bereichen ist der Einsatz von Projektmanagement sinnvoll?
- ⇨ Wird bei der „Installation von Projektmanagement" auch projektorientiert vorgegangen?

Dieses Buch wendet sich an all jene Projektmitglieder, Projektleiter, Ingenieure, Controller und Führungskräfte, die mit Projektarbeit den Erfolg der gestellten Aufgabe sichern müssen.

Projektmanagement braucht einen Mentor
Für die Autoren gilt das Prinzip: „Was wir selbst ausprobiert haben, geben wir weiter". Warum nicht auch in Buchform? Zu den zwei plausiblen Aspekten „Kundenwunsch" und „Autorenprinzip" kam noch der Mentor für Projektmanagement hinzu: Die Wolf Prozessmanagement-Training GmbH, Unterschleißheim bei München.

Der Mentor findet einen Promotor
Der Mentor hat im expert verlag einen Promotor gefunden, der mit liebenswerter Unterstützung in vielerlei Hinsicht zur Entstehung und zum Erfolg dieses Buches beigetragen hat. Vielen Dank dafür.

Ein methodischer Kapitelaufbau sorgt für Durchblick
Dieses Buch, das hoffentlich gerne gelesen und auch als Nachschlagewerk verwendet wird, hat einen methodischen Aufbau in den einzelnen Kapiteln.
Der Leser möchte erfahren, warum er was, wie, mit wem, für wen machen soll und kann.

Es sind häufig ähnliche Fragen. Daher ist das der rote Faden durch die einzelnen Kapitel:

⇨ **Worauf kommt es an?**
Das Ziel, die Vision, die Motivation stehen am Anfang.
⇨ **Wie lautet das Thema?**
Zur Sache und zum Thema gehören klare Festlegungen und Abgrenzungen.
⇨ **Wie anpacken?**
Mit welchen Methoden werden Teilergebnisse erreicht?
⇨ **Wie zusammenarbeiten?**
Beziehungen und menschliche Aspekte spielen eine große Rolle.
⇨ **Was sollte fertig werden?**
Sachergebnisse sollen zum „Be-greifen" klar sein.
⇨ **Was zeigt die Praxis?**
Varianten zeigen unterschiedliche Ausprägung zu verschiedenen Projektarten auf.
⇨ **Wie wird weniger übersehen?**
Checklisten dienen als Gedächtnisstütze und Hilfe in der Projektarbeit.

Viele Bilder und ein systematischer Aufbau sorgen für Abwechslung
Als Trainer und Berater für Projektmanagement treten wir häufig im Tandem auf. Dabei spielen wir uns innerhalb der Themenblöcke im Wechsel den Ball zu. Diese anspruchsvolle Methode bringt im Seminar für die Teilnehmer Kurzweile und Nutzen. Für die Abwechslungen im Buch sorgen viele Bilder mit Übersichten und Zusammenfassungen.

Das Kerngeschäft eines Projektes besteht aus Start, Planung, Steuerung und Abschluss
Insgesamt besteht das Buch aus acht Kapiteln. Die ersten fünf Kapitel beinhalten den Über- und Einblick, sowie die Beschreibung des Kerngeschäftes eines Projektleiters mit seinem Team: die Projektsituationen Start, Planung, Steuerung und Abschluss.

Erfahrungen aus vielen Projekten runden das Buch ab
Die Kapitel 6 bis 8 beinhalten Erfahrungen aus vielen Projekten.

⇨ Welche Software-Werkzeuge helfen dem Projektleiter?
⇨ Welche Varianten gibt es bezüglich verschiedener Anwendungsbereiche und Branchen?
⇨ Wie kann Projektmanagement in einer Firma/einem Bereich eingerichtet, etabliert werden?

Das Buch richtet sich an neue und erfahrene Projektleiter
Zunächst richtet sich das Buch an neue Projektleiter und Teammitglieder. Dafür ist die Gesamtdarstellung der Kapitel 1 bis 5 ausgelegt. Für erfahrene Projektleiter empfehlen sich als Auffrischung die Kapitel 2 bis 5 und als Vertiefung die Kapitel 6 bis 7. Für das Management mit Blickrichtung „Projektmanagement einrichten" geben die Kapitel 2 bis 5 einen methodischen und verhaltensorientierten Einblick. Das Kapitel 8 dient zur Darstellung der Thematik „Projektmanagement einrichten/etablieren".

Wir möchten Sie als Projektleiter zum Erfolg ermutigen
Wir hoffen, dass Sie Denkanstöße und brauchbare Hinweise für die eigene praktische Arbeit finden. Wenn Sie es mit Hilfe dieses Buches schaffen, Ihre Projektarbeit zu verbessern - und sei es „nur" zu einem kleinen Teil -, so sind wir mit Ihnen zusammen stolz auf diesen Fortschritt.

Max L. J. Wolf,
Rudolf Mlekusch,
Gerhard Hab

1 Über- und Einblick

1.1 Inhaltlicher Kontext

Die Begriffe „Projekt“ und „Projektmanagement“ werden sehr unterschiedlich verwendet. Wer sich mit dem Thema auseinandersetzt, stellt gleich am Anfang die Frage nach der Definition dieser Begriffe. Der Große Brockhaus gibt Auskunft:

Projekt: (lat. proiectum: das nach vorn Geworfene) geplante oder bereits begonnene Unternehmung, Vorhaben; z.B. ein von einer Selbsthilfegruppe getragenes konkretes Gemeinschaftsvorhaben (Jugendhausinitiative u.a.) oder ein im schulischen Projektunterricht erarbeitetes Vorhaben [01].

Projektmanagement: Gesamtheit der Planungs-, Leitungs- und Kontrollaktivitäten, die bei zeitlich befristeten Vorhaben (z.B. Anlagenbau, Reorganisationsmaßnahmen, Forschungsprojekte) anfallen. Arten des Projektmanagements sind die Stab-Projektorganisation, die Matrix-Projektorganisation und die reine Projektorganisation, bei der die mit Projektaufgaben betrauten Personen einer selbständigen organisatorischen Einheit zugeordnet werden [01].

Schauen wir in die Praxis, so werden **unterschiedliche Vorhaben** als Projekte bezeichnet, z.B.:

- ⇨ Hutablage für einen neuen PKW entwickeln und fertigen,
- ⇨ Rationalisierung von Produktionsabläufen,
- ⇨ Einrichten von Recyclingkonzepten,
- ⇨ Anlage XY für Kunden A liefern,
- ⇨ Einführung einer dritten Schicht in der Montage,
- ⇨ Computer-Aided-Design Software anpassen,
- ⇨ Vom Automodell ABC Cabrio-Version entwerfen und produzieren,
- ⇨ Firma XY auf „lean“ umstellen.

Der Inhalt für ein Vorhaben kann sehr unterschiedlich sein. Einmal ist es die geniale Idee eines Entwicklers, das Gehäuse einer Kaffeemaschine ökologisch vertretbar zu gestalten. Das andere Mal will ein Kunde eine Zementförderanlage in Kuwait. Dann gilt es, ein neues Arbeitszeitmodell in einem Automobilwerk einzuführen. Und doch haben alle diese **Projekte** vieles **gemeinsam**:

- ⇨ Start- und Endtermine
- ⇨ bereichsübergreifende Probleme/Aufgabenstellungen
- ⇨ interdisziplinäres Arbeiten
- ⇨ personifizierte Verantwortung mit eindeutiger Projektorganisation
- ⇨ definierte Aufgabenstellung und klare Ziele
- ⇨ einen gewissen Neuigkeitsgrad in der Aufgabenstellung
- ⇨ eine gewisse Komplexität in der technischen Lösung
- ⇨ verabschiedetes Budget
- ⇨ hohen Zeitdruck
- ⇨ einen gewissen Schwierigkeitsgrad
- ⇨ Neuartigkeit in der Technik und im Verfahren
- ⇨ angepasstes Projektmanagement-System
- ⇨ transparente Einbettung ins Unternehmen/ in den Bereich und
- ⇨ meistens stabile Teamzusammensetzung.

Ein Projekt nach DIN 69901 ist ein Vorhaben, das im Wesentlichen durch die Einmaligkeit der Bedingungen in ihrer Gesamtheit gekennzeichnet ist. Das Ziel ist vorgegeben. Zeitliche, finanzielle, personelle oder andere Begrenzungen liegen vor. Ein Projekt ist gegenüber anderen Vorhaben abgegrenzt. Es gibt eine projektspezifische Organisation [02].

1.2 Arten von Projekten

Wir unterscheiden drei Arten von Projekten, die in der Praxis in verschiedenen Mischformen auftreten:

⇨ Innovations- und/oder Produktprojekte
⇨ Auftrags- und Abwicklungsprojekte
und
⇨ Organisations- und/oder IT-Projekte.

Im Mittelpunkt der **Innovations-/Produktprojekte** steht die Entwicklung und Herstellung von Produkten. Am Anfang des Projektes sind häufig die Vorstellungen des Marktes unklar, die Lösung muss erst mühsam über verschiedene Iterationsschleifen gefunden werden. Das Projekt zeichnet sich durch starke Kreativität aus. Diszipliniert zu arbeiten ist die hohe Kunst in diesen Projekten.

Bei **Auftrags- und Abwicklungsprojekten** besteht schon beim Start eine klare Vorstellung, was am Ende des Vorhabens dem Auftraggeber übergeben werden soll. Die Schwerpunkte des Projektes liegen einerseits im detaillierten Projektieren, andererseits in der Montage und Inbetriebnahme der bestellten Systeme. Termin-, Kosten- und Vertragsmanagement sind typisch für diese Projekte.

Organisations-/IT-Projekte sind stärker innerbetrieblich anzutreffen. Der Inhalt dieser Vorhaben umfasst die Überführung eines Zustandes A in einen Zustand B. Da bei diesen Projekten die Akzeptanz der Beteiligten sehr stark gefragt ist, muss hier viel Wert auf Einfühlungsvermögen und Konsens gelegt werden. Das Umgehen mit Widerständen und innerbetriebliche Politik sind weitere Inhalte des Projektes.

In Projekten laufen viele Prozesse teils parallel, teils sequentiell ab. Im Rahmen der diversen Begrenzungen wie Zeit, Budget und Personal ist das vorgegebene Ziel zu erreichen. Bricht der eine oder andere Prozess wie Methodeneinsatz, Schnittstelle Auftraggeber/Auftragnehmer oder Technik aus, wird das ganze Projekt beeinträchtigt.

1.3 Projektmanagement ist Führung

Projektmanagement ist der Einsatz bestimmter Methoden und Werkzeuge für besondere Vorhaben. Projektmanagement ist Führungsfunktion und Koordination, Arbeit im Team, die Organisation, die all das umsetzt.

Von zentraler Bedeutung sind der Projektleiter und das Projektteam. Wie entwickelt sich der Teambildungsprozess? Welche Regeln und Rollen der Zusammenarbeit entstehen? Zwischen den Regeln bzw. Methoden im Sinne von systematischem Vorgehen und dem zwischenmenschlichen Verhalten gibt es viele Berührungspunkte.

So sind systematisches Vorgehen, Projektplanung, Einsatz von Hilfsmitteln, Werkzeugen, Datenverarbeitung und die Projektsteuerung ohne Kommunikation, Kooperation und Konfliktlösung als Bestandteile der Zusammenarbeit undenkbar. Umgekehrt ist die Abwicklung des Projektes durch Teamarbeit ohne entsprechenden Einsatz von Methoden und Hilfsmitteln kaum hilfreich.

Projektmanagement beinhaltet alle Maßnahmen, um ein Vorhaben in einem interdisziplinären Team zum Ziel zu führen. Diese Maßnahmen umfassen Methoden, Hilfsmittel, Darstellungen, Werkzeuge sowie ziel- und ergebnisorientierte Verhaltensweisen. Am Ablauf des Vorhabens orientiert, gliedern sich die Maßnahmen in Start-, Planungs-, Steuerungs- und Abschlussaktivitäten. Diese Aktivitäten werden auch als steuer- und lenkbare Prozesse bezeichnet. Der Projektleiter bearbeitet mit seinem Team (Bild 1.1 und 1.2) den Gesamtprozess, bis das Sachergebnis vorliegt.

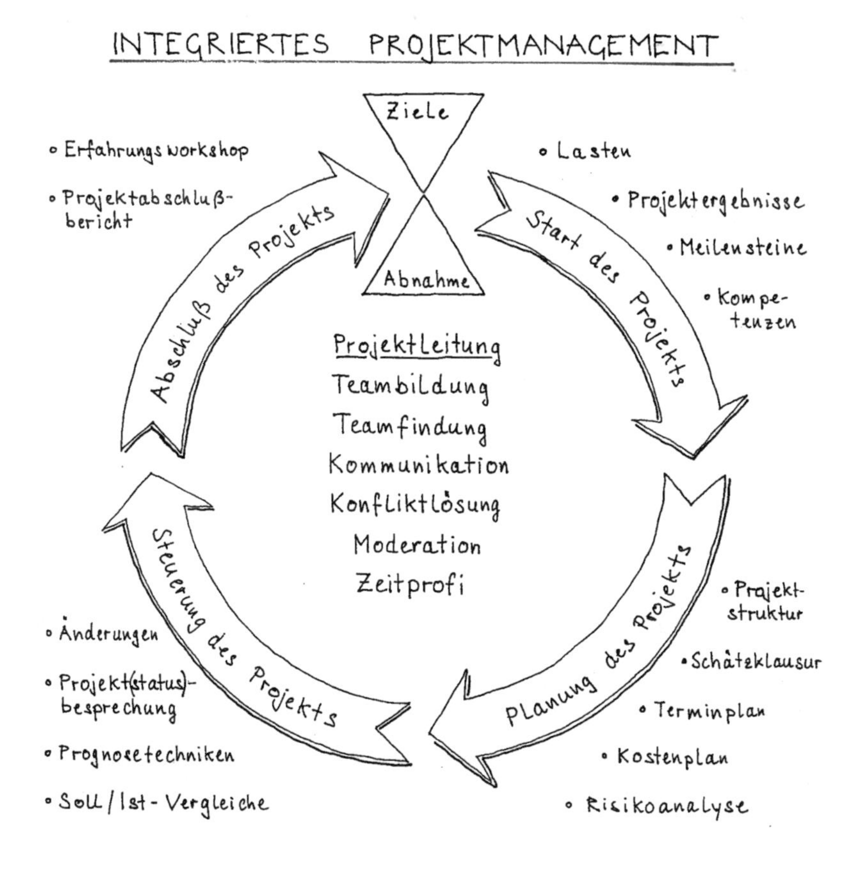

Bild 1.1: Wesentliche Elemente des Projektmanagements im zeitlichen Verlauf

Ausgangspunkt eines Projektes kann ein konkreter Anlass sein, z.B. ein Kunde erteilt einen definierten Auftrag, der erfüllt werden soll.

Der **Start** des Projektes beinhaltet im Wesentlichen die Klärung des Auftrages und die Darstellung der wichtigsten Liefer- und Leistungseinheiten, hier Projektergebnisse genannt.

Die **Planung** klärt die Zwischenergebnisse, die Aufgaben und die Arbeitspakete. Dabei werden diese so aufbereitet und dargestellt, dass ersichtlich ist: Wer macht was, bis wann und mit wem? Dadurch wird auch transparent, mit welchem Aufwand und mit welchen Kosten das Projektergebnis voraussichtlich erreicht wird und welche Risiken das Vorhaben birgt.

Die **Steuerung** stellt sicher, dass auftretende „Störungen" die Projektziele nicht verletzen, und beseitigt oder mildert die Auswirkung von Planabweichungen. Bei Zielverletzungen sind die Konsequenzen hinsichtlich der Sache (definiertes Projektergebnis), Kosten und Termine aufzuzeigen und darzustellen. Dann ist zu entscheiden, ob und inwieweit neue Ziele verabredet werden. Diese Änderungen müssen dann in den laufenden Projektprozess eingearbeitet werden.

Zum **Abschluss** des Projektes werden die gewonnenen Erfahrungen gesammelt, ausgewertet und in Konsequenzen für zukünftige Projekte überführt. Ressourcenrückführung und die Projektabnahme durch den Auftraggeber werden organisiert. Zur wirtschaftlichen Bewertung des Vorhabens wird die Nachkalkulation durchgeführt.

Der hier beschriebene Kreislauf mit seinen vier Hauptstationen benötigt zwei **wesentliche Erfolgskomponenten** (siehe Bild 1.1):

1. den Projektleiter, sein Team und das teamorientierte Verhalten dieser Personen einerseits und
2. geeignete Methoden, Hilfsmittel und Werkzeuge andererseits.

Je nachdem, um welche Art von Projekt es sich handelt, kommen die Komponenten des Systems „Projektmanagement" mit unterschiedlicher Intensität zum Einsatz.

Bei **Innovations-/Produktprojekten** vollzieht sich Projektmanagement von der Idee über das Pflichtenheft, die Konstruktion, den Prototyp und die Nullserie bis zur Serie. Das gesamte Vorhaben ist ganzheitlich zu starten, zu planen, zu steuern und abzuschließen. Darüber hinaus muss jeder Arbeitsabschnitt (z. B. Konstruktion) wiederum gestartet, geplant, gesteuert und mit definierten Arbeitsergebnissen beendet werden.

Bei **Anlagen- und Maschinenprojekten**, auch Auftrags- und Abwicklungsprojekte genannt, teilen sich die Arbeitsschritte grob in Angebotserstellung und Auftragsabwicklung. Auf die Details der beiden Arbeitsblöcke wird hier verzichtet. Sowohl die Angebotserstellung als auch die Auftragsabwicklung bedürfen des Starts, der Planung, der Steuerung und des geregelten Abschlusses.

Bei **Organisations-/IT-Projekten** besteht zu den anderen Projektarten, was die grundsätzliche Vorgehensweise anbelangt, kein gravierender Unterschied.

Zu den oben dargestellten Erfolgsfaktoren kommt noch eine wesentliche Erfolgskomponente hinzu. In der Tat, die Praxis zeigt es immer wieder: vordergründig stimmt alles, ein erfahrener Projektleiter, unterstützt von einem fachlich kompetenten Team, setzt Methoden und Werkzeuge richtig ein. Die interne Zusammenarbeit klappt. Die Kooperation funktioniert. Konflikte werden erkannt, diskutiert, gelöst, und faire Kompromisse werden geschlossen. Und doch tritt das Projekt auf der Stelle: Beschlüsse und Aufgaben werden zögerlich umgesetzt bzw. bleiben unerledigt. Zwischenergebnisse kommen spät oder gar nicht. Termine werden geschoben. Der Kostenrahmen wird gesprengt. Korrekturen sind nötig. Einige Arbeiten werden doppelt erledigt.

Wie kann das passieren, wo die Voraussetzungen doch nahezu ideal erscheinen?

Wenn Projektmanagement erfolgreich sein soll, muss auch das Umfeld stimmen!

Der Auftraggeber hat nur sehr pauschale und schwammige Zielvorstellungen. Oder er besteht auf utopische Forderungen. Die Führungskräfte in der Linie nehmen massiv Einfluss auf die inhaltliche Arbeit. Sie setzen ihre Mitarbeiter unter Druck, um ihre eigenen Interessen zu verwirklichen. Sie stellen Entscheidungen des Teams in Frage und halten Zusagen an das Projekt nicht ein.

Projektarbeit muss integraler Bestandteil der Unternehmensprozesse und der Firmenphilosophie werden, um wirklich erfolgreich zu sein. Der für die Umsetzung von Projektmanagement unbedingt erforderliche „Promotor" in der Führungsmannschaft existiert. Er fördert die Erstellung von Richtlinien für die Abwicklung von Projekten. Das Topmanagement unterstützt den Prozess für die Einrichtung von Projektmanagement im Unternehmen voll und mit ganzer Überzeugung.

1.4 Prozesse in der Projektarbeit

Um Projektmanagement stärker zu konkretisieren, soll es stärker durch die Brille „Prozesse" gesehen werden. Ziel von Projektmanagement ist, alle Methoden, Hilfsmittel, Werkzeuge und Regeln im Verhalten bereitzustellen, um die sich überlagernden Prozesse so zu gestalten, dass das Projektergebnis mit den Beteiligten erreicht wird. Folgende Prozesse können betrachtet werden (siehe Bild 1.2):

In Projekten laufen verschiedene Prozesse parallel ab. Ein Prozess ist eine Abfolge von Ereignissen mit bestimmten Personen, die wiederum diese Ereignisse beeinflussen. Ein Prozess kann mit einer Welle im Meer verglichen werden. Wenn mehrere Wellen zusammen kommen, dann kann dies eine Verstärkung sein, dies kann aber auch zum Brechen der Wellen führen. Auf Projekte übertragen bedeutet dies, ein sinnvolles Gestalten der Prozesse erbringt Produktivität, Beschleunigung und Qualität.
Wir unterscheiden vier Ebenen von Prozessen, die innerhalb eines Projektes ablaufen und sich gegenseitig beeinflussen:

- ⇨ **Organisationsprozesse**
- ⇨ **Projektmanagement - Methoden - Prozesse**
- ⇨ **Technische Ab- bzw. Entwicklungsprozesse**
- ⇨ **Führungs- und Teamprozesse**

Innerhalb dieser Prozesse entstehen Ereignisse und Sachergebnisse, die den Verlauf der Nachbarprozesse und des Projektes weiter bestimmen.

Organisationsprozess
Die Projektorganisation mit den Beteiligten wie Kunde (Auftraggeber), Lieferant (Auftragnehmer) und Projektleiter mit seinem Team legt die Verantwortungsbereiche und Kommunikationsschnittstellen fest. Besonders in der Startphase, in der Freigabephase und am Projektende ist die Zusammenarbeit von Auftraggeber und Auftragnehmer gefordert.

Methoden-Prozess
Die Methoden des Projektmanagements (PM) lassen sich folgenden Bereichen zuordnen:

- ⇨ Start und Projektplanung
- ⇨ Projektverfolgung (Steuerung) und Projektabschluss.

Jeder dieser Aufgabenbereiche durchläuft einen Vorbereitungs-, Durchführungs-, Verfolgungs- und Nachbereitungsabschnitt.

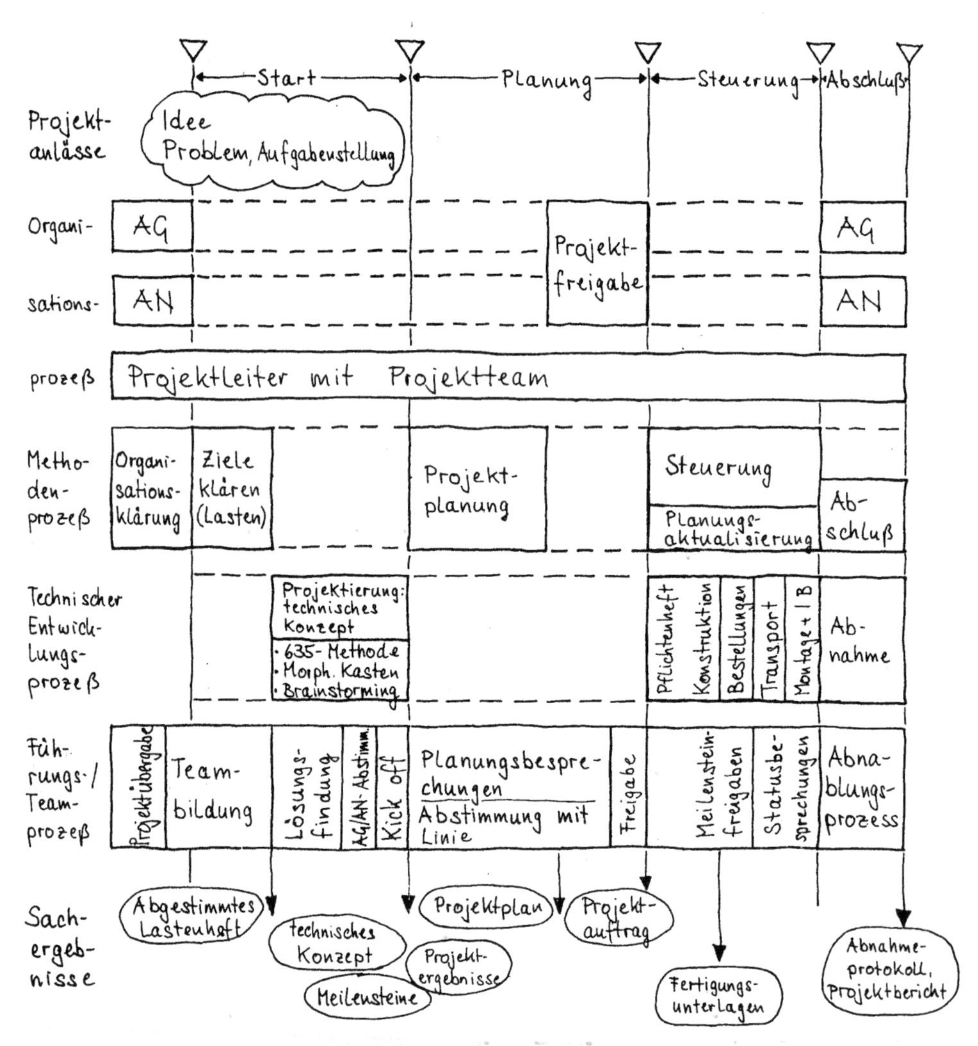

Bild 1.2: Prozessebenen im Projektverlauf

Technischer Entwicklungsprozess

Der fachliche Inhalt beschreibt den Wertschöpfungsprozess, den es gilt, mit Hilfe des Projektmanagements optimal zu gestalten.

Führungs-/Teamprozesse
Wenn wir Projektpleiten genauer analysieren, dann erbringt der Faktor Mensch den größten Beitrag dazu. Deshalb müssen klare Projektübergaben stattfinden. Dem Teambildungsprozess und Entwicklungsprozess muss verstärkt Aufmerksamkeit gewidmet werden. Welche Persönlichkeiten arbeiten zusammen? Wo liegen die Stärken? Wo liegen die Schwächen und Gefahren? Die Art und Weise der Entscheidungsfindung, der Zusammenarbeit und des Informationsaustausches tragen wesentlich zum Projekterfolg bei. Am Ende vollzieht sich durch die Abnahme auch ein psychologischer Aspekt, den wir Abnabelungsprozess nennen. Es gilt Abschied zu nehmen. Die Baustelle ist aufzulösen.
Die Kunst besteht darin, alle diese Prozesse und Beteiligten zum Schwingen und zum Zusammenspiel zu bringen, so dass ein harmonisches Konzert entsteht.

1.5 Nutzen und Kosten des Projektmanagements

Projektmanagement ist heute im jeweiligen Unternehmen ein lebendes System mit unterschiedlichen Ausprägungen. An dieses System werden Anforderungen wie

- ⇨ schlank und preiswert
- ⇨ einfach in der Handhabung
- ⇨ IT-gestützt und integriert
- ⇨ anpassungsfähig
- ⇨ visuell
- ⇨ teamorientiert
- ⇨ orientiert am Führungsprozess und
- ⇨ praxisnah

gestellt. Diese Anforderungen können sowohl auf der methodischen als auch auf der verhaltensgeprägten Seite erfüllt werden. Eine zentrale Rolle für die Lebensfähigkeit von Projektmanagement spielen die Führungskräfte in einem Unternehmen. Sie entscheiden, ob viel Luft zum Atmen für das Projektmanagement-System da ist oder ob die Projektarbeit ein kümmerliches Dasein fristet.

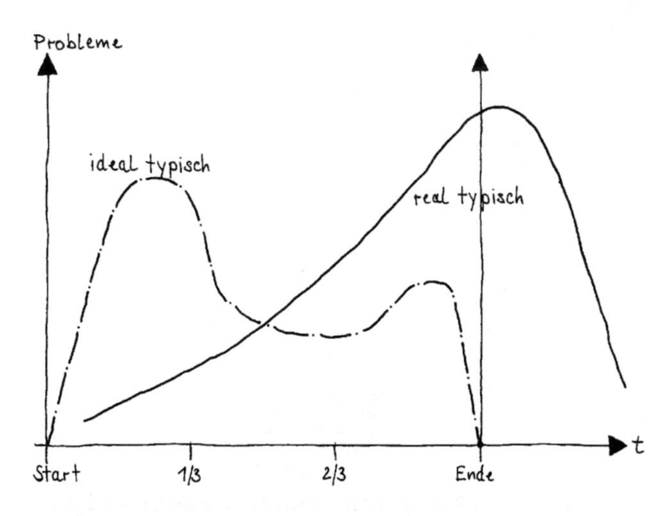

Bild 1.3: Problemberg im Zeitverlauf [03]

Das Bild 1.3 zeigt zwei Situationen im Projekt auf: den tatsächlichen und den erwünschten Projektverlauf. Wodurch unterscheiden sich diese Projektverläufe?

Ohne Anwendung von Projektmanagement-Methoden lassen die Beteiligten möglicherweise das Vorhaben treiben mit dem Effekt, dass die Probleme des Projektes nicht rechtzeitig erkannt werden. Die zu späte Inangriffnahme der Probleme bewirkt massive Terminverzögerungen und Kostenüberschreitungen. Diese „Last-minute"-Mentalität ist wegen des hohen Zeitbedarfs für Projekte mit komplexer Aufgabenstellung ungeeignet.

Was bedeutet nun effektives Projektmanagement? Zu Beginn des Projektes nehmen sich die Beteiligten Zeit und schauen sich mit Methoden wie „Zieldefinition", „Projektergebnisstruktur" und „Meilensteinklärung" die Situation im Detail an. Dadurch erkennen sie frühzeitig die kommenden Probleme und können sich überlegen, wie diese organisatorisch und technisch einer Lösung zugeführt werden können. Dadurch schärfen die Beteiligten ihr Bewusstsein und können so die Probleme Schritt für Schritt überwinden. Sie werden trotz Schwierigkeiten das Ende des Projekts erreichen. Projektmanagement schafft den Blick fürs Ganze, zwingt zur Parallelisierung der Arbeiten und führt zu Klarheit und Transparenz während des Arbeitens. Die gesunde Mischung aus Kreativität und Struktur bringt alle Beteiligten wie Linie, Team und Projektleiter auf die optimale Laufbahn, um den Auftrag zu erfüllen.

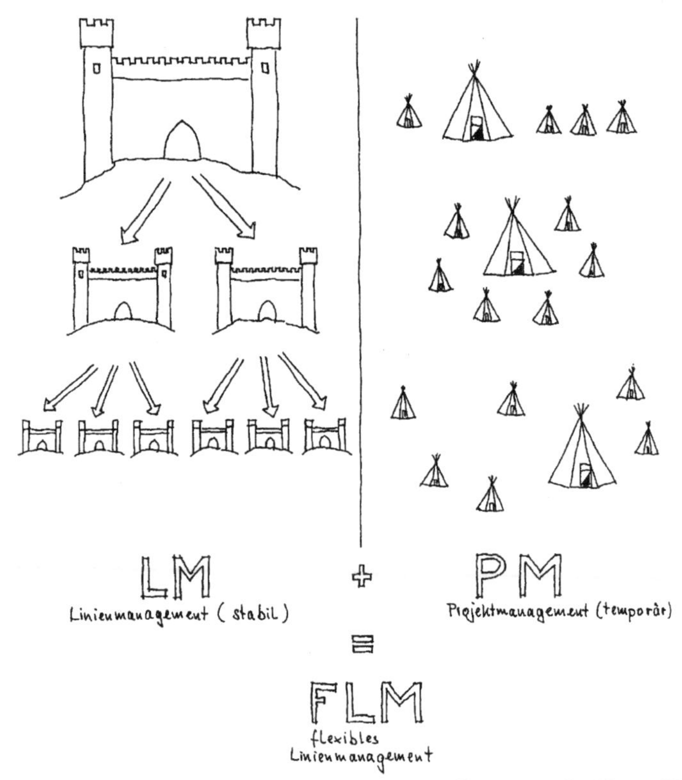

Bild 1.4: Absicht von Projektmanagement: die atmende Firma [04]

Nach außen bewirkt Projektmanagement einen Abbau der Liniengrenzen und eine Flexibilisierung der Organisation. Den „Burgen" werden „Zeltstädte" beigestellt. Das „Zelt" symbolisiert hier Transparenz, Mobilität, Flexibilität und Schnelligkeit (siehe Bild 1.4).
Kosten und Nutzen des Projektmanagements sind schwer zu quantifizieren. Die Kosten für die Aktivitäten vom Start bis zum Abschluss können ermittelt und dem Projektmanagement zugeordnet werden. In der Regel wird nach einem prozentualen Anteil des Projektmanagements abhängig von der Höhe der Projektkosten gefragt. Das Bild 1.5 zeigt, dass der Kostenanteil für das Projektmanagement in einem Bereich von 2–12% liegt.

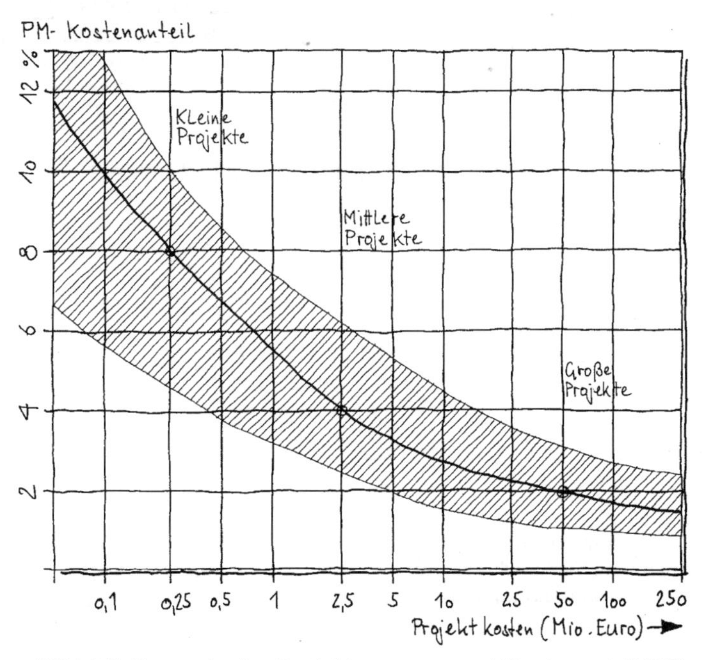

Bild 1.5: Prozentualer Projektmanagement-Kostenanteil [05]

Die Laufzeit des Projektes, die Zulieferungen, die Größe und Erfahrung des Projektteams beeinflussen natürlich den prozentualen Anteil.

Diese Projektmanagement-Kosten lassen sich drosseln, wenn PM-Standards (z.B. zur Planung) eingesetzt werden, auf erfahrene Mitarbeiter zurückgegriffen wird und konsequent Erfahrungen aus dem Projekt ausgewertet und umgesetzt werden.

Durch den systematischen Einsatz von Projektmanagement lassen sich **weitere Nutzenpotentiale** [06] erschließen:

1. Nutzenpotenzial:
Wird der Problemberg (siehe Bild 1.3) durch Projektmanagement in der Anfangsphase aufgezeigt, ist mehr Zeit vorhanden, die Probleme kostengünstig zu lösen. In der Anfangsphase ist die Beeinflussbarkeit für Organisation und Technik eines Projektes am größten.

2. Nutzenpotenzial:
Zuverlässige und verbindliche Planungsunterlagen sind oft Mangelware in der Projektarbeit. Dabei können durch eindeutige Festlegung des Liefer- und Leistungsumfanges bei allen Arbeitspaketen und Teilaufträgen sowie durch präzise Festlegung der Abnahmebedingungen ebenfalls Kosten reduziert werden. Die Kostenreduktion ergibt sich durch frühzeitiges Erkennen der Schwierigkeiten und rechtzeitigem Gegensteuern.

3. Nutzenpotenzial:
Eine detaillierte Terminplanung mit konsequenter Überwachung führt zu einer Ersparnis der Abwicklungskosten. Vor allem, wenn die wechselseitigen Terminverpflichtungen zwischen Auftraggeber und Auftragnehmer genauer fixiert werden. Erfahrungsgemäß stellt sich wegen der dann möglichen finanziellen Nachforderungen aus Terminverschiebungen eine größere Termintreue seitens der Vertragspartner ein.

Zum quantifizierbaren Nutzen kommt noch der qualitative Nutzen wie z.B.

+ straffe, transparente Projektabwicklung
+ höhere Qualität
+ Termintreue
+ Motivation und Freude.

Befragt man Projektbeteiligte und Linienmitarbeiter nach den Pluspunkten für die seit Jahren praktizierte Projektarbeit, so ergibt sich folgendes Bild (Skala: ++, +, o, -, --):

Zur Organisation:

++ Klarheit der Zuständigkeit
+ Informationsfluss
o Mitarbeiter-Vorgesetzten-Verhältnis
o Verhältnis der Bereiche/Abteilungen zu anderen Bereichen/Abteilungen
+ Entlastung des Linienmanagements
++ Verantwortung für die Aufgabe

Zu den Personen:

++ Leistungsanforderungen
+ Kontrolle
++ Flexibilität gegenüber neuen Anforderungen
- Gefühl der Sicherheit
+ Freiraum für selbständige Arbeit
+ Bewältigung fachlicher Probleme
+ Motivation

Zur Zusammenarbeit:

++ Klarheit der Ziele
++ Schnellere Zielerreichung
+ Kommunikation
+ Bewältigung von Konflikten
+ Zusammengehörigkeitsgefühl
++ Zuverlässigkeit bei der Projektabwicklung

1.6 Wesentliche Gesichtspunkte zum Einsatz von Projektmanagement

Mehr als die wortgetreue Definition von Projekt und Projektmanagement interessiert die Frage: Wie kann Projektmanagement mit seinen vielen Facetten sinnvoll und treffend beschrieben werden?

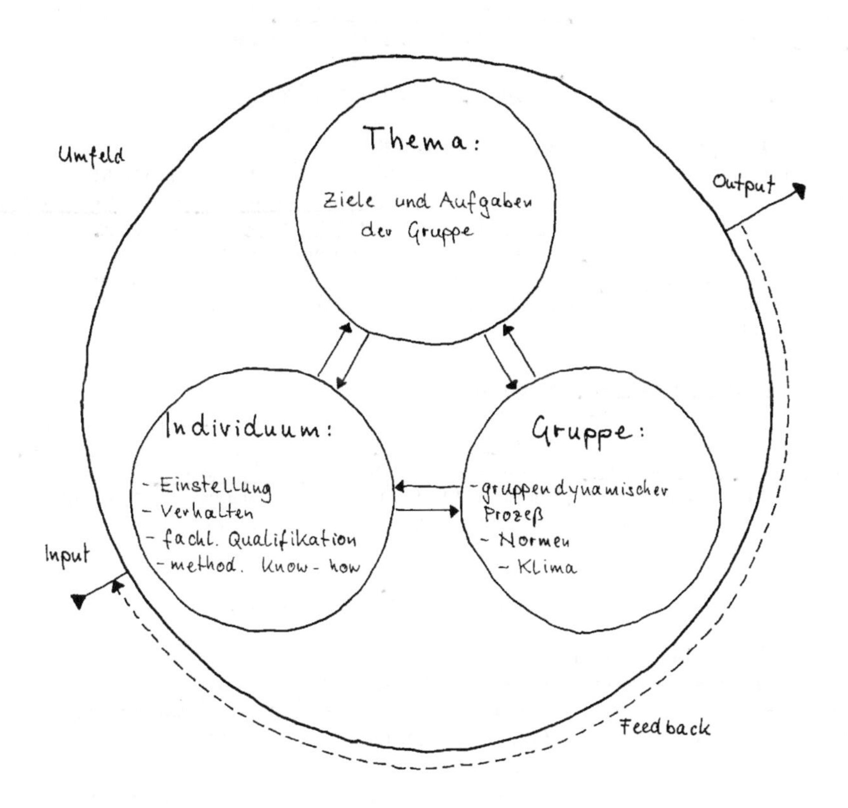

Bild 1.6: Das Modell der themenzentrierten Interaktion [07]

Projektergebnis – Projektleiter – Projektteam
Angelehnt an die bildhafte Darstellung der „Themenzentrierten Interaktion„ (TZI-Modell) im Bild 1.6 sehen wir Projektmanagement im Spannungsfeld zwischen der Projektdurchführung (Thema), den Beteiligten (Individuum) und der Beziehung der Beteiligten zueinander (Gruppe). Ein besonderes Augenmerk ist speziell auf die jeweiligen Rahmenbedingungen, auf das Umfeld, zu richten. Da es bei Projekten in erster Linie auf das Ergebnis ankommt, nennen wir es **„ergebniszentriertes Projektmanagement“** . Wir beschreiben dies näher:

Projektergebnis/Projekt-Auftrag
Um das gewünschte Projektergebnis zu erreichen, ist ein vollständiger und gut ausgearbeiteter interner Projekt-Auftrag beim Auftragnehmer erforderlich. Für die Beschreibung eines Projekt-Auftrages sind folgende Unterpunkte wichtig:

⇨ eine konkrete Aufgabenstellung mit eindeutiger Abgrenzung zu verwandten Vorhaben,
⇨ die Ziele des Auftraggebers, des Auftragnehmers und der Projektleitung,
⇨ die gewählte Organisationsform und
⇨ eventuelle Richtlinien des Unternehmens für die Projektabwicklung.

Qualifikation und Führungsvermögen des Projektleiters
Bei der Bestimmung des Projektleiters spielt dessen Erfahrung im Umgang mit Menschen, mit Methoden und Werkzeugen eine wichtige Rolle. Der entscheidende Aspekt ist das Führungsvermögen des Projektleiters gegenüber den ständigen und zeitweiligen Teammitgliedern. Darüber hinaus stellt sein Umgang mit Konflikten, insbesondere mit Führungskräften der Linienorganisation, einen wesentlichen Beurteilungsfaktor dar. Die Auswahl eines Projektleiters muss daher stark von seinen Persönlichkeitsmerkmalen abhängen. Die Regel, den besten Fachmann oder den besten Know-how-Träger zum Projektleiter zu ernennen, hat sich in der Praxis wenig bewährt.

Gruppendynamische Prozesse bleiben oft unbeachtet
In Verbindung mit dem Team sind folgende Bereiche zu beurteilen: Teamfindungsprozess, gruppendynamische Prozesse, Techniken für Moderation und Visualisierung der Ergebnisse, Besprechungssystematik, Teamstabilität und last but not least die Teamkompetenz der Mitglieder. Die Erfahrung zeigt, dass diesem letzten Punkt – der Kompetenz der Mitglieder, im Team zu arbeiten – in der betrieblichen Praxis noch viel zu wenig Beachtung geschenkt wird.

Rahmenbedingungen wirken stark auf das Projekt
Auch das Umfeld wirkt stark auf ein Projekt ein. Einige dieser Rahmenbedingungen sind:

⇨ Kultur und Corporate Identity des Unternehmens,
⇨ der Grad der Unterstützung durch das Topmanagement,
⇨ die Akzeptanz des Projektmanagements (insbesondere im mittleren Management),
⇨ Kenntnis von und Erfahrung mit Projektmanagement in der ausführenden Ebene,
⇨ Rollenverständnis der Projektbeteiligten und
⇨ falls vorhanden, das unternehmensspezifische Projektmanagement-Regelwerk.

Kompetent sein
Wie in Bild 1.7 dargestellt, braucht der Projektleiter Fach-, Struktur-, Prozess-, Lern- und Umsetzungskompetenz. Das ergibt in Summe die Führungskompetenz. Erschwert wird diese anspruchsvolle und herausfordernde Aufgabe meist durch den Mangel an formaler Kompetenz. Die disziplinarischen Instrumente einer Führungskraft stehen dem Projektleiter in der Regel nicht zur Verfügung.

Es ist richtig, dass ein Projektleiter vom Fach sein und die Sprache der Beteiligten verstehen muss, um bei Entscheidungen die fachlichen Folgen begreifen zu können. Je mehr ein Projektleiter fachlich fit ist, desto mehr neigt er in der Praxis dazu, sich selbst massiv einzumischen. Hier besteht die Gefahr, dass die Beteiligten sich innerlich zurückziehen.

Ein Projekt ist durchaus mit dem Straßenverkehr vergleichbar. Zunächst müssen in einem Projekt Strukturen und Ordnungen eingerichtet werden. Im Straßenverkehr sind Fahrbahnmarkierungen eingeführt worden; Verkehrszeichen geben Orientierung.

Dies bedeutet für ein Projekt, die Verantwortungen im Team und nach außen zu klären, die Ergebnisse zu visualisieren, die Ziele begreifbar aufzuzeigen, die Arbeiten in Pakete zu schnüren, auf der Zeitschiene und der Kostenseite die Konsequenzen der Arbeit darzustellen, die technischen Veränderungen zu klären und auch für die Kommunikation wichtige Regeln mit den Beteiligten zu vereinbaren. Strukturen und Ordnungen sind Voraussetzungen für Zuverlässigkeit und Verbindlichkeit. Neben den „beschrifteten" Wegen bedarf es Vereinbarungen, wie denn der Verkehrsfluss auszusehen hat. Es geht um Lob und Tadel, Teamgeist, Motivation, Stress, Feedback und die Art und Weise, wie Konflikte angesprochen und gelöst werden. In der Handhabung und der Wahrnehmung von Prozessen liegt ein wesentliches Erfolgsgeheimnis der Projektleitung. Soweit zur Prozesskompetenz.

Führungskompetenz

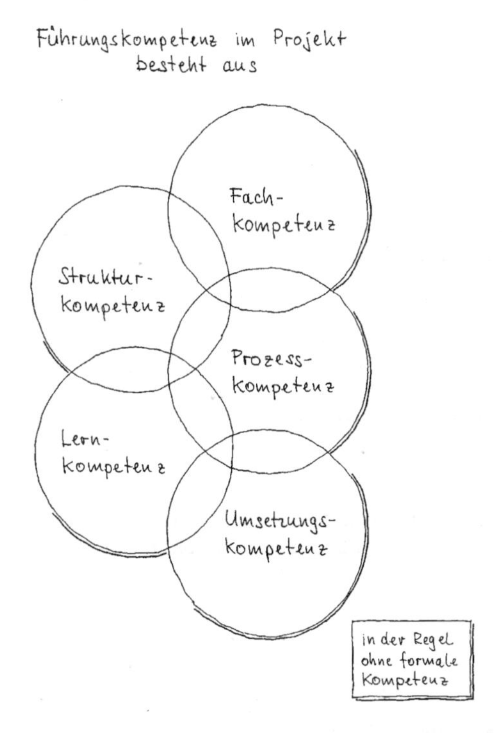

Bild 1.7: Führungskompetenz im Projektmanagement

Projekte werden gerade dort durchgeführt, wo ein gewisser Anteil an neuer Substanz und neuen Wegen gefordert ist. Projektarbeit ist ein Ort des ständigen Lernens. Deshalb sollten die Beteiligten kompetent sein in:

- ⇨ Kreativitätstechniken
- ⇨ Problemstrukturierung
- ⇨ Lösungsfindung und -bewertung
- ⇨ Mnemotechniken
- ⇨ Visualisierung
- ⇨ Informationsweitergabe und
- ⇨ Präsentation.

Aber was nützen die oben aufgeführten Kompetenzen, wenn sich die Projektleitung und/oder die Beteiligten nicht durchsetzen können! Es fehlt in der Regel an formaler Kompetenz wie Personalbeurteilung, Gehaltsfindung, disziplinarische Maßnahmen und Unterschriftenregelung. Dennoch liegt der Reiz der Führung gerade in dem Verzicht auf „Druckmittel“. Die Zauberformel heißt für die Projektpraxis: Umsetzungskompetenz. Sie beinhaltet z.B.:

- ⇨ Protokolle
- ⇨ Reporten
- ⇨ Regeln der Zusammenarbeit
- ⇨ Eskalationsstufen
- ⇨ Vorbildfunktion
- ⇨ Arbeitspaket-Beauftragung
- ⇨ Checklisten
- ⇨ IT-Einsatz
- ⇨ Kontrolle (SOLL-/IST-Vergleich)
- ⇨ Vereinbarungen

Als Projektleitung muss die Mentalität des „Sich nicht festlegen Wollens“ verhindert werden. Es geht darum, dass die Verbindlichkeit für alle Beteiligten wirksam ist, dass die Folgen aufgezeigt werden und die Auseinandersetzung höflich, aber bestimmt geführt wird.

An der Erreichung der grundlegenden Ziele wird der Erfolg gemessen

Die grundlegenden Ziele des Projektmanagements sind kürzere Durchlaufzeiten, Kosteneinsparung, höhere Qualität und die konsequente Orientierung auf das Ergebnis. Damit ist Projektmanagement ein Beitrag zur hohen Kundenzufriedenheit. Bei der Bewertung abgelaufener Projekte ergibt sich die Erkenntnis: Die Qualität von einigen wenigen Faktoren ist ausschlaggebend für den Erfolg oder Misserfolg eines Projektes.

Weit verbreitet ist die Meinung, dass das Gelingen eines Projektes hauptsächlich von der richtigen und konsequenten Anwendung der entsprechenden Methoden abhängt. Ebenso oft treffen wir auf die Aussage, dass der Einsatz einer komplexen und umfassenden Software für das Projektmanagement die Aussichten auf einen erfolgreichen Projektabschluss sichert.

Die Bedeutung des methodischen Vorgehens und des genau dosierten Softwareeinsatzes soll hier nicht unterbewertet werden. Bei konsequenter Anwendung handelt es sich um gravierende Einflussfaktoren, um die grundlegenden Ziele zu verwirklichen.

Guter Teamgeist garantiert Projekterfolg

Eines darf aber auf gar keinen Fall übersehen werden, die Praxis zeigt es: Es gibt Projekte, die auch ohne spezielle Methodik und Werkzeuge erfolgreich verlaufen, vorausgesetzt, die Zusammenarbeit im Team und innerhalb des Unternehmens funktioniert wirklich reibungslos. Hier zeigt sich die Wirksamkeit von Führung und Teamgeist.

Mit der Teamfähigkeit steigt die Produktivität

Die Analyse von 103 abgewickelten Softwareprojekten zeigte, dass die Teamfähigkeiten der eingesetzten Mitarbeiter einen drei- bis viermal größeren Einfluss auf den Projekterfolg haben als andere fachliche Fähigkeiten. Mit der Teamkompetenz steigt die Produktivität [08].

Eine gemeinsame Sprache ist wichtig

Es ist von elementarer Wichtigkeit, dass alle Beteiligten im Projektgeschehen „die gleiche Sprache sprechen“. Wie das Bild 1.8 zeigt, ist das nicht immer selbstverständlich. Mit „die gleiche Sprache sprechen“ ist die einheitliche Auslegung, Abgrenzung und Interpretation der im Projekt verwendeten Begriffe, Definitionen, Abkürzungen usw. gemeint. Machen Sie hier doch mal die Probe aufs Exempel: Bitten Sie Ihre Projektbeteiligten, unabhängig voneinander einen eigentlich geläufigen Begriff aus Ihrer Projektlandschaft (z.B. Lastenheft, Pflichtenheft, Arbeitspaket ...) zu definieren. Wundern Sie sich nicht über die Unterschiede, handeln Sie. Wie groß werden die Unterschiede erst bei weniger geläufigen Ausdrücken sein.

Wahr ist nicht das was wir sagen,
sondern wahr ist das,
was die anderen interpretieren!

Bild 1.8: Assoziationen/Interpretationen [09]

Eine intensive Zusammenarbeit mit dem Auftraggeber ist unbedingt notwendig

Darüber hinaus darf die gute Zusammenarbeit nicht nur auf das Projektteam beschränkt bleiben. Es gibt kein Projekt, das ohne Kontakte zu projektexternen Stellen wie z.B. Auftraggeber, Lieferanten, Firmenleitung und anderen Unternehmensbereichen auskommt.

Besonderes Augenmerk ist auf das Zusammenspiel mit dem firmeninternen und -externen Auftraggeber zu legen. Die praktische Erfahrung zeigt, dass das Rollenverständnis der Auftraggeber (insbesondere der firmeninternen) den Erwartungen im Sinne des Projektmanagements oft nicht entspricht. In solchen Fällen sind Initiativen des Projektleiters und -teams angesagt. Die Zusammenarbeit mit dem Auftraggeber ist besonders sorgfältig zu pflegen.

1.7 Wichtige Erfahrungen aus gelungenen Projekten

Auch wenn es das Erfolgsrezept nicht gibt, lohnt es sich, erfolgreiche Projekte zu betrachten. Als Überleitung zu den vertiefenden Kapiteln beschreiben wir einen Projektverlauf mit guten Aussichten auf Erfolg. Werden viele, durchaus erfolgreiche Projekte angeschaut, so ist ein einheitlicher, systematischer Ablauf zu beobachten.

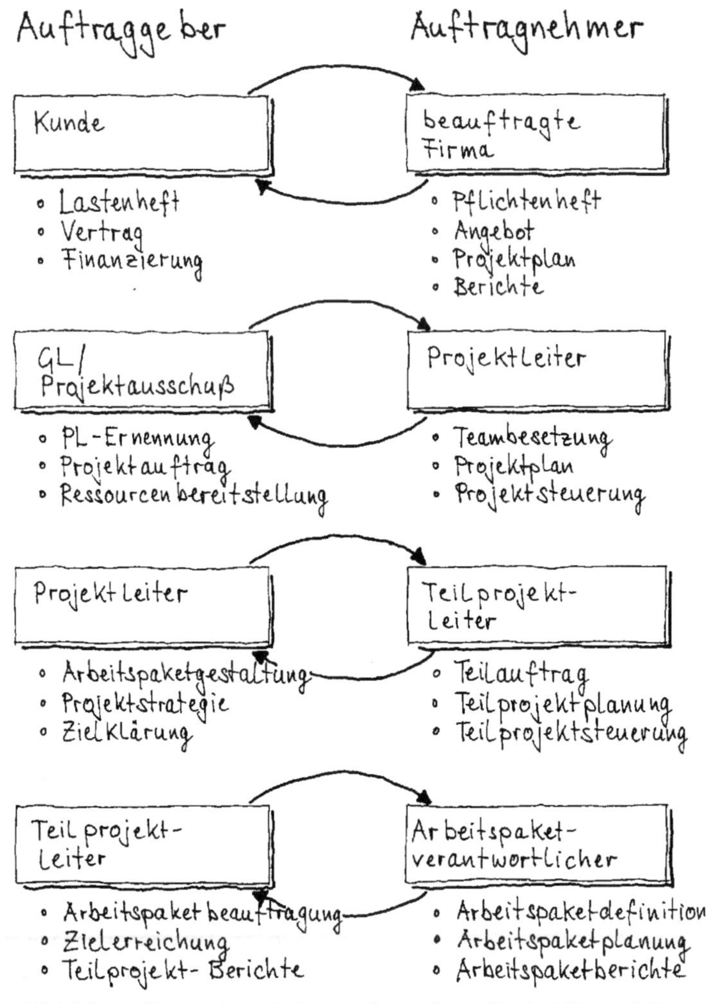

Bild 1.9: Auftraggeber-Auftragnehmer-Verhältnis klären [03]

Die Wünsche des Auftraggebers stehen im Lastenheft

Am Anfang eines Projektes steht in der Regel ein Auftraggeber, der das entsprechende Budget für das Projekt bereitstellt und seine Wünsche und Ziele in Form eines Lastenheftes offenlegt. Im Lastenheft steht, was der Auftraggeber will.

Das Projekt benötigt einen Auftragnehmer
Als zweiten entscheidenden Partner benötigt das Projekt einen Auftragnehmer, der in der Regel aus dem mittleren oder oberen Management innerhalb der Firma kommt. Der Auftragnehmer kann direkt der Kunde sein oder innerhalb einer Firma z.B. ein Mitglied des Vorstandes. Bei Automobilkonzernen ist dann häufig derjenige der Auftragnehmer, in dessen Werk der entsprechende Fahrzeugtyp produziert wird.

Beim Projektstart hat der Projektleiter eine tragende Rolle
Als dritten Partner wird dem Projektleiter in der Startphase eines Projektes die tragende Rolle zufallen. Es ist sinnvoll, den Projektleiter von Anfang an in den Start zu involvieren. Im Anlagenbereich geschieht die Angebotsabwicklung selbst häufig ohne den zukünftigen Projektleiter. Wenn der Auftrag dann ins Haus kommt, sind sehr viele Informationen vom Vertrieb an den Projektleiter zu übergeben. In dieser Projektphase kommt es daher immer wieder zu Kommunikations- und Akzeptanzproblemen zwischen dem Kunden, dem Vertrieb und dem Projektleiter.

Auftraggeber-Auftragnehmer-Verhältnis im Projekt klären
Um Klarheit in Aufgabenstellung und Kommunikation zu bekommen, müssen sich die Beteiligten immer wieder ihrer Rolle bewusst werden. Der Kunde ist der Auftraggeber. Damit hat er für die Formulierung der Lasten, die Bereitstellung der Geldmittel und für die Zusammenarbeit zu sorgen. Die beauftragte Firma ist der Auftragnehmer. Er formuliert die Pflichten, prüft die Machbarkeit des Projektes und gibt regelmäßig Rückmeldung über den Stand des Projektes. Die beauftragte Firma hat eine Geschäftsführung, die ihrerseits einen Projektleiter mit der Abwicklung des Vorhabens beauftragt. Damit ist die Geschäftsführung der Auftraggeber nach innen und der Projektleiter der Auftragnehmer, mit den gleichen Aufgaben wie eben zwischen Kunde und beauftragter Firma beschrieben. Der Projektleiter teilt ggf. die Aufgabenstellung und Verantwortung und übergibt diese an die Teilprojektleiter. Nun ist der Projektleiter in der Auftraggeberrolle. Die Teilprojektleiter geben firmenintern oder an Sublieferanten ihre Arbeitspakete weiter. Der Teilprojektleiter ist der Auftraggeber, der Verantwortliche für das Arbeitspaket der Auftragnehmer. Dieses Rollenverständnis trägt erheblich zur Verständigung im Projekt bei (siehe Bild 1.9).

Beim Projekt-Übergabegespräch sind die Anforderungen im Lastenheft zu klären
Nachdem die wichtigsten Beteiligten feststehen, sollte mit der Linie, dem Projektleiter, ggf. Vertrieb und Montage eine erste Besprechung, das Projekt-Übergabegespräch, durchgeführt werden. Es ist zu klären, ob die Anforderungen im Lastenheft vollständig, eindeutig und deutlich sind. Falls die Anforderungen unklar oder unvollständig sind, empfiehlt sich als erstes, zwischen Auftraggeber, Auftragnehmer und Projektleiter die Anforderungen nochmals zu hinterfragen, zu überprüfen und zu konkretisieren.

Anforderungen z. B. in Rot-, Gelb- und Grünbereiche priorisieren
Die Anforderungen sind dabei in Rot-, Gelb- und Grünbereiche zu priorisieren.
Rot bedeutet: Wird in diesem Projekt nicht realisiert.
Gelb bedeutet: Wenn genügend Zeit und Geld vorhanden ist, dann kommen diese Anforderungen auch zum Tragen.
Grün bedeutet: Diese Anforderungen werden auf jeden Fall realisiert.
Diesen Schritt nennen wir „Ziele klären". Für den Projektleiter ist es sinnvoll, jetzt schon das eine oder andere Teammitglied mit einzubeziehen.

Nach dem Lastenheft ein Grobpflichtenheft erstellen
Im Grobpflichtenheft werden skizzenhaft Lösungen für das Projekt erarbeitet. Als Vorbereitung dazu dient der Aufbau der „Projektergebnisstruktur". Damit wird festgelegt, was bis zum Ende eines Projektes dem Auftraggeber zu liefern und zu leisten sein wird.

Mehr Details dazu sind im Kapitel „Start“ dargestellt. Bei diesem Schritt sind auch Überlegungen für den groben Ablauf des Projektes anzustellen. Als Ergebnis liegt ein sogenannter „Meilenstein-Plan“ vor. Auch dies ist im Kapitel „Start“ ausführlich dargestellt.

Die Projektplanung kann beginnen
Wenn das Lastenheft verabschiedet ist und die einen oder anderen Lösungen im Grobpflichtenheft schriftlich fixiert sind, empfiehlt es sich, das Projektteam zu vervollständigen und mit der Projektplanung zu beginnen.

Der Projektleiter vereinbart mit dem Auftragnehmer Rechte und Pflichten schriftlich
Parallel zum obigen Arbeitsschritt soll der Projektleiter mit dem Auftragnehmer die Verantwortung, Rechte und Aufgaben in Form einer schriftlichen Vereinbarung verabschieden. Im Rahmen der Zertifizierung nach ISO 9001 ff. gehen die Firmen immer mehr dazu über, im Qualitätssicherungs-Handbuch die Verantwortung der Projektleitung allgemein für alle Projekte festzulegen. Ist eine allgemeine Beschreibung im Projektmanagement-Handbuch vorhanden, empfiehlt es sich, dass der Projektleiter diese Vorgaben mit dem Auftragnehmer entsprechend konkretisiert und vereinbart.

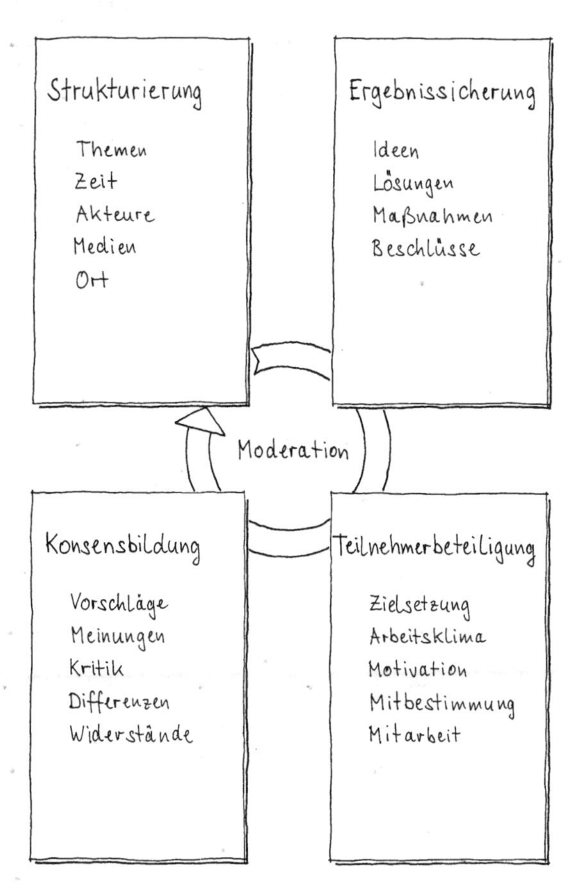

Bild 1.10: Moderation als wichtiger Baustein für die Projektleitung

Projektplanung im Projektteam durchführen
Die Projektplanung muss unbedingt mit dem Projektteam (Größe in etwa 3 bis 5 Mitglieder) durchgeführt werden. Wenn sich das Team auf die einzelnen Planungsschritte und deren Detaillierungsgrad verständigt hat, dann können entsprechende Hausaufgaben an die Teammitglieder zur Abrundung der Projektplanung vergeben werden. Wer als Projektleiter die Kunst der Moderation beherrscht, wird entscheidende Pluspunkte mit dem Team sammeln (siehe Bild 1.10).

Planung konzentriert und störungsfrei vorantreiben
Um den Problemlösungs- und den Teamfindungsprozess konstruktiv zu unterstützen, empfiehlt es sich, ein bis zwei Tage mit dem Team außerhalb der Firma zu verbringen, um die Planung konzentriert und störungsfrei voranzutreiben.

Planen im Team erhöht Akzeptanz und Motivation
Je mehr das Team in die Planung miteinbezogen ist, desto stärker wächst beim Einzelnen die Bereitschaft, den Plan auch umzusetzen. So entsteht die Basis für die Akzeptanz und Motivation für die Projektrealisierung.

Den Projekt-Kick-off für die Öffentlichkeitsarbeit nutzen
Am Ende der Start- und/oder Planungsphase sollte ein Projekt-Kick-off durchgeführt werden, bei dem Lastenheft, Grobpflichtenheft und die Projektorganisation (intern, extern) allen Betroffenen im Unternehmen vorzustellen sind. Projekte müssen sich unbedingt durch gute interne Öffentlichkeitsarbeit darstellen. Je größer das Unternehmen, desto intensiver soll die Werbung und Information sein. So stellen Sie sicher, dass auch die „guten“ Informationen bei den Betroffenen ankommen.

Praktische Realisierung und Projektsteuerung
Nun kommt im Rahmen eines Projektes die praktische Realisierung. Sie wird durch die „Projektsteuerung“ begleitet. Die Projektsteuerung ist zeitlich gesehen der größte Anteil am Projekt. Hier gilt, kontinuierlich SOLL-IST-Vergleiche durchzuführen und den Projektfortschritt nicht aus den Augen zu verlieren. Eine konsequente Projektverfolgung muss sein, sonst läuft das Projekt aus dem Ruder.

Projektabschluss: Ende gut, alles gut
Das Projekt sollte systematisch abgeschlossen werden. Auftraggeber und Auftragnehmer nehmen das Ergebnis gemeinsam mit den Beteiligten ab und stellen die gewonnenen Erfahrungen für zukünftige Projekte zur Verfügung.

1.8 Projekte mehrdimensional managen

Die Auswertung von 5700 Projekten [10] zeigt, dass es beim Leiten von Projekten auf die eindeutige Zielsetzung, organisatorische Planung und auf das regelmäßige Controlling ankommt. Diese Seite der Führung ist sachlich ausgerichtet und wird „hard facts“ genannt. Die Beziehungsebene, auch „soft facts“ bezeichnet, spiegelt sich in der Art und Weise der Kommunikation, dem benötigten Know how der Teammitglieder und deren Motivation und Identifikation für ihr Projekt wider.

Die Auswertung unterstreicht die Notwendigkeit der Unterstützung durch die Führungsmannschaft in der jeweiligen Firma, wenn die Projekte erfolgreich sein sollen. Der Erfolg bezieht sich sowohl auf den reibungslosen Ablauf des Vorhabens als auch auf die erstellten, funktionierenden Endergebnisse.

Ergebnis von 44 Studien	Erfolgswirkungen			
5700 Projekte	++	+	∅	-
Erfolgsfaktoren				
Top-Management	9	2	0	0
Projektleiterbefugnisse	6	3	0	0
Know-how Projektleiter	4	3	1	2
Motivation Projektteam	5	3	0	0
Know-how Projektteam	6	0	1	0
Zieldefinition	17	2	1	0
Partizipation	3	4	0	0
Kommunikation	16	6	0	0
Planung	9	3	1	0
Controlling	7	1	0	1
Planungs- und Steuerungsinstrumente	4	1	0	0

Bild 1.11: Handlungsempfehlungen aus 5700 verschiedenen Projekten

Projektmanagement beinhaltet Werkzeuge und persönliche Führung, um sowohl im Verhaltensbereich als auch im Methodenbereich ein Projekt zu praktikablen Lösungen und Anwendungen zu bringen.

Management von Projekten heißt, sich der entsprechenden Führungstechniken wie Informieren, Planen, Delegieren, Regeln, Motivieren, Kommunizieren und Kooperieren zu bedienen. Projektmanagement verantwortet im Einzelnen: Aufträge klären, Abläufe planen, SOLL-IST-Vergleiche durchführen, mit Beteiligten sprechen, Berichte erstellen, Änderungen einarbeiten, Meilensteine setzen und prüfen, Lob und Tadel verteilen und ständig Erfahrungen sammeln, um daraus zu lernen. Gerade in der Projektarbeit muss dies besonders gewährleistet werden.

Management von Projekten bedeutet für die jeweiligen Linien-Führungskräfte, die Projekte auf Kiel zu legen, die Klärungsprozesse am Anfang anzustossen und gerade im Ressourcen-Konflikt die nötige Abhilfe zu schaffen. Als Führungskraft müssen Sie die Projekte über entsprechende Reporting-Vorgaben und -Zeitpunkte aktiv begleiten.

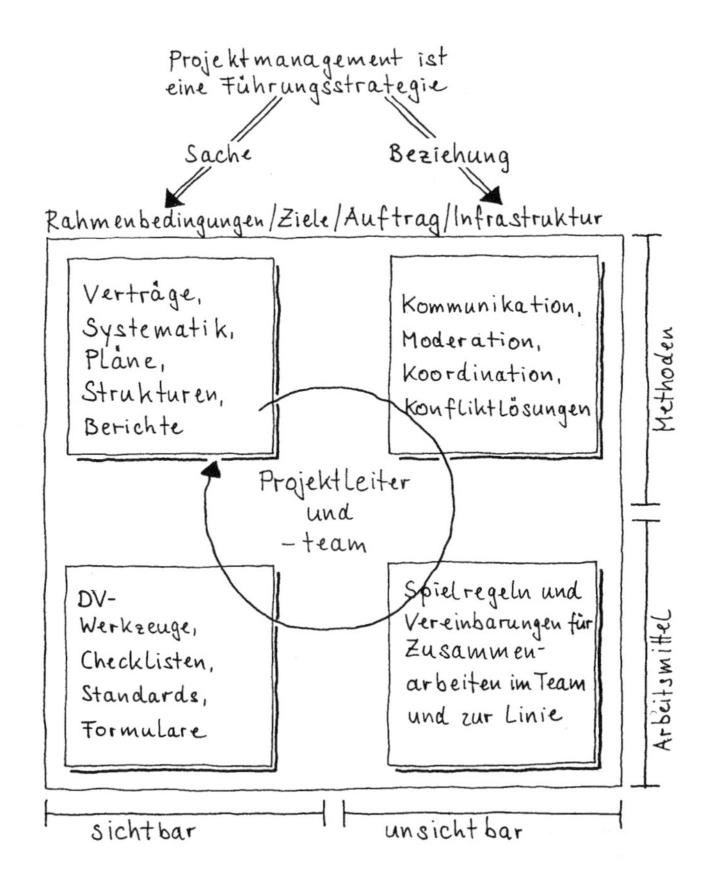

Bild 1.12: Sachliche und persönliche Inhalte des Projektmanagements

1.9 Projekt „Ampel am Gymnasium" als Beispiel angewandten Projektmanagements

Damit Sie als Leser sehen, was die Autoren vorschlagen, finden Sie zum Projekt „Ampel am Gymnasium" die Methoden und Vorgehensweisen in den Kapiteln 2 bis 5 exemplarisch dargestellt.
Sehen Sie sich die Ausgangssituation genau an, damit Sie das Projekt „Ampel am Gymnasium" im Laufe des Buches gut nachvollziehen können.

Ausgangssituation
In der Stadt Unterwolfsheim (35.000 Einwohner) sind die Eltern der Schüler des Gymnasiums in großer Sorge. An der verkehrsreichen Bundesstraße kommt es immer wieder zu Schülerunfällen, die bisher nicht gestoppt werden konnten. Deshalb hat die Schulleitung über Ihren Chef, Sie, als Mitarbeiter eines kleinen Ingenieurbüros, beauftragt, ein Angebot für ein Ampelsystem zu erarbeiten. Folgende Anforderungen wurden Ihnen mitgegeben:

- ⇨ Den Lageplan zeigt Bild 1.13.
- ⇨ Die Ampeln sollen unabhängig vom Verkehrsfluss steuerbar sein.
- ⇨ Zwei Ampelsysteme sollen geliefert werden.
- ⇨ Die Ampeln sollen sowohl von Schülerlotsen bedienbar sein, als auch automatisch funktionieren.
- ⇨ Da einige Schüler Rollstuhlfahrer sind, sollten die Ampeln dieser Tatsache Rechnung tragen.
- ⇨ Der Preis sollte € 150.000,-- nicht übersteigen.
- ⇨ Die Ampeln sollen innerhalb von 6 Monaten aufgestellt werden.
- ⇨ Zur „Grünanforderung" durch die Schüler sollen Druckknöpfe oder Bewegungsmelder installiert werden.
- ⇨ Induktionsschleifen zur „Grünanforderung" durch Fahrzeuge.
- ⇨ Außerbetriebsetzung während der schulfreien Tageszeit bzw. an schulfreien Wochentagen mittels einer Schaltuhr.
- ⇨ Außer- bzw. Inbetriebsetzung während der Ferien bzw. bei Veranstaltungen von Hand (im Verwaltungsgebäude des Gymnasiums).
- ⇨ Handsteuerung durch Schülerlotsen „vor Ort".
- ⇨ Die Ampeln sollen sich gegenseitig und mit einer Ampel unmittelbar am Ortsende synchronisieren, um unnötigen Anfahrtslärm zu vermeiden, sowie Schnellfahrer zu bremsen.
- ⇨ Die Steuerung zeigt Bild 1.14.

Die Schulbehörde weist darauf hin, dass die Stadtverwaltung auch über eine Brücken- oder Tunnellösung nachdenkt. Ihre Firma würde dann den möglichen Auftrag verlieren.

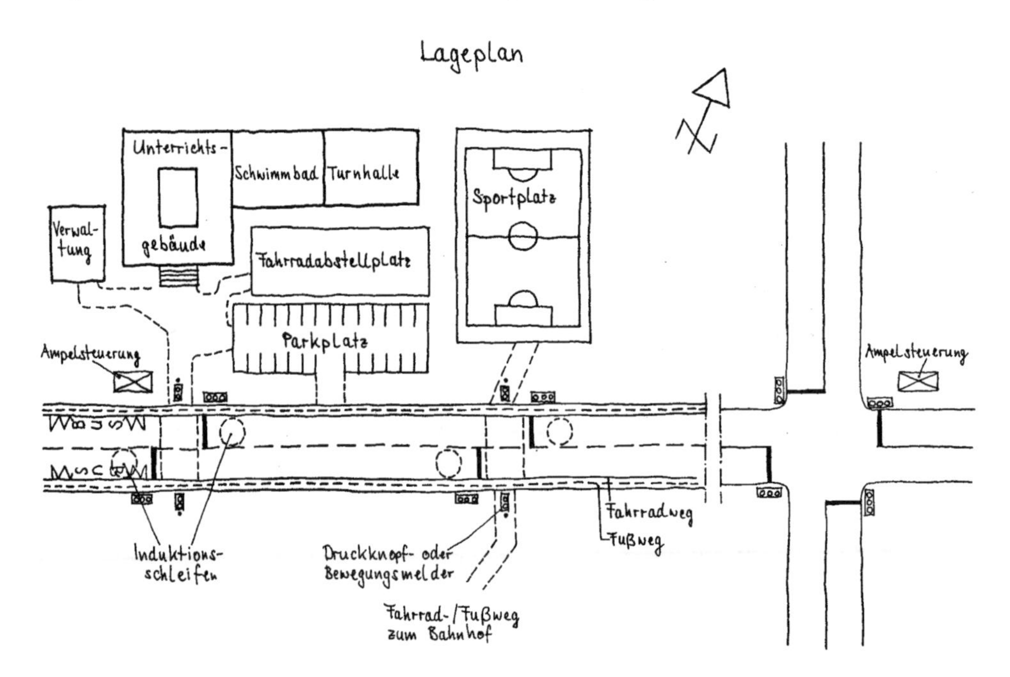

Bild 1.13: Lageplan der Ampelsysteme

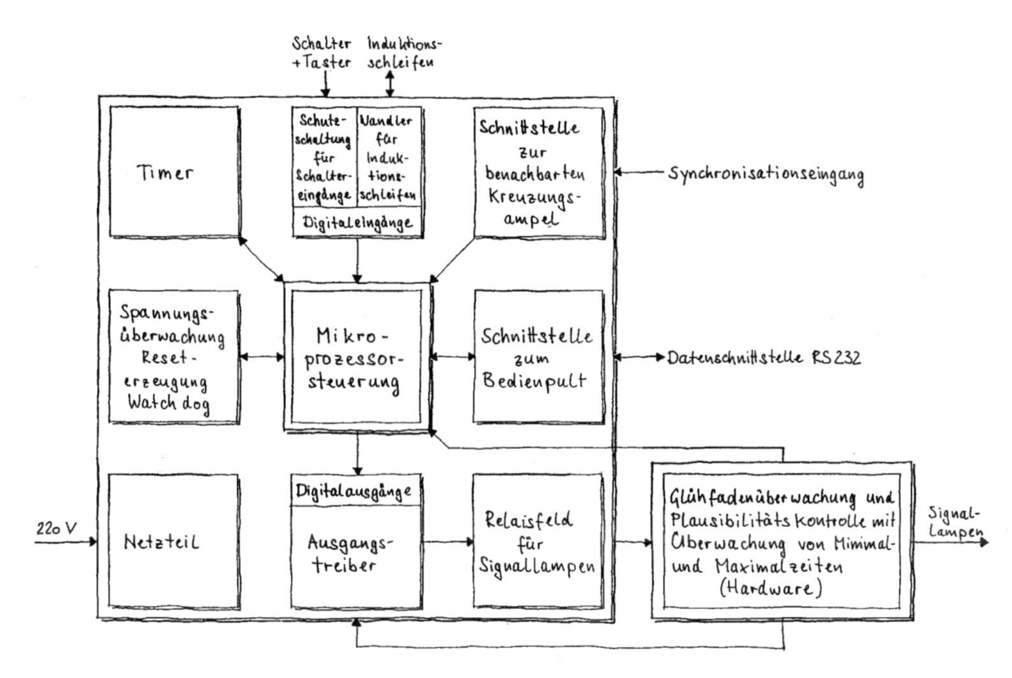

Bild 1.14 Steuerungskonzept der Ampeln

1.10 Zur eigenen Vertiefung

✎ Wie schaut bei mir die Projektarbeit aus? Welche Methoden setze ich ein?

- ________________________________
- ________________________________
- ________________________________
- ________________________________
- ________________________________
- ________________________________
- ________________________________
- ________________________________
- ________________________________
- ________________________________
- ________________________________
- ________________________________
- ________________________________

Welche Verhaltensaspekte werden in meinen Projekten berücksichtigt, bzw. nicht gesehen?

- ___
- ___
- ___
- ___
- ___
- ___
- ___
- ___
- ___
- ___
- ___
- ___
- ___
- ___
- ___

Für mich stellt sich Projektmanagement in unserer Firma wie folgt dar:

- ___
- ___
- ___
- ___
- ___
- ___
- ___
- ___
- ___
- ___
- ___
- ___
- ___
- ___
- ___

2 Projektstart

2.1 Der Projektstart bestimmt den Verlauf der weiteren Ereignisse

Der Projektstart soll sicherstellen, dass eine **solide Basis an Informationen,** Klärungen und Wegweisern geschaffen wird. Das ist die Voraussetzung, um Missverständnisse, Irrwege und damit Kosten- und Terminüberschreitungen zu reduzieren. Im Einzelnen sind beim Start folgende Punkte zu klären:

- Projekt-Auftrag liegt im Portfolio der Firmenpolitik
- Definition der Aufgabenstellung
- Klärung der Projektverantwortung
- Umfang der für alle Beteiligten akzeptierten Lasten und Ziele
- Abstimmung des Vorgehens innerhalb des Projektes
- Einbettung des Projektes in die Firma und Abgrenzung gegenüber anderen Vorhaben
- Sicherstellung der Motivation und Identifikation aller Beteiligten mit dem Projekt
- Schaffung von übersichtlichen Strukturen und Prozessen
- Machbarkeitsprüfung des Projektes
- Kosten-Nutzen-Betrachtung für die Projektabwicklung
- Festlegen des Budgets und der Termine
- Bedarf an Ressourcen, Know-how und Personal klären.

All diese Informationen müssen in einem Projekt-Auftrag zwischen dem Auftraggeber und dem Auftragnehmer/Projektleiter verankert werden. Das Hauptziel des Startprozesses ist die Einigung auf diesen Projekt-Auftrag. Viele Firmen in Deutschland haben erkannt, dass eine solche Vereinbarung wichtig ist. In den verschiedenen Unternehmen wird sie unterschiedlich genannt:

- „Projektaufgabenstellung" oder
- „Projektdurchführungsauftrag" oder
- „Produktvereinbarung" oder
- „Entwicklungsauftrag" oder
- „Projektübergabe-Gespräch".

Hiermit wird der Inhalt der Übergabe in einem Besprechungsprotokoll checklistenartig festgehalten. Damit ist der wichtigste Prozess beim Start des Projektes aufgezeigt. Parallel dazu – häufig vorgelagert – gilt es die Prozesse

- Zielklärung mit konkreter Aufgabenstellung,
- Kompetenzklärung

  und
- Teambildung und -findung

zu meistern (siehe dazu Bild 2.1). Wir gehen nun auf diese **Prozesse beim Projektstart** näher ein.

Ein guter Projektstart und die damit verbundene klare Zieldefinition ist die Grundvoraussetzung für das Gelingen des kommenden Projektes. „Projektziele definieren" bedeutet einerseits, die Wünsche des Auftraggebers zu konkretisieren, andererseits herauszufiltern, welches die zentralen Anforderungen sind.

Stellen Sie sich vor, Sie unternehmen mit einem Team eine Forschungsexpedition und kennen weder die Unwägbarkeiten des zu erforschenden Gebietes noch den Inhalt Ihrer Ausrüstungen. Der Auftrag und die Witterungsverhältnisse sind auch nicht bekannt. Eine solche Expedition wird erfahrungsgemäß scheitern! Eine erfolgreiche Expedition zeichnet sich durch gewissenhafte Vorbereitung aus.

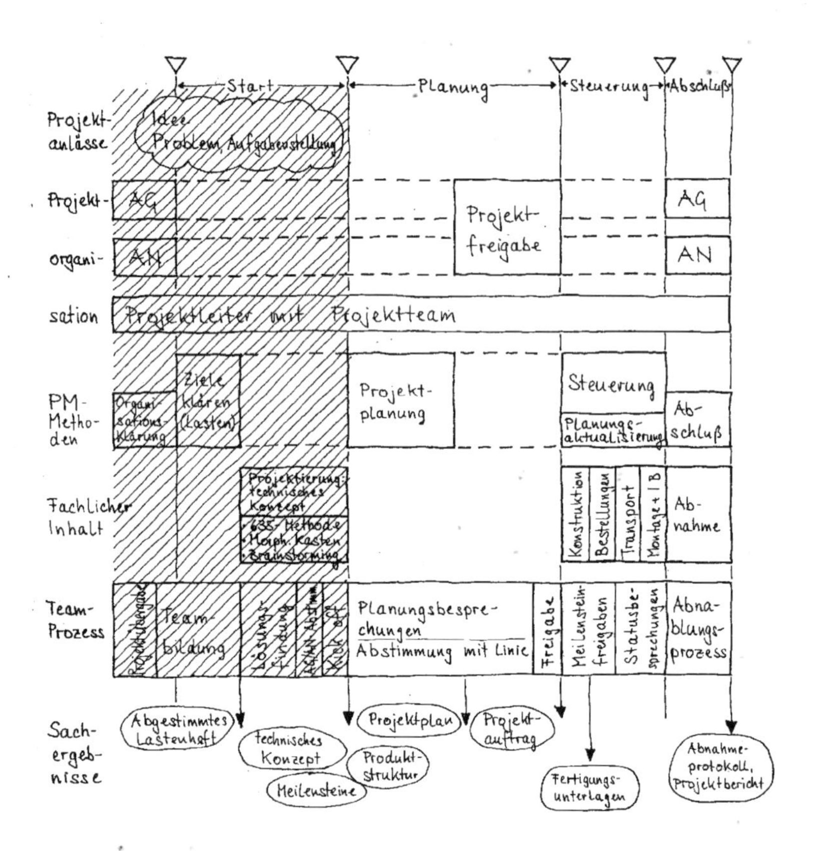

Bild 2.1: Prozesse beim Projektstart

Die Anlässe für Projekte können sehr vielschichtig sein. Für ein bestehendes Produkt sollen neue Features eingebracht werden, die bestehende Anlage muss wegen neuer Umweltverordnungen umgerüstet bzw. erneuert werden oder neue Vorgehensweisen sollen den Durchlauf beim Kundenservice beschleunigen.

Welchen Nutzen will der Auftraggeber für seine Firma erzielen? Welche Probleme sollen beim Auftraggeber z.B. gelöst werden? Auf der anderen Seite: was will der Auftragnehmer neben dem finanziellen Aspekt für sich erreichen? Will der Auftragnehmer eine neue Marktnische besetzen? Will er andere Mitbewerber aus dem Markt drängen? Will er Forschungsergebnisse in konkrete Produkte oder Anlagen transformieren?

Dennoch spielt sich beim Start eines Projektes fast immer das Gleiche ab. Ein Auftraggeber formuliert mündlich oder vielleicht sogar schriftlich seine Wünsche. Ein gefundener Auftragnehmer will diese Wünsche durch brillante technische Leistungen erfüllen. Deshalb ist es wichtig, dass beim Start des Projektes die Lasten genau beschrieben werden. Die Projektzielklärung ist deshalb das A und O.

In der Praxis werden Ziele und Lösungen häufig verwechselt. Wenn Sie z. B. die Anforderung haben, dass ein Koch in der Küche alle Gegenstände binnen 3 Sekunden erreichen soll, so ergeben sich daraus unterschiedliche Lösungsansätze. Die Küche könnte kreisförmig oder quadratisch angeordnet werden. Oder Sie könnten den Koch mit Rollschuhen ausstatten.

Wer sofort in Lösungen denkt, wird feststellen, dass er eine Fülle von weiteren Lösungen außer Acht lässt. Deshalb ist es so wichtig, zunächst die Anforderungen und Ziele mit dem Auftraggeber zu klären, damit später anhand der Zielsetzung eine optimale und kostengünstige Lösung erarbeitet werden kann.

Wenn wir die Sündenfälle in der Projektwirtschaft auflisten würden, dann stünden an oberster Stelle die mangelnde Abklärung der Kompetenzen und/oder die mangelnde Bereitschaft, dem Projektteam und dem Projektleiter die entsprechenden Kompetenzen wie Budgetverfügung, fachliche und begrenzte disziplinarische Befugnis oder Gewinn/Verlustbeteiligung am Projekt zu geben.

In Sonntagsreden wird zwar gefordert, den Projektleiter als Geschäftsführer des Projektes, als Unternehmer auf Zeit zu sehen. Nur zeigt die Praxis: Von den Möglichkeiten, als Unternehmer tätig zu werden, bleibt nicht mehr viel übrig. In der Realität sind das Team und der Projektleiter mit vielen Aufgaben betraut, aber mit wenig Rechten ausgestattet, um der hohen Verantwortung gerecht zu werden. Dies ist ein eklatanter Führungsfehler im Management. Wenig Ziele festlegen und keine eigenen Befugnisse abgeben, das ist Gift für die Projektarbeit.

Andererseits sind der Projektleiter und das Team allzu schnell bereit, sich auf dieses Spiel – eine Gewinner-Verlierer-Situation – einzulassen. Wo bleibt der Mut, vernünftige Rechte auszuhandeln? Wir verstehen das Dilemma der Beteiligten. Die Angst z.B. vor dem Verlust des Arbeitsplatzes verhindert „zivilen Ungehorsam“. Doch sollten sich die Beteiligten darüber im Klaren sein, dass beim Scheitern des Projektes dies auch mit dem Namen des Projektleiters verbunden ist.

Wir empfehlen: Fordern Sie beim Start höflich, aber bestimmt die Rechte ein, die Sie brauchen, um unternehmerisch handeln zu können. Wenn Sie das nicht tun, dann nennen Sie sich statt „Projektleiter“ eher „Projektkümmerer“ oder „Projektverwalter“.

Der Teilprozess „Teambildung und -findung” vollzieht sich einerseits zwischen Auftraggeber und Projektleiter und andererseits zwischen Projektleiter und Team zuzüglich der Zulieferer.

Der Projektleiter sollte das Recht haben, dem Auftraggeber bzw. Auftragnehmer zukünftige Mitglieder des Teams vorzuschlagen. Das Zusammenstellen des Teams kann sich in der Startphase mitunter länger hinziehen. Die Linie ist nicht immer bereit, gerade die fähigsten und besten Mitarbeiter bzw. Mitarbeiterinnen ins Projekt zu geben, obwohl der erhoffte Projektnutzen dies rechtfertigt oder gar erfordert.

Das erste Treffen des Teams sollte gut vorbereitet werden, um den Teamentwicklungsprozess zu fördern. Es geht hier um das Sichkennenlernen, Wünsche und Erfahrungen auszutauschen, Ängste einzubringen und die zukünftige Zusammenarbeit abzusprechen. Verschiedene Vorstellungen müssen integriert werden. Konzentrieren Sie sich bei diesen ersten Gehversuchen mit dem Team mehr auf die zwischenmenschlichen Beziehungen, als gleich mit einer überquellenden Tagesordnung zu schnell zur Sache zu kommen.

Neue Aufgabenstellungen erfordern neue Denkweisen. Steigen wir in einen Ballon, fahren über die Lande und betrachten das Geschehen mit Distanz von oben. So können wir Gesetzmäßigkeiten erkennen, die wir bei der Projektarbeit sinnvoll nutzen können (siehe Bild 2.2).

Führen im engeren Sinne bedeutet, Menschen für Aufgaben und Ziele zu begeistern, Grenzen aufzuzeigen und die nötige Unterstützung zur Herausforderung mitzugeben. Führen kraft eigener Persönlichkeit ist in der Projektarbeit gefordert, da der Projektleiter meistens nicht mit großen Macht- und Druckmitteln ausgestattet ist. Das bedeutet unter anderem, mit den Beteiligten situativ Vereinbarungen zu treffen und auf dieser Grundlage zu führen. Damit werden gute Ergebnisse erzielt.

Teamarbeit als wesentlicher Bestandteil der Projektarbeit bringt gerade beim Start des Projektes die nötigen Informationen, um den Nebel etwas zu lichten. Nützen Sie das Know-how der Beteiligten!

Die Integration ist ein wichtiges Prinzip. Teilaufgaben müssen zu einem Ganzen zusammengefügt werden. Unterschiedliche Interessen sind unter einen Hut zu bringen. Oft sind auseinanderstrebende Kräfte wieder zu bündeln, um - wie mit einem Brennglas - konzentriert Energie einzusetzen.

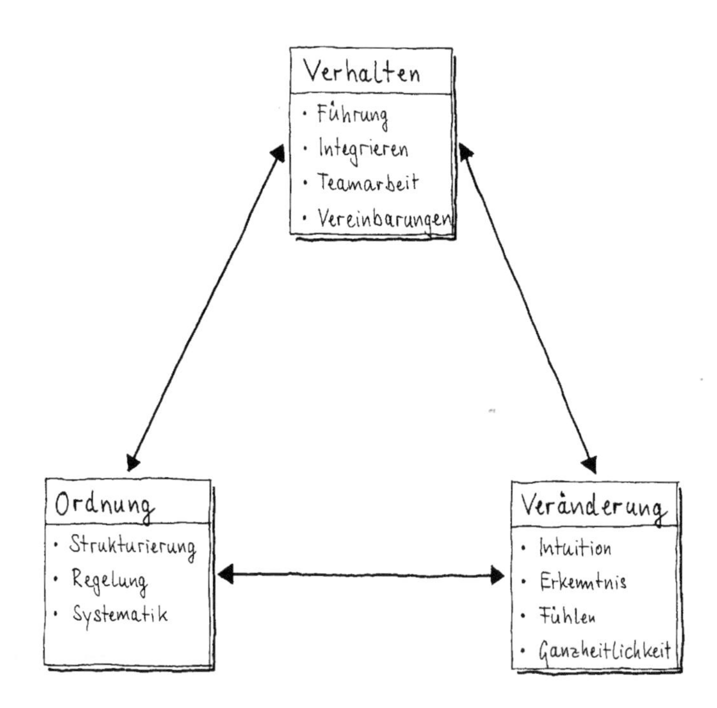

Bild 2.2: Neue Denkweisen

Ordnung ist das halbe Leben. Ordnung in der Mannschaftsaufstellung, im Ablauf des Projektes, im Umgang mit Information und in der Technik ist aufzubauen, eben fit sein in der Strukturkompetenz.

Strukturieren ist eine wichtige Arbeitstechnik, um Ordnung und Übersicht zu schaffen. Dem Prinzip des Zerlegens begegnen wir bei der Zielklärung und der Projektstruktur. Es kommt darauf an, Teilsysteme oder Hauptaufgaben solange zu zerlegen, bis überschaubare Aufgaben bzw. Arbeitspakete vorliegen. Damit wird die Basis für alle weiteren Aktivitäten geschaffen.

Beim Ordnen hilft der Systemansatz. Das Projekt als Kette von Prozessen zu begreifen, innerhalb der Prozesse markante Elemente zu sehen und sich gezielt deren Beziehungen anzusehen – dadurch werden die Teile einerseits, das Gesamte andererseits betrachtet. So können Ursachen und deren Wirkung studiert werden. Der Prozess zeichnet sich weiter darin aus, dass die Elemente gewissen Abläufen folgen. Bei der Terminplanung werden wir dem Prinzip „Vorgänger-Nachfolger" begegnen.

Das einzige, was stabil bleibt, ist die Veränderung. Ein Projekt ist neben dem Zwang zur Ordnung sehr vielen Veränderungen ausgesetzt. Da zeigt sich die Anpassungsfähigkeit der Teammitglieder, der Methoden und der Technik, um den sich einstellenden Veränderungen gerecht zu werden. Die Intuition hilft bei Veränderungen und ist wahrscheinlich sogar ein Teil der Veränderung. Das Fühlen und das Erfassen von Zusammenhängen über das Rationale hinaus, ist die Dimension, die zur Ganzheitlichkeit führt.

Die Balance zwischen Ordnung und Veränderung zu halten, ist die Kunst, die eine situative Führung schaffen kann.

2.2 Der strukturierte Ablauf zu Beginn eines Projektes

Die Anlässe für den Start eines Projektes sind je nach Projektart sehr unterschiedlich. So können bei einem bestehenden Produkt Verbesserungen anstehen, weil der Mitbewerber gleichgezogen hat. Oder neue Arbeitszeitmodelle sollen die Kostenstruktur in einer Firma bereinigen. Neue Ideen, akute Probleme oder konkrete Kundenaufträge sind Auslöser für ein Projekt.

Fehler beim Projektstart rächen sich. In der Praxis werden viele Projekte hektisch und in der Folge unvollständig angegangen. Die Aufgabenstellung bleibt nebulös. Der Projektleiter ist vor dem offiziellen Projektstart schon tätig, oder ein Linienchef zieht die kommenden Arbeiten gleich an sich. Dieses Kapitel soll allen Beteiligten helfen, von Anfang an den richtigen Weg einzuschlagen, um nicht in der Startphase entscheidende Fehler zu begehen, die sich im Laufe des Projektes stark auswirken.

Die Themen sind deshalb

- der Wille des Auftraggebers,
- die Lieferungen und Leistungen (Ergebnisse) des Projektes (Produktqualität),
- die Projektstrategie (Prozessqualität),
- die Zusammenarbeit,
- der Projekt-Auftrag und
- die Startdurchführung.

Mit dem Projekt-Übergabegespräch startet das Projekt. Je nach Situation nehmen die Geschäftsleitung, der zukünftige Projektleiter und der Vertrieb/Marketing am Gespräch teil. Zur Vorbereitung dieses Gespräches sollte ein Projektsteckbrief erstellt werden und eine Bewertung des vorliegenden Auftrages oder Groblastenheftes stattfinden. Dazu gehört, dass die Projektziele, soweit erkennbar, schriftlich formuliert werden. In dem Gespräch muss die Klärung der Verantwortung erfolgen und die Teambildung vorangetrieben werden.

Zu den ersten Aufgaben des Teams gehören die Zielklärung im Detail (Lastenheft) und die Ergebnisstrukturierung in Richtung Liefer- und Leistungsumfang (hier „Projektergebnisstruktur" genannt) und Meilenstein-Bildung. Am Ende dieses Prozesses steht der von allen Seiten akzeptierte interne Projekt-Auftrag. Mit dem Projekt-Übergabegespräch beginnt der Abschnitt „Projektstart". Das Bild 2.3 stellt den Ablauf des Abschnittes Projektstart dar.

Mit dem Projektsteckbrief Überblick verschaffen: Zu den ersten Aufgaben als zukünftiger Projektleiter gehört es, sich anhand von Unterlagen und Gesprächen einen Überblick zu verschaffen. Dazu hat sich der Projektsteckbrief bewährt (siehe Bild 2.4). Neben Auftraggeber und Auftragnehmer werden dort der Anlass, Wunschtermine, Wunschlieferungen, Aussagen zur Gewährleistung und je nach Projekt weitere wichtige Daten genannt. Der Projektsteckbrief ist auch ein wichtiges Instrument, um in kommenden Präsentationen das Projekt kurz und prägnant vorzustellen.

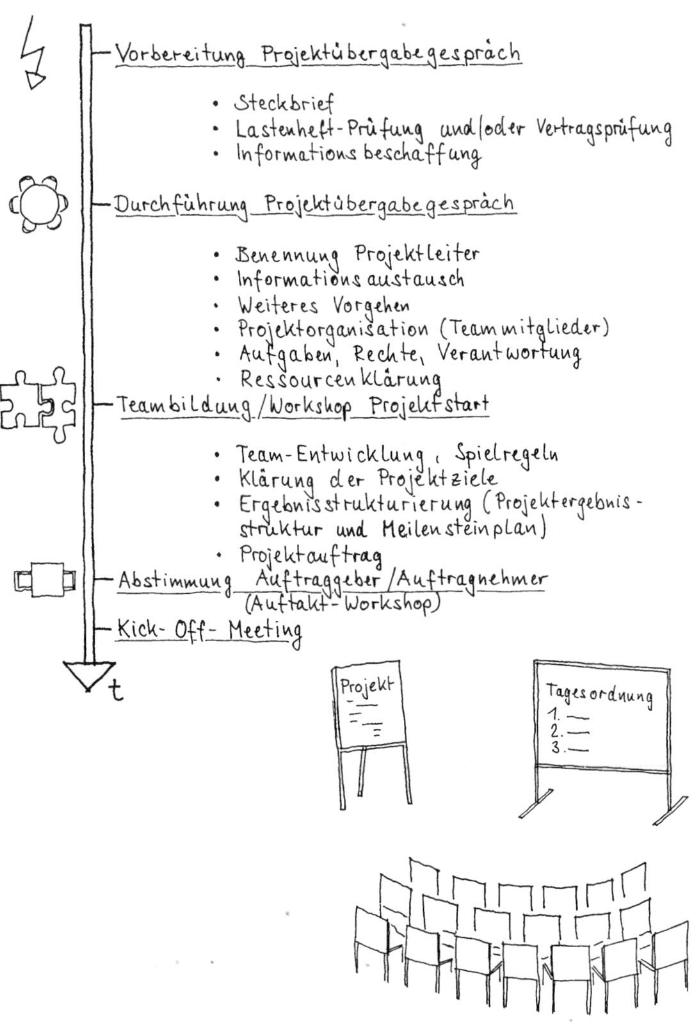

Bild 2.3: Ablauf des Abschnittes „Projektstart"

Projektsteckbrief

Firma:	*AMPELFIT*	Auftragnehmer:	*Ingenieurbüro Leiter*
Projekt:	*Ampel am Gymnasium*	Projektleiter:	*Obering. Gut*
Projekt-Nr.:		AP-Verantwort.:	
Teilprojekt:		Verteiler:	
Meilenstein:			

Auftraggeber: *Stadtamt Unterwolfsheim*

Auftragswert: *EUR 150.000*

Projektergebnisstruktur: *Schlüsselfertige Erstellung von zwei mit Ampeln versehenen Fußgängerübergängen über die Bundesstraße 99 vor dem Gymnasium in Unterwolfsheim.*
Von der Lieferung ausgenommen sind Maßnahmen der Verkehrsbehörde (z.B. Beschilderung gemäß StVO).

Termine: *Fertigstellung und Übergabe innerhalb von 5 Monaten nach Auftragserteilung. Lärmverursachende und verkehrsbehindernde Maßnahmen möglichst in schulfreien Zeiten.*

Zahlungen: *Gesamte Rechnungssumme wird fällig nach Abnahme durch den Auftraggeber.*

Sicherheit: *Zahlung an Unterauftragnehmer erst nach Zahlungseingang durch den Auftraggeber.*

Konventionalstrafe: *1% des Auftragswertes für jede angefangene Verzugswoche.*

Gewährleistung: *Für Eigenleistungen gemäß VOB und einschlägigen gesetzlichen Bestimmungen. Unterauftragnehmer übernehmen Haftung und Gewährleistung für deren Anteile am Auftragswert.*

05.01.	*Gut*	*Leiter*
Datum	(Projektleiter)	(Auftragnehmer)

Bild 2.4: Inhalt des Projektsteckbriefes bei einem Abwicklungsvorhaben, Projekt „Ampel am Gymnasium"

Der Auftraggeber soll ein Groblastenheft vorlegen und damit Chancen und Risiken erkennen. Bei Anlagenprojekten ist dies nach dem Angebot der detaillierte Vertrag. Nach sorgfältigem Studium sind alle Risiken mit ihren Auswirkungen und alle Chancen mit ihren Auswirkungen aufzulisten. Je gründlicher dies geschieht, desto besser können die Risiken in der Projektplanung berücksichtigt und die Chancen, z.B. bei Änderungswünschen des Kunden, genutzt werden (siehe dazu Checkliste „Vertragsbewertung von Anlagenprojekten").

Verantwortlichkeiten klären: klassischer oder prozessorientierter Ansatz? Die namentliche Benennung von Auftraggeber, Auftragnehmer, ggf. Projektausschussmitgliedern, Projektleiter und Teammitgliedern sehen wir als unverzichtbaren Inhalt des Projekt-Organigrammes und des Projekt-Auftrages an. Dabei ist wichtig, wie Sie die Projektorganisation aufbauen. Funktionale Organisation bedeutet, dass aus den einzelnen Fachbereichen wie Vertrieb, Marketing, Konstruktion, Arbeitsvorbereitung usw. je ein Vertreter ins Kernteam kommt.

Dieser klassische Ansatz überträgt die Linienorganisation ins Projekt. Der Nachteil ist, dass sich jeder nur für seine Spezialaufgabe verantwortlich fühlt. Wenn z.B. in der Montage, bei Anlagenprojekten oder beim Test in der Software-Entwicklung etwas nicht funktioniert, werden die vorgeschalteten Instanzen zur Rechenschaft gezogen. Der prozessorientierte Ansatz basiert auf der Gliederung der Liefer- und Leistungsumfänge (Projektergebnisstruktur) wie z.B. Mechanik, Elektrik oder Grundsystem einer CAD-Software. Das Mitglied im Kernteam betreut einen bestimmten Liefer- und Leistungsumfang von A bis Z, eben eine ganze Prozesskette vom Pflichtenheft bis zur Abnahme. Wichtig ist an dieser Stelle, dass die Nahtstellen von Prozess zu Prozess (also von Liefer- und Leistungsumfang 1 bis n) geklärt werden. Deshalb muss einer aus dem Kernteam (z.B. der stellvertretende Projektleiter) die Gesamtsystem-Verantwortung tragen, das Schnittstellenmanagement organisieren. Verantwortung sollte so festgelegt werden, dass das „Schwarze-Peter-Spiel" weitgehend ausgeschlossen ist.

Die Zusammenarbeit im Team will gelernt sein. Neben den zentralen Themen „Aufgaben, Rechte und Verantwortung" und „Nahtstelle Projekt – Linie" wenden wir uns der Frage zu, wie die Zusammenarbeit im Team sein soll. Prinzipiell gibt es in der Projektarbeit zwei Arten von Teambesprechungen. Aus der Sicht der Projektführung hat sich die Projekt(status)besprechung als nützlich erwiesen. Aus der Sicht des Arbeitens und der Lösung von Problemen hat sich die Arbeitsbesprechung bewährt. In der Praxis werden diese grundverschiedenen Besprechungen stark vermischt. Im einen Fall geht es darum, „Probleme lösen zu lassen", und im anderen Fall geht es darum, „Probleme zu lösen". Im ersten Fall tagt das Projektteam, auch Kernteam genannt. Die Zusammensetzung im zweiten Fall ist situativ bedingt, ggf. kommen andere Aufgabenträger hinzu, um die anstehenden, in erster Linie technischen Probleme zu lösen (siehe Kapitel 3: Arbeitspaketverantwortliche).

Was sollen dennoch beide Teamarbeiten gemeinsam haben?

1. Sie sollen von jedem Teilnehmer sorgfältig vorbereitet werden. Charts, Folien oder Beamer zur Visualisierung mitzubringen ist Pflicht.
2. Jede Besprechung soll eine feste Tagesordnung haben, so dass die Verfahrensfrage nicht ständig neu geklärt werden muss.
3. Es soll klar sein, dass alle Ergebnisse gleich an Ort und Stelle dokumentiert und verteilt werden (Simultan- oder Sofortprotokoll).
4. Die Regeln der Zusammenarbeit sollen in einer der ersten Besprechungen thematisiert, festgelegt und eingehalten werden.

2.3 Die organisatorischen Aspekte des Projektstartes

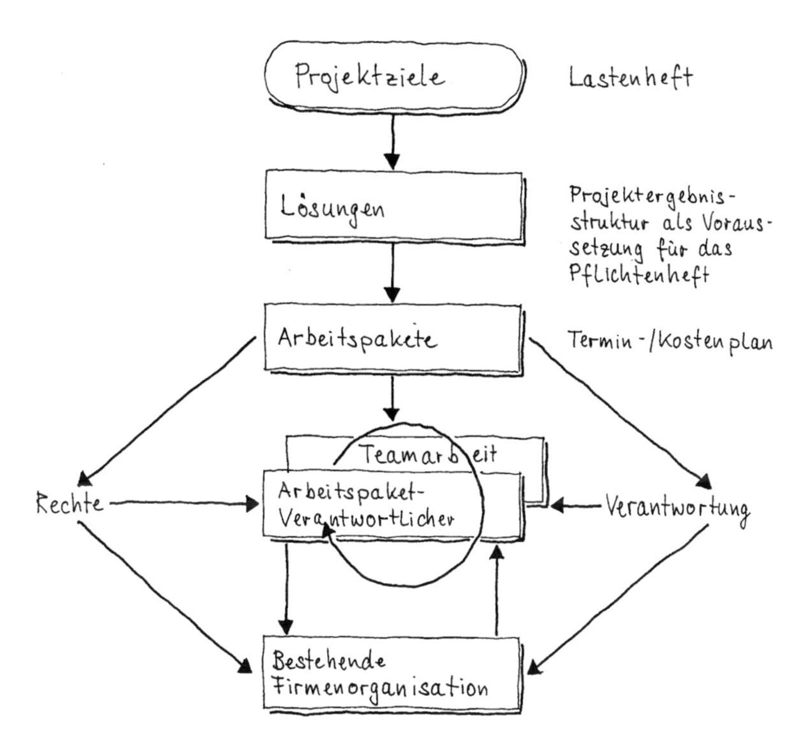

Bild 2.5: Elemente und Beziehungen der Zusammenarbeit

Das Bild 2.5 zeigt Elemente und Beziehungen der Zusammenarbeit. Aufgaben, Rechte und Verantwortung sollen ausgeglichen sein.

Die Bildung von Arbeitspaketen bis hin zur Termin-, bzw. Kostenplanung vertiefen wir in Kapitel 3.

Die Zusammenarbeit muss in mehrere Richtungen geregelt sein. Es geht um einen Bezugsrahmen, um die Orientierung für alle Betroffenen zu ermöglichen und um für Konflikte den Lösungsmechanismus im Vorfeld besonnen festzulegen. Aus den Projektzielen heraus werden Lösungen entwickelt, die wiederum zu Aufgaben führen. Für die Erledigung der Aufgaben sind Aufgabenträger (Sie ertragen die Aufgabe oder tragen Sie die Aufgabe?) erforderlich. Die Aufgabenträger, genannt Arbeitspaketverantwortliche, sind in einer bestehenden Firmenorganisation beheimatet. Rechte und Verantwortung bestimmen den Freiheitsgrad, um die Aufgaben mehr selbständig oder unselbständig zu erledigen.

AUFGABEN

- Klärung der Zielvorgaben + Randbedingungen
- Steuerung der Zielerreichung
- Festlegung der Aufbau- und Ablauforganisation
- Koordinieren der P-Beteiligten
- Info an/von Management
- Kommunikation mit AG
- Gesamtplanung des Projektes
- Dokumentation
- Reintegration seiner P-MA mit Linienvorgesetzten besprechen

RECHTE

- Mitspracherecht bei der Formulierung des P-Zieles
- Auswahl der P-MA
- P nach außen zu vertreten
- Fachliche Weisungsbefugnis
  - was getan wird
  - von wem
  - wie wird es getan
- Entscheidung über Lösungsalternativen
- Verfügungsrecht über P-Budget
- Mitsprache bei der Beurteilung der P-MA
- Info-Recht

VERANTWORTUNG

- P erfolgreich abzuschließen
- Einhalten des Vertrages
-

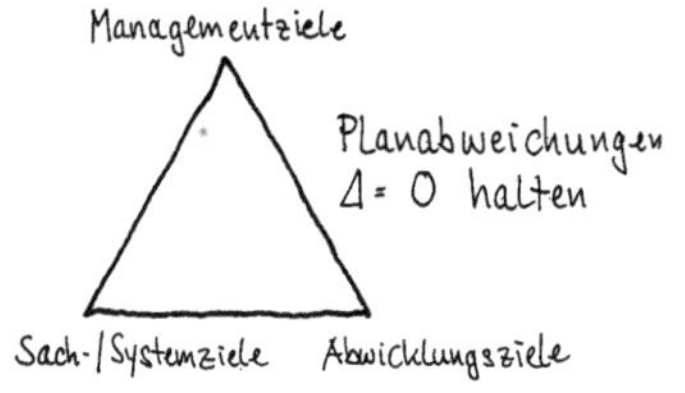

Managementziele

Planabweichungen
Δ = 0 halten

Sach-/Systemziele Abwicklungsziele

VERHALTENSERWARTUNGEN

Sind von Art und Umfang des Projektes abhängig.
Hier einige Anregungen:

- Durchsetzungsstark
- Entscheidungsfreudig
- Präsentationsgeschick
- Teamfähig
- Offen und ehrlich
- Kollegial nach außen
- Projekt gut „verkaufen"

Bild 2.6: Projektleiter - Aufgaben, Rechte, Verantwortung, Verhaltenserwartungen

Die Aufgaben, Rechte, Verantwortung und Verhaltenserwartungen des Projektleiters, der Projektmitarbeiter und der Linienvorgesetzten sind in den Bildern 2.6 bis 2.8 zusammengestellt.
Wenn in einer Firma diese Dinge standardisiert, z.B. in einem Qualitätshandbuch, aufgelistet sind, sollten Sie die projektspezifische Anpassung nicht versäumen und darauf Wert legen, dass die Aufgaben, Rechte und Verantwortung im Projekt-Auftrag schriftlich geklärt werden.

AUFGABEN

- Fachwissen einbringen
- Abarbeiten der Teilaufgaben
- Abstimmung Schnittstelle Linie
- Info-Pflicht an PL
- Mitarbeit bei P-Auftrag und Planung
- Verfügbarmachen von Linien-Know-how

RECHTE

- Verbindlichkeit von Zusagen/Aussagen/Entscheidungen
- Einfordern von Linien-MA/ext. MA/Team-MA beim PL zur Ausführung seiner Teilaufgaben

VERANTWORTUNG

- Fachgerechte Durchführung seiner Aufgabe
- Zielerreichung seiner AP

VERHALTENSERWARTUNGEN

Sind von der Aufgabenstellung abhängig.
Hier einige Anregungen:

- Identifizierung mit Aufgabe
- Kritikfähigkeit
- Bereitschaft, sich mit anderen Fachgebieten zu beschäftigen

Bild 2.7: Projektmitarbeiter, Arbeitspaket-Verantwortlicher - Aufgaben, Rechte, Verantwortung, Verhaltenserwartungen

AUFGABEN

- Bereitstellen von Ressourcen
- Know-how-Sicherung
- Bildung von Innovationen

RECHTE

- Rückmeldung über Leistung des P-MA einzufordern
- Personalverantwortung festlegen

VERANTWORTUNG

- Reintegration am Ende des P
- "WIE" welche fachliche/technische Lösung
- "WER" welcher MA in P-Team

VERHALTENSERWARTUNGEN

Sind von der Person abhängig.
Hier einige Anregungen:

- "Offen" für's Projekt
- Darf nicht Hemmschuh sein
- Dialogbereit sein

Bild 2.8: Führungskraft in der Linie - Aufgaben, Rechte, Verantwortung, Verhaltenserwartungen

Die Einbindung des Projektes in die Firma muss klar sein.

Je nach Größe der Projekte und damit auch je nach der Bedeutung der Projekte für das jeweilige Unternehmen sind die Projekte unterschiedlich in die bestehende Firmenstruktur eingebunden. Folgende Organisationsformen sind idealtypisch in der Praxis wiederzufinden:

- Reine Projektorganisation
- Matrixorganisation
- Stabsorganisation
- Linienorganisation
- Poolorganisation.

In der Praxis werden diese Organisationsmodelle meistens in Mischformen anzutreffen sein.

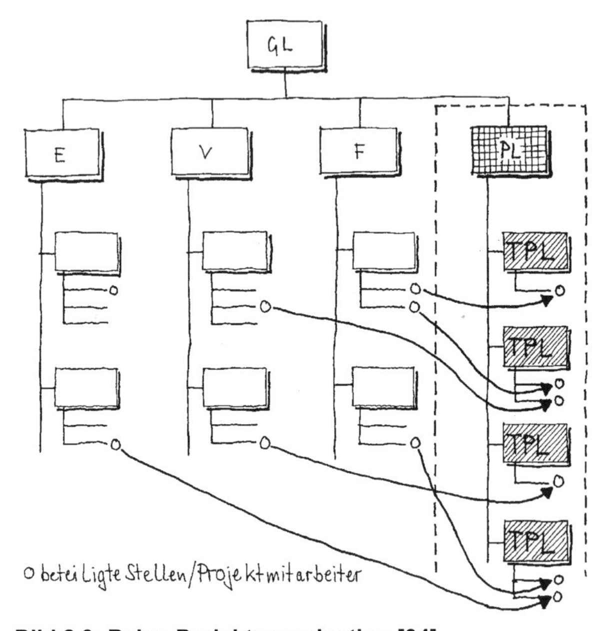

Bild 2.9: Reine Projektorganisation [04]

Die **reine Projektorganisation** bedeutet, dass die Mitarbeiter aus den verschiedenen Linienbereichen in das Projekt versetzt werden. Der Projektleiter hat die fachliche Weisungsbefugnis, aber auch die disziplinarische Befugnis gegenüber seinen Mitarbeitern. Es entsteht ein neuer Bereich in der Firma. Deshalb wird diese Form der Organisation als „Unternehmermodell" bezeichnet. Die Durchlaufzeit des Projektes kann stark reduziert werden. Die „Hausmacht" des Projektleiters ermöglicht eine hohe Schlagkraft, deshalb ist diese Organisation für terminkritische Projekte sehr sinn- und wirkungsvoll. Durch die Umstrukturierung in einer Firma entsteht ein beträchtlicher Aufwand, der meist nur bei großen und strategischen Projekten gerechtfertigt ist (siehe Bild 2.9).

Die **Matrixorganisation** geht arbeitsteilig vor. Das Projektmanagement bestimmt, „was" bis „wann" zu tun ist. Die Linien bestimmen, „wer" es „wie" tut. Die Mitarbeiter bleiben in ihren Organisationen. Der Projektleiter wird den Linienverantwortlichen gleichgestellt. Bei großen und technologisch orientierten Vorhaben ist dies sinnvoll. Das „furchtbare bzw. fruchtbare Modell“ kann gut funktionieren. Oft unterlaufen aber starke Linien die o.a. Arbeitsteilung. Dann ist diese Organisationsform zum Scheitern verurteilt. Für kleine Projekte ist dies kein akzeptabler Weg (siehe Bild 2.10).

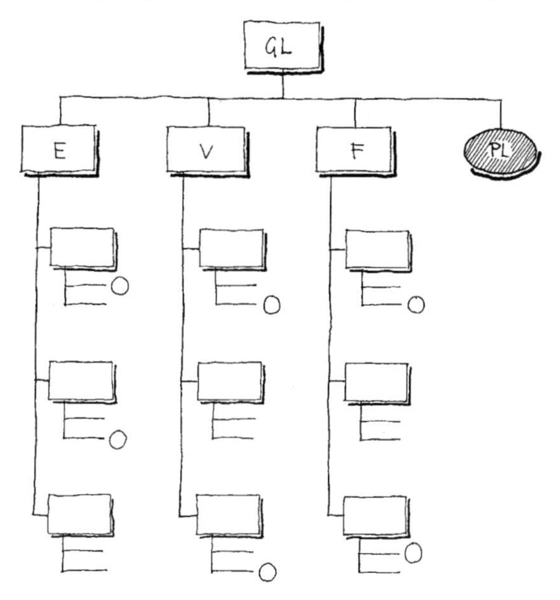

Bild 2.10: Matrixorganisation [04]

Die **Projektarbeit in Stabsfunktion** wird gerne bei Organisationsprojekten gewählt, da die Akzeptanz der beteiligten Linienbereiche besonders gefragt ist. Der Projektleiter kann nur beraten, er darf keine Entscheidungen treffen. Dieses „Frustrationsmodell“ wird jedoch erfahrungsgemäß für Vorhaben der Organisationsentwicklung mit mittlerem und größerem Umfang eingesetzt (siehe Bild 2.11).

Projekte aus der Linie heraus zu managen bedeutet, der Projektleiter und seine Teammitglieder bleiben in ihrer Linienfunktion. Für kleine Projekte ist dies im Prinzip durchaus zweckmäßig. Allerdings sind im Konfliktfall lange Entscheidungswege zu durchlaufen. In der Praxis wird der Projektleiter mit geringen Rechten ausgestattet, so dass die langen Entscheidungswege vorprogrammiert sind. Die meisten Konflikte entstehen bei diesem Modell, weil der Projektleiter und seine Mitstreiter die Projektarbeit zusätzlich zu ihrem Tagesgeschäft erledigen müssen.
Die notwendige Entlastung auf diesem Gebiet wird nicht gewährt. Die Doppelbelastung gefährdet die Kooperation, schwächt den Teamgeist und erschwert das Erreichen der Ziele (siehe Bild 2.12).

In neuerer Zeit wird auch die **Poolorganisation** angewendet. Aus den Pools, z.B. „Konstruktion“, „Projektleitung“, „Fertigung“, wird nun das Projekt zusammengestellt. Der Betroffene arbeitet z.B. anteilig für das Projekt. Er kann sich so auf die Aufgaben im Projekt voll konzentrieren und wird durch das Tagesgeschäft nicht abgelenkt. Das erledigen Kollegen aus dem Pool. Dies ist sicher ein Weg, Projekte zu initiieren und erfolgreich abzuwickeln. Damit entfällt der ständige Ressourcenkampf. Diese Vorgehensweise ist aber nur bei großen Projekten geeignet.

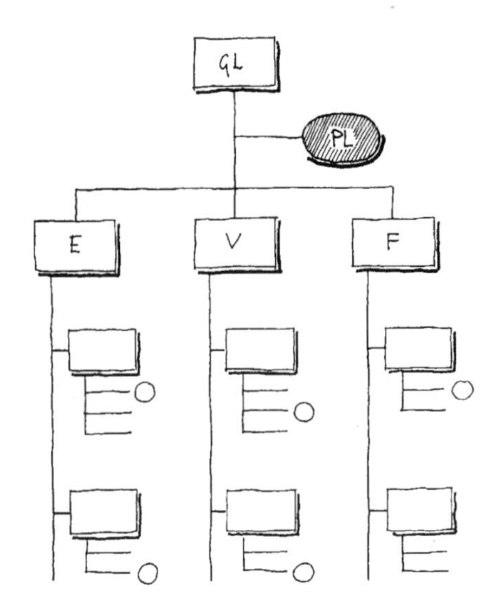

Bild 2.11: Stabsorganisation [04]

Die notwendige Entlastung auf diesem Gebiet wird nicht gewährt. Diese Doppelbelastung gefährdet die Kooperation, schwächt den Teamgeist und erschwert das Erreichen der Ziele (siehe Bild 2.12).

Vergleichen wir die einzelnen Einbindungen mit dem Thema Aufgaben, Rechte und Verantwortung, so ist sehr deutlich zu sehen, dass durch die Einbettung des Projektes deren Gewichtung unterschiedlich gestreut ist:

Die reine Projektorganisation fordert und bringt unternehmerisches Handeln und ist deshalb für den Projektleiter voll zu begrüßen.

Die Matrixorganisation beinhaltet nur die fachliche Weisungsbefugnis. Da der Ressourcenzugriff voll bei der Linie liegt, ist in der Praxis dieses Modell nur unter Klärung der Ressourcen praktikabel.

Die Stabsorganisation ist eine reine Beratungsaufgabe. Wenn nicht von der Sache her sinnvoll, wie bei Organisationsprojekten, dann sollten Sie diese Form der Einbettung in die Firma meiden.

Projekte in der Linie abzuwickeln, ist in der Praxis nur Kosmetik. Die Zelte stehen im Burghof (Bild 1.4). Diese Form bringt nicht den gewollten Nutzen für die Projektarbeit.

Projekte aus Pools zu speisen bedeutet, dass die Beteiligten für die Projektlaufzeit ganz ohne Tagesgeschäft für das Projekt zur Verfügung stehen. Damit ist die Situation wie bei der „reinen Projektorganisation" gegeben, ein Mitarbeiter kann bei bis zu 4 Projekten mitarbeiten.

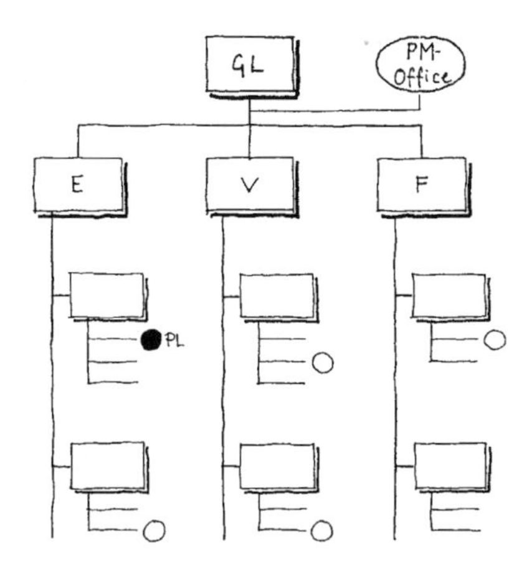

○ beteiligte Stellen / Projektmitarbeiter

Bild 2.12: Projekte in der Linie [04]

Die jeweilige Einbettung des Projektes in die Firma spiegelt sich im Projekt-Organigramm (Bild 2.13) wider. Das Projekt-Organigramm zeigt auf der linken Hälfte die Auftraggeber-Seite und auf der rechten Hälfte die Auftragnehmer-Seite. Neben den jeweiligen Kernteam-Mitgliedern werden zusätzlich die zeitlich befristeten Mitarbeiter mit ihren Arbeitspaketen unter der Rubrik „Erweitertes Team" ausgewiesen.

2.4 Die fachlichen Aspekte des Projektstartes im Überblick

Zunächst wollen wir uns aus der Sicht des PM auf das Herzstück des Lastenheftes konzentrieren: die Projektziele. Sie beschreiben die wesentlichen Anforderungen des Auftraggebers und der Firma an das Projekt. Weitere technische Spezifikationen, Konzepte und Unterlagen können schon Bestandteil des Lastenheftes sein. **Die Gliederung des Lastenheftes** umfasst [11]:

1. Einführung in das Projekt
2. Beschreibung der Ausgangssituation (IST-Zustand)
3. Aufgabenstellung (SOLL-Zustand) (Auftraggeberziele)
4. Anforderungen an die Systemtechnik (System-, Sachziele)
5. Anforderungen an die Qualität
6. Anforderungen für die Inbetriebnahme und den Einsatz
7. Anforderungen an die Projektabwicklung (Abwicklungsziele)
8. Schnittstellen
9. Rand-/Rahmenbedingungen

10. Anforderungen des Auftragnehmers (Managementziele)

Die Punkte 1 bis 9 sollten vom Auftraggeber kommen; sie werden meistens Vertragsbestandteil. Der Punkt 10 stellt die Sicht des Auftragnehmers dar; er dient beim Auftragnehmer dazu, noch mehr Klarheit für die Projektbeteiligten in den Auftrag zu bringen.

Projekt-Organigramm (extern/intern)

Firma:	*AMPELFIT*	Auftragnehmer:	*Ingenieurbüro Leiter*
Projekt:	*Ampel am Gymnasium*	Projektleiter:	*Obering. Gut*
Projekt-Nr.:		AP-Verantwort.:	
Teilprojekt:		Verteiler:	
Meilenstein:			

Auftraggeber-Seite			Auftragnehmer-Seite
	Stadtamt Unterwolfsheim Auftraggeber	*Ingenieurbüro Leiter* Auftragnehmer	
Bürgermeister Schnell, Dr. Lampel Ausschuss	Kernteam	Kernteam	*GL Leiter, Leiter Engineering Gründlich* Ausschuss
Erweitertes Team	*Stadtdirektor Ungeduld* Projektleiter	*Obering. Gut* Projektleiter	Erweitertes Team
	Leitung Bauamt Frau Bauhoch	*Konstruktion Frau Meister*	
		Konstruktion Herr Gesell	
		Einkauf Frau Preiswert	

P.S.: Bitte neben Funktion und Name auch Tel.-Nr. und E-Mail-Adressen eintragen.

08.01.	*Gut*	*Leiter*
Datum	(Projektleiter)	(Auftragnehmer)

Bild 2.13: Projekt-Organigramm für das Projekt „Ampel am Gymnasium“

Was will der Auftraggeber? Die Antworten auf diese Frage fließen in das Lastenheft ein. Es umfasst mehr oder minder konkrete Forderungen an das zu erstellende System und beschreibt dessen Eigenschaften (siehe Bild 2.14).

Wir empfehlen, das Lastenheft mindestens nach

- ⇨ Sach- und Systemzielen,
- ⇨ Abwicklungszielen,
- ⇨ Managementzielen und
- ⇨ Rand- und Rahmenbedingungen (Einflussfaktoren nach außen)

zu gliedern. Wir sprechen dann von einem Zielkatalog. Wenn der Zielkatalog um die Gesichtspunkte 1, 2, 3, 5, 6 und 8 erweitert wird, sprechen wir von einem Lastenheft. Der Erfolg des Projektes wird wesentlich durch die Klarheit, Richtigkeit und Akzeptanz dieser Ziele bestimmt.

Das Lastenheft (Gliederung 1 bis 9) kommt vom Auftraggeber und muss dann von den Beteiligten des Auftragnehmers hinterfragt, konkretisiert und auf technische Machbarkeit geprüft werden. Um diese Ziele muss zwischen Auftraggeber und Auftragnehmer/Projektleiter leidenschaftlich „gestritten" werden. Wer sich damit zu wenig auseinandersetzt, bezahlt dies im Lauf des Projektes mit ungedeckten Schecks.

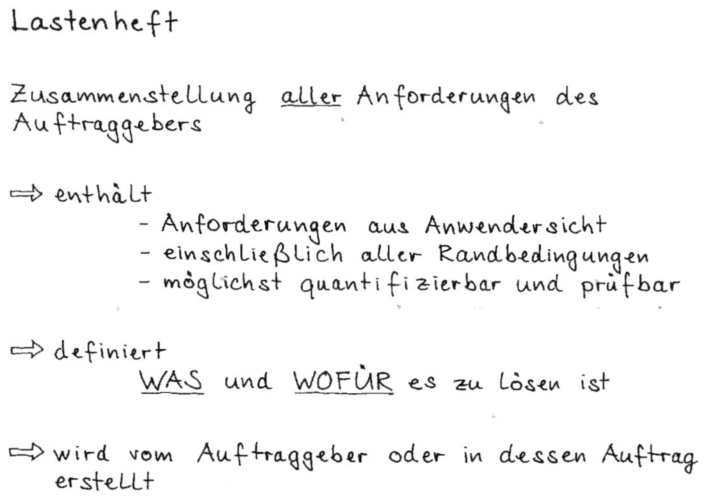

Lastenheft

Zusammenstellung aller Anforderungen des Auftraggebers

⇨ enthält
- Anforderungen aus Anwendersicht
- einschließlich aller Randbedingungen
- möglichst quantifizierbar und prüfbar

⇨ definiert
WAS und WOFÜR es zu lösen ist

⇨ wird vom Auftraggeber oder in dessen Auftrag erstellt

Bild 2.14: Lastenheft [11]

Wie schaut die Lösung aus? Um die Ziele zu erreichen, müssen nun verschiedene alternative Lösungen angedacht werden. Natürlich kann es vorkommen, dass der Auftraggeber fertige Lösungen und Konzepte auf den Tisch legt (z.B. bei Ausschreibungen). Hier sollten Sie nochmals einen Schritt zurück tun: erst nach den Zielen fragen, um anschließend anhand der Ziele die Lösung des Auftraggebers zu checken. Vielleicht gibt es ganz andere und bessere Lösungen. Dieses Vorgehen vermeidet Denkrillen und setzt neues kreatives Potenzial frei. Die Ergebnisse dieses Prozesses werden im Pflichtenheft zusammengestellt. Der Auftraggeber verteilt Lasten, der Projektleiter begibt sich in die Pflicht, die Lasten zu tragen (siehe Bild 2.15).

Gliederung des Pflichtenheftes

Gliederungspunkte 1 bis 10 des Lastenheftes einschließlich Erweiterungen mit

11. Systemtechnische Lösungen
12. Systemtechnik (Ausprägung)

Anhänge

Pflichtenheft (grob)

Beschreibung der Realisierung aller Anforderungen des Lastenhefts

⇨ enthält
- das Lastenheft
- Detaillierung der Anwendervorgaben
- die Realisierungsanforderungen

⇨ definiert
WIE und WOMIT die Anforderungen zu realisieren sind

⇨ wird vom Auftragnehmer erstellt, falls erforderlich unter Mitwirkung des Auftraggebers

Bild 2.15: Grobpflichtenheft [11]

Was ist der Unterschied zwischen Ziel und Ergebnis? Das Ziel ist eine Messlatte, mit der Ergebnisse überprüft werden können. Die Ergebnisse können den erwünschten Zustand beschreiben (z.B. eine Zeichnung des Produktes) oder den tatsächlichen Zustand (z.B. das fertige Produkt) darstellen. Die Groblösung wird in einer Liefer- und Leistungsstruktur, kurz Projektergebnisstruktur (PeS) genannt, dargestellt. Die Groblösung ist der Start für die Projektplanung. Denken Sie ergebnisorientiert. Beginnen Sie Ihre Planung mit der Fragestellung „Was bekommt der Auftraggeber auf Grund seiner Wünsche und Anforderungen am Ende des Projektes konkret geliefert und geleistet?" Der Zielkatalog oder das Lastenheft und das Grobpflichtenheft, bzw. die Projektergebnisstruktur müssen eine logische Einheit bilden.

Nachdem in groben Zügen die System-, Produkt-, Anlagenqualität steht, sollte die Prozessqualität angesehen werden. Das Bild 2.16 zeigt den Zusammenhang von Produkt- und Prozessqualität. Welcher Weg soll eingeschlagen werden, um den Erfolg des Projektes sicherzustellen? Wie schaut die Strategie des Projektes aus? Dazu hilft die Festlegung von Meilensteinen. Meilensteine sind Etappen oder Zwischenergebnisse wie z.B. bei Radrennen. Die zu einem Meilenstein zu erreichenden wesentlichen Sachergebnisse, Termine und Kosten sind überprüfbar und eindeutig festgelegt.

2.5 Die fachlichen Aspekte des Projektstartes im Detail: Ziele, Lasten klären, 1. Schritt

Zunächst gilt es, alle Anforderungen zu sammeln – z.B. auf Moderationskarten oder Klebezetteln – und sie in Anforderungsblöcken zusammenzufassen. In der Projektplanung (siehe Kapitel 3) sprechen wir vom **1. Schritt.** In der Praxis haben sich als Einstieg die folgenden vier Kategorien aus der Sicht des Auftragnehmers bewährt:

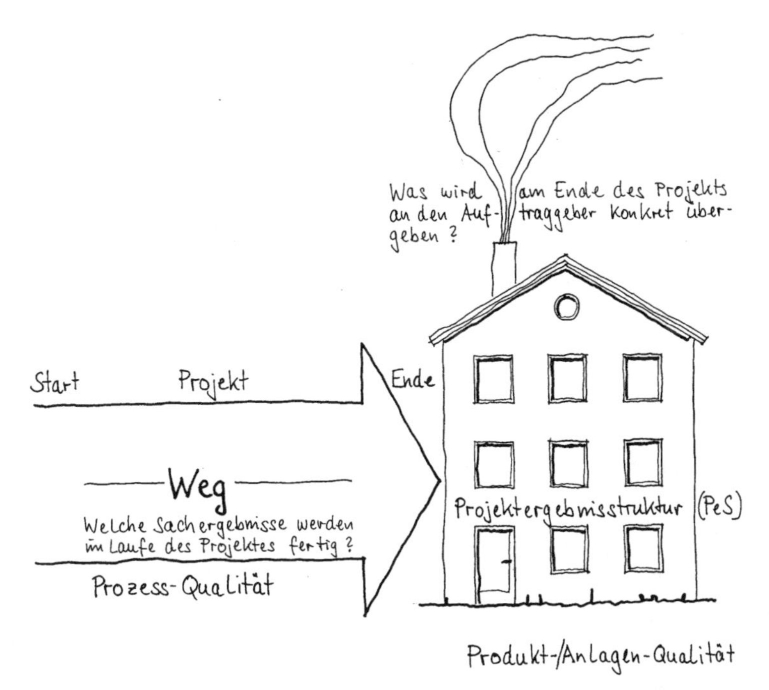

Bild 2.16: Zusammenhang von Produkt- und Prozessqualität

1. Managementziele
Mit den Managementzielen werden Zielgruppen, Gewinnmargen, Preise, Produktphilosophien, Marktsegmente und Firmenstrategien projektbezogen dargelegt.
Weshalb soll dieses Projekt in dieser Firma (des Auftragnehmers) durchgeführt werden?

2. Sach- und/oder Systemziele
Darunter fallen alle Anforderungen an das zu entwickelnde Produkt oder an die Anlage. Dazu ein Beispiel: Der Rechner für einen Flughafen soll 24 Stunden verfügbar sein.
Was soll das Produkt, die Anlage können?

Häufig ist das Sachziel „Lieferung einer funktionsfähigen Anlage" aufzuspalten in Ziele/Anforderungen an Hardware, Software, Dokumentation, Bedienungskomfort, Service usw. ...

3. Abwicklungsziele
Dies sind Anforderungen an den Prozess und an die Art und Weise der Projektdurchführung. Sie betreffen die Qualifikation des Personals, die Kosten und Termine,die Vorgehensweise und Transparenz für die Abwicklung. Welche Anforderungen werden an den Weg gestellt?

4. Rand- und Rahmenbedingungen (externe Einflussfaktoren)
Wie ist das Projekt in das Umfeld eingebettet? In welcher Sprache soll die Dokumentation abgefasst werden? Welche Normen, Firmenrichtlinien, Gesetze kommen zum Tragen? An welchen Standorten soll das Projekt durchgeführt werden? Welchen klimatischen Bedingungen wird die Anlage ausgesetzt sein? Im Wesentlichen werden hier die externen Einflussfaktoren des Umfeldes an Projekt und Projektergebnis dargestellt.

Das Bild 2.17 veranschaulicht die Grundstruktur der im Zielkatalog niedergeschriebenen Projektziele.

Anforderungen an Ziele sind:

⇨ Leitlinie und Messgröße für Lösungen im Projekt
⇨ akzeptierbar für Beteiligte
⇨ messbar, überprüfbar
⇨ Abnahmekriterien für Projektende
⇨ widerspruchsfrei
⇨ realistisch und machbar

Achtung: Ein Ziel ist nicht gleich die Lösung!

Eine Anforderung, ein Ziel stellt eine Messlatte dar, mit deren Hilfe sich später überprüfen lässt, ob die gefundenen Lösungen den beschriebenen Zielen entsprechen. Anforderungen sollen deshalb so weit als möglich operationalisiert und widerspruchsfrei sein. Als Technik für die Präzisierung von Zielen haben sich die Frage „Warum" bei top down und die Frage „Wie" bei bottom up bewährt. Das Bild 2.18 zeigt ein Beispiel „Wartbarkeit eines Gerätes".

Konkrete Anforderungen beschreiben, was konkret zu erfüllen ist.

Der Prozess der Konkretisierung der Anforderungen dient dazu, geeignete Teillösungen für später vorzubereiten, sich auf das Wesentliche zu konzentrieren und die Akzeptanz der Beteiligten zu erreichen. Am Ende dieser Strukturierung muss allen Beteiligten klar sein, welche Anforderungen nun im Rahmen des Projektes zu erfüllen sind. Dieser Klärungsprozess wird in der Praxis oft übersehen. Nicht nur das Strukturieren der Ziele, das Operationalisieren der Anforderungen ist wichtig, ebenso entscheidend ist, dass die Beteiligten über diese Anforderungen eine gleiche inhaltliche Vorstellung entwickeln. Nur so können Missverständnisse von Anfang an ausgeschaltet werden.

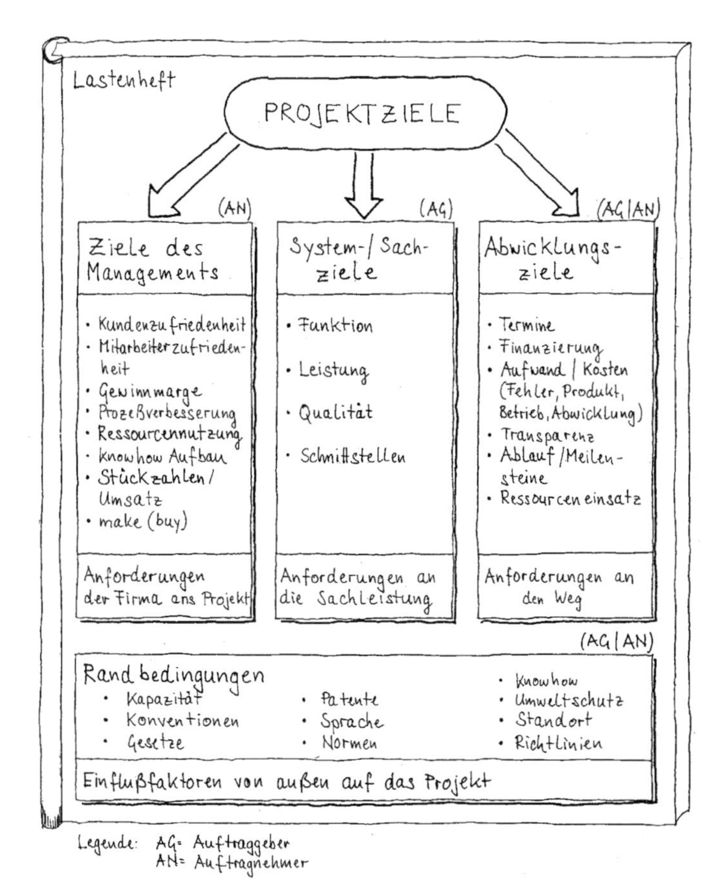

Bild 2.17: Grundstruktur des Zielkataloges aus der Sicht des Auftragnehmers

Abhängig von der Ausgangssituation werden in der Praxis Lastenhefte bzw. Zielkataloge auf unterschiedliche Art und Weise erstellt.

Fall 1:
Der Auftraggeber äußert mündlich gegenüber dem Auftragnehmer/Projektleiter seine Wünsche und Vorstellungen. Hier gilt es nun, die Anforderungen schriftlich zu formulieren und dem Auftraggeber Vorschläge zu unterbreiten. Nach einigen Diskussionen haben sich Auftraggeber und Auftragnehmer verständigt. Das Lastenheft bzw. der Zielkatalog wird unterschrieben.

Fall 2:
Der Auftraggeber legt ein Lastenheft bzw. Zielkatalog vor. Nun ist es wichtig, mit technischem Sachverstand die Anforderungen kritisch zu untersuchen, zu präzisieren oder auch zu verwerfen. Das überarbeitete Lastenheft wird mit dem Auftraggeber besprochen und verabschiedet.

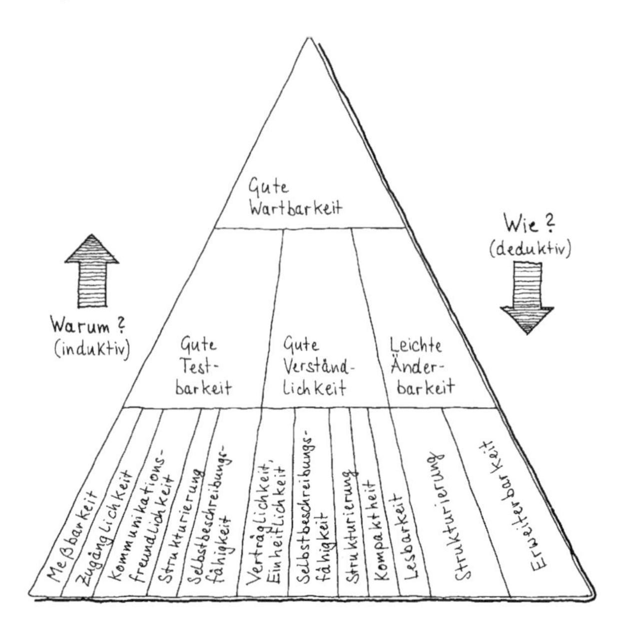

Bild 2.18: Funktionsanalyse „Wartbarkeit eines Gerätes“

Fall 3:
Der Auftraggeber vermischt Anforderungen und Lösungen und gibt das zu realisierende Konzept fest vor. Nun muss erst „die Spreu vom Weizen" getrennt werden. Danach gilt es, die Anforderungen um die fehlenden Ziele zu ergänzen und zu operationalisieren. Wenn dies nicht geschieht, verbaut sich der Auftraggeber den Weg zu möglicherweise kostengünstigen Alternativen zu seinem Erstvorschlag. Den Auftraggeber auf den „Pfad der Tugend" zu führen, bedarf gewisser diplomatischer Fähigkeiten.

Wie Dr. Keplinger in seiner Untersuchung [12] zusammenfasst, gilt:

⇨ Die Zielvereinbarung ist eine der ersten und wichtigsten Aufgaben im Projektmanagement.
⇨ Ziele sollen möglichst knapp formuliert werden.
⇨ Termine sind möglichst knapp, aber machbar vorzugeben.
⇨ Methodische Hilfsmittel wie z.B. strukturierte Zielbäume erleichtern die Zielformulierung.
⇨ Projektziele sollen möglichst stabil gehalten werden.

2.6 Die fachlichen Aspekte des Projektstartes im Detail: End- und Zwischenergebnisse strukturieren, 2. und 3. Schritt

Aus den Zielen müssen nun im Rahmen des technischen Prozesses die ersten groben Lösungen entwickelt, bewertet und ausgewählt werden. So entsteht der erste Entwurf des Grobpflichtenheftes. Diesen kreativen, technischen Prozess unterstützen Methoden wie

- Brainstorming,
- Methode 6-3-5,
- Morphologischer Kasten
  und/oder
- Mind Maps.

Wir stellen diese kreativen Problemlösungstechniken kurz vor [13]:

Brainstorming
Beim Brainstorming („Gehirnstürmen") handelt es sich um eine Form gemeinsamen Nachdenkens, gemeinsamer Ideenfindung über ein vorgegebenes Problem unter der Leitung eines Moderators. Brainstorming ist auf festumrissene, abgegrenzte und eindeutig definierte Themen anwendbar.

Wesentliches Merkmal ist, dass während der Brainstorming-Sitzung keine Kritik geäußert werden darf. Das fördert die Motivation und führt zu einer größeren Anzahl neuer Ideen. Die Teilnehmer denken laut über neue Ideen nach. Viele - auch außergewöhnliche - Ideen sollen spontan sprudeln. Der Moderator sorgt dafür, dass die Regeln eingehalten und die Ideen aufgeschrieben werden. Auswertung und kritische Bewertung der Ideen finden erst danach, ggf. zu einem späteren Zeitpunkt und ggf. mit anderen Teilnehmern, statt.

Methode 6-3-5
Ideen werden nicht wie beim Brainstorming akustisch geäußert, sondern von den einzelnen Teilnehmer niedergeschrieben. Für die Durchführung werden sechs Teilnehmer und sechs DIN A 4-Blätter mit der möglichst genauen Problemformulierung benötigt. Auf den sechs Blättern werden unter der Problemformulierung drei Spalten gezeichnet, damit jeder Teilnehmer je eine Idee in eine Spalte eintragen kann. Die sechs Blätter werden fünfmal im Uhrzeigersinn weitergereicht (6-3-5).

Wesentlich ist, dass bereits produzierte Ideen über mehrere Stufen hin weiter entwickelt werden. Wiederholungen sind auszuschließen. Es genügt, wenn nach genauer Durchsicht der bereits produzierten Ideen drei neue Gedanken zum gegebenen Problem entwickelt werden: 6 Personen - jeweils 3 Ideen - 5 Umläufe.

Morphologischer Kasten
Ziel der morphologischen Analyse ist die vollständige Erfassung eines komplexen Problembereichs und die Ableitung aller möglichen Lösungen des vorgegebenen Problems.

Kernstück ist die Aufstellung der morphologischen Matrix:

- Bestimmung aller voneinander möglichst unabhängigen Einflussgrößen des Problems und deren Auflistung in die erste senkrechte Spalte der Matrix.
- Für jede Einflussgröße werden alle nur denkbaren Ausprägungen in den weiteren Spalten 2 bis n der Matrix ausgeführt.

Die Bewertung und Auswahl geeigneter Lösungen können dann durch systematische oder intuitive Bewertung erfolgen. Die für die Lösung ausgewählten Ausprägungen werden mit unterschiedlichen, farbigen Strichen verbunden.

Mind Maps

Die Mind Map-Methode lehnt sich eng an die Funktionsweise des Gehirns an. Das Bild 2.19 ist eine Mind Map über die Anwendungsmöglichkeiten von Mind Maps. Wenn Sie das Thema interessiert, empfehlen wir [13].

Welche Kreativitätstechniken verwendet werden, hängt vom Problem ab. Wie im Bild 2.20 visualisiert, wird – immer das Ziel vor Augen – in einem kreativen Prozess die Lösung für das Projekt erarbeitet. Als nächsten Schritt gilt es, die Produkt-/Anlagenstruktur, d.h. die Projektergebnisstruktur, zu erarbeiten.

Die Endergebnisse sind zu strukturieren. Die wesentliche Frage ist, was am Ende des Projektes alles an den Auftraggeber konkret geliefert wird: Was wird für ihn konkret geleistet? Was wird konkret übergeben?

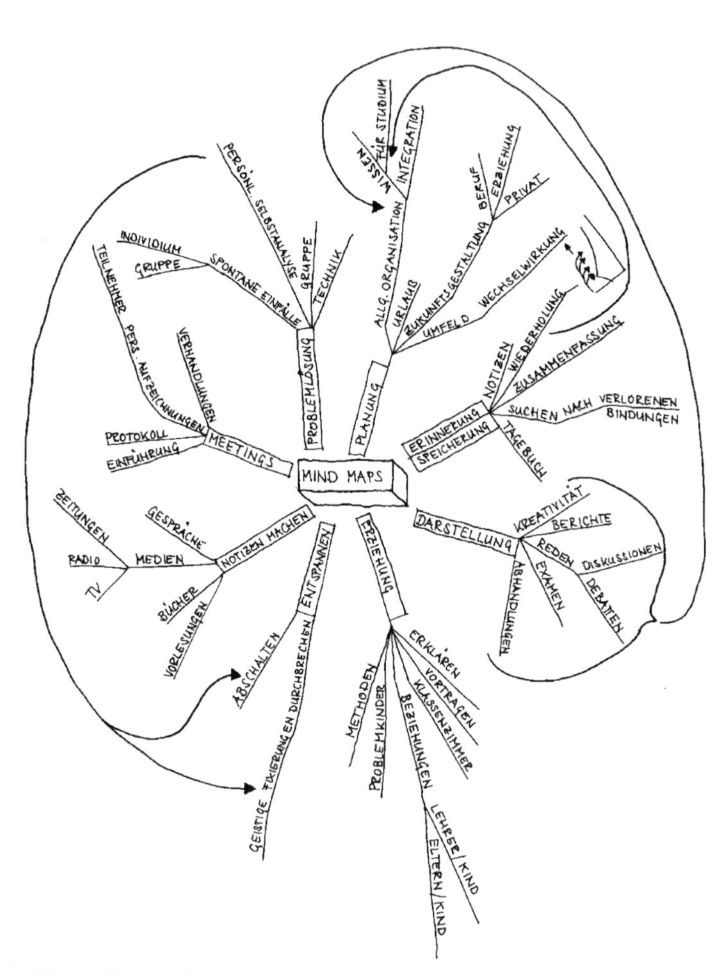

Bild 2.19: Mind Map über die Anwendung von Mind Map [13]

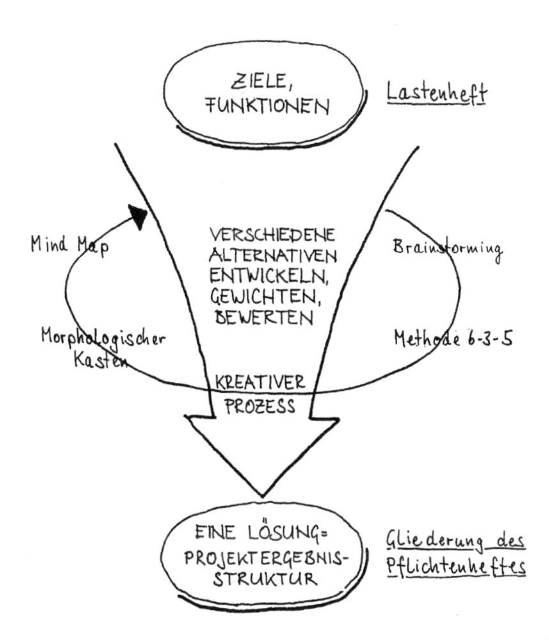

Bild 2.20: Kreativitätstechniken: Von den Zielen zur Lösung.

Mit der Erarbeitung der Produkt-/Anlagenstruktur wird die Projektergebnisstruktur für den Auftraggeber am Ende des Projektes festgelegt. In der Projektplanung (siehe Kapitel 3) werden wir dies als **2. Schritt** darstellen.

Mit Hilfe der bisher vorliegenden Unterlagen wie Lastenheft werden die Fragen beantwortet:

- Was soll geliefert werden?
- Was soll geleistet werden?
- Was wird am Ende des Projektes, z.B. bei der Abnahme, übergeben?

Die Antworten werden auf Moderationskarten oder gelben Klebezetteln gesammelt. Nach dieser Stoff- bzw. Materialsammlung kommt das Strukturieren, wie in Bild 2.21 dargestellt. Dies ist die bottom up-Methode.

Die Projektergebnisstruktur definiert alle Liefergegenstände und Leistungen, die dem Kunden am Projektende konkret bereitgestellt werden müssen, in einer Baumstruktur: Sie ist in mehrere Ebenen gegliedert, wobei jede Ebene aus in sich logisch abgeschlossenen Teilumfängen besteht. Die erste Ebene ist die Grobgliederung des gesamten Liefer- und Leistungsumfangs. In der Summe ergeben alle Teilumfänge den gesamten Projektinhalt. Jede weitere, tiefer gestufte Ebene ist eine Detaillierung des entsprechenden Teilumfangs.

Diese Darstellung erleichtert die weitere Projektplanung, wie z.B. die Festlegung, welche Personen bzw. Funktionseinheiten welche Tätigkeiten ausführen müssen, um die einzelnen Teilumfänge zu realisieren. Weiterhin ist die Darstellung der Projektergebnisstruktur bei der Kostenverfolgung hilfreich, da eine Kostenzuordnung zu den einzelnen Teilumfängen auf einfache Weise möglich ist.

Beim Strukturieren, d.h. Ordnen, kann auch top down vorgegangen werden. Zuerst wird die sogenannte erste Ebene von links nach rechts vollständig aufgebaut und anschließend „Tiefenbohrung" betrieben. In die Tiefe bohren heißt, Ast für Ast weiter aufzuschlüsseln. Das Bild 2.22 zeigt die Projektergebnisstruktur des Projektes „Ampel am Gymnasium", in dem das Strukturdiagramm verwendet wird. Sie ist die Basis für die später zu erstellende Stückliste.
Bei Produktprojekten wird die Projektergebnisstruktur „Produktstruktur" und bei Anlagenprojekten „Anlagenstruktur" genannt.

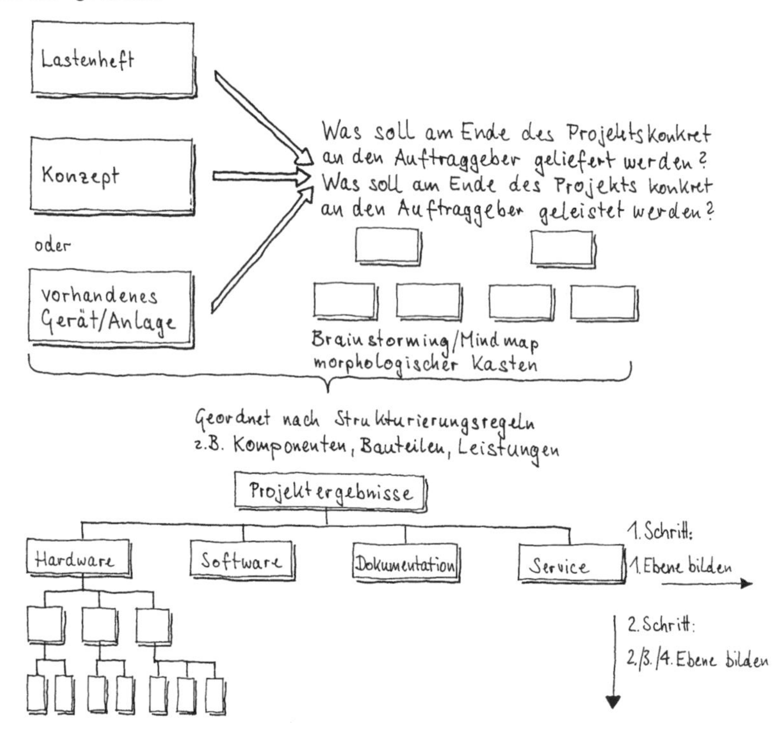

Bild 2.21: Der Weg zum Projektergebnis - bottom up oder top down

Wenn z.B. eine Maschine bereits vorhanden ist, dann wird diese Maschine als Teilprodukt in der Struktur dargestellt. Wenn diese Maschine im kommenden Projekt verändert, erneuert oder ergänzt wird, dann ist diesbezüglich die Produktstruktur anzupassen.

Bei der Strukturierung der Projektergebnisstruktur (Produkt-/Anlagenstruktur) ist zu beachten:

- ⇨ Gliedern Sie in logische, sachliche und technische Komponenten (für Anlagen auch nach Aufstellungsorten).
- ⇨ Gliedern Sie auch so, dass eine weitere Planung erstellt werden kann (wer soll was abarbeiten?).
- ⇨ Stellen Sie neben den Lieferungen auch Leistungen wie Montage, Garantie, Dokumentation, Schulung und Probebetrieb dar, soweit diese separat bezahlt werden.
- ⇨ Gliedern Sie so, dass der Kunde und Ihre Mitstreiter sich wiederfinden.
- ⇨ Gliedern Sie unter Berücksichtigung der Kalkulation und Kostenverfolgung.
- ⇨ Vervollständigen Sie zuerst die erste Ebene, bevor Sie die einzelnen Elemente vertiefen.
- ⇨ Strukturieren Sie so, dass der Pflegeaufwand im Laufe des Projektes minimiert wird.

Projektergebnisstruktur

Firma: *AMPELFIT*
Projekt: *Ampel am Gymnasium*
Projekt-Nr.:
Teilprojekt:
Meilenstein:

Auftragnehmer: *Ingenieurbüro Leiter*
Projektleiter: *Obering. Gut*
AP-Verantwort.: *Meister*
Verteiler:

- ***Signaleinheit***
  - *8 Masten*
    - *mit Rohrbefestigungen*
  - *Gehäuse*
    - *4 Kfz-Ampeln*
    - *4 Radfahrerampeln*
    - *4 Fußgängerampeln*
  - *Anforderungstasten*
    - *4 Fußgänger*
    - *4 Rollstuhlfahrer*
  - *Notsteuerung für*
    - *Polizei*
- ***Steuereinheit***
  - *Hardware*
    - *Mikroprozessor*
    - *Timer, Taster,*
    - *Schleifen,*
    - *Bedienpult,*
    - *Relaisfeldtreiber*
  - *Software*
    - *Normalbetrieb*
    - *Zeitsteuerung*
    - *Handsteuerung*
    - *Schnittstelle*
    - *Nachbarampel*
  - *Verkabelung*
    - *4 Ampeln intern*
    - *Kabel zur Signaleinheit*
  - *Stromversorgung*
    - *Netzteil*
    - *Spannungsüberwachung*
- ***Tiefbau***
  - *Fundamente*
    - *4 Sockel für Signaleinheit*
    - *Sockel für Steuereinheit*
  - *Kabelschächte*
  - *Ampelsteuerungskasten*
- ***Straßenbau***
  - *Induktionsschleifen*
    - *4 Stück*
  - *Bordsteine*
  - *Beläge*
    - *Straße*
    - *Gehwege*
    - *Radwege*
  - *Markierungen*
    - *Fahrbahn*
    - *Zebrastreifen*
    - *(Schilder)*
- ***Dokumentation***
  - *Bedienungsanleitung*
  - *Schulungsunterlage für Schülerlotsen*
  - *Wartungshandbuch*
  - *Bau-/Lagepläne*
- ***Dienste***
  - *Genehmigung*
    - *Behörde*
  - *Übergabe*
    - *Abnahmeprotokoll*
  - *Gewährleistung*
    - *Mängelliste*
    - *Wartungsvertrag*
  - *Öffentlichkeitsarbeit*
    - *Presseberichte*
    - *Einweihungsfeier*

08.01. — Datum
Gut — (Projektleiter)
Meister — (AP-Verantwortlicher)

Bild 2.22: Projektergebnisstruktur bzw. Anlagenstruktur des Projektes „Ampel am Gymnasium“

Es ist eine alte Volksweisheit: **Eine Radrundfahrt hat Etappenziele.** Ein großes Ziel wird viel leichter über eine Reihe von kleineren Etappenergebnissen erreicht. Radrennen oder Bergsteigen sind Beispiele hierfür. In der Projektarbeit ist es ähnlich. Das Bilden von Meilensteinen werden wir in der Projektplanung (siehe Kapitel 3) als **3. Schritt** ausweisen.

Der Phasen- und Meilenstein-Plan ist die Gliederung eines Projekts in einzelne „Etappen“. Eine Phase bezeichnet in diesem Zusammenhang den Zeitabschnitt zwischen zwei Meilensteinen. Die gesamte Projektdauer wird hierbei in die Abschnitte Start, Planung, Realisierung (mehrere Phasen) und Abschluss eingeteilt. Projektspezifisch lassen sich beliebig viele Phasen und Meilensteine im Bereich der Realisierung einfügen. Den einzelnen Phasen sind Sachergebnisse zugeordnet, die bis zu einem bestimmten Termin erreicht werden müssen. Die Kombination von Sachergebnissen und deren Realisierungstermin am Ende der einzelnen Phasen unter Berücksichtigung der entsprechenden Kosten, wird als Meilenstein definiert. Somit endet jede Phase mit einem Meilenstein (siehe Bild 2.23).
Der Meilenstein-Plan ist ein wesentliches Hilfsmittel für eine koordinierte und systematische Projektdurchführung. Insbesondere bei komplexen Projekten ist es sehr hilfreich, wenn auf definierte Zwischenergebnisse mit bestimmten Realisierungsterminen hingearbeitet wird, anstatt die komplette Projektergebnisstruktur im Visier zu haben. Weiterhin dient der Meilenstein-Plan auch zum besseren Projektcontrolling, da die Messgrößen in Form von erreichten Sachergebnissen am Ende jeder Projektphase durch den Meilenstein-Plan vorgegeben sind.
Mit den Meilenstein-Inhalten wird die erste Basis der Projektverfolgung gelegt. Das Bild 2.24 zeigt dies. Hier werden die Pfosten gesetzt, in die die Hängematte eingehängt werden kann.

- Definierte Sachergebnisse (Meilenstein-Inhalt)
- Fertigstellungstermin (Meilenstein-Termin)
- Kosten (Meilenstein-Budget)

Meilenstein-Inhalte sollen sein:

- wesentlich
- überprüfbar / meßbar
- übergebbar
- eindeutig
- zahlungsrelevant
- rechtliche Sicht

Bild 2.23: Meilenstein-Definition

Meilensteine

Firma: *AMPELFIT*
Projekt: *Ampel am Gymnasium*
Projekt-Nr.:
Teilprojekt:
Meilenstein:

Auftragnehmer: *Ingenieurbüro Leiter*
Projektleiter: *Obering. Gut*
AP-Verantwort.:
Verteiler:

Symbol	Name	Zwischenergebnisse
◇	*MST 1:* *Angebot abgegeben*	*Angebotskalkulation* *Grobpflichtenheft* *Lieferantenangebote*
○	*MST 2:* *Vertrag liegt vor*	*Vertragsprotokolle*
□	*MST 3:* *Systemauslegung abgeschlossen*	*Feinpflichtenheft (Spezifikationen)* *Bestellungen/Verträge* *Genehmigung durch Stadt Unterwolfsheim*
▽	*MST 4:* *Tief- u Straßenbau fertig*	*Bauplan* *Markierungsplan* *Testspezifikation*
△	*MST 5:* *Anlage errichtet*	*Montageplan Steuereinheit* *Montageplan Signaleinheit* *Programm Einweihungsfeier* *Presseberichte*
✥	*MST 6:* *Anlage abgenommen*	*Testprotokolle* *TÜV-Gutachten* *Dokumentationsübergabeprotokoll* *Abnahmeprotokoll*
⊘	*MST 7:* *Projekt abgeschlossen*	*Rechnung* *Dokumentationsübergabe Archiv*

08.01. — Datum
Gut — (Projektleiter)
Leiter — (Auftragnehmer)

Bild 2.24: Meilensteine mit Zwischenergebnissen für das Projekt „Ampel am Gymnasium“

2.7 Der interne Projekt-Auftrag als Zusammenfassung aller Informationen des Projektstartes

Wie lautet nun der konkrete Projekt-Auftrag? Alle Informationen, die bisher erarbeitet worden sind, müssen in einem internen Projekt-Auftrag zwischen Auftragnehmer und Projektleiter zusammengefasst werden. Als Anlagen sollen Lasten- und Grobpflichtenheft beigefügt sein. Gegebenenfalls liegt ein Vertrag als externer Projekt-Auftrag vor. Da sich viele Projektleiter ungern intensiv mit Verträgen beschäftigen, sollen die folgenden Fragen den Leser animieren, sich doch stärker mit der Materie vertraut zu machen:

- Was ist ein Werkvertrag?
- Was ist ein Dienstvertrag?
- Was ist ein Kaufvertrag?
- Was ist der Gefahrenübergang?
- Was ist die Abnahme?
- Was ist die Übergabe?
- Was ist die Gewährleistung?
- Was ist die Garantie?
- Was ist der Besitzübergang?
- Was ist der Eigentumsübergang?

Die Antworten finden Sie im Begriffsverzeichnis.

Zu einem sauberen Projektstart gehört, dass zwischen dem Auftragnehmer und dem Projektleiter ein schriftlicher Projekt-Auftrag formuliert wird. Häufig meinen Auftraggeber, Auftragnehmer und Projektleiter sich verständigt zu haben und einig zu sein. Im Laufe des Projektes stellt sich dann heraus, dass die verschiedenen Vorstellungen plötzlich nicht mehr deckungsgleich sind. Um dies zu verhindern, empfiehlt es sich nicht nur, einen Vertrag zwischen dem externen Partner und dem internen Auftraggeber – wie es geschäftlich üblich ist –, sondern auch einen weiteren zwischen dem Auftragnehmer und dem Projektleiter abzuschließen.

Der Projekt-Auftrag ist ein interner Vertrag.
Die Verteilung der Rechte, Aufgaben und Verantwortung muss zwischen dem Projektleiter und seinem Projektteam geklärt sein. Die erwartete Qualität der Ergebnisse, Termine und Kosten ist klar zu formulieren. Der erwünschte Leistungs- und Lieferumfang soll mit einer Abgrenzung zu benachbarten Projekten möglichst übersichtlich dargestellt sein (siehe Bild 2.25).

Darüber hinaus sollen die Finanzierung und Verrechnung, die Art und Weise der Abnahme, sowie die Gewährleistung und Pflege beschrieben werden. Der Projektleiter kann das Grobkonzept vorstellen und erläutern, wie er das Projekt strukturieren und in welchen Schritten er vorgehen will.

Ungenaue Absprachen erzeugen Konflikte. Viele Projektleiter scheuen sich, diesen formalen Weg einzuschlagen. Sie glauben, mit der Klärung des internen Projekt-Auftrages anzuecken. Die Praxis zeigt, dass bei ungenauen Absprachen am Anfang des Projektes Konflikte entstehen, die im weiteren Verlauf des Projektes nicht mehr zufriedenstellend gelöst werden.

Interner Projekt-Auftrag (1. Teil)

Firma: *AMPELFIT*
Projekt: *Ampel am Gymnasium*
Projekt-Nr.: ____________
Teilprojekt: ____________
Meilenstein: ____________

Auftragnehmer: *Ingenieurbüro Leiter*
Projektleiter: *Obering. Gut*
AP-Verantwort.: ____________
Verteiler: ____________

Managementziele:
- *Kompetenzdarstellung für das Ingenieurbüro*
- *Gewinnung eines Auftrages*
- *Schaffung einer Referenzanlage für zukünftige Ampel-Projekte*
- *Erwirtschaften von mindestens 10% Gewinn*
- *Vermeidung von Risiken durch Einsatz von bewährter Technik und Lieferanten*

Sachziele:
- *Für Fußgänger und Autofahrer:*

	Fußgänger		*Autofahrer*	
	Ausführung	*Bemerkung*	*Ausführung*	*Bemerkung*
Grünanforderung	*Durch Knopfdruck*	*Behindertengerechte Anbringung der Knöpfe. Der Schülerlotse kann durch Handschaltung die zyklische Rot-Phase übersteuern und mehrere Grün-Phasen zusammenfassen, um große Schüleransammlungen geschlossen passieren zu lassen.*	*Durch Induktionsschleifen in der Fahrbahn.*	*Soll die Grünschaltur mit der nachfolgende Ampel und der Ampe an der Kreuzung synchronisieren und den Kfz-Verkehrsfluß nicl unnötig bremsen.*
Grünphase	*Zeitgeschaltet*	*Bemessen an der Überquerung des Übergangs durch Rollstuhlfahrer zuzüglich einer Pufferzeit von 20%*	*In Abhängigkeit von der Ampel an der Kreuzung und der Signalanforderung an der Fußgängerampel*	*Die Grünphasen der beiden Fußgängerüberwege werden so geschaltet, daß zwischen den beiden Übergängen die Grüne Welle nur bei 30km/h steht.*
Gelbphase			*Während der Schulzeit blinken an beiden Übergängen die gelben Lichter für den Kfz-Verkehr*	*Soll bei den Autofahrern zur erhöhten Aufmerksamkeit in diesem Bereich führen.*
Anlage aktivieren	*Die Anlage jederzeit durch Betätigung des Knopfes aktivierbar.*	*Eine Abschaltung kann entfallen, die Anlage ist generell in „Stand-By".*		

Abwicklungsziele:
- *Maximal 90% des Angebotswertes dürfen als Kosten entstehen*
- *Die Anlage soll 6 Monate nach Auftragserteilung in Betrieb gehen*
- *Bauliche Errichtung der Anlage in der schulfreien Zeit*
- *Projektmanagement und Systemauslegung durch Ingenieurbüro*
- *Bauausführung durch bewährte Lieferanten*

Rahmen- und Randbedingungen:
- *Starker Verkehr auf der Bundesstraße*
- *Radwege auf beiden Seiten*
- *Zuständigkeit bei Genehmigungen*
- *Vorschriften StVO, Tiefbau*
- *Lage der Einrichtungen, Zugänge, bestehende Infrastruktur*
- *Ampelbenutzer hauptsächlich Kinder, z.T. Rollstuhlfahrer*

09.01.	*Gut*	*Leiter*
Datum	(Projektleiter)	(Auftragnehmer)

Bild 2.25: Der Projekt-Auftrag, 1.Teil für das Projekt „Ampel am Gymnasium"

Interner Projekt-Auftrag (2. Teil)

Firma:	*AMPELFIT*	Auftragnehmer:	*Ingenieurbüro Leiter*
Projekt:	*Ampel am Gymnasium*	Projektleiter:	*Obering. Gut*
Projekt-Nr.:		AP-Verantwort.:	
Teilprojekt:		Verteiler:	
Meilenstein:			

Projektergebnisstruktur: *Lieferung einer schlüsselfertigen Signalanlage incl. Tief- und Straßenbau, bestehend aus 4 Signaleinheiten und einer Steuereinheit. Ferner soll die Dokumentation , wie Betriebsanleitung und Schulungsunterlagen, übergeben werden.*

Meilensteine: Zwischenergebnisse:	geplante Termine:	geplante Kosten:
MST 1: Angebot abgegeben	*siehe*	*siehe*
MST 2: Vertrag liegt vor	*Terminplan*	*Angebots-*
MST 3: Systemauslegung abgeschlossen		*kalkulatior*
MST 4: Tief- und Straßenbau fertig		
MST 5: Anlage errichtet		
MST 6: Anlage abgenommen		
MST 7: Projekt abgeschlossen		

Projektteam/
Ressourcen: *Das Team besteht aus Mitarbeitern der Konstruktion und des Einkaufs. Situativ kommen noch die Unterauftragnehmer dazu.*
Die Ressourcen müssen im Rahmen der Angebotserstellung noch geklärt werden.

Rechte:
- *Vertretung des Projektes nach außen*
- *Verwaltung des Budgets*
- *Gestaltung der Verträge der Lieferanten*
- *Unterschriftsberechtigung in Höhe von € 500,-*

Verantwortung:
- *Erreichen der oben angeführten Ziele*
- *Erfüllung des Vertrages*
- *Einhalten des Qualitätsstandards*
- *Beachtung interner Richtlinien*

Anlagen: Projekt-Organigramm
Lastenheft
Projektergebnisstruktur
Meilenstein-Plan

09.01.	*Gut*	*Leiter*
Datum	(Projektleiter)	(Auftragnehmer)

Bild 2.26: Der Projekt-Auftrag, 2.Teil für das Projekt „Ampel am Gymnasium"

Bei der Durchführung des Projektes kommen diverse andere Probleme auf den Projektleiter zu, so dass er nicht mehr die nötige Ruhe und Gelassenheit besitzt, den schwelenden Konflikt zwischen dem Management und ihm für beide Seiten zufriedenstellend zu lösen. Nutzen Sie deshalb den internen Projekt-Auftrag als Instrument der Auftragstechnik.

Konflikte möglichst zu Beginn des Projektes höflich, aber bestimmt austragen. Immer mehr Firmen gehen dazu über, in sogenannten Produktvereinbarungen oder in Qualitätshandbüchern den Projekt-Auftrag standardmäßig vorzugeben. Im Rahmen eines weiteren Projekt-Übergabegespräches ist der interne Projekt-Auftrag abschließend zu klären, zu formulieren und dann zu unterschreiben.

2.8 Beim Projektstart die Zusammenarbeit bewusst organisieren

Neben den methodischen und technischen Überlegungen sind die gruppendynamischen und atmosphärischen Aspekte – die sogenannte „Beziehungskiste" – zu beachten. In einem Team, das die Anforderungen beim Start eines Projektes erarbeiten oder überarbeiten soll, spielen sehr unterschiedliche Interessen eine Rolle. Deshalb werden die folgenden Punkte etwas genauer betrachtet:
- Kommunikationsbrücken schaffen
- Teamarbeit herbeiführen
- Team beim Projektstart über die Aufgaben informieren
- seine Persönlichkeit erkennen
- Kommunikation und Motivation praktizieren
- Ergebnisse moderieren
- Ergebnisse präsentieren.

Ausgehend von den verschiedenen Prozessen im Projekt bedarf es einiger „Brückenpfeiler", um das Projekt kommunikativ, informativ und arbeitsfähig zu gestalten. Brückenpfeiler sind wichtige Sitzungen, Besprechungen oder Meetings.

Für das Kernteam ist aus Managementsicht eine Projekt(status)sitzung erforderlich. Für das Abarbeiten bzw. Lösen von Problemen inklusive Schnittstellen-Abstimmung ist eine Arbeitssitzung, auch Problemlösungs-Meeting genannt, erforderlich.

Für die Abstimmung mit dem Auftraggeber ist die Meilenstein-Freigabe während des Projektes wichtig (siehe Bild 2.29).

Zwei Meetings haben sich in der Startphase bewährt. Am Anfang sollte mit dem Auftraggeber ein Gespräch zur Projektübergabe geführt werden (siehe Bild 2.27). Das erste Treffen mit den Teammitgliedern soll einen gekonnten Einstieg gewährleisten (siehe Bild 2.28).

Das Projekt-Übergabegespräch zielt darauf ab:
1. Sicherstellung der Vollständigkeit aller Informationen und Unterlagen
2. Abwägung und Bewertung aller Chancen und Risiken des Projektes und damit die Vorbereitung für die folgende Projektplanung
3. Beauftragung des Projektleiters und des Teams.

Das erste Treffen mit den Teammitgliedern soll
- alle Beteiligten über das Projekt, die Technik, den Ablauf des Projektes und über die Kosten und den Nutzen informieren,
- alle Beteiligten motivieren, sich aktiv am Projekt zu beteiligen,
- für das Vorhaben innerhalb der Firma werben und
- die Weichen für das Projekt stellen (Lasten, Spielregeln, Konsequenzen).

Ziel: Information durch das Linienmanagement
Festlegung der Teammitglieder
Projekt-Auftrag erteilen

Tagesordnung

1.	Informationen zum Kundenauftrag/Projekt	Vertrieb	30 Min.
	- Vertragsumfang (grob)		
	- Terminsituation/Kapazitätsbedarf		
	- Projektleiter benennen	Bereichsleitung	
	- Projekt-Auftrag erteilen	Bereichsleitung	
2.	Teamzusammensetzung festlegen	alle	20 Min.
	- Kernteammitglieder		
	- Arbeitspaketverantwortliche in der Linie		
3.	Terminvereinbarung		
	- Workshop „Teambildung“		
	- Workshop „Projektstart“	alle	10 Min.
	- Kick-off-Meeting		
4.	Weitere Schritte...	alle	20 Min.
5.	Ergebnisprotokoll (wer macht was? bis wann?)	Protokollant	5 Min.
6.	Blitzlicht und Verabschiedung	Projektleiter	5 Min.

Bild 2.27: Beispiel für die Tagesordnung einer Projektübergabe bei Anlagenvorhaben

Als interne Marketing- und Öffentlichkeitsmaßnahme ist der Projekt-Kick-off am Ende des Projektstartes sehr wichtig. Bei großen Projekten kann ein monatlicher Info-Markt sinnvoll sein. Dort kann, über alle projektinternen Hierarchien hinweg, jeder der Projektführungsmannschaft befragt werden. Das ist ein gutes Instrument, um der Bürokratisierung innerhalb eines Projektes entgegenzuwirken.

Ziel: Reibungsloser, effektiver Projektbeginn

Tagesordnung

1.	Begrüßung, Organisatorisches, Tagesordnung	Moderator	15 Min.
2.	Vorstellung der Teilnehmer (Rolle im Projekt, Erwartungen an den Workshop ...)	Alle	45 Min.
3.	Vorstellung und Verabschiedung der Projektorganisation	Alle	30 Min.
4.	Lastenheft/Projektziele ergänzen und vereinbaren	Alle/Moderator	60 Min.
5.	Projektergebnisstruktur definieren	Gruppen	60 Min.
6.	Meilensteine festlegen	Gruppen	60 Min.
7.	Informationsfluss, Kommunikation und Ablage vereinbaren	Gruppen	60 Min.
8.	Abschluss und nächste Termine (Kick-off, Regelbesprechung etc.)	Alle	30 Min.

Bild 2.28: Beispiel einer Tagesordnung für das 1. Teammeeting

Natürlich finden zwischen dem Auftraggeber und dem Auftragnehmer regelmäßig Abstimmungsrunden statt. Häufig heißt es auch: Der Change Control Board, der Lenkungsausschuss oder der Projektausschuss tagt.

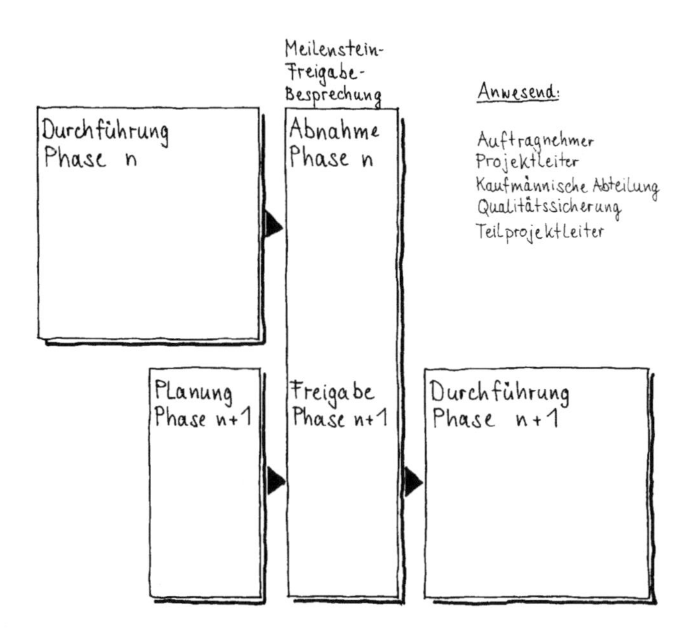

Bild 2.29: Meilenstein-Freigabe zur Abstimmung mit der Geschäftsleitung bzw. dem Firmenmanagement

2.9 Das Team nimmt sich Zeit zur Aufstellung und Aufgabenklärung

Befragen wir Teammitglieder nach den Erfolgsfaktoren, die die Teamarbeit unterstützen und fördern, so werden immer wieder genannt:

- zur Methodik:
.. Terminsetzung
.. Tagesordnung
.. Arbeitsumgebung
.. Gruppengröße
.. Sofortprotokoll

- zur Kommunikation:
.. Kommunikation ist mehr als der Inhalt
.. Richtiges Feedback geben
.. Aktives Zuhören
.. Trennung von Person und Sache

- zur Einstellung:
.. Anerkennung
.. Vertrauen
.. Spielregeln
.. Zielorientierung

Als positive Erfahrung der Teamarbeit wird hervorgehoben

⇨ kürzere Entscheidungswege
⇨ neue Ideen durch Teammitglieder unterschiedlicher Arbeitsbereiche
⇨ gute Dokumentation
⇨ Horizonterweiterung
⇨ Motivation
⇨ wichtige Kontaktpflege
⇨ Vielseitigkeit
⇨ gutes Informiertsein aller Beteiligten.

Um diese positiven Effekte der Teamarbeit zu erzielen, ist von jedem Teammitglied Teamkompetenz gefordert. Teamkompetenz ist die Fähigkeit, in einer Gruppe von Menschen, die sich für ein gemeinsames Ziel verpflichtet haben, effektiv mit den anderen Teammitgliedern zusammenzuarbeiten, seine Stärken einzubringen, so dass eine gute Leistung erzielt wird, die nur durch die Summe der Fertigkeiten aller Mitglieder zu Stande kommen kann.

Teamarbeit fordert von den Beteiligten, Gespräche in Gruppen als Dialoge statt als Monologe zu führen und persönliche Erfolge mit anderen und nicht auf Kosten anderer zu erringen. Die Fülle der Aufgaben kann nicht mehr von Einzelkämpfern bewältigt werden. Veränderte Einstellungen und Verhaltensweisen sind die Voraussetzungen für Teamkompetenz.
Die Atmosphäre ist gekennzeichnet von der gegenseitigen fachlichen und sozialen Akzeptanz und Wertschätzung. Individuelle soziale Fähigkeiten sind mindestens genauso wichtig wie die fachlichen Fähigkeiten.

Die Fähigkeiten, die beim Erwerb von Teamkompetenz eine wichtige Rolle spielen, sind:

⇨ Fähigkeit zu optimaler Kommunikation
⇨ Fähigkeit, andere zu motivieren
⇨ Fähigkeit zur Kooperation
⇨ Fähigkeit, Konflikte konstruktiv zu lösen
⇨ Fähigkeit, mit Macht und Hierarchie positiv umzugehen
⇨ Fähigkeit, Widerstände aufzulösen.

Darauf gehen wir später stärker ein. In der Praxis haben wir herausgefunden, dass mindestens fünf Faktoren entscheidend dafür sind, dass ein Team effizient arbeitet:

1. Aktiv sein
   Sprechen Sie das aus, was Sie inhaltlich und zur Gestaltung oder Zusammenarbeit im Team beitragen können.

2. Aktiv zuhören
   Fassen Sie in eigenen Worten das Gesagte noch einmal zusammen und stellen Sie Blickkontakt mit den Teamkollegen her.

3. Betonung von Gemeinsamkeiten und konstruktive Bearbeitung von Unterschieden.
   Bewerten Sie eine andere Meinung als Ergänzung und Erweiterung Ihres Horizontes. Verlieren Sie die gemeinsame Zielvorstellung bei verschiedenen Meinungen nicht aus den Augen.
   Arbeiten Sie die unterschiedlichen Bedürfnisse und Motive heraus, um sachlich einen gemeinsamen Weg gehen zu können.

4. Neue Denkansätze einbringen
   Sprechen Sie Ihre Ideen offen aus.

5. Arbeitsmethodisch, gruppenorientiert denken und handeln, z.B. Brainstorming.

Im 1. Teammeeting ist es wichtig, die Frage „Wie wollen wir miteinander arbeiten?" zu diskutieren und schriftliche Spielregeln als Konsens der Zusammenarbeit zu erstellen. Dies ist die Basis für spätere konstruktive Konfliktlösungen.

Projektmanagement ist gerade durch Teamarbeit in der Startphase besonders effektiv. Deshalb sollten Sie für Ihr Projekt Mitarbeiter aus Vertrieb/Marketing, Entwicklung, Konstruktion, Einkauf, Service und Fertigung an einen Tisch holen, um mit ihnen das Groblastenheft abzuklären.

Zwangsläufig wird es dabei zu Kollisionen kommen; sie sind auszugleichen und zu mildern. Bei der Diskussion der einzelnen Anforderungen an das Produkt werden nicht nur Meinungen höflich ausgetauscht, sondern jede Person versucht, ihre Interessen durchzusetzen. Das führt zu Zusammenstößen. Bild 2.30 gibt einen groben Überblick, welche Kollisionen auszugleichen sind.

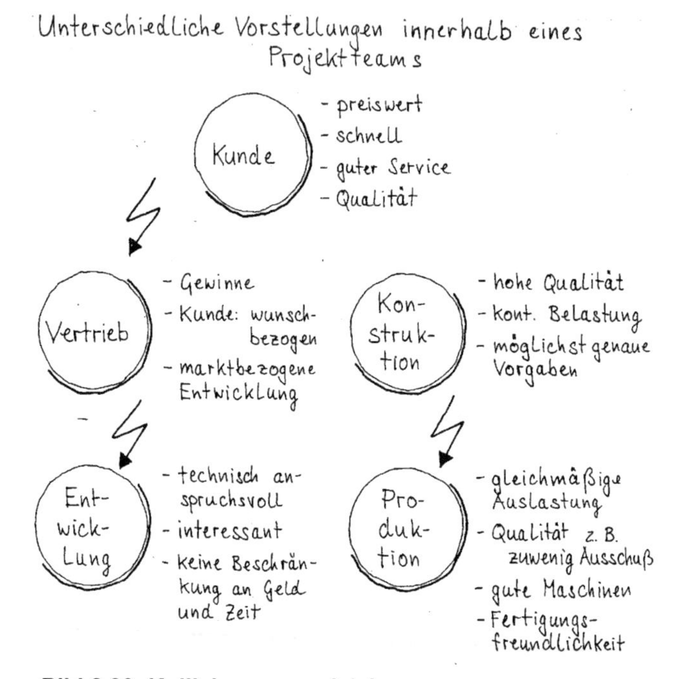

Bild 2.30: Kollisionen ausgleichen

Die Produktleistungen sollen sofort in höchster Qualität zur Verfügung stehen. Vertrieb und Management wollen den Kunden voll zufriedenstellen. Konträr dazu beabsichtigt z.B. die Fertigung, eine hohe Auslastung der einzelnen Mitarbeiter zu erreichen.

Um den Fertigungsprozess durch Umrüstung nicht ständig zu unterbrechen, sind hohe Stückzahlen der Produkte und damit verbunden möglichst wenig Varianten pro Produkt gefordert. Natürlich sollen die Fertigungsprozesse so gestaltet sein, dass sie Abfolge, Zeittakt und Ergonomie der Beteiligten gerecht werden.

Ganz anders sieht die Interessenlage der Entwicklung und Konstruktion aus. Die dort Beteiligten legen Wert auf neue Techniken. Sie wollen durch Termine und Budgets nicht eingeengt sein und tun sich schwer, Regeln einzuhalten. Die Forderung nach Freiräumen ist latent vorhanden.

Auch der Einkauf und der Service haben eigene Vorstellungen und werden diese vorbringen. Je nach Stimmungslage in diesem Team treten die Interessenkonflikte verdeckt oder offen auf. Im Extremfall ist die Atmosphäre durch gegenseitige Schuldzuweisung vergiftet.

Welche Möglichkeiten haben Sie als Projektleiter für einen Interessenausgleich zu sorgen? Der Projektleiter kann nicht diktieren oder befehlen. Er kann die zwischenmenschliche Seite nur durch offene Kommunikation und faires Feedback, durch „Kamingespräche", fördern.

Machen Sie sich ein Bild über die Zusammensetzung des Teams. Die Mitglieder eines Projektteams haben unterschiedliche Veranlagungen und Neigungen. Skizzieren Sie die Zusammensetzung Ihres Teams. Das Wissen über die Zusammensetzung hilft bei der Vorbereitung von Argumentationen in Teamsitzungen.

Der Projektleiter kann durch geeignete Maßnahmen die Teambildung unterstützen und für die Stabilität des Teams sorgen.

Der Projektleiter unterstützt die Teambildung, indem er

- Interesse weckt,
- Betroffene zu Beteiligten macht,
- Motive erkennt und
- Spielregeln vereinbart.

Der Projektleiter fördert die Teamstabilität, indem er

- das Verständnis weckt,
- das Interesse wach hält,
- dafür sorgt, dass die Arbeit Spaß macht,
- Humor zeigt,
- lobt und anerkennt,
- für eine stimmige Arbeitsorganisation sorgt,
- die Spielregeln einhält und
- zur Kommunikation und Kooperation beiträgt.

Der Teamfindungsprozess verläuft in vier Phasen: „Entstehung", „Aufbruch", „Ordnung" und „Leistung". Der Projektleiter wird so manche Situation besser verstehen und einschätzen, wenn er weiß, in welcher Phase sich das Team gerade befindet. Das Bild 2.31 zeigt die vier Phasen und die wesentlichen Erkennungssignale.

Wenn nach einigen Teambesprechungen keine Lösung für ein Problem in Sicht ist, kann der Projektleiter einen Trainer oder Berater hinzuziehen. Gerade als Externer ist der Berater in der Lage, eine Gruppe neutral und kooperativ zu moderieren. Auf der Methodenseite hat sich das Brainstorming (wie vorstehend beschrieben) bewährt.

Alle Anforderungen und deren Gewichtung sollen gemeinsam im Team festgelegt werden. Die einzelnen Teammitglieder haben dann die Hausaufgabe, ihre Anforderungen zu präzisieren und zu vervollständigen.

Die Vorstellungen der verschiedenen Abteilungen werden bei der nächsten Teambesprechung präsentiert. Das Pro und Kontra wird mit allen Beteiligten diskutiert. Die Moderationstechnik bietet die Möglichkeit, die unterschiedlichsten Interessen auszugleichen und jedem der Beteiligten das Gefühl zu geben, dass auch seine Argumente in der Gruppe ernst genommen werden.

Die Phase des Projektstarts, in der die Findungsprozesse sowohl für das Team als auch für das Lastenheft oder Grobpflichtenheft ablaufen, ist schwierig. Es ist klar, dass hier Killerphrasen kaum weiter helfen. Aussagen wie „Das haben wir immer schon so gemacht" u. a. haben hier nichts verloren. Es kommt darauf an, durch die Diskussion über die Anforderungen das Team auf die zukünftigen Ziele des Projekts gut vorzubereiten.

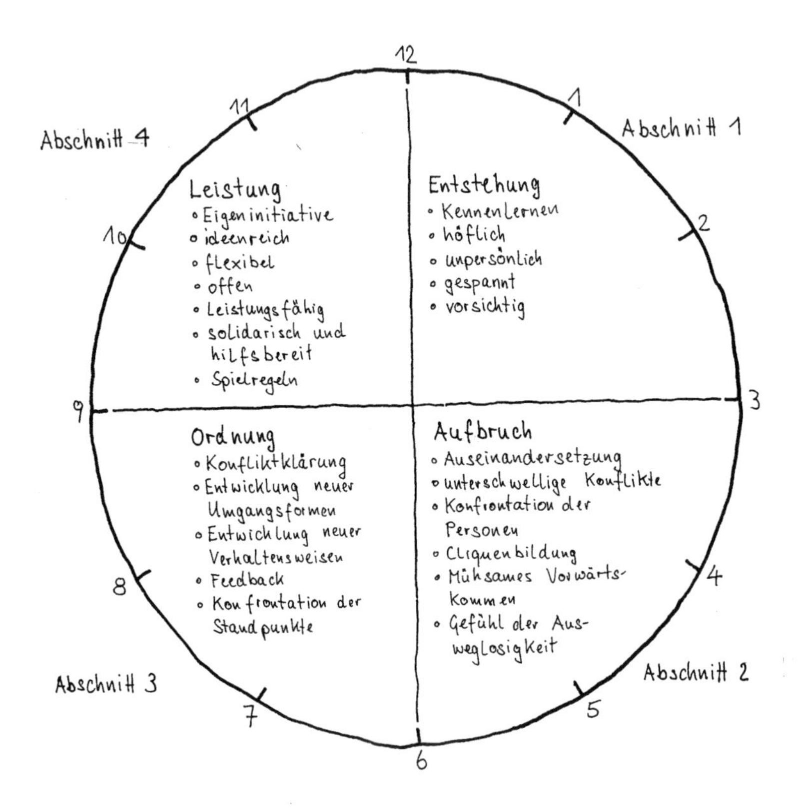

Bild 2.31: Teamfindungsprozess [14]

Planen Sie ausreichend Zeit ein, um mit dem Projektteam die verschiedenen Interessen intensiv zu diskutieren, abzuwägen und zu verabschieden. Verlegen Sie die Besprechungen an einen möglichst störungsfreien Ort, das macht sich bezahlt. Nicht umsonst suchen sich kluge Projektteams gerade in dieser Phase einen Ort außerhalb des Unternehmens, um ungestört und konzentriert die Ziele und Projektergebnisse zu klären.

2.10 In der Zusammenarbeit kommt es auf die Persönlichkeiten an

Wer seine Persönlichkeit mit seinen Schwächen und Stärken kennt, kann sich im Team offen einbringen und gekonnt eine führende Rolle im Projekt übernehmen.

Prüfen Sie selbst Ihre Verhaltenstendenzen anhand unseres Fragebogens [15]. Auf der beiliegenden CD-ROM in der Datei „Projekt-Team-Profil.xlt" finden Sie zuerst den Fragebogen, dann eine Auswertungstabelle und anschließend die grafische Auswertung.

Das grafische Ergebnis in Bild 2.32 zeigt das Profil einer Testperson.
Die Ergebnisse einzelner Testpersonen können Sie aufeinander legen. Auf diese Weise sehen Sie die Stärken und Schwächen des Teams.

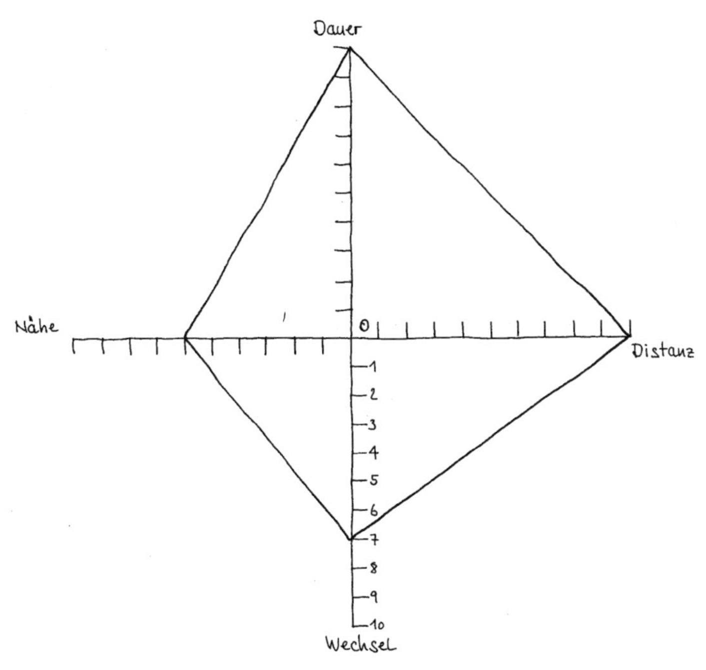

Bild 2.32: Beispiel Verhaltenstendenz einer Testperson

Die vier Grundstrebungen: Nähe-Distanz, Dauer-Wechsel [16]
Das Modell unterscheidet vier Grundstrebungen, die für die meisten Menschen mehr oder weniger zutreffen.

Nähe (Beziehung)
Hier steht der Wunsch nach vertrautem Nahkontakt; die Sehnsucht, lieben zu können und geliebt zu werden. Eine Bindung wird zumeist angestrebt, das Bedürfnis nach Zwischenmenschlichem, sozialen Interessen, Geborgenheit, Zärtlichkeit, ebenso Bestätigung und Harmonie, Mitgefühl und Mitleid, Selbstaufgabe.

Distanz (Sachlichkeit)
Hier äußert sich der Wunsch nach Abgrenzung von anderen Menschen, um ein eigenständiges und unverwechselbares Individuum zu sein. Die Betonung liegt auf der Einmaligkeit, der Freiheit und Unabhängigkeit, Unverbundenheit und Autonomie. Das Streben nach klarer Erkenntnis des Intellekts wird deutlich. Diese Tendenz beschreibt demnach jene Bedürfnisse im Menschen, die eher mit Distanz zu anderen zu tun haben.

Dauer (Introvertiertheit)
Die Sehnsucht nach Dauer und der Wunsch nach Verlässlichkeit und Ordnung aktivieren im Menschen Grundtendenzen, die mit folgenden Begriffen umrissen werden können: Planung, Vorsicht, Voraussicht, Ziel, Gesetz, Theorie, System, Macht, Wille und Kontrolle. Damit wird verdeutlicht, welche Grundstrebung gemeint ist: das den Moment Überdauernde wird angestrebt, um durch Langfristigkeit Sicherheit zu erlangen. Die zeitliche Dimension lässt sich auf den zwischenmenschlichen Bereich übertragen: Hier gelten Verantwortung, Pflicht, Pünktlichkeit und Sparsamkeit, Achtung und Treue.

Wechsel (Extrovertiertheit)
Diese Tendenz beschreibt den Wunsch nach dem Zauber des Neuen, dem Reiz des Unbekannten, von Wagnissen und des Abenteuers; den Rahmen sprengen, den Augenblick erleben. Das Bedürfnis nach Spontaneität und Leidenschaft, Höhepunkten und Ekstase, Charme und Suggestion, nach Temperament, Genuss, Phantasie, Verspieltheit, Begehren und Begehrtwerden wird deutlich. Diese Worte beschreiben das Grundbedürfnis nach Abwechslung, nach Wechsel [16], siehe dazu das Bild 2.33.

Zusammengefasst ergibt sich:

⇨ Menschen mit Nähetendenz neigen eher dazu, Spannungen und Konflikte zu scheuen. Sie nehmen sich selbst nicht so wichtig und verfallen eher in eine passive Dulderhaltung. Die Sonnenseite ist, andere glücklich zu machen. Diese Menschen sind sehr einfühlsam, sie sind friedfertig und identifizieren sich mit anderen Menschen.

⇨ Menschen mit Distanztendenz haben Angst vor Nähe, sind kühl und distanziert und neigen zum Einzelgängertum. Sie sind Bastler und Bücherwürmer. Sie sind gute Theoretiker, unabhängig und sensibel.

⇨ Menschen mit Dauertendenz wollen sich absichern, haben Angst vor Neuem, sind machtbesessen. Die Sonnenseite ist Verlässlichkeit, zielbewusst, ordnungsliebend und vertrauenswürdig. Sie sind langfristig orientiert und prinzipientreu.

⇨ Menschen mit Wechseltendenz haben Angst vor Einschränkung, sind launenhaft und leicht verstimmt. Sie sind sehr spontan, begeisterungsfähig, aufmunternd, risikofreudig, tolerant und anpassungsfähig. [16]

Zum Start des Projektes sind Menschen mit Wechsel- und mit Nähetendenz hilfreich. Das Team muss sich finden. Wenn sich das Projekt stabilisiert hat, sind Menschen mit Dauer- und Distanztendenz wichtig. Sicherlich ideal ist, wenn alle Grundtypen im Team vertreten sind.
Die Kenntnis seiner eigenen Persönlichkeit erleichtert die eigene Anpassungsfähigkeit, die Fähigkeit auf Menschen zuzugehen, Dynamik an den Tag zu legen oder sich ggf. zurückzuziehen.

Verhaltensweisen und Eigenschaften von Menschen

Distanz-Typ	Nähe-Typ
distanziert	kontaktfreudig
selbstsicher	gesellig
tatkräftig	einfühlsam
unabhängig	hilfsbereit
Konfliktbereit	verstehend
zielstrebig	integrierend
kritisch	harmoniebedürftig
Konsequent	zugewandt
dominierend	teamfreudig
intellektuell	konfliktscheu

Dauer-Typ	Wechsel-Typ
zuverlässig	lebendig
exakt	flexibel
pünktlich	spontan
ausdauernd	risikofreudig
fleißig	mitreißend
gewissenhaft	abenteuerfreudig
Korrekt	Kreativ
planend	neugierig
systematisch	überzeugend
kontrollierend	innovativ

Bild 2.33: Persönlichkeit - Beziehung [16]

2.11 Kommunikation und Motivation praktizieren

Kommunikation ist der Austausch von Informationen zwischen Personen.

Wenn Menschen – seien es zwei Personen oder auch eine Gruppe – miteinander kommunizieren oder kooperieren, lassen sich drei Ebenen des „Miteinanders" unterscheiden:

Auf der **Sachebene** werden die Inhalte abgehandelt. Da geht es z. B. um eine Änderung der Projektplanung, um die Höhe des Projektbudgets für das nächste Jahr, um die eigene Beförderung oder aber das Ziel für die Urlaubsreise im Sommer.

Auf der **Beziehungsebene** geht es darum, wie die betreffende Person den Inhalt (der Sachebene) verstanden haben möchte - z. B. anerkennend, misstrauisch, abwertend .... Dieses „Verstanden-haben-möchte" drückt die Beziehung der Kommunikationspartner aus.

Auf der **Methodenebene** wird das „Wie", des Miteinanders gestaltet: Wie werden Probleme angegangen (systematisch, mittels Problemlösungstechniken oder per „Durchwursteln"), wie wird ein

Streit oder Konflikt bearbeitet, wie das Mitarbeitergespräch vorbereitet und durchgeführt, wie Informationen weitergegeben, wie eine Präsentation gestaltet (siehe dazu Bild 2.34).

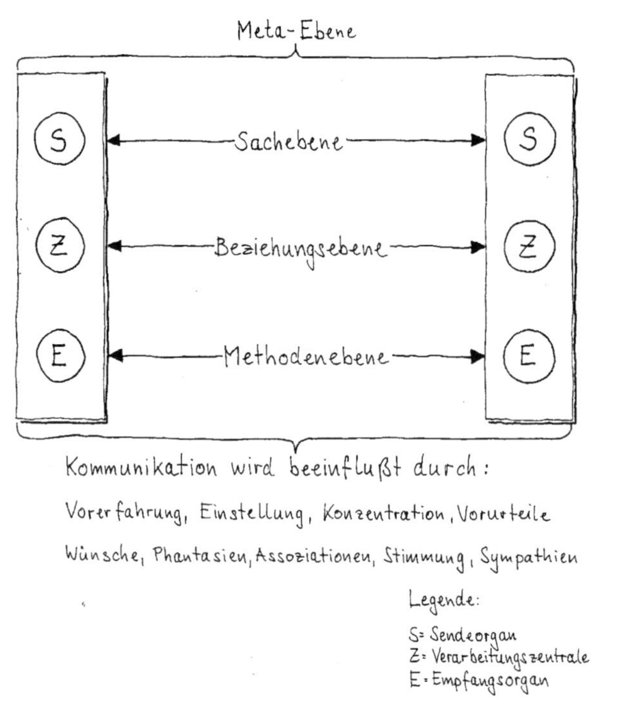

Bild 2.34: Kommunikationsebenen

Auf der **Meta-Ebene** schließlich befinden wir uns, wenn wir alle Ebenen mit Distanz aus der sogenannten Helikoptersicht reflektieren.

Alle vier Ebenen sind miteinander verbunden und hängen voneinander ab.

Beispiel: Meinungsverschiedenheiten über Sachfragen bei Besprechungen haben häufig ihren Ursprung darin, dass ein oder mehrere Teilnehmer unzufrieden sind mit der Art, wie die Besprechung geleitet wird. Vielleicht kommt ein Teilnehmer mit seinen Ideen und Vorstellungen durch die Art der derzeitigen Moderation der Gruppe (dem „Wie") nicht zu Wort und fühlt seine Kompetenz nicht gewürdigt. Ein solcher Streit kann sich auf der sachlichen Ebene immer weiter hoch schaukeln, obwohl der betroffene Mitarbeiter anfangs nur darauf hinwirken wollte, dass der Moderator durch eine angemessene Methodik auch ihm eine Chance geben sollte und ihn somit auf der Beziehungsebene anerkennt.

Durch eine in dieser Weise ungeschickt gemanagte Methoden- und Beziehungsebene kommt es häufig vor, dass sich Diskussionen auf der Sachebene endlos ziehen, ohne dass sich die Beteiligten um das wirkliche Thema auf der richtigen Ebene kümmern. Folge: Frustration auf allen Seiten.

Die Lösung? Zunächst einmal muss akzeptiert werden, dass diese Ebenen zwischen Menschen ständig existieren. Wichtig ist es, herauszufinden, welche Ebene im Augenblick diejenige ist, auf der man sich im „Miteinander" befindet und bei der eine Bearbeitung wichtig ist. Danach sollte das Gespräch auf die Ebene gebracht werden, um die es real geht.

Noch ein Tipp: 70% eines Gespräches – des Miteinanders zwischen Menschen – werden zentral von der Beziehungs-/Gefühlsebene beeinflusst. Auch wenn diese Ebene häufig recht tief verborgen scheint: Bei einem Eisberg liegen auch sechs Siebtel seiner Masse unter Wasser, und wer dieses nicht berücksichtigt, der läuft leicht auf.

Die Signale der Inhaltsebene können um so besser verstanden werden, je positiver die Beziehung der Gesprächspartner verläuft.

Die Signale der Körpersprache ergänzen die Signale der Sach- und Beziehungsebene. Beobachten Sie einmal folgende Bereiche der Körpersprache und nonverbale Merkmale:

Mimik
Alle Erscheinungen, die sich im Gesicht des Gesprächspartners erkennen lassen.

Gestik
Alle Gebärden der Arme und der Hände.

Haltung
Körperhaltung, Körperbewegungen, sich jemanden zuneigen oder abwenden.

Abstand
Abstand, den man zum anderen einnimmt und Bewegungen, die eine Veränderung der Distanz bewirken.

Tonfall
Sprachmelodie, Sprechpausen, Sprechrhythmus, Lautstärke.

Die meisten körpersprachlichen Signale sind mehrdeutig. Eine klare Interpretation ist nur im Zusammenhang mit dem verbalen Ausdruck und dem Inhalt möglich. Deshalb können gleiche Körpersignale bei unterschiedlichen Personen unterschiedliche Botschaften enthalten.

Beispiel: Der Gesprächspartner macht die Augen für einen Moment lang zu. Dies kann bedeuten, dass er müde ist oder sich auf das Gesagte konzentriert.
Der Gesprächspartner dreht die Augen nach oben. Dies kann bedeuten, dass er gelangweilt ist oder dass er das Gesagte verarbeitet und abspeichert.

In der Kommunikation hat jedes Verhalten, also auch das Nicht-Sprechen, Mitteilungscharakter.

Viele Menschen halten Kommunikation für eine Einbahnstraße, für einen linearen Prozess: Der eine redet und der andere hört zu; die eine Person schlägt vor und der Gesprächspartner antwortet. Die Meinung, dass es nur wichtig wäre, den anderen zur Zustimmung und Einwilligung zu überreden und dass es dabei hauptsächlich darauf ankäme, die richtigen Worte zu finden, ist falsch. Kommunikation muss als kreisförmiger Prozess gesehen. werden. Beide Seiten hören einander zu und artikulieren das, was sie verstanden haben, ebenso wie ihre Überzeugungen. Ein effektiver Gesprächspartner braucht das Feedback und die Rückkoppelung seines Gegenübers, um sich auf dessen Kommunikationsstil einlassen zu können. Ein Kommunikationskreis ist eine Interaktionseinheit und eine Feedbackschleife. Der Sender schließt den Kreis, indem er den Abschluss verbal oder nicht verbal bestätigt. Dies bedeutet, dass der Sender davon ausgeht, dass der Empfänger die Botschaft verstanden hat.

Die Rolle des Empfängers besteht darin, zu bestätigen, dass er die Botschaft verstanden hat. Dies kann durch einfache Bestätigungen, durch Zusätze, Ergänzungen oder Zusammenfassungen der Ausgangsbotschaft geschehen.

Bei einer optimalen Kommunikation wird der Kommunikationskreis vollendet und es werden Feedbackschleifen geschlossen. Geschlossene Kommunikationskreise bezeugen Verständnis, was nicht unbedingt Übereinstimmung bedeuten muss. Sie erleichtern es den Menschen, Verbindungen und Kontakte herzustellen, und erhöhen die Leistungsfähigkeit und Zufriedenheit am Arbeitsplatz oder in privaten Bereichen. Missverständnisse werden verhindert.

Dagegen lassen unvollendete Kommunikationskreise Unsicherheit und Stress entstehen, so dass sich innere Unruhe und Unzufriedenheit erhöhen. Mangelndes Verständnis aufgrund von offenen Kommunikationskreisen entfremdet die Menschen voneinander und hindert sie daran, eine konkrete Beziehung aufzubauen. Durch unvollendete Kommunikationskreise werden die Menschen verwirrt, frustriert, enttäuscht, entmutigt und verletzt.

2.12 Regeln für eine konfliktarme Kommunikation

Wer Konflikte im Vorfeld vermeiden oder wenigstens entschärfen will, sollte folgende „Ratschläge" beherzigen.

Regel 1: Deine Meinung werde ich respektieren,
meine Meinung lasse ich gelten.

Wie steht es um die innere Einstellung gegenüber sich selbst und den anderen?

1. Ich bin nicht o.k. – Du bist o.k.
Solche Menschen sind eher depressiv und trauen sich selbst nichts zu. Sie sind überangepasst, ängstlich und fühlen sich benachteiligt.

2. Ich bin o.k. – Du bist nicht o.k.
Hier handelt es sich eher um arrogante Menschen, die Fehler immer bei anderen suchen und nicht bei sich selbst. Der Kommunikationspartner wird nicht als gleichwertiger Gesprächspartner akzeptiert.

3. Ich bin nicht o.k. – Du bist nicht o.k.
Solche Menschen sind meist verzweifelt und pessimistisch.

4. Ich bin o.k. – Du bist o.k.
Das ist die in der Transaktionsanalyse [17] angestrebte Einstellung. Das bedeutet: Wenn jemand an einer Sache Kritik übt, tastet er die Person, die diese Sache vertritt, nicht an. Der Gesprächspartner wird nicht abgewertet oder verletzt, es geht ausschließlich um sachliche Argumente, die diskutiert und bewertet werden.

Die Position „Ich bin o.k. – Du bist o.k." ist die Voraussetzung für eine erfolgreiche Kommunikation und damit auch die Voraussetzung für eine erfolgreiche Projektarbeit.

Regel 2: **Ich bringe mich selbst ein.**
Wann soll ich von mir, von wir und von anderen sprechen?

Ich-Aussagen schaffen Kontakt statt Distanz.

Worte, die andere auf Distanz halten, sind z.B. „man müsste doch eigentlich ..." oder „ich glaube, er sollte uns jetzt sagen, warum ...". Beiden Sätzen ist gemeinsam, dass keine Person direkt angesprochen wird. Somit bekommt auch niemand Gelegenheit, direkt zu antworten. Außerdem wird deutlich, dass der Sprechende keine Verantwortung für das, was er sagt, übernehmen will. Formulieren wir die Sätze einmal um: „Sie müssten doch eigentlich ...", „bitte sagen Sie uns jetzt, warum ..." – auch die Sie(Du)-Anrede wirkt noch ziemlich einseitig: Die betreffende Person macht lediglich eine Aussage über einen anderen, gibt eine Bewertung ab, stellt eine Behauptung auf, die keine Erwiderung zulässt („Sie sind unverschämt").

Bei uns gilt es als unhöflich, einen Satz mit „Ich" anzufangen. Aber versuchen wir es einmal: „Ich habe den Eindruck, Sie müssten" ..., „Ich interessiere mich dafür, warum Sie ...", „Ich fühle mich von Ihnen gekränkt, weil ...". Solche Informationen stellen eine direkte Beziehung zu anderen Menschen her, denn sie enthalten Aussagen über mich selbst und geben dem anderen Gelegenheit zu einer direkten Erwiderung. Wir lassen ihn nicht allein mit einer unverbindlichen Behauptung.

Dies ist auch bei Fragen möglich: statt „Können Sie mir bitte mal ..." ist es auch möglich zu sagen: „Eine Sache ist mir noch unklar. Bitte sagen Sie mir ..." – Es wird dem anderen dann leichter fallen, mit Ihnen in Beziehung zu treten. Ihre Ich-Aussagen sollen aber echte Informationen über Sie selbst enthalten. Sagen Sie also nicht: „Ich glaube, Sie sind unverschämt!", sondern, „ich fühle mich von Ihnen gekränkt, weil Sie ..."

Regel 3: **Führen Sie das Gespräch mit gesprächsfördernden Reaktionen.**
Fördernde Reaktionsweisen sind alle Reaktionen, die Ihrem Gesprächspartner vermitteln, dass

- seine Gefühle und Gedanken verstanden, akzeptiert und nicht wertend aufgenommen werden,
- Sie aktiv und beteiligt am Gespräch sind,
- Sie sich selbst offen mit Ihren eigenen Gedanken und Gefühlen in das Gespräch einbringen.

Beispiele:

- Aktives, aufmerksames und akzeptierendes Zuhören,
- Sie wiederholen den Inhalt der Aussage Ihres Gesprächspartners noch einmal mit Ihren Worten, um sicher zu gehen, dass Sie ihn richtig verstanden haben,
- Sie teilen mit, welche Gefühle Sie aus einer Äußerung herausgehört haben,
- Sie teilen Ihrem Gesprächspartner mit, wie Sie sein Verhalten hier und jetzt wahrnehmen und fragen, ob Ihre darauf beruhenden Vermutungen zutreffen,
- Fragen, die sich genau auf das beziehen, was Ihr Gesprächspartner geäußert hat,
- Sie äußern die Gefühle, die Sie in Bezug auf das besprochene Problem haben,

- Geduld, Akzeptanz, Hilfsbereitschaft (dem anderen sich auszudrücken helfen, geduldig zuhören, sich Zeit nehmen, nicht unterbrechen, Pausen und Bedenkzeit einräumen, Kritik anhören, prüfen und die positiven Möglichkeiten heraushören),

- Konflikte nicht unter den Teppich kehren, sondern offen und freimütig ansprechen, eigene Wünsche und Forderungen anmelden, Betroffenheit, Ärger, Störungen aussprechen, nicht Harmonie um jeden Preis anstreben,

- Echtheit und Verständlichkeit, Offenheit, Ehrlichkeit, Echtheit, keine Fassade, keine Show, kein Imponiergehabe,

- Souveränität, Selbstsicherheit
  (Probleme und Kritik nicht (nur) persönlich nehmen und nicht (nur) auf sich beziehen, persönlich gemeinte Hinweise nicht sofort abwehren, nach Begründungen und Wünschen fragen; selbstbewusst, gelassen und selbstsicher miteinander reden, sich nicht durch Status und Titel ins Bockshorn jagen lassen),

- Selbständigkeit, Verantwortungsbereitschaft
  (sich nicht aus der Verantwortung stehlen, eigene Fehler einsehen),

- Meinungsvielfalt, Zivilcourage
  (eigenen Standpunkt vertreten, Meinungsvielfalt bewahren und fördern – mit der Bereitschaft zum Austausch von Argumenten, Mut zum Widerspruch, Nonkonformismus),

- Ausdruck von Gefühlen, Eingehen auf Gefühle (offen ausgedrückte Fröhlichkeit, wohlwollende Scherze, Lachen, nicht verhehlte Niedergeschlagenheit, eine vorübergehende Gesprächsunlust des anderen tolerieren, nicht in ihn dringen, sensibel auf sich selbst achten).

Regel 4: Das Gespräch bewusst führen.
Dazu bieten wir Ihnen eine wertvolle Denkhilfe an:
Das Bewusstheitsrad (Bild 2.35) hilft, die eigene Bewusstheit zu steigern und die Fähigkeit zu entwickeln, sich über andere Menschen mehr Klarheit zu verschaffen. Mit Hilfe des Bewusstheitsrades schaffen Sie es, mit anderen so zu kommunizieren, dass sie sich öffnen; denn nur dann können Sie etwas über den anderen erfahren.

Das Bewussheitsrad setzt sich aus fünf Bereichen zusammen:

⇨ **Wahrnehmung**
⇨ **Gedanken, Interpretationen, Meinungen**
⇨ **Gefühle**
⇨ **Absichten, Wünsche**
⇨ **Handlungen.**

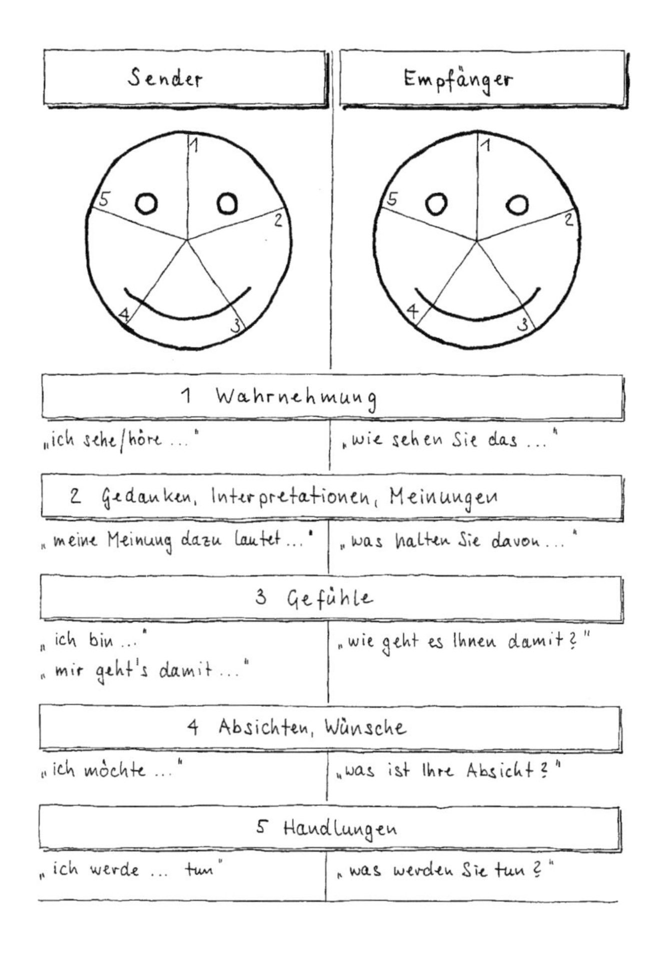

Bild 2.35: Das Bewusstheitsrad [18]

Wahrnehmung
Die fünf Sinne (Sehen, Hören, Riechen, Schmecken, Tasten) ermöglichen den Kontakt zur Außenwelt. Durch diese Kanäle werden Informationen aufgenommen. Die drei Hauptelemente der gesprochenen Kommunikation sind:

- verbale Elemente,
- vokale, tonale Elemente,
- visuelle Elemente.

Jedes Element wirkt auf die Art und Weise, wie eine Botschaft angenommen wird. Die nichtverbalen Elemente einer Botschaft beeinflussen deren Bedeutung sehr stark.

Die Wirkung der verbalen Elemente (was gesagt wird) beträgt ca. 7%, die Wirkung der vokalen/tonalen Elemente (die Form des Gesagten) beträgt ca. 38%, und die Wirkung der visuellen Elemente (was man sieht) beträgt ca. 55%. Die nichtverbalen Anteile einer Botschaft sind die Grundlage dafür, ob man den gehörten Worten glaubt oder sie neu interpretiert.

Wichtig dabei ist auch, dass die nichtverbalen Botschaften des Zuhörers die Wirkung der eigenen Kommunikation widerspiegelt. Je weiter das Gespräch vorankommt, um so mehr sagen die nichtverbalen Hinweise des Zuhörers über die Wirkung der eigenen Kommunikation etwas aus.

Nichtverbale Aussagen sind mächtig, aber ungenau. Wörter dagegen können Gefühle, Gedanken, Wünsche und Absichten klar und deutlich ausdrücken und helfen, Missverständnisse zu überwinden.

Gedanken, Interpretationen, Meinungen
Es ist wichtig, zu verstehen und zu erkennen, wie die eigenen Meinungen und Überzeugungen das verzerren, was man im Augenblick sehen und hören kann. Menschen suchen sich die Fakten aus, die zu ihren eigenen Vorstellungen passen. Sie sollten sich fragen: „Auf welche Weise wird das Verständnis dieser Situation durch meine Vorurteile begrenzt?"
Erwartungen können „selbsterfüllende Prophezeihungen" sein. Wer sich vorstellt, auf eine bestimmte Art und Weise zu handeln und erwartet, dass etwas Konkretes geschieht, hat bereits starke Kräfte entfaltet.

Gefühle
Gefühle sind spontane emotionale Reaktionen auf die Sinneswahrnehmungen, besonders auf Erwartungen. Gefühle sind oft nützliche Hinweise für das, was wirklich ist. Sie ändern sich nicht von allein. Gefühle reagieren jedoch auf Veränderungen in anderen Bereichen.

Sie können sich Ihrer Gefühle mit Hilfe der Wahrnehmung körperlicher Reaktionen bewusst werden: Muskelanspannung, Kurzatmigkeit, Schweißausbruch, Kopfschmerzen, Angstattacken.

Absichten, Wünsche
Wünsche sind Absichten, Hoffnungen, Zielvorstellungen für sich selbst, für andere und für die gemeinsame Beziehung.
Wünsche, Bedürfnisse, Absichten, Motive, Bitten, Verlangen, Vorhaben drücken sich direkt oder indirekt, bewusst oder unbewusst in Ihren Handlungen aus. Wer andere motivieren will, muss deren Wünsche und Interessen kennen und mit ihnen auf diese Ziele hinarbeiten. Ein effizienter Kommunikator drückt seine Wünsche und die Absichten der anderen deutlich aus.
Hat sich ein Gespräch festgefahren oder entwickelt es sich negativ, dann ist es zweckmäßig, sich nach seinen Absichten und Zielen zu fragen. Versuchen Sie eigene Absichten als Wünsche, Ziele, Interessen auszudrücken und nicht als Forderungen.

Der dritte und vierte Teil stellt die emotionalen Teile des Bewusstheitsrades dar. Sie sind die Energie, Motivation und Richtung, die die Ziele in Aktionen umsetzen.

Handlungen
Handlungen sind beabsichtigtes äußeres, beobachtbares Verhalten, das Umsetzen der vorausgegangenen Überlegungen in die Tat.

Unsere ausgeführten und nicht ausgeführten Handlungen senden Botschaften. Wer sich dieser Botschaften nicht bewusst ist, kann die Wirkung nicht abschätzen, die er auf andere hat.

Wir haben nun die fünf Bereiche des Bewusstheitsrades kurz beschrieben. Wir weisen noch auf zwei Gefahren hin, die vor allem in Stresssituationen auftauchen:

⇨ „Bequemlichkeitszonen"

Jeder Mensch hat „Bequemlichkeitszonen", auf die er sich hauptsächlich verlässt. Wird er mit einer Situation konfrontiert, verlässt er sich auf ein oder zwei Teile des Bewusstheitsrades. Vielleicht ist er sich immer seiner Absichten bewusst, vielleicht ist das systematische Denken seine Hauptstärke. Oder er verlässt sich auf das Gefühl als die wichtigste Informationsquelle. Was sind Ihre Bequemlichkeitszonen – und wie werden die Informationen besonders unter Druck verarbeitet?

⇨ „Kurzschlüsse"

Wird einer der fünf Bereiche des Bewusstheitsrades weggelassen, kann dies zu Kurzschlüssen führen. Kurzschlüsse bei der Informationsverarbeitung kommen durch

- Missachtung der Gefühle,
- vorschnelle Schlüsse,
- Ignorieren von Wahrnehmungen oder
- impulsives Handeln

zu Stande.

Langfristig bereiten diese Kurzschlüsse mehr Arbeit und bedeuten größeren Stress. Sie vermeiden Kurzschlüsse, wenn Sie an alle Teile des Bewusstheitsrades denken, um die richtige und passende Handlung zu finden.
Das Bewusstheitsrad ist ein Werkzeug, das Sie im Kopf mit sich tragen. Es eignet sich zur Entdeckung, Erweiterung und Organisation von Informationen über sich und andere. Benutzen Sie es als Leitfaden, um Ihre Bewusstheit darüber zu schärfen, wo Sie im Moment stehen, was für Informationen noch fehlen und wohin Sie gehen können, um wirkungsvoll zu kommunizieren.

Beim aufrichtigen Gesprächsstil sind alle Zonen des Bewusstheitsrades vorhanden und offenkundig. Der Gesprächspartner teilt seine Wahrnehmungen, Gedanken, Gefühle und Absichten mit und erzählt von dem, was er tun wird.

2.13 Moderation und Präsentation im Team erhöhen Wirksamkeit und Verbindlichkeit

Ab einer Teamgröße von vier bis fünf Personen ist die Moderation der Gruppe angesagt. Ziel der Moderation ist es, den Gruppenprozess bezüglich

- ⇨ Sachebene
- ⇨ Beziehungsebene
- ⇨ Methodenebene und
- ⇨ Metaebene

zu strukturieren und die Gruppe zu ihren Zielen und Ergebnissen zu führen (siehe Bild 2.36 und Bild 1.10).

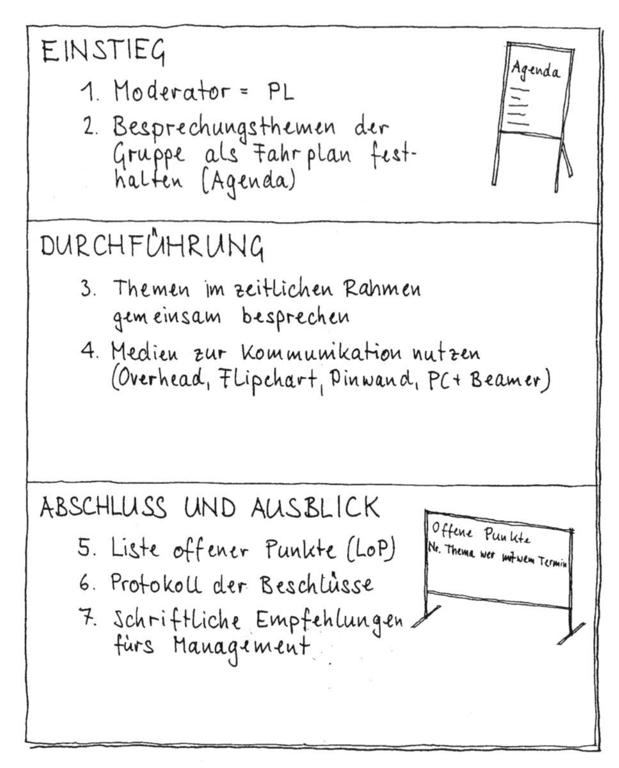

Bild 2.36: Tipps zur Teammoderation

Das Besondere der Moderation in Projekten ist, dass die Ergebnisse unter einem gewissen Zeitdruck zu erstellen sind. Deshalb muss der Moderator sehr pragmatisch moderieren. Auf Schönheit und Schnörkel ist zu verzichten. Häufig steht nur ein Flipchart zur Verfügung. Moderation bedeutet hier, sich auf das Wesentliche zu konzentrieren.

Ergebnisse präsentieren

Im Projektverlauf sind sehr häufig Ergebnisse zu präsentieren. Jedes Teammitglied muss seine Informationen, Vorstellungen und Meinungen in das Team einbringen. Hier gilt es, die Grundsätze der Präsentation zu beachten (siehe Bild 2.37).

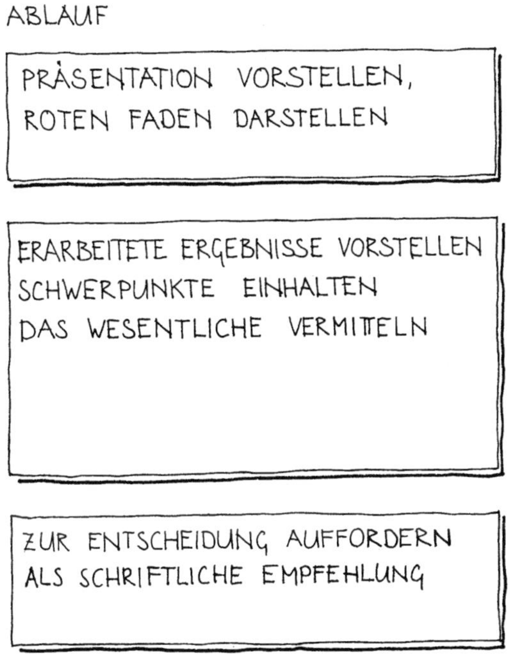

Bild 2.37: Präsentationstechnik und Ablauf der Präsentation

Die Teamergebnisse müssen dem Auftraggeber oder im Projektausschuss überzeugend präsentiert werden. Folgende Tipps haben sich in der Praxis bewährt:

- ⇨ Aufmerksamkeit abwarten
- ⇨ Überzeugender Einstieg/Ausstieg
- ⇨ Fahrplan visualisieren und sichtbar lassen
- ⇨ Reihenfolge beachten (Was ist wichtig?)
- ⇨ Blickkontakt zum Gesprächspartner halten
- ⇨ Ergebnisse überzeugend darstellen
- ⇨ Phantasie ist erlaubt
- ⇨ Folien offen lassen
- ⇨ Folien müssen unbedingt lesbar sein
- ⇨ Keine Details (nur bereit halten)
- ⇨ Unklare Aussagen fordern Fragen heraus
- ⇨ Keine Schattenspiele vor dem Projektor/Beamer
- ⇨ Medienvielfalt verwenden
- ⇨ Perfektionismus ist nicht nötig.

Woran liegt es, dass viele Menschen die Scheu haben, aufzustehen und ihre Überlegungen zu präsentieren? Der Zeitdruck verhindert die gute Vorbereitung. Angst vor einer Blamage, Unsicherheiten in der Rhetorik oder Unsicherheit bei aufkommenden Widerständen unterbinden klare Präsentationen.

Gerade die Moderation und Präsentation sind zum Brückenschlagen von Mensch zu Mensch in der Teamarbeit wichtig. Viel Zeit wird durch konzentriertes Arbeiten und Vermeiden von Kommunikationsfehlern gespart.

2.14 Sachergebnisse eines effektiven Projektstartes

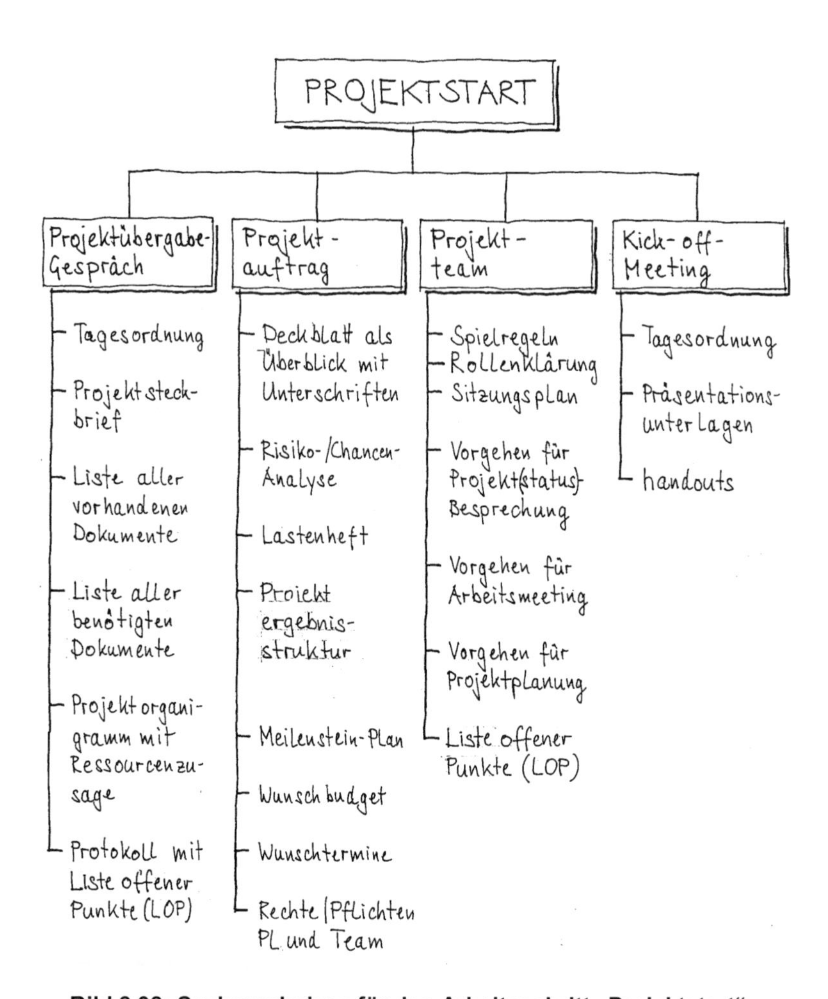

Bild 2.38: Sachergebnisse für den Arbeitsschritt „Projektstart“

Die Ergebnisse des Projektabschnittes „Start” machen deutlich, dass die hier beschriebene Vorgehensweise ziel- und ergebnisorientiert ist. Wenn alle definierten und erwünschten Ergebnisse erreicht, mit den Beteiligten diskutiert und verabschiedet sind, dann ist der Projektstart gelungen. Die Frage ist, ob der Projektleiter das Abenteuer liebt oder eine gut vorbereitete Expedition bevorzugt. „Erst denken, dann planen”, wenn Sie diese Devise beherzigen, haben Sie weniger Reibungsverluste im Laufe des Projektes.

Am Ende des Prozesses „Start" liegen vor (Bild 2.38):

- ⇨ Durchgeführtes Projekt-Übergabegespräch
- ⇨ Der Projekt-Auftrag, unterzeichnet, mit Anlagen wie Zielkatalog/Lastenheft, Projektergebnisse mit Grobpflichtenheft und Meilenstein-Plan
- ⇨ Arbeitsfähiges Projektteam mit Vorstellungen über Arbeitsweise, Rhythmus von Besprechungsterminen und kommender Projektplanung
- ⇨ Kick-off-Meeting.

2.15 Je nach Projekt kommt beim Start ein anderer Schwerpunkt zum Tragen

Wir haben bisher die verschiedenen Prozesse „Abstimmung Auftraggeber/Auftragnehmer", „Projektleiter/Team", „Erstellung des Lastenheftes" und „Erstellung des Grobpflichtenheftes" kennengelernt. In diesem Abschnitt soll der Start nun bezüglich der unterschiedlichen Projektarten beleuchtet werden.

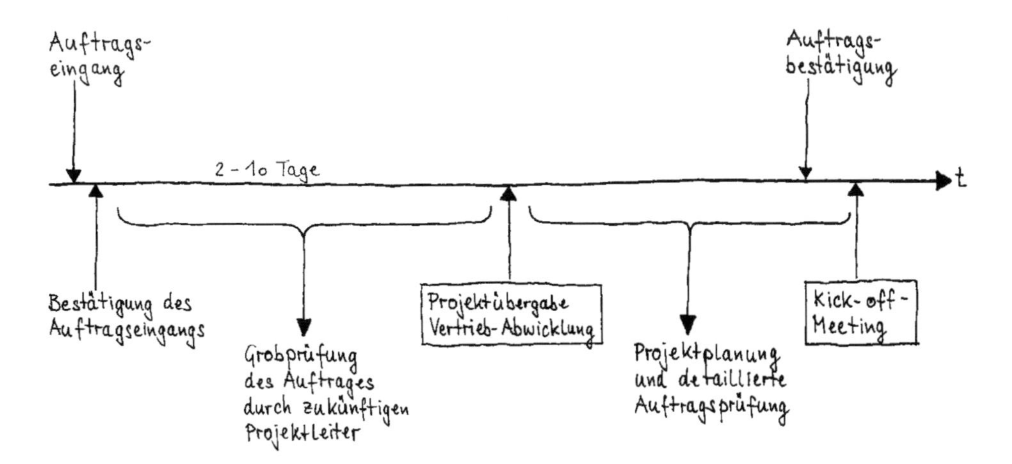

Bild 2.39: Projektstart bei Anlagenprojekten

Das **Anlagenprojekt**, auch Abwicklungsprojekt genannt, hat zwei Starts. Einmal muss auf der Basis einer Anfrage ein Angebot abgegeben werden. Andererseits muss auf der Basis eines Vertrages das Projekt abgewickelt werden. Was wir bisher für den Start des Projektes kennengelernt haben, müsste in verkürzter Weise auf die Angebotsabgabe angewandt werden.

Die Projekte werden häufig vor Angebotsabgabe zu wenig in Richtung Projektplanung vorstrukturiert. Die Kalkulation des Angebotes hat nur wenige Verknüpfungen zum späteren Produkt-/Anlagenstrukturplan. Der Ersteller des Angebotes ist später nicht unbedingt der Projektleiter. Deshalb ist der zweite Start des Projektes „Auftragsabwicklung" besonders wichtig.

Die Abbildung 2.39 zeigt den Fahrplan vom Auftragseingang bis zum Kick-off-Meeting. Bei Anlagenprojekten lassen sich sowohl die Projektergebnisstruktur (Bild 2.40) als auch der Meilenstein-Plan (Bild 2.41) stark standardisieren.

Bei Abwicklungsprojekten liegt, im Unterschied zu Innovationsprojekten, das Lastenheft mit Teilen des Grobpflichtenheftes bei der Ausschreibung durch den Kunden oft sehr detailliert vor. Der Lösungsweg ist bei Abwicklungsprojekten das Ziel. Der Projektleiter ist in der Praxis häufig auf sich alleine gestellt. Es scheint aus Ressourcen- und Kostengesichtspunkten schwer zu sein, dem Teamgedanken zum Durchbruch zu verhelfen. Deshalb sorgt die Projektorganisation auch eher für eine punktuelle Zuarbeit für den Projektleiter und nicht für effektive Teamarbeit.

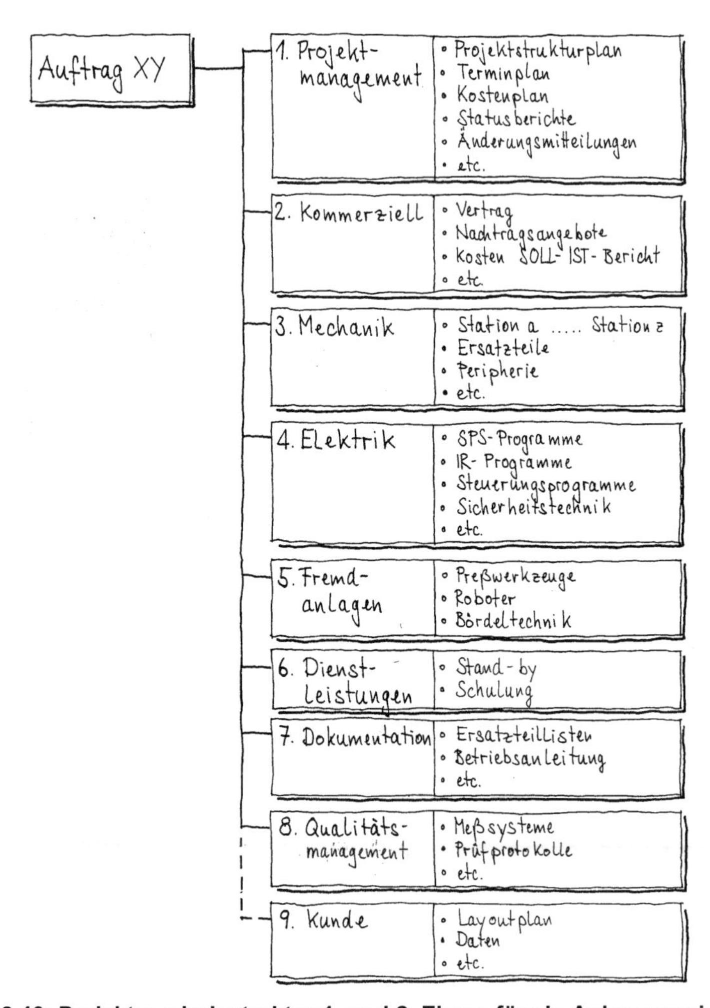

Bild 2.40: Projektergebnisstruktur 1. und 2. Ebene für ein Anlagenprojekt [19]

Innovations- und Produktprojekte zeichnen sich durch starke Unsicherheiten zu Beginn des Projektes aus. Wer ist unser Kunde? Welche Anforderungen sollen für welche Zielgruppe erfüllt werden? Wie kann sich das Produkt technisch, preislich und optisch vom Mitbewerber abheben? Wie passt das zukünftige Produkt in die Geschäftspolitik? Was soll selbst entwickelt werden? Wo soll Know-how nach außen gegeben werden?

Häufig ist in der Praxis unklar, wer denn der Auftraggeber ist, die Geschäftsleitung, der Vertrieb oder das Marketing? Inwieweit verfolgen diese Auftraggeber dieselben Interessen? Um irgendwie den roten Faden im Meer der Unsicherheiten und Ungewissheiten aufzunehmen, ist eine konsequente Abfolge beim Start des Projektes zu empfehlen (siehe Bild 2.42, Teil 1 und 2). Hier ist ungestörte Teamarbeit besonders gefordert.

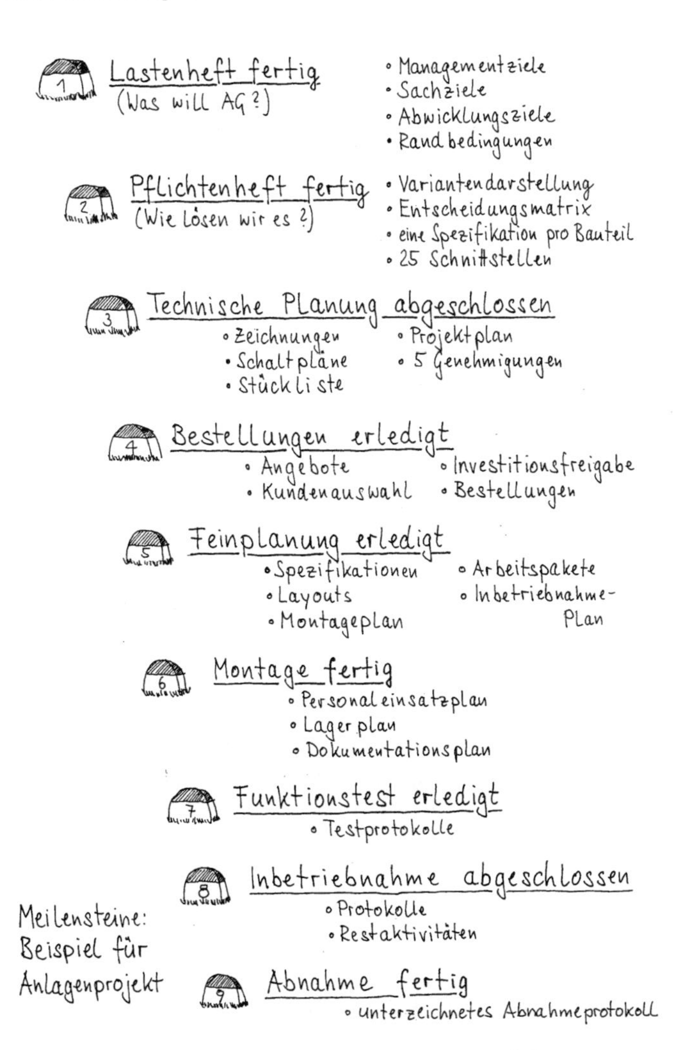

Bild 2.41: Meilenstein-Plan für ein Anlagenprojekt

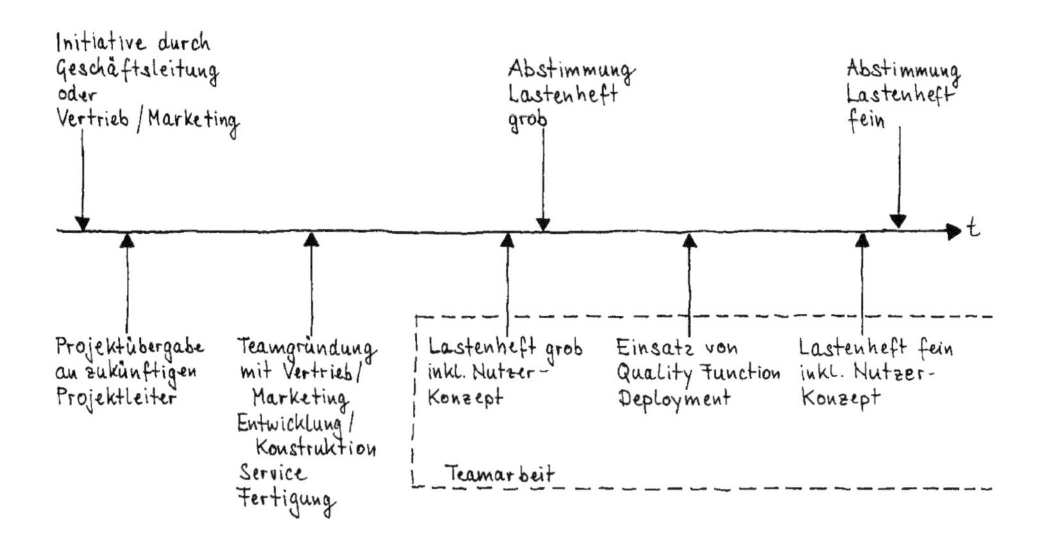

Bild 2.42: Projektstart bei Innovationsprojekten, Teil 1

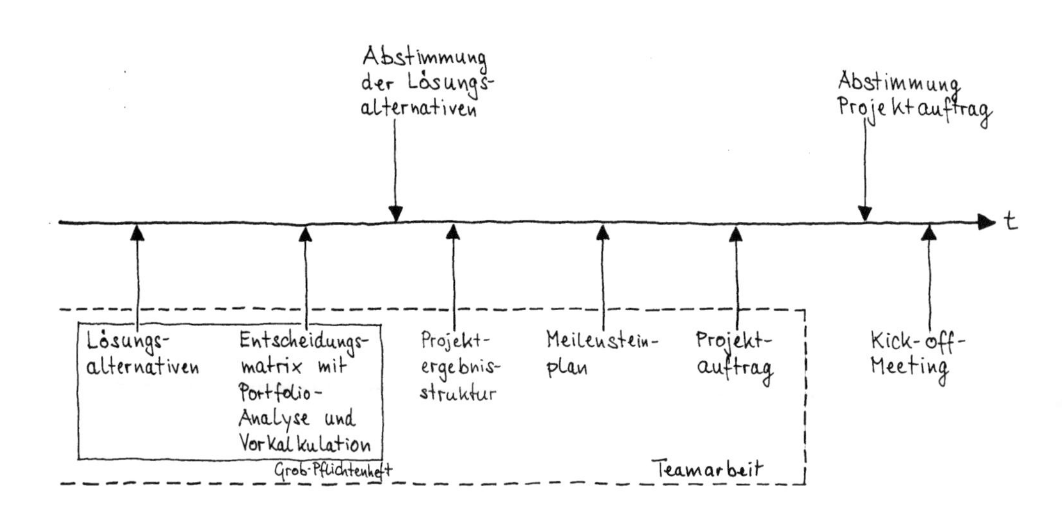

Bild 2.42: Projektstart bei Innovationsprojekten, Teil 2

Methode Quality Function Deployment

Ein weiteres Hilfsmittel, Ziele und Anforderungen zu klären, stellt die Methode Quality Function Deployment QFD [21] dar. Diese Methode wurde in den 60er Jahren in Japan von Akao eingeführt. Grundlegender Ansatz des QFD ist die Verbindung verschiedener Begriffswelten z.B. der des Kunden, des Vertriebes, der Konstruktion, der Produktion, u.a. über Matrizen. Die Darstellungen in Matrizen dienen als Kommunikationsmittel. So werden z.B. in einer Matrix unscharfe Anforderungen mittels QFD in quantifizierbare umgesetzt. Die quantifizierbaren Anforderungen werden als Zielvorgabe an alle Beteiligten weitergegeben. Das Bild 2.43 zeigt den systematischen Einsatz von QFD-Matrizen.

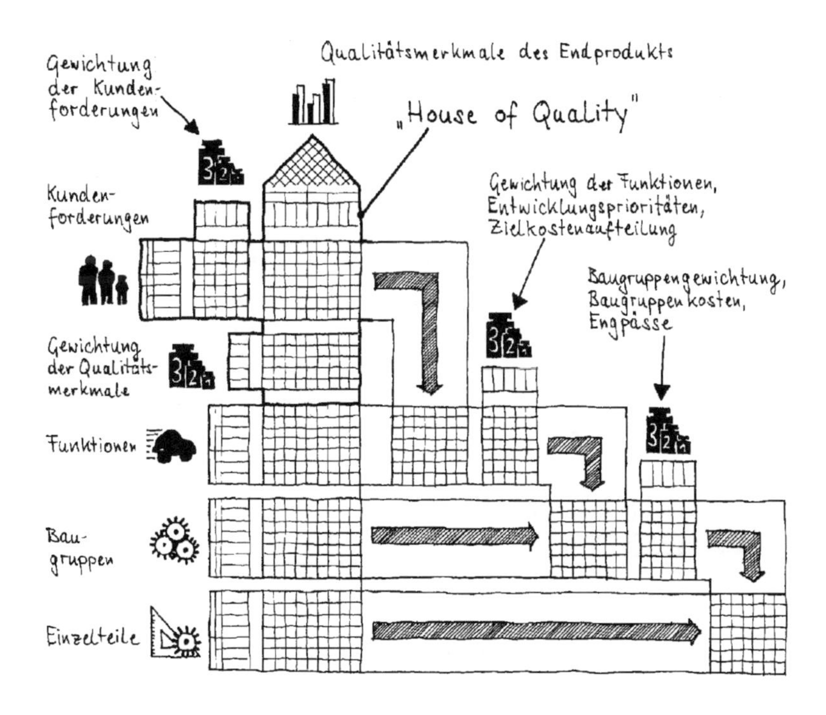

Bild 2.43: Quality Function Deployment [20]

Auf diese Weise kommt das Projekt vom Groblastenheft zum Feinlastenheft. Verschiedene Lösungen (grob) müssen nun mit Kreativitätstechniken (z.B. Brainstorming, Methode 6-3-5 oder morphologischer Kasten) gesucht werden.

Mit Hilfe von Entscheidungsmatrix, Portfolio-Analyse und Vorkalkulation sind die Lösungsalternativen soweit zu durchleuchten, das sich alle Beteiligten auf eine Lösung verständigen können. Die so gewonnene Produktstruktur wird grafisch als Projektergebnisstruktur dargestellt (Bild 2.44).

Der Start wird durch das Festlegen der Meilenstein-Inhalte (Bild 2.45), dem internen Projekt-Auftrag und das Kick-off-Meeting abgeschlossen.

Beteiligte an **Organisations-/IT-Projekten** verkennen in der Praxis sehr häufig, dass der Erfolg dieser Projekte entscheidend von der Akzeptanz aller Beteiligten wie Geschäftsleitung, Organisation, IT-Bereich und Fachabteilungen abhängt. Diese Akzeptanz herbeizuführen bedeutet einerseits, immer wieder alle Betroffenen einzubinden, und andererseits, die Projektleitung stabsmäßig zu organisieren. Der Ablauf des Projektes in der Startphase ist ähnlich wie bei Innovationsprojekten (Bild 2.46).

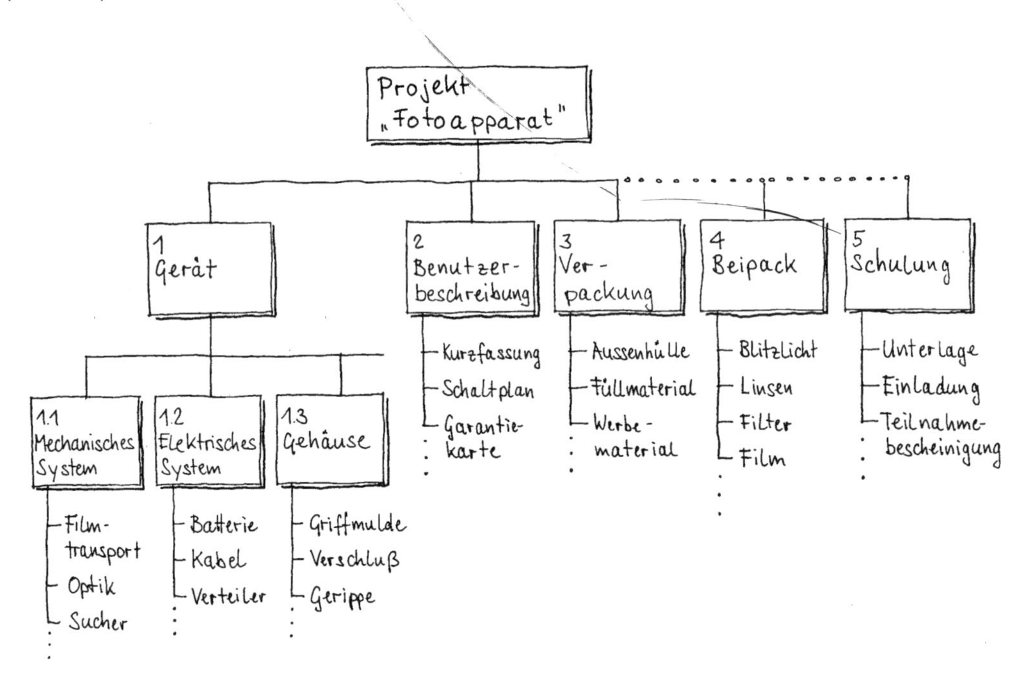

Bild 2.44: Auszug aus der Produktstruktur des Projektes „Fotoapparat"

Es geht hier auch um gewaltige Investitionen, die über das Sein oder Nichtsein eines Unternehmens entscheiden können. Die beste Lösung nützt wenig, wenn die neue Organisation mit ihren neuen Prozessen von den Beteiligten später nicht engagiert gelebt wird.

In der Startphase eines Projektes sollte auch eine Projektbewertung durchgeführt werden. Bei der Projektbewertung gilt es, die Chancen und Risiken und die Auswirkungen festzuhalten.

Mit der Gegenüberstellung der verschiedenen Startsituationen in unterschiedlichen Projektformen sind Grenzen in der Praxis deutlich sichtbar geworden:

⇨ Projekt-Auftrag zwischen Kunde und Vertrieb ist bereits unterzeichnet,
⇨ Eckdaten wie Termin und Kosten stehen fest,
⇨ Konkurrenzdruck: Angebotswert liegt unter Kalkulationswert des Projektes,
⇨ Personal, vor allem bestimmte Spitzenkräfte, nicht verfügbar,
⇨ kein Einfluss auf das Budget,
⇨ Prestigeprojekt, z.B. Management- und Projektziele stehen im Widerspruch.

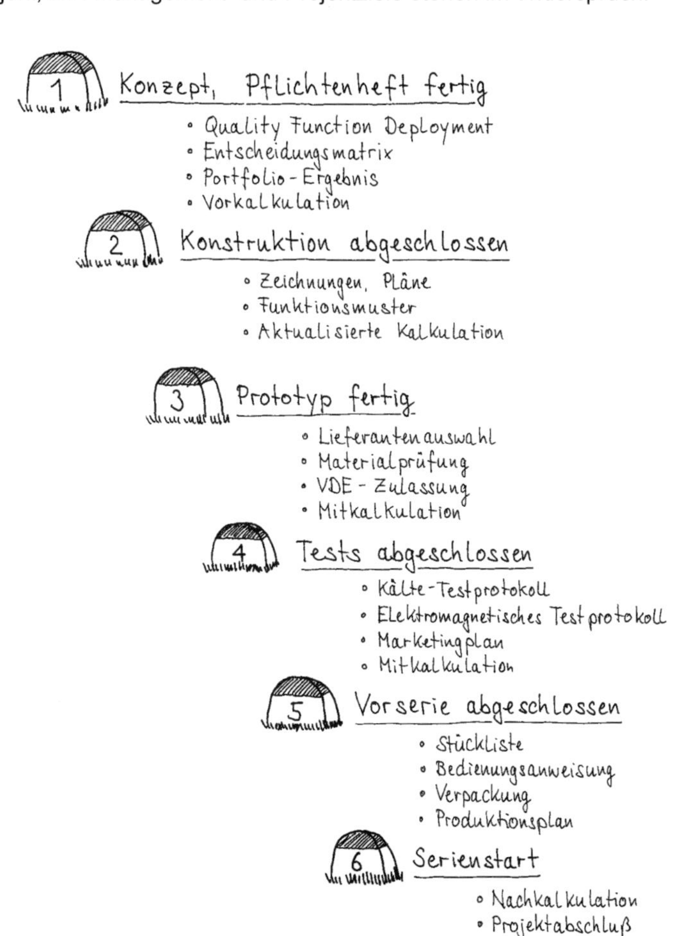

Bild 2.45: Meilenstein-Plan des Projektes „Fotoapparat“

Gerade deshalb bietet nur ein systematischer und arbeitsintensiver Projektstart die reelle Chance, den Grundstein für ein erfolgreiches Projekt zu legen:

⇨ Durch Hinterfragen die Probleme und Risiken erkennen,
⇨ klare Absprachen bewahren die Beteiligten vor Reibungsverlusten,
⇨ Teamarbeit fördert optimale Lösungen und den Zusammenhalt,
⇨ das Projekt bietet Training für zukünftige Aufgaben in der Firma,
⇨ Verbesserung der Menschenkenntnis.

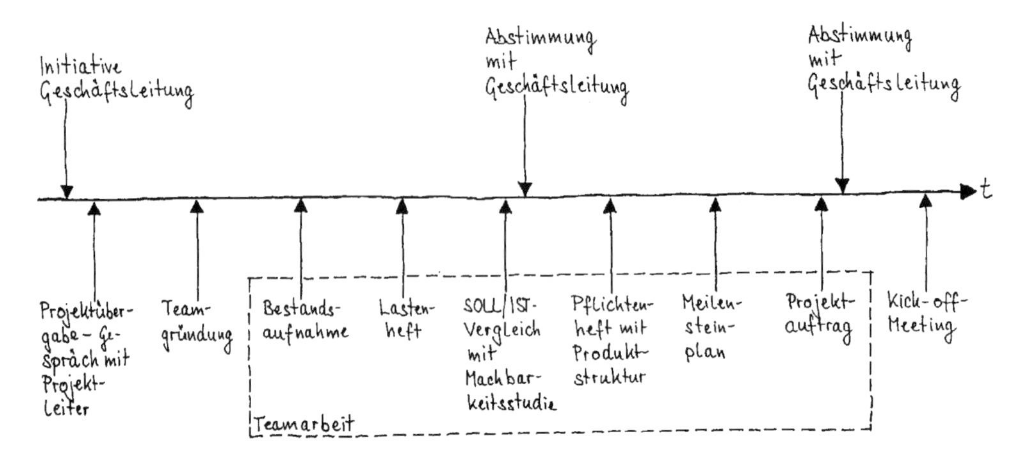

Bild 2.46: Projektstart bei Organisationsprojekten

2.16 Checklisten zum Projektstart

Zum Start können verschiedene Checklisten helfen:

⇨ Checkliste Projektstart
⇨ Checkliste für Projektübergabe an den Projektleiter
⇨ Checkliste zur Vertragsbewertung bei Anlagenprojekten
⇨ Checkliste Teamarbeit

Checkliste Projektstart

1 Aufgabenstellung

- Was ist der Anlass, der Auslöser des Projektes?
- Ist der Projektsteckbrief aufgestellt?
- Sind die Sach- und Systemziele geklärt?
- Sind die Ziele der Abwicklung klar?
- Sind die Ziele des Managements bzw. des Unternehmens dargestellt worden?
- Ist geklärt, wann das Projekt durchgeführt wird?
- Welche Rahmenbedingungen, Einflüsse von außen wirken auf das Projekt ein?
- Sind die Rechte, die Verantwortung und Aufgaben des Projektleiters und des Teams schriftlich festgehalten und mit dem Management verabschiedet?
- Gibt es einen Termin für das Projektübergabe-Gespräch?
- Stehen der Termin und der Inhalt für das Kick-off-Meeting fest?
- Ist die Aufgabenstellung von anderen Projekten und Routineaufgaben klar abgegrenzt?

2 Projektorganisation

- Sind der Auftraggeber und der Auftragnehmer namentlich bekannt?
- Ist das Projekt-Organigramm erstellt?
- Sind die erwünschten Ressourcen mit dem Auftragnehmer abgestimmt?
- Ist die vom Auftraggeber erwartete Qualität festgelegt?
- Sind die Zulieferungen/Beistellungen des Auftraggebers geklärt?
- Sind Finanzierung und Verrechnung mit dem Auftraggeber gesichert?
- Sind Gewährleistung und Pflege des Produktes/der Anlage mit dem Auftraggeber geregelt?
- Wie ist das Projekt in die Firma eingebunden?

3 Projektteam

- Steht die Zusammensetzung des Teams fest?
- Ist der Termin für die erste Teamsitzung festgelegt?
- Steht Moderationsmaterial wie Karten, Pinnwände, Plakate usw. ausreichend zur Verfügung?
- Wieweit kennen sich die Teammitglieder?
- Welche Fähigkeiten bringt der Einzelne ins Team ein?
- Wie kann der Teambildungsprozess gefördert werden?
- Wo besteht Gefahr zwischenmenschlicher Konflikte?
- Wie soll im Konfliktfall vorgegangen werden?
- Wie wollen die Teammitglieder zusammen arbeiten?

4 Infrastruktur

- Wo wird am Projekt gearbeitet? Standort?
- Welche Mittel werden für das Projekt benötigt?
- Welche Büros, Sitzungszimmer und IT-Ausstattung sind erforderlich?
- Sind Qualifizierungsmaßnahmen für alle Teammitglieder und beteiligten Mitarbeiter erforderlich, abgestimmt, bereits durchgeführt?
- Wie gestalten sich Vorbereitung, Durchführung und Nachbereitung von Projektbesprechungen?
- Wie wird der Informationsfluss gesteuert und aufrechterhalten?
- Wie soll mit Änderungen umgegangen werden?
- Wie schaut die Projektakte aus? Wer pflegt sie?

5 Projekt-Auftrag

- Sind die kaufmännischen und vertraglichen Rahmenbedingungen geklärt?
- Wenn zwischen Kunden und Ihrem Unternehmen ein Vertrag existiert, sind die entsprechenden Analysen zur Darstellung der Risiken und Chancen durchgeführt worden?
- Ist der erwartete Nutzen des Projektes festgehalten?
- Ist die Berichtspflicht abgesprochen nach Art, Weise und Häufigkeit?

6 Projektplanung (erste Überlegungen)

- Ist die Projektergebnisstruktur grafisch dargestellt?
- Ist das Projekt grob in Arbeitsmengen strukturiert (Projektstrukturplan)?
- Sind die Schnittstellen, Zulieferungen und Beistellungen des Kunden berücksichtigt?
- Ist die bestehende Kalkulation anhand der Projektstruktur überprüft und angepasst worden?
- Sind die Kosten den Meilensteinen schon grob zugeordnet worden?

Was ist noch zu klären?

- ....
- ....
- ....
- ....
- ....
- ....
- ....
- ....
- ....
- ....
- ....

Wie werden alle offenen Punkte, wann, von wem abgearbeitet?

- ....
- ....
- ....
- ....
- ....
- ....
- ....
- ....
- ....

Checkliste für die Projektübergabe an den Projektleiter

1 Vertragsunterlagen

- Anfrageunterlagen vom ...?
- Angebot vom ...?
- Verhandlungs-/Vergabeprotokolle?
- Angebotskalkulation?
- Vertragsbedingungen vom ... ?
- Schriftlicher Kundenauftrag vom ... ?
- Liegt eine Vertragsbewertung vor?

2 Technik

- Zeichnungen?
- Übergabestruktur (Anlagenstruktur/Produktstruktur)?
- Projektstruktur?
- Unterlagen wie Lageplan, Struktogramm?
- Prüfung/Abnahme erfolgt durch ...?
- Prüfung/Abnahme erfolgt am ...?
- Sind Subunternehmer/Lieferanten vorgesehen?

3 Organisation

- Wichtige Namen und Ansprechpartner?
- Projekt-Organigramm?
- Terminplan vom ...?
- Infrastrukturplan vom ...?
- Büroplan (für das Projektteam)?
- Steht der Termin für das Kick-off-Meeting fest?
- Wer ist Gesamtprojektleiter?
- Wer ist Auftraggeber?
- Wer ist der Ansprechpartner im Unternehmen?

Was ist noch zu klären?

- ....
- ....
- ....
- ....
- ....
- ....
- ....
- ....

Wie werden alle offenen Punkte, wann, von wem abgearbeitet?

- ....
- ....
- ....
- ....
- ....

Checkliste zur Vertragsbewertung bei Anlagenprojekten

1 Kunde
- Wer ist als zentraler Ansprechpartner benannt?
- Welche Technik soll eingesetzt werden?
- Was sind die wichtigen Projektergebnisse?
- Welche wichtigen Schnittstellen gibt es?
- Welche Termine stehen fest?
- Wie ist der Gefahrenübergang gestaltet?
- Welche Zahlungsmodalitäten sind vereinbart?
- Welche Vertragsstrafen sind vorgesehen?
- Wie ist die Haftung geregelt?
- Welche Folgeschäden sind zu befürchten?
- Welche Bürgschaften sind vorgesehen?

2 Angebots-/Auftragssituation
- Welche Gründe sprechen für die Angebotsabgabe?
- Welche Gründe sprechen für die Auftragsannahme?
- Wer tritt als Mitbewerber auf?
- Welche Technik und welche Preise vertritt der Mitbewerber?
- Wie hoch ist der Deckungsbeitrag des Projektes?
- Wie hoch ist die Kapitalbindung?
- Wieweit beeinflusst das Projekt die Liquidität?

3 Durchführbarkeit
- Wieweit wird auf vorhandene/nicht vorhandene Technik zurückgegriffen?
- Was muss neu entwickelt, neu konstruiert werden?
- Welchen Investitionsbedarf löst das Projekt aus?
- Welches Know-how benötigt das Projekt?
- Was wird an Kapazität benötigt?
- Welche Leistungen werden am Aufstellungsort erbracht?
- Welche Bauleistungen sind vorgesehen?
- Welche Normen müssen berücksichtigt werden?

4 Länder-Spezifikation
- In welcher Währung wird das Projekt abgerechnet?
- Welche Zölle, Steuern, Gebühren und Sozialversicherungen sind zu berücksichtigen?
- Welche Landeslieferungen/-leistungen sind im Angebot/Auftrag enthalten?
- Welche Genehmigungen/Auflagen fordern die Behörden?
- Wie stabil ist das politische und wirtschaftliche System?

5 Zulieferer
- Welche Risiken sind zu übertragen?
- Welche Technik ist hier vorgesehen?
- Wie zuverlässig ist der Partner?
- Welche vertraglichen Regelungen sind vorgesehen?

Checkliste Teamarbeit

1 Sinnvolle Teamzusammenstellung

- Ist eine Mischung aus Erfahren und Unerfahren gegeben?
- Sind die Betroffenen miteinzugliedern?
- Ist eine ungerade Teilnehmerzahl sinnvoll?
- Kann man das Team in zwei kleine Gruppen untergliedern?
- Ist das Team gleichwertig zu anderen?
- Sollte der Teamleiter situativ wechseln?
- Wird die Teamauswahl von allen Vorgesetzten getragen?
- Sind die Teammitglieder auch und gerade unter dem Gesichtspunkt der Sozialkompetenz ausgewählt worden?

2 Vorbereitung der Teams auf ihre Arbeit

- Gibt es ein Ablaufschema, um die Entscheidungsfindung zu erleichtern?
- Sind Teammitglieder von anderen Tätigkeiten freigestellt, um Ergebnisfindung zu vereinfachen?
- Gibt es Hilfsmittel für die Teamarbeit?

3 Vorabklärung der Kompetenzen

- Haben die Teammitglieder das Vertrauen der Vorgesetzten?
- Hat das Team genug Kompetenzen für eine freie Entfaltung?
- Existieren Sondervollmachten?
- Wird die fachliche Kompetenz des Teams von den Vorgesetzten anerkannt und akzeptiert?
- Ist der Teamentscheid akzeptabel für andere?

4 Abstimmung zwischen Team und Vorgesetzten während der Arbeit

- Hat das Team die Ziele mit den Vorgesetzten abgestimmt?
- Wurden eventuelle Probleme mit den Vorgesetzten besprochen?
- Stimmt die Delegation auch im Verlauf der Arbeit?
- Sollen Vorgesetzte anfangs an den Sitzungen teilnehmen?
- Sollen Teamentscheidungen schriftlich mit Terminangabe fixiert werden?
- Sollten wöchentliche Besprechungen mit dem Vorgesetzten stattfinden?
- Soll der Vorgesetzte kontrollieren und nur bei Fehlern in die richtige Richtung lenken?

5 Ergebnisfindung und Rückmeldung

- Legt das Team die Ergebnisse geschlossen vor?
- Sollen Vorgesetzte bei der abschließenden Zusammenfassung anwesend sein?
- Sollen Stellvertreter des Vorgesetzten bei Entscheidungen einbezogen werden?
- Wird das Ergebnis gemeinsam besprochen?
- Sind die Ergebnisse hinreichend dokumentiert und stehen diese allen Teammitgliedern zur Verfügung?

2.17 Zur eigenen Vertiefung

Was will ich beim Start meines Projektes berücksichtigen?

- ______
- ______
- ______
- ______
- ______

Wie schaut bei mir das Projektergebnis aus?

- ______
- ______
- ______
- ______
- ______

Wie schauen bei mir die Meilensteine aus?

- ______
- ______
- ______
- ______
- ______

Welche Ziele sind in Ihrem Projekt sehr wichtig?

- ______
- ______
- ______
- ______
- ______

Für mein Projekt muss ich unbedingt noch klären:

- ______
- ______
- ______

3 Projektplanung

3.1 Der Plan als Voraussetzung einer gelungenen Expedition

Die organisatorische Planung soll nicht das Management beruhigen, sondern ist der Versuch und die Herausforderung, den Projektablauf möglichst realistisch vorauszudenken. Die technische Planung soll hier außen vor bleiben. Im weiteren Verlauf sprechen wir nur noch von Planung, wenn wir die organisatorische Planung meinen.

Tragweite und Bedeutung einer ausführlichen Planung können nicht hoch genug eingeschätzt werden. Eine konsequente und möglichst exakte Projektplanung gibt nicht nur dem Projektleiter, sondern auch dem Auftraggeber, dem Auftragnehmer und allen anderen Beteiligten die Sicherheit für die voraussichtlich beste Abwicklung des Projektes. Darüber hinaus ist ein detaillierter Projektplan unverzichtbare Voraussetzung für eine flexible und angemessene Projektsteuerung.

Erschrecken Sie nicht, wenn Sie sich die Planungsschritte im Einzelnen ansehen und feststellen, dass zur vollständigen und korrekten Bearbeitung der Planung ein gewisser Aufwand zu betreiben ist. Er lohnt sich!

Schon Einstein sagte: „Wenn ich für eine Aufgabe/ein Projekt 8 T/W/M benötige, würde ich 6 T/W/M für die Planung verwenden."

Projektemacher in Deutschland und Europa veranschlagen den Gesamtaufwand für die Planung auf 1% des Projektumfangs. Das Bild 3.1 spiegelt die Erfahrung wieder. Je exakter und konsequenter die Planung betrieben wird, desto reibungsloser erfolgt die Abwicklung des Projektes.

Der Zusammenhang zwischen Planungsqualität und Projektqualität ist offensichtlich. Je besser eine Werkstatt laufend in Ordnung gehalten wird, desto weniger Fehler werden am Produkt entstehen. Die Konsequenz daraus ist: **Wenden Sie mehr Zeit für die Planung auf, Sie werden dadurch in der Realisierung überproportional Zeit einsparen!**

Das Ziel dieses Kapitels besteht darin, die im Bild 3.2 dargestellte Systematik der Projektplanung einfach und klar zu beschreiben. Wir sind davon überzeugt: Wenn Sie die folgenden Darstellungsformen, Methoden und Verfahren kennen und bei Ihrem Projekt einsetzen, dann werden auch Sie die Vorteile erfahren.

Wann unternehmen Sie den ersten Schritt?

In der Praxis stoßen wir häufig auf große Ablehnung, eine Planung, insbesondere eine werkzeugunterstützte Terminplanung durchzuführen. Argumente, wie „wir haben keine Zeit" oder „dies ist uns zu komplex" oder „dies kostet uns zu viel Zeit", sind zu hören. Wo liegt die Ursache für solche massiven Widerstände?

Wir sehen die Ursachen

- ⇨ in der Natur des Menschen,
- ⇨ in der Unkenntnis über die Werkzeuge,
- ⇨ in der Komplexität der Projekte und
- ⇨ im Belohnungssystem.

Projekt (gängige Abwicklung)

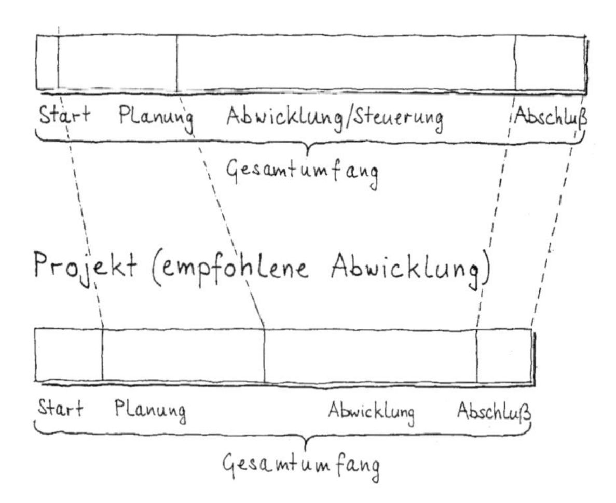

Je vollständiger und konsequenter die organisatorische Planung, desto präziser die Abwicklung des Projektes möglich.

Bild 3.1: Vorteile einer exakten Projektplanung

Der Mensch neigt zur Vereinfachung und Bequemlichkeit und arbeitet häufig nach dem Lustprinzip. Zugegeben, der Druck und die Arbeitsbelastung haben in der heutigen Zeit stark zugenommen. Dennoch verzettelt sich der Mensch und schafft es nicht, sich immer auf das Wesentliche und im Moment Erfolgversprechende zu konzentrieren. Statt konsequent und systematisch die Dinge anzugehen, arbeitet er intuitiv und sprunghaft. Der damit verursachte Stress trägt wenig dazu bei, die Ruhe und Gelassenheit zu erlangen, um wirkungsvoll zu arbeiten.

Die intensive Auseinandersetzung mit den Methoden und Werkzeugen scheitert oft auch an der fehlenden Einsicht oder Erfahrung, dass Methoden und Werkzeuge tatsächlich weiterhelfen. Hierfür ist jedoch eine gewisse Anlauf- und Einarbeitungszeit erforderlich, um den entsprechenden Vorteil zu erzielen. Es ist hilfreich, mit kleinen Übungen zu beginnen, die Erfahrungen schrittweise auszubauen und in Lerngemeinschaften am eigenen Arbeitsplatz die neu gewonnenen Einsichten auszutauschen.

Nicht die Planung an sich ist komplex, sondern das Abbilden der vorweggenommenen Realität in ein Gedankenmodell. Dies ist Denkarbeit. Ein Terminplan ist die grafische Darstellung des Gedankenmodells vom Projekt. Da bereits mittelschwere Vernetzungen geistig sehr fordern, weicht der Mensch aus und sucht nach Vereinfachung. Die Werkzeuge sind oft aufwändig, aber nicht zu komplex, um sie bedienen zu können. Viele scheuen sich, die Strategie der Abwicklung des Projektes zu entwickeln, zu erfassen und darzustellen. Damit entziehen sie sich dieser Aufgabenstellung durch die Flucht in eine oberflächliche und fehleranfällige Planung.

Es fehlen auch die entsprechende Anerkennung und Belohnung, wenn Projekte mit effizienten Methoden und Werkzeugen unterstützt werden. Dies ändert sich, wenn Sie aufzeigen, welche Vorteile Ihre Methoden und Werkzeuge bringen.

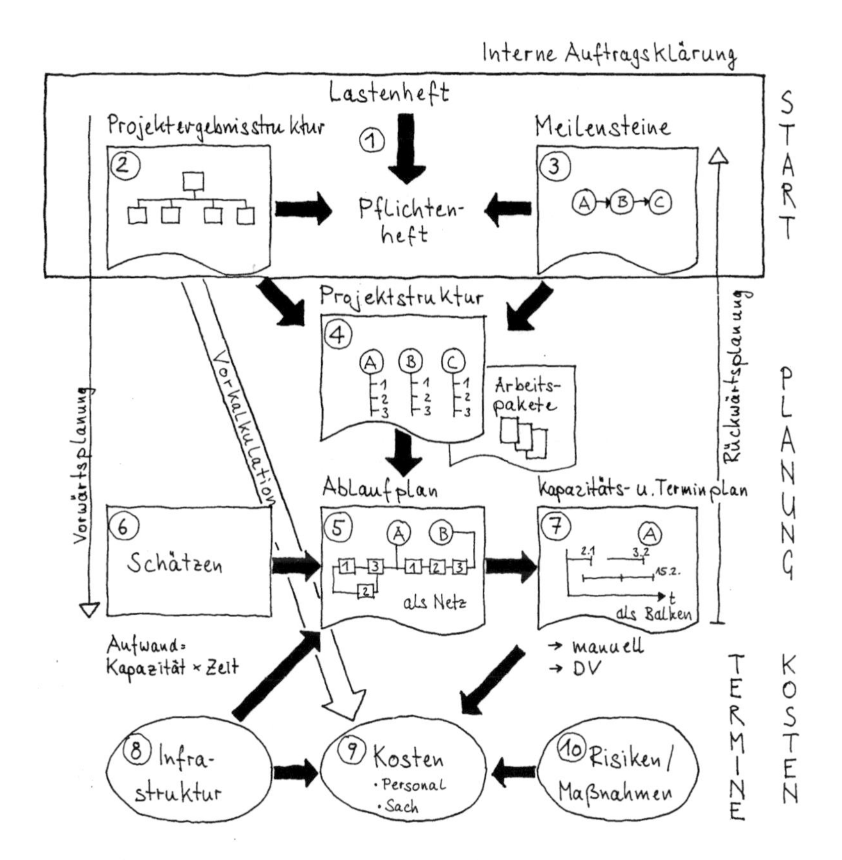

Bild 3.2: Systematik der Projektplanung

3.2 Ablauf einer Planung mit realistischen Ergebnissen

Die Planung eines Projektes umfasst insgesamt zehn Schritte, drei davon wurden bereits in der Startphase des Projektes (siehe Kapitel 2) erarbeitet:

1. Schritt: Klärung der Projektziele
2. Schritt: Klärung der Projektergebnisse zur Abnahme
3. Schritt: Klärung der Meilensteine und deren Inhalte
4. Schritt: Festlegung der Arbeitspakete
5. Schritt: Abfolge der Arbeitspakete/Ablaufplan
6. Schritt: Aufwands- und Kapazitätsermittlung
7. Schritt: Terminplan: Netzplan/Balkenplan
8. Schritt: Infrastruktur
9. Schritt: Kostenaufstellung
10. Schritt: Risikoabschätzung und Präventivmaßnahmen

Bevor mit der Projektdurchführung begonnen wird, empfehlen wir, diese zehn Planungsschritte systematisch und aufeinander aufbauend zu bearbeiten. Dieses Vorgehen wird als **Vorwärtsplanung** bezeichnet. Daraus resultieren mehrere Einzelpläne, die in ihrer Gesamtheit den Projektplan ergeben.

Ist der Projektplan erstmalig erstellt, empfehlen wir, die einzelnen Planungsergebnisse auf Plausibilität und Verbesserungsmöglichkeiten hin zu überprüfen und Planungsalternativen durchzuführen. Diesen Vorgang nennen wir die **Rückwärtsplanung.**

Die Projektplanung vollzieht sich je nach Projektart unterschiedlich. In **Anlagenprojekten** kann sowohl für die Angebotserstellung als auch für die Auftragsabwicklung die Systematik der Projektplanung (siehe Bild 3.2) ganz eingesetzt werden. Ein Gesamtplan, der ggf. später innerhalb der Meilensteine detailliert wird, ist beim Start des Projektes aufstellbar.

Bei **Organisations- und Innovationsprojekten**, bei denen die ersten Meilensteine eher nebulös sind, wird die Systematik der Projektplanung auf diese ersten Schritte angewandt. Erst wenn z.B. nach dem Pflichtenheft/nach der Konstruktion Klarheit über das Projekt herrscht, wird der zweite Teil des Projektplanes bis zum Projektende aufgestellt. Für diesen Arbeitsschritt im Projektablauf sind gekonnte Teamarbeit und das Einrichten der Infrastruktur sehr wichtig (siehe Bild 3.3).

Auf den ersten Blick erscheint der Vorgang der Projektplanung damit abgeschlossen. Die tägliche Praxis sieht anders aus. Umplanungen und Planungskorrekturen gehören zum Alltag eines Projektteams. Planung in Projekten ist immer ein dynamischer Prozess. Je mehr Neuerungen im Projekt stecken, z.B. neue Technologien, neue Materialien, desto stärker muss auch in der Planung mit Unschärfen gearbeitet werden (siehe Risikoanalyse).

Auf jeden Fall sind die vor der Projektdurchführung fixierten Planungsergebnisse in der Projektdokumentation nachvollziehbar festzuhalten. Nach dem Projektabschluss sind Sie aufgefordert, eine Bewertung und einen Bericht über Ihr Projekt abzugeben. Als Kriterien sind hierfür die ursprünglichen Plandaten erforderlich. Der Vergleich zwischen tatsächlichem Projektverlauf und Ursprungsplan erleichtert die Transparenz eigener Erfahrungen in der Projektarbeit. Der Vergleich steigert den persönlichen Lerneffekt. Im nächsten Projekt werden Sie weniger Fehler machen, sowohl in der Planung als auch in der Umsetzung.

Wir planen so, weil

- ⇨ im Mittelpunkt des Projektes das an den Auftraggeber abzugebende Produkt/System steht,
- ⇨ die Produktqualität durch die Prozessqualität beeinflusst wird,
- ⇨ systematisches Arbeiten die Sicherheit gibt, an alle Dinge gedacht zu haben,
- ⇨ die Planung die Voraussetzung für die Projektsteuerung ist,
- ⇨ die Planung als Kommunikationsmittel dient, um Schnittstellen zu klären,
- ⇨ im Laufe des Projektes aus Veränderungen erfassbare Arbeitspakete/Vorgänge werden,
- ⇨ die Planung Klarheit für die anstehenden Aufgaben und die Übernahme der Verantwortung bringt.

Wer sich auf seine Vorhaben schriftlich vorbereitet, „PLAN“ (SOLL) mit „IST“ vergleicht und daraus lernt, kann im Lauf der Zeit nur besser werden. Das ist ein kontinuierlicher Verbesserungsprozess.

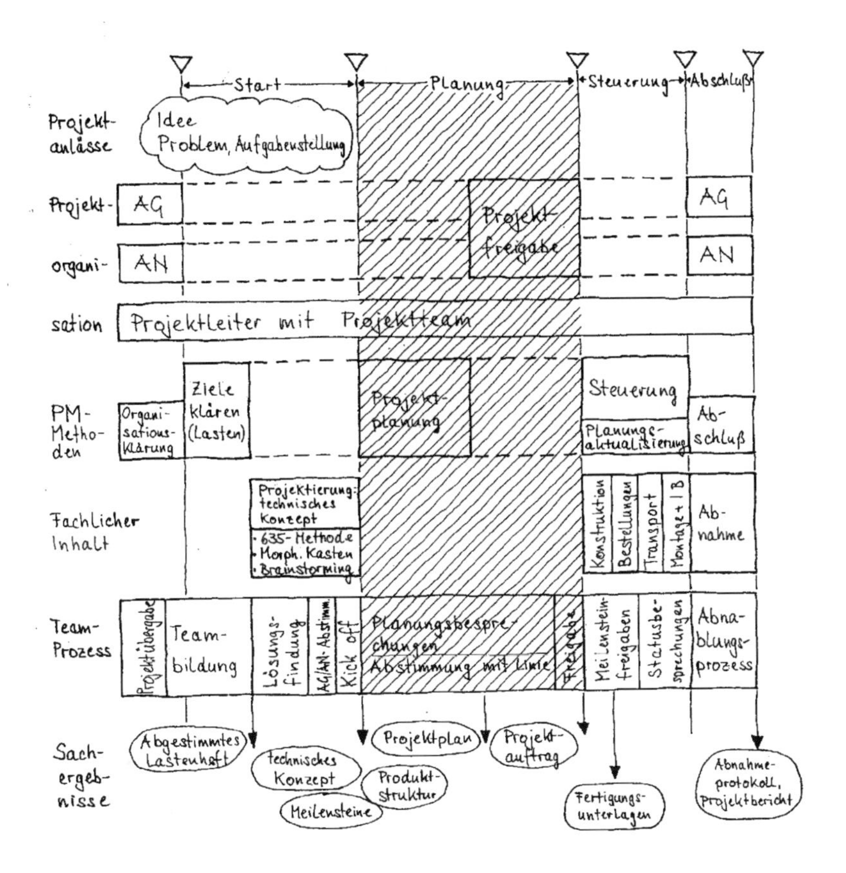

Bild 3.3: Projektplanung

3.3 Aufstellen des Projektstrukturplans zur Bildung von Arbeitspaketen

In der klassischen Projektmanagement-Literatur stehen unter dem Stichwort „Projektplanung“ meistens folgende Hinweise: Die Planung beginnt mit einem funktionsorientierten Projektstrukturplan. Dieser Plan soll darüber Auskunft geben, was im Projekt zu tun ist. Empfohlen wird, den Projektstrukturplan in Zusammenarbeit mit den Beteiligten anhand eines Brainstormings zu erarbeiten. Diesen Weg sollten Sie vermeiden!

Die Erfahrung aus vielen Projekten zeigt, dass es nur selten gelingt, diesen Strukturplan vollständig und ohne Fehler zu erstellen. Dieser Umstand wirkt sich negativ auf alle weiteren Projektaktivitäten aus. Denn alle folgenden Überlegungen und daraus resultierenden Arbeitsschritte hängen unmittelbar von diesem Projektstrukturplan ab. Darin enthaltene Lücken und/oder Mängel potenzieren sich somit.

Daraus folgt die Notwendigkeit, einen methodischen Ansatz zu wählen, der es ermöglicht, diesen Projektstrukturplan (PSP) annähernd vollständig und fehlerfrei aufzubauen. Deshalb beginnt „Projektplanung“ schon mit den Projektzielen, der Projektergebnisstruktur und den Meilenstein-Inhalten.

Die Voraussetzungen für diese Systematik sind bereits geschaffen. In der Startphase des Projektes wurden im Zusammenhang mit der Klärung und Formulierung des Projekt-Auftrags bereits drei Schritte unternommen, die Teil der Projektplanung sind (siehe Kapitel 2):

1. Schritt: Klärung der Projektziele
2. Schritt: Klärung der Projektergebnisse für die Abnahme
3. Schritt: Klärung der Meilensteine mit ihren Inhalten

3.4 Festlegung der Arbeitspakete (Projektstrukturplan): 4. Schritt

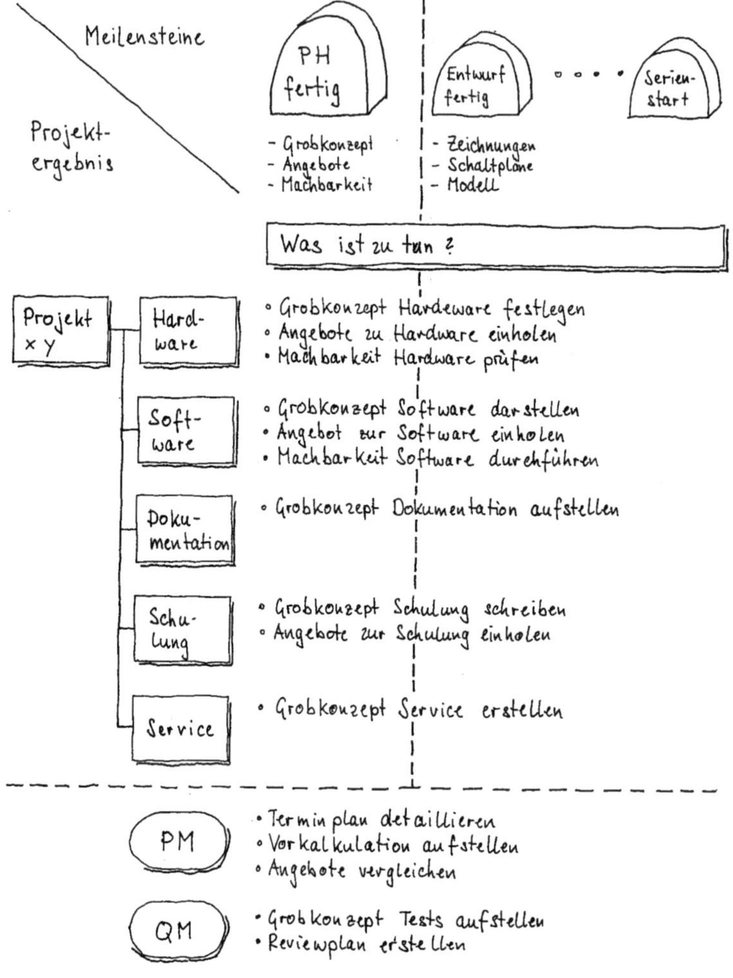

Bild 3.4: Von den Projektergebnissen über die Meilenstein-Inhalte zum Projektstrukturplan

Im Schritt 4 erfolgt die systematische Ableitung von den Projektergebnissen und dem Meilensteinplan zur Projektstruktur, dem Projektstrukturplan. Das erfordert ein Umdenken von der Objektorientierung (Ergebnis) hin zur Funktionsorientierung (Tätigkeiten) (Bild 3.4).

Für alle Ergebnisse gemäß der Projektergebnisstruktur sind die Tätigkeiten je Meilenstein zu sammeln und zu strukturieren.
Dieses Umdenken basiert auf der Frage:

⇨ Was muss alles zum jeweiligen Meilenstein, bezogen auf ein Element der Projektergebnisse, getan werden?

Die Antworten auf diese Frage werden gesammelt und meilensteinbezogen aufgeschrieben. Dann wird die gleiche Fragestellung systematisch auf die nächsten Elemente der Projektergebnisse angewendet.

Als Beispiel liegt Ihnen das Projekt „Ampel am Gymnasium" vor (siehe Bild 3.6, 1. Teil und 2. Teil).

Bevor dieser kreative Prozess umgesetzt wird, muss sich das Projektteam darauf einigen, wie tief es in die Struktur der Projektergebnisse einsteigt. Je mehr das Team an der Oberfläche der Projektergebnisse bleibt, desto gröber und umfassender sind die Aufgaben. Je detaillierter das Team in die Projektergebnisstruktur einsteigt, desto größer und unübersichtlicher wird dadurch die Anzahl der Aufgaben, die auf diese Weise entstehen. In diesem Fall wird auch die Beschreibung der durchzuführenden Arbeiten präziser und umfangreicher. Der Aufwand für die Erstellung des Projektergebnisstruktur-Planes steigt ebenfalls.
Einen präzisen Tipp, wie Sie sich in Ihrem konkreten Projekt verhalten sollen, können wir nicht geben. Aber folgende Strukturierungsregeln helfen, die ersten Klippen der Strukturierung zu überwinden.

Bei der Strukturierung der Arbeitspakete ist folgendes zu beachten:

⇨ Achten Sie auf die grafische Darstellung des Projektstrukturplanes.
⇨ Die Inhalte der einzelnen Elemente einer Strukturebene müssen den Inhalt des darüber liegenden Elementes ergeben.
⇨ Jeder Strukturast beginnt mit der Darstellung eines Meilensteines.
⇨ Innerhalb eines Strukturastes werden die Elemente aktivitätsorientiert/funktionsorientiert gegliedert.
⇨ Läuft eine Aktivität zeitlich über andere Meilensteine, so ist (wegen der Projektverfolgung) zu empfehlen, die Aktivität eindeutig einem Meilenstein zuzuordnen.
⇨ Strukturieren Sie so gering wie möglich, so tief und breit wie nötig.
⇨ Pro Projekt ist nur ein Projektstrukturplan zu erstellen. Er ist über die gesamte Laufzeit des Projektes fortzuschreiben und ist für alle Beteiligten verbindlich.

Wenn dieser Schritt abgeschlossen ist, liegt eine Liste mit allen wesentlichen Aktivitäten vor. Diese Aktivitäten sind nötig, um das geplante Projektergebnis zu erbringen. Damit ist der Projektstrukturplan aber noch nicht vollständig. Die Aufstellung muss noch um alle diejenigen Aufgaben ergänzt werden, die erforderlich sind, um das Projekt an sich abzuwickeln (Projektmanagement) und um sicher zu stellen, dass auch das richtige Ergebnis erreicht wird. Hierbei handelt es sich um Aktivitäten aus dem Qualitätsmanagement, der Projektdokumentation, dem Änderungswesen und dem Konfigurationsmanagement (siehe Bild 3.5).

Arbeitspakete mit den Verantwortlichen vereinbaren. Nach DIN 69901 ist eine Aufgabe des Projektstrukturplanes, die nicht weiter aufgegliedert wird, ein Arbeitspaket. Somit ist die kleinste Teilaufgabe des Projektstrukturplanes ein Arbeitspaket, das wir – um Verwechslungen zu vermeiden – weiter als Teilaufgabe bezeichnen. Deshalb sagen wir:

Die erste Ebene im Projektstrukturplan stellt Meilensteine, die nächsten Ebenen im Projektstrukturplan stellen Teilaufgaben (Arbeitspakete) und die jeweils letzte Ebene im Projektstrukturplan stellt Aufgaben dar.

Eine Teilaufgabe umfasst eine Größenordnung von vier bis acht Mitarbeiterwochen (MW) und ist von mindestens einem Mitarbeiter zu erledigen.

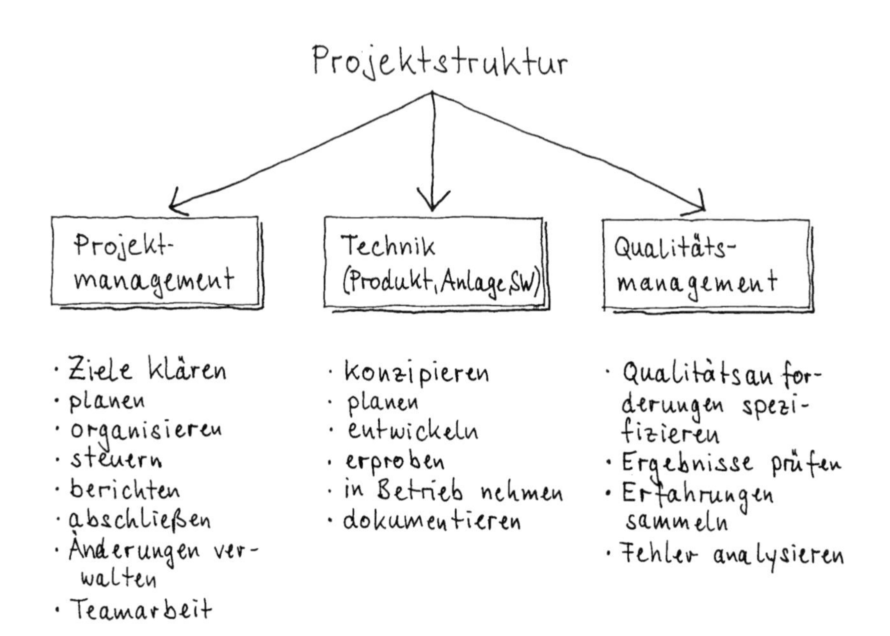

Bild 3.5: Der Projektstrukturplan wird neben der Technik vom Qualitäts- und Projektmanagement gespeist.

Projektstruktur (Teil 1)

Firma: *AMPELFIT*
Projekt: *Ampel am Gymnasium*
Projekt-Nr.:
Teilprojekt:
Meilenstein:

Auftragnehmer: *Ingenieurbüro Leiter*
Projektleiter: *Obering. Gut*
AP-Verantwort.: *Meister*
Verteiler:

Projektergebnis / Meilensteine	**MST 1: Angebot abgegeben**	**MST 2: Vertrag liegt vor**	**MST 3: Systemauslegung abgeschlossen**	**MST 4: Tief- und Straßenbau fertig**
Signaleinheit *Steuereinheit* *Tiefbau* *Straßenbau*	*AF 1.1: Projektergebnisstruktur Ampel aufstellen* *AF 1.2: Grobpflichtenheft Ampel schreiben* *AF 1.3: Lieferantenangebote für Signal- und Steuereinheit besorgen* *AF 1.4: Lieferantenangebote für Tief- und Straßenbau einholen*		*AF 3.1: Feinpflichtenheft Signaleinheit erstellen* *AF 3.2: Signalbau-Firma beauftragen* *AF 3.3: Feinpflichtenheft Steuereinheit erstellen* *AF 3.4: Steuereinheit-Firma beauftragen* *AF 3.5: Feinpflichtenheft für Tief- und Straßenbau erstellen* *AF 3.6: Tief-/Straßenbau-Firma beauftragen*	*AF 4.1: Ampelsteuerungskasten setzen* *AF 4.2: Detailbauplan aufstellen* *AF 4.3: Fundamente gießen* *AF 4.4: Induktionsschleifen verlegen* *AF 4.5: Bordsteine absenken* *AF 4.6: Kabelschächte einrichten* *AF 4.7: Beläge Straße, Geh-/Radwege verlegen* *AF 4.8: Markierungsplan aufstellen* *AF 4.9: Fahrbahn, Zebrastreifen markieren*
Dokumentation	*AF 1.5: Angebotstexte erstellen*		*AF 3.7: Dokumentationsplan aufstellen*	*AF 4.10: Mitarbeitereinsatzplan mit Firmen absprechen*
Dienste			*AF 3.8: Genehmigung durch Stadt vorbereiten*	
PM	*AF 1.6: Projektübergabe/ Projektziele klären* *AF 1.7: Projekt-Organigramm erstellen* *AF 1.8: Terminplan aufstellen* *AF 1.9: Angebotskalkulation aufstellen* *AF 1.10: Präsentation bei GL*	*AF 2.1: Vertragsverhandlungen führen* *AF 2.2: Vertragsunterzeichnung*	*AF 3 9: Terminplan aktualisieren* *AF 3.10: Auftragskalkulation verabschieden* *AF 3.11: Auftragsbestätigung senden* *AF 3.12: Projektorganisation aktualisieren* *AF 3.13: Risikovorsorgeplan aufstellen* *AF 3.14: Statusbesprechungen durchführen*	*AF 4.11: Statusbesprechungen durchführen*
QM	*AF 1.11: Review Angebot durchführen*		*AF 3.15: Q-Plan aufstellen* *AF 3.16: Änderungswesen installieren*	*AF 4.12: Testspezifikation Signal-/ Steuereinheit aufstellen*

09.01. — Datum
Gut — (Projektleiter)
Meister — (AP-Verantwortlicher)

Bild 3.6: Projektstrukturplan beim Projekt „Ampel am Gymnasium“, 1. Teil (AF=Aufgabe)

Projektstruktur (Teil 2)

Firma:	*AMPELFIT*	Auftragnehmer:	*Ingenieurbüro Leiter*
Projekt:	*Ampel am Gymnasium*	Projektleiter:	*Obering. Gut*
Projekt-Nr.:		AP-Verantwort.:	*Meister*
Teilprojekt:		Verteiler:	
Meilenstein:			

Projekt-ergebnis / Meilen-steine	***MST 5:*** ***Anlage errichtet***	***MST 6:*** ***Anlage abgenommen***	***MST 7:*** ***Projekt abgeschlossen***
Signaleinheit *Steuereinheit* *Tiefbau* *Straßenbau*	*AF 5.1: Montageplan Signal-/Steuereinheit aufstellen* *AF 5.2: 8 Masten mit Rohrbefestigung montieren* *AF 5.3: HW Steuereinheit einbringen* *AF 5.4: SW Steuereinheit aufspielen* *AF 5.5: Gehäuse montieren* *AF 5.6: Anforderungstasten und Notsteuerung für Polizei montieren* *AF 5.7: Kabel einziehen* *AF 5.8: Stromversorgung installieren*		*AF 7.1: Restmängel beseitigen*
Dokumentation	*AF 5.9: Betriebsanleitung erstellen* *AF 5.10: Wartungshandbuch aufstellen* *AF 5.11: Bau-/Lagepläne herrichten* *AF 5.12: Schulungsunterlagen ausarbeiten* *AF 5.13: Programm Einweihungsfeier aufstellen* *AF 5.14: Presseberichte herausgeben* *AF 5.15: Schülerlotsen schulen*	*AF 6.1: Dokumentation übergeben*	
Dienste		*AF 6.2: Einweihungsfeier durchführen* *AF 6.3: Wartungsvertrag abschließen*	
PM	*AF 5.16: Statusbesprechungen durchführen*	*AF 6.4: Testprotokolle übergeben* *AF 6.5: Abnahmeprotokoll unterschreiben* *AF 6.6: Liste der Restmängel aufstellen*	*AF 7.2: Abschlussrechnung erstellen* *AF 7.3: Nachkalkulation durchführen* *AF 7.4: Projektabschluss-Bericht erstellen*
QM	*AF 5.17: Funktionstests durchführen* *AF 5.18: Probetests fahren*	*AF 6.7: TÜV-Gutachten erstellen*	

09.01.	*Gut*	*Meister*
Datum	(Projektleiter)	(AP-Verantwortlicher)

Bild 3.6: Projektstrukturplan beim Projekt „Ampel am Gymnasium", 2. Teil (AF=Aufgabe)

Bei der späteren Aufwandsschätzung greifen wir auf diese Vorstellung der Teilaufgabe zurück. Sie hat sich bei **IT- und Organisationprojekten** bewährt.

Da **Anlagenprojekte** in hohem Grad durch Zulieferfirmen bestimmt werden, ist dort der Begriff Arbeitspaket mit anderer Bedeutung im Einsatz als in der DIN-Norm. Dort ist ein Arbeitspaket ein Auftrag an eine Organisationseinheit oder an einen Zulieferer. Verschiedene Aufgaben werden zu einem Arbeitspaket geschnürt (Bild 3.7). Deshalb hat bei Anlagenprojekten das Arbeitspaket auch einen Arbeitspaket-Auftrag (siehe Bild 3.8) für die Auftragserteilung. Manche Unternehmen nennen diese Arbeitspakete „Leistungspakete“.

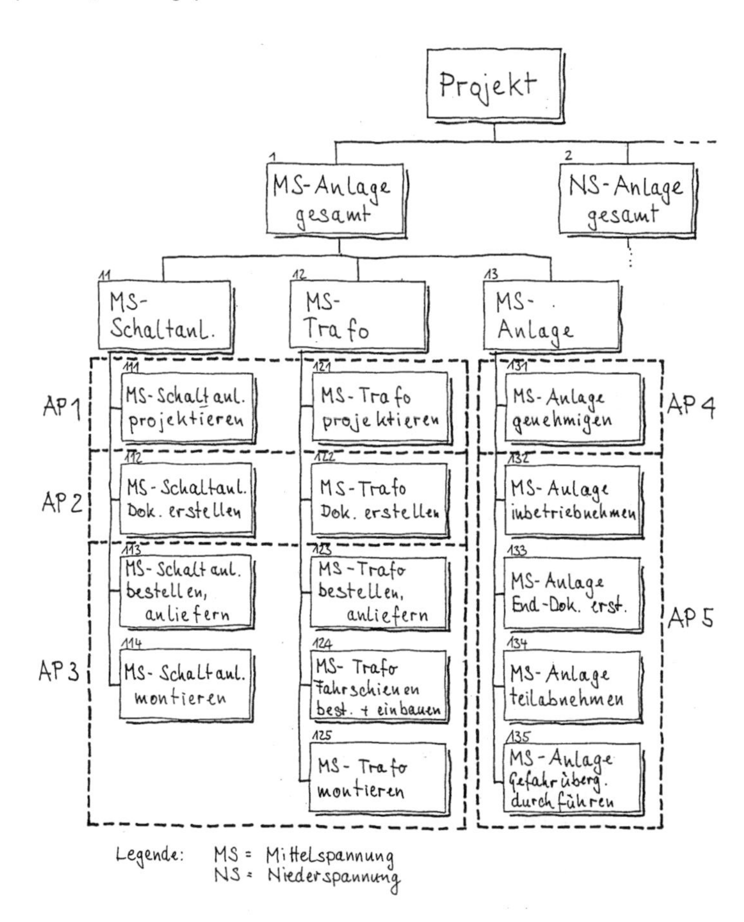

Bild 3.7: Arbeitspaketbildung im Projektstrukturplan beim Projekt „Mittelspannungsanlage“ [03]

Beim Arbeitspaket „Probebetrieb durchführen“ (Bild 3.8) sind die Aufgaben 5.17 und 5.18 als Beauftragung an die Inbetriebnahme, bzw. an das Qualitätsmanagement zusammengefahren.

Arbeitspaket-Auftrag

Firma:	*AMPELFIT*	Auftragnehmer:	*Ingenieurbüro Leiter*
Projekt:	*Ampel am Gymnasium*	Projektleiter:	*Obering. Gut*
Projekt-Nr.:		AP-Verantwort.:	*Meister*
Teilprojekt:		Verteiler:	
Meilenstein:			
Arbeitspaket:	*Probebetrieb durchführen*		

Arbeitspaket-Ergebnisse:	*Probebetrieb der getesteten und betriebsbereiten Ampel.* *Testprotokoll erstellen, um nachzuweisen, dass die Ampel unter den üblichen Einsatzbedingungen über einen Zeitraum von mindestens 100 zusammenhängenden Stunden gemäß den Spezifikationen fehlerfrei funktioniert.*
Vorbedingungen/ Voraussetzungen:	*Arbeitspaket „Funktionstest durchführen“ erfolgreich abgeschlossen.* *Test-/Diagnosesystem inklusive Aufzeichnungsgerät verfügbar.* *Personelle Unterstützung durch Lieferant der Signaleinheit.*
Abnahmebedingungen der Ergebnisse:	*Fehlerfreier Dauerbetrieb über mindestens 16 zusammenhängende Stunden* *Dokumentierter Nachweis, dass alle Spezifikationen erfüllt werden.* *Dokumentierter Nachweis, dass im Probebetrieb keine Fehler aufgetreten sind.*
Dokumente und Unterlagen:	*Feinpflichtenheft* *Testspezifikation*

Vorläufige Termine: SOLL-Start: *30.05.* SOLL-Ende *03.06.* Dauer: *5 Tage*

Personalkosten:	*Koordinationsarbeiten*	Menge(EUR):	*2 Std/ 300*
	Dokumentationsarbeiten	Menge(EUR):	*8 Std/ 1200*
	Probebetrieb	Menge(EUR):	*16 Std/ 2400*
Materialkosten:	*Test-/Diagnosesystem*	Menge(EUR):	*2000*
	Verbrauchsmaterial	Menge(EUR):	*800*
		Menge(EUR):	
Fremdbezüge:	*Pers. Unterstützung Lieferant Signaleinheit*	Menge(EUR):	*2400*
		Menge(EUR):	
		Menge(EUR):	

16.01.	*Gut*	*Meister*
Datum	(Projektleiter)	(AP-Verantwortlicher)

Bild 3.8: Arbeitspaket-Auftrag des Projektes „Ampel am Gymnasium“

Es ist sinnvoll, dem Projektstrukturplan eine Nummerierung zu geben. Diese wird **Projektstrukturplan-Code (PSP-Code)** genannt. Sie hilft bei der Kommunikation und Verwaltung im Projekt und speziell in einem PM-Software-Werkzeug.

pp	=	pp Projekt
ppm	=	m Meilenstein bzw. Meilenstein-übergreifend
ppmv	=	v Verantwortlicher, damit Aufgaben oder Arbeitspakete erledigt werden (in der Regel ein Mitglied des Kernteams)
ppmv.aa	=	aa Aufgabe oder Arbeitspaket
ppmv.aann	=	nn Aufgaben innerhalb des Arbeitspaketes.
ppmv.aann	=	Wertebereich je Buchstabe: 0–9.

Diese Nummerierung dient zur klaren Definition der Aufgaben und soll die Kommunikation der Projektbeteiligten erleichtern. Im PM-Software-Werkzeug kann mit Hilfe des PSP-Codes jedes Arbeitspaketes und alle dazugehörigen Daten selektiert werden. Bei SAP z.B. wird der PSP-Code zur Kostendetaillierung pro Arbeitspaket genutzt.

Unser Projektstrukturplan orientiert sich auf der ersten Ebene nach Meilensteinen. Das bringt den Vorteil, bei der weiteren Bearbeitung zügig fortfahren zu können, ohne eine weitere Umsortierung vornehmen zu müssen. Außerdem sind die wesentlichen Arbeitsinhalte für die spätere meilensteinorientierte Projektverfolgung so definiert, dass tatsächlich pro Meilenstein Sachergebnis (Qualität) - Kosten - Termine überprüft werden können.

3.5 Abfolge der Arbeitspakete/Aufgaben (Ablaufplan): 5. Schritt

Nun müssen die soeben definierten Meilensteine und Aufgaben sortiert werden. Dabei ist kritisch zu prüfen, ob es Abhängigkeiten der Meilensteine und Aufgaben untereinander gibt. Diese Abhängigkeiten beziehen sich ausschließlich auf sachlich logische Zusammenhänge.

Lassen Sie sich also nicht von möglicherweise vorhandenen Kapazitäten, Ressourcen oder Terminvorstellungen leiten. Gefragt sind hier nur Vorgänger- und Nachfolger-Beziehungen zwischen den einzelnen Aktivitäten. Die Netzplantechnik nennt dies „Bilden der Anordnungsbeziehungen" (AOB), in unserer Planungssystematik (Bild 3.2) sprechen wir von Ablaufplan (5. Schritt).

Ist bei Anlagenprojekten der Projektstrukturplan so verändert worden, dass mehrere Aufgaben zu Arbeitspaketen zusammengefasst wurden, dann sind die Arbeitspakete und nicht die Aufgaben miteinander zu verbinden.

Zur Visualisierung des Ergebnisses empfehlen wir eine spezielle grafische Struktur. Teilen Sie die Darstellungsfläche horizontal in je ein schmales Band am oberen und unteren Rand und ein breites Feld in der Mitte.

Falls bisher noch nicht geschehen, sind nun die Verantwortlichen für die einzelnen Aufgaben oder Arbeitspakete des Projektstrukturplanes festzulegen.

Das breite Feld in der Mitte wird entsprechend der Zahl der Verantwortlichen in horizontal verlaufende Bänder geteilt. Jedem Verantwortlichen wird ein Band zugewiesen.

In der Darstellung sind die Meilensteine und Aufgaben oder Arbeitspakete den Bändern der Verantwortlichen zuzuordnen. Dabei ist die vorher ermittelte Ablaufstruktur zu berücksichtigen. Die Vorgänger- und Nachfolger-Abhängigkeiten sind durch Verbindungslinien zwischen den Aufgaben oder Arbeitspaketen zu kennzeichnen. Gemäß DIN 69900 sollen diese Verbindungslinien horizontal und vertikal verlaufen. In der Darstellung ist auf deutliche Unterscheidung der Fälle Linienkreuzung und Linienverknüpfung zu achten (siehe Bild 3.9).

Das Ergebnis ist häufig ein kompliziertes Geflecht von verknüpften Aufgaben oder Arbeitspaketen, strukturiert nach dem Arbeitsablauf im Projekt. Die grafische Zuordnung der Aufgaben oder Arbeitspakete zu den Bändern der Verantwortlichen hat mehrere Vorteile. Der Projektleiter hat einen besseren Überblick, an wen er welche Aufgaben bzw. Arbeitspakete delegieren muss. Die Verantwortlichen können auf einen Blick sehen, welche aktuellen und zukünftigen Aufgaben bzw. Arbeitspakete auf sie zukommen.

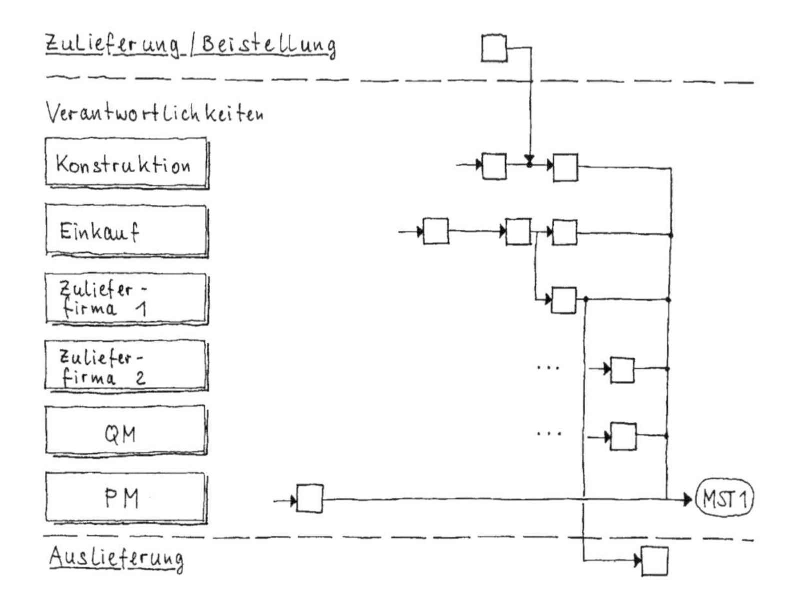

Bild 3.9: Ablaufplan/Ablaufstruktur mit Verantwortlichkeiten

Darüber hinaus erleichtert diese Darstellung die Zusammenarbeit im Projekt. Jede Linie in diesem Plan kennzeichnet eine projektinterne Schnittstelle. Hieraus lässt sich frühzeitig der Bedarf an Kommunikation erkennen. Eventuell ergeben sich bereits hier Anhaltspunkte für mögliche Konflikte und damit Ansätze zu ihrer Vermeidung.

Ferner sind die Berührungspunkte des Projektes mit der Außenwelt zu berücksichtigen. Für alles, was das Projekt in irgendeiner Form verlässt (Dokumente, Teilergebnisse, Ausschreibungen, Bestellungen, Anträge, wichtige Daten und Informationen), werden entsprechende Tätigkeiten formuliert und dem schmalen, unteren Band der Darstellungsfläche zugeordnet. Die notwendigen senkrechten Linien sind zu ergänzen, um die Abhängigkeit der Auslieferungen von jeweils vorgelagerten projektinternen Tätigkeiten oder Arbeitspaketen aufzuzeigen.

Analog werden alle Zulieferungen (Beistellungen, Einkäufe, Lieferungen, Genehmigungen, Freigaben, wesentliche Daten und Informationen) dem oberen Band zugeordnet. Die senkrechten Linien zeigen hier auf, wie die projektinternen Tätigkeiten von externen Einflüssen abhängen (siehe Bild 3.9). Gerade die Beistellungen des Auftraggebers/Kunden sind detailliert darzustellen, da dies bei Ausbleiben im laufenden Projekt zu Streitigkeiten und Kosten führen kann.

Das so entstandene Netzplan-Layout sollte nicht mehr als 50 Aufgaben bzw. Arbeitspakete umfassen. Bei größeren Projekten ist es zu empfehlen, **Teilprojekte** zu bilden. Dies bedeutet, dass den Meilensteinen des Gesamtprojektes die Meilensteine pro Teilprojekt zugeordnet werden. Für das Gesamtprojekt werden nun die Hauptmeilensteine mit den Meilensteinen der Teilprojekte vernetzt (siehe Bild 3.10).

Jedes Teilprojekt verfährt wie oben beschrieben und vernetzt innerhalb ihrer Meilensteine ihre Aufgaben bzw. Arbeitspakete. Wichtig ist, dass die Zulieferungen und Auslieferungen mit den anderen Teilprojekten abgestimmt werden. Damit haben Sie ein vorzügliches Instrument zur Hand, die Schnittstellen von Teilprojekt zu Teilprojekt darzustellen.

Der Ablaufplan/die Ablaufstruktur ist die Vorstufe zur späteren Darstellungsform eines Netzplanes. Ein Ablaufplan ist dann vollständig, wenn die Verknüpfungen, ähnlich einem Röhrensystem, vollständig sind. Wenn Sie Wasser vorne hineingießen, so muss das Röhrensystem so sein, dass das Wasser durchfließen kann, „Verstopfungen“ sind zu vermeiden.

Leider wird in der Praxis der Schritt „Ablaufplan“ sträflich vernachlässigt. Es ist anstrengend und erfordert Zeit, sich der sachlogischen Beziehungen in einer komplexen Welt klar zu werden. Andererseits ist es ärgerlich und teuer, dem Auftraggeber später im laufenden Projekt mitteilen zu müssen: Wir werden nicht fertig, da übersehen worden ist, die Hardware rechtzeitig beizustellen, damit die Software auf der Hardware getestet werden kann.

In unserer Beraterpraxis sind wir immer wieder überrascht, wie schnell und damit leichtfertig Termine zugesagt werden. Ein von uns erstellter Ablaufplan zeigte durch die Vernetzung auf, dass das Projekt vier Wochen später fertig werden würde, als die Darstellung des unverknüpften Balkenplanes aufwies. Wer hier sorglos arbeitet, braucht sich nicht zu wundern, wenn das Projekt zum Blindflug im Nebel wird. Nutzen Sie den Autopilot „Ablaufplan“, um sicher zu landen!

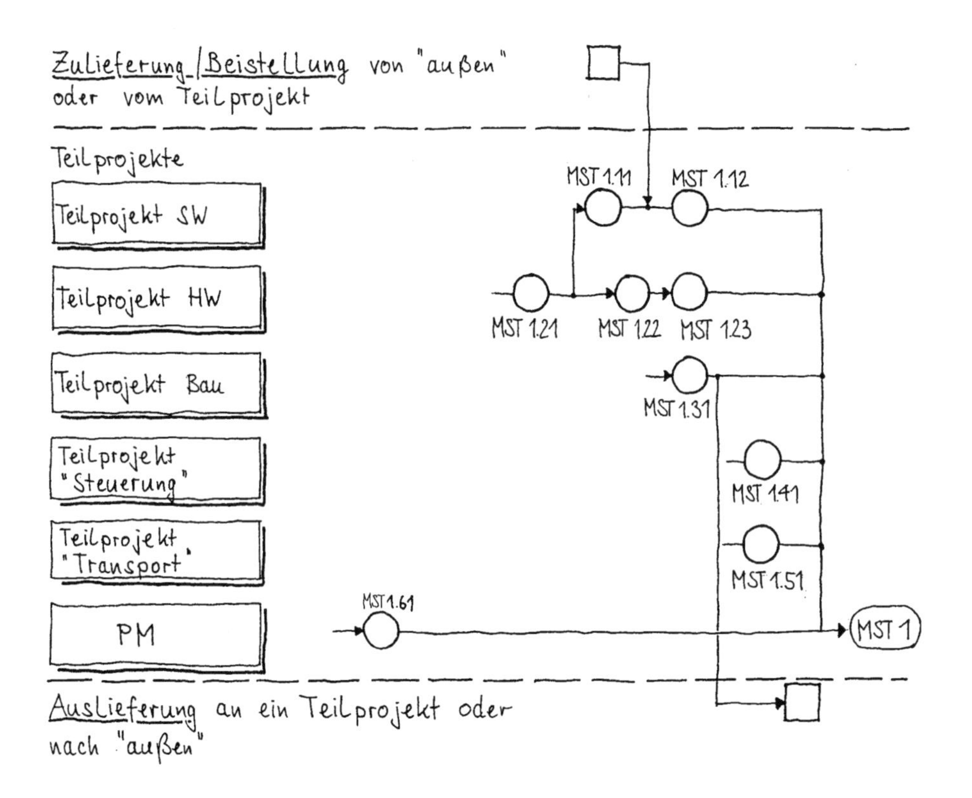

Bild 3.10: Vernetzung der Meilensteine für große Projekte

3.6 Aufwand und Kapazitäten mit Expertenbefragung ermitteln: 6. Schritt

In diesem Schritt gilt es, die Größe des Personalaufwands abzuschätzen, um das Projekt wie geplant abwickeln zu können.

Dies ist eine ungeliebte Arbeit. Allzu häufig erleben wir in der Praxis, dass Aufwandsschätzungen nur sehr grob und viel zu oberflächlich vorgenommen werden. Pauschalaussagen aufgrund von ähnlichen Produkten oder früheren Projekten dienen allenfalls als Anhaltspunkte, z.B. für eine grobe Angebotskalkulation.

Das Expertenbefragungs-Verfahren (siehe Bild 3.14) ist zwar aufwändig, bringt aber Schätzergebnisse von großer Genauigkeit und bietet so eine vernünftige Basis für die Termin- und Personaleinsatzplanung sowie für die Abschätzung der Personalkosten. Wir stellen sie vor und verweisen auf [21].

3.6.1 Vorbereitung der Expertenbefragung

Basis einer erfolgreichen Expertenbefragung ist die gründliche Vorbereitung durch das Projektteam. Die Vorbereitung umfasst sowohl die inhaltliche als auch organisatorische Seite. Bei letzterer steht die richtige Auswahl der Fachexperten im Vordergrund. Voraussetzung für die Expertenbefragung ist, dass die Planungsschritte 1 bis 4 durchlaufen sind und jede Aufgabe/Arbeitspaket wie in Bild 3.11 weiter aufgeteilt ist.

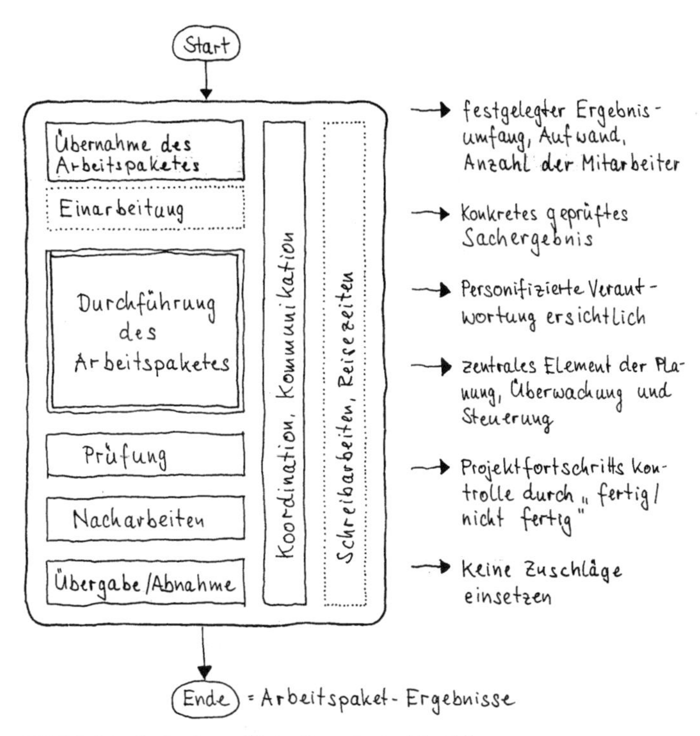

Bild 3.11: Aufgaben-/Arbeitspakete-Verfeinerung

Neben der Darstellung der Verfeinerung der Aufgaben/Arbeitspakete sind den Experten Hintergrundinformationen zum Projekt in Form eines Projektsteckbriefes zu geben. Ferner sind die Qualifikationsausprägungen der Projektmitarbeiter und der zu benützenden Technologien als Annahme festzulegen.

Im Projektstrukturplan werden inhaltlich ähnliche Aufgaben/Arbeitspakete markiert und deren Aufwand durch Analogieschluss später durch die Fachexperten ermittelt.

Ob in Mitarbeitertagen, Mitarbeiterwochen etc. zu schätzen ist, hängt von der Größe des Projektes und der Detailtiefe des Projektstrukturplanes ab. Der Aufwandsinhalt ist genau abzugrenzen, z.B. durch Aussagen wie: Ein Mitarbeitertag beinhaltet 8 Arbeitsstunden, wobei Unterbrechungen während der Projektarbeit wie Kaffeepause, Ausbildung oder Krankheit nicht berücksichtigt werden.

In der Expertenbesprechung sind folgende Rollen mit ihren spezifischen Eigenschaften zu besetzen:

Der Moderator: beherrscht das Verfahren der Expertenbefragung, achtet auf Einhaltung der Schätzregeln, beherrscht die Gruppenarbeitstechniken. Der Moderator selbst sollte nicht mitschätzen.

Experten: sind projektinterne und projektexterne Know-how-Träger. Die Schätzer verfügen über mehrjährige Erfahrungen auf ihrem Fachgebiet.

Protokollführer: erstellt während der Klausur für alle Beteiligten sichtbar das Protokoll.

Drei bis sieben Teilnehmer stellen eine geeignete Größe für das Schätzteam dar. Alle Beteiligten sollten sich menschlich verstehen und vorzugsweise der gleichen Ebene in der Unternehmenshierarchie angehören.

Die Experten werden zwei Wochen vor der Besprechung mit dem Projektsteckbrief und einem Ausschnitt aus Projektergebnis- und Projektstrukturplan eingeladen. Bei größeren Projekten finden mehrere Schätzbesprechungen nach Fachdisziplinen/Phasen aufgeteilt statt. Die zu schätzenden Aufgaben/Arbeitspakete werden in Schätzformularen erfasst. Die Ergebnisse werden darauf direkt dokumentiert (Bild 3.12).

Auf einem Flipchart sollten die Spielregeln der Besprechung verdeutlicht sein:

- ⇨ Jeder Experte schätzt verdeckt für sich.
- ⇨ Extremwerte werden eliminiert, ansonsten wird das arithmetische Mittel errechnet.
- ⇨ Bei Abweichungen von mehr als 20% werden die geschätzten Werte mit den Experten besprochen.
- ⇨ Die Teilnehmer sollten bei jeder Abschätzung einen Konsens finden.
- ⇨ Die ermittelten Aufwände werden während der Besprechung nicht addiert.

Für die Schätzbesprechung ist ein gesonderter Raum erforderlich, um Störungen möglichst zu vermeiden.

3.6.2 Durchführung der Expertenbefragung

Die Schätzbesprechung besteht aus drei Abschnitten:

1. Die Experten werden mit den Projektdaten, den vorbereiteten Projektergebnis- und Projektstrukturplänen und den Spielregeln der Besprechung vertraut gemacht. Dann beginnt die Besprechung mit dem Sammeln der Annahmen für das Projekt.

2. Der Kern der Besprechung ist nun das sequentielle Abschätzen der Aufgaben/Arbeitspakete.

3. Die Besprechung endet mit der Schätzgenauigkeitsbetrachtung der Schätzer und der Diskussion über die Risiken für das Projekt.

Aufwandsschätzung

Firma: *AMPELFIT*
Projekt: *Ampel am Gymnasium*
Projekt-Nr.:
Teilprojekt:
Meilenstein: *MST 1: Angebot abgegeben*

Auftragnehmer: *Ingenieurbüro Leiter*
Projektleiter: *Obering. Gut*
AP-Verantwort.: *Meister*
Verteiler:

Arbeitspakete/ Aufgaben	Umfang / Menge	Anzahl der Personen	Einzelschätzung in MT			Festlegung in MT
			Schätzer 1	Schätzer 2	Schätzer 3	
PM						
Projektübergabe/ Projektziele	*2 Seiten*	*3*	*1*	*2*	*1*	*1*
Projektorganisation	*1 Seite*	*1*	*0,5*	*0,5*	*0,5*	*0,5*
Terminplan	*4 Seiten*	*2*	*0,5*	*1*	*0,5*	*0,5*
Angebotskalkulation	*1 Seite*	*2*	*0,5*	*0,5*	*0,5*	*0,5*
Präsentation GL	*10 Folien*	*3*	*3*	*2*	*4*	*1*
QM						
Review Angebot	*1 Seite*	*3*	*1*	*2*	*1*	*3*
Technik						
Projektergebnisstruktur	*3 Seiten*	*2*	*0,5*	*1*	*0,5*	*0,5*
Grobpflichtenheft	*20 Seiten*	*2*	*5*	*3*	*4*	*2*
Lieferantenangebote	*9 Seiten*	*2*	*1*	*3*	*2*	*1*
Angebotstexte	*5 Seiten*	*2*	*1*	*1*	*1*	*1*
					Summe	*11*

Annahmen: *Berufserfahrene Experten*

09.01.	*Gut*	*Meister*
Datum	(Projektleiter)	(AP-Verantwortlicher)

Bild 3.12: Schätzformular für das Projekt „Ampel am Gymnasium“

Am Anfang der Besprechung stellt der Projektleiter das Projekt bezüglich Ziele, Auftraggeber, Innovationsgrad, Mitarbeiter und Zulieferer vor. Er erläutert die Teile des Projektergebnis- und Projektstrukturplanes, die für die Besprechung vorgesehen sind. Damit beginnt das Sammeln der Annahmen, z.B.:

- Einsatz erfahrener Mitarbeiter (keine Anfänger)
- Know-how ist mehr als drei Jahre alt
- Schätzung für die 1. Ausbaustufe
- Entwicklungsmannschaft verteilt sich auf mehrere Standorte
- Entwicklungsumgebung nur teilweise vorhanden/bekannt.

Der Moderator schließt die Einführung mit der Erläuterung einiger organisatorischer Regeln:

- zu schätzende Zeiteinheit (MT, MW, MM)
- Reihenfolge der Aufgaben/Arbeitspakete
- Dauer der Klausur inklusive Pausen
- Schätzregeln, z.B. Extremwerte streichen
- Tätigkeiten in den Aufgaben bzw. Arbeitspaketen
- Abschätzen der Werte für die jeweilige Aufgabe bzw. das Arbeitspaket (es gibt keine Zuschläge und Umrechnungen auf mehrere Personen)
- Protokollhandhabung
- Führung einer „Liste offener Punkte“ (siehe Bild 4.17).

In der zeitlichen Abfolge werden zunächst die jeweiligen Aufgaben (Arbeitspakete) einer Fachdisziplin, Projektfunktion oder Phase geschätzt. Dieser Schritt besteht sowohl aus einer Einzelschätzung ausgewählter Aufgaben bzw. Arbeitspakete als auch aus dem globalen Analogschluss für Aufgaben bzw. Arbeitspakete, zu denen bereits ähnliche Vergleichsobjekte (Referenzaufgaben/-arbeitspakete) vorliegen (siehe Bild 3.14, Weg 1). Bei den einzeln abzuschätzenden Aufgaben/Arbeitspaketen werden in der Klausur der Ergebnisumfang und die Personenanzahl, die später an den Aufgaben bzw. dem Arbeitspaket arbeiten, festgelegt, das ist der Weg 2 (siehe Bild 3.14).
Als Mengeneinheiten zum Ergebnisumfang sind zum Beispiel möglich:

- Anzahl der Textseiten
- Anzahl der Komponenten
- Anzahl der Grafiken
- Anzahl der Testfälle
- Anzahl der Änderungsschleifen
- Gewicht, Raumvolumen
- Länge der zu verlegenden Leitungen.

Das Festlegen des Ergebnisumfanges gibt den Schätzern die Möglichkeit, das Schätzobjekt (Aufgabe, Arbeitspaket) präziser kennenzulernen und Unklarheiten noch vor dem eigentlichen Schätzen auszuräumen. Außerdem können jetzt schon die Voraussetzungen und Annahmen pro Aufgabe/Arbeitspaket festgelegt werden. Sollte sich herausstellen, dass beim Projektstrukturplan Aufgaben/Arbeitspakete fehlen, dann werden diese ergänzt. Bei größeren Lücken müssten sich die Experten vertagen und binnen zwei Wochen die weiteren Aufgaben/Arbeitspakete nachschätzen.
Nach Durchsprache der zu schätzenden Aufgaben/Arbeitspakete ruft der Moderator jedes Aufgaben/Arbeitspaket auf und nennt Menge, Annahmen und Anzahl der Personen. Die Schätzung erfolgt auf Karten, um eine gegenseitige Beeinflussung der Schätzer auszuschließen. Der Moderator notiert die Schätzwerte pro Schätzer. Größere Abweichungen (größer als 20%) sind zu diskutieren, so dass die endgültige Schätzung im Konsens mit den beteiligten Experten erstellt wird.

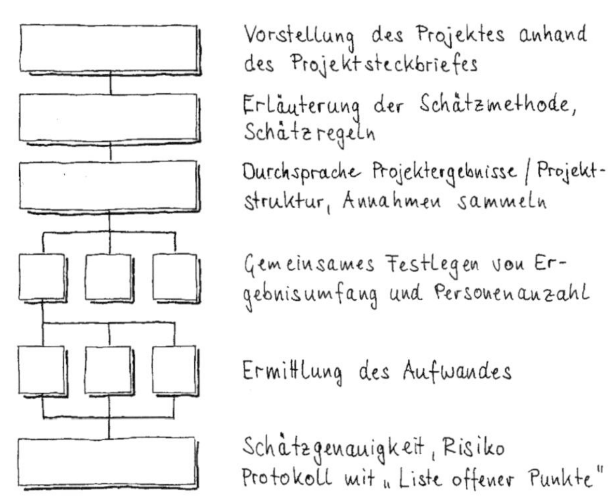

Bild 3.13: Ablauf der Experten-Befragung

Die einzelnen Schätzwerte werden während der Besprechung nicht addiert, um eine Beeinflussung der Schätzer auszuschließen.

Bei ähnlichen Aufgaben/Arbeitspaketen wird ein Paket detailliert betrachtet und geschätzt. Dieses Aufgaben/Arbeitspaket nennt man Referenzarbeitspaket. Die ähnlichen Arbeitspakete werden mit dem Referenzarbeitspaket nach Größe und Komplexität verglichen und grob abgeschätzt (Analogieschluss).

Alle Schätzergebnisse, alle Randbedingungen und Risiken werden vom Protokollführer sorgfältig auf den Schätzformularen festgehalten. Die in der Besprechung nicht geklärten Fragen kommen als „Offene Punkte" ins Protokoll (siehe Bild 4.17).

Die Besprechung endet mit der Genauigkeitsbetrachtung der Schätzwerte und der Risikobetrachtung. Mit der Frage an die Schätzer, ob sie das Projekt mit den geschätzten Werten durchziehen würden, kann schnell festgestellt werden, wie groß das Vertrauen der Schätzer in ihre Schätzwerte ist. Dies führt zu groben Rückschlüssen auf die Glaubwürdigkeit der Schätzwerte. Gemeinsam wird anhand der Annahmen und Risiken überlegt, mit welchen Schritten das Risiko verkleinert werden kann.

Das Verfahren Expertenbefragung kann noch um zwei zusätzliche Schritte erweitert werden. Am Ende der Darstellung der notwendigen Informationen können die Schätzer gebeten werden, die

Dauer pro Vorgang im Ablaufplan in Arbeitstagen oder -wochen zu schätzen. Diese Werte können nach der Besprechung mit den addierten Schätzwerten unter Berücksichtigung von Urlaub, Krankheit usw. als Plausibilisierung verglichen werden.

Wenn die Schätzer später auch die Bearbeiter der Aufgaben/Arbeitspakete sind, können Sie nach der Schätzung dem einzelnen Bearbeiter, bzw. Experten ein Vetorecht einräumen.

3.6.3 Nachbereitung der Expertenbefragung

Nun wird der Aufwand pro Projektfunktion und Meilenstein ermittelt und in Personalbedarf umgerechnet. Dieser schnelle Überschlag gibt Auskunft über Personalumfang und Zeitbedarf und damit über die Machbarkeit des Projektes.

Dann können die Werte für die weiteren Planungsschritte wie Mitarbeitereinsatzplan, Terminplan und Kostenplan verwendet werden. Die ausgefüllten Schätzformulare sind für die Projektverfolgung zu sichern.

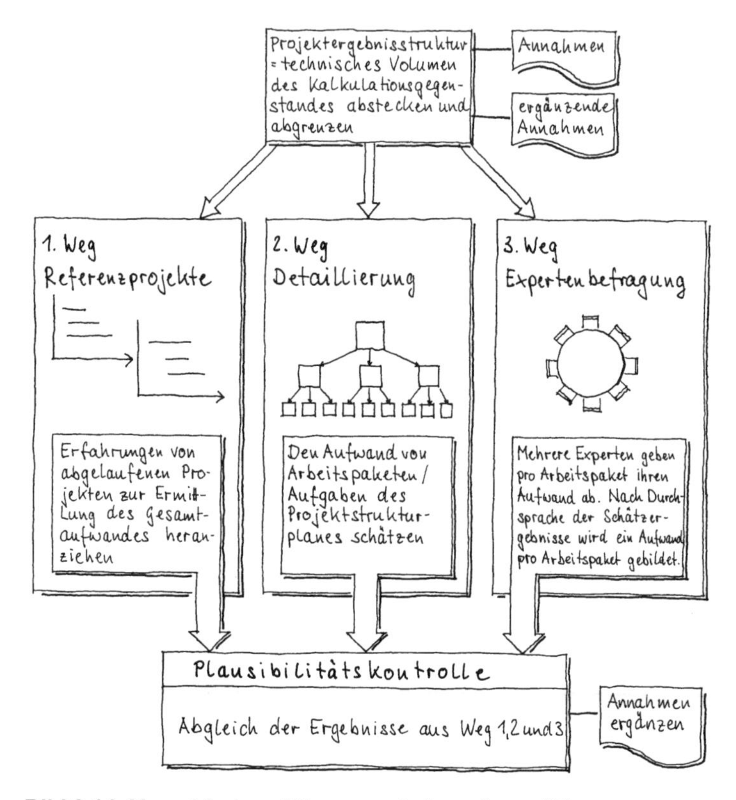

Bild 3.14: Verschiedene Wege zur Aufwandsermittlung

Der Aufwand für eine Aufgabe bzw. ein Arbeitspaket sollte nicht größer als 6-10 MW sein. Größere Aufgaben/Arbeitspakete sind in überschaubare Einheiten aufzuteilen. Die Vorbereitung der Expertenbefragung (einschließlich der Erstellung des Projektstrukturplanes) dauert je nach Projektgröße zwischen ein bis drei Wochen für zwei bis vier Mitarbeiter. Auf eine Aufgabe bzw. ein Arbeitspaket umgerechnet, entfallen etwa 15 bis 30 Minuten Vorbereitungszeit. Bei 700 Arbeitspaketen ist etwa 175 Stunden (pro Arbeitspaket 15 Minuten) Vorbereitungsaufwand bis zur Schätzklausur zu veranschlagen. Bei einem Projekt von 120 MJ fallen damit ca. 1 Promille Vorbereitungsaufwand an!
Eine Expertenbefragung sollte nicht länger als fünf Tage dauern. Pro Aufgabe/Arbeitspaket innerhalb der Expertenbesprechung werden im Durchschnitt 10 Minuten verwendet. Vormittags werden bis zu 15 Minuten pro Aufgabe bzw. Arbeitspaket auf Schätzungen verwandt. Vor dem Mittagessen und vor dem Arbeitsabschluss ergibt sich erfahrungsgemäß eine Beschleunigung der Diskussion.

Für die Nachbereitung der Besprechung müssen, je nach Umfang des Projektstrukturplanes, noch bis zu zwei Wochen für zwei Mitarbeiter veranschlagt werden.

Der Gesamtaufwand für die Expertenbefragung für die Vorbereitung, Durchführung und Nachbereitung beträgt im obigen Beispiel 1154 Stunden, wobei für die Vorbereitung – ausgehend von 700 Arbeitspaketen à 15 Minuten – 175 Stunden gerechnet wurde. Die Durchführung verlangt bei 7 Teilnehmern 819 Stunden und die Nachbereitung 160 Stunden.

Zusammenfassend ergeben sich folgende Vor- und Nachteile:

– die Qualität der Schätzung ist stark personenabhängig
– kein wissenschaftlich abgesichertes Verfahren
– Einheit „Aufgaben/Arbeitspaket“ bereitet bei der Strukturierung Schwierigkeiten
+ subjektive Erfahrungen sind schnell abrufbar
+ Konsensfindung des Expertenteams
+ Motivationsschub für Projektteam bei der Realisierung
+ auf Arbeitspaket-Ebene ist Projekt gut steuerbar und SOLL-/IST-Vergleiche sind möglich
+ Treffsicherheit bzgl. Qualität, Kosten und Zeit sehr gut
+ Überschreitungen liegen unter 10% bei Schätzung zum Zeitpunkt Anforderungskatalog
+ Schätzung nachvollziehbar und transparent
+ Strukturierung des Projektes erforderlich.

Aufbauend auf den Ergebnissen der Planungsschritte fünf und sechs erfolgt jetzt die Zuordnung aller erforderlichen Ressourcen zu den jeweiligen Aufgaben oder Arbeitspaketen. Dabei wird die voraussichtliche Verfügbarkeit unmittelbar berücksichtigt. Beachten Sie alle Faktoren wie z.B. Urlaub, Mitarbeit in anderen Projekten, Maschinenlaufzeiten, Wartungsarbeiten, Tagesgeschäft, usw. (siehe Bild 3.15).

Bei jedem Arbeitspaket, an dem mehr als eine Person arbeitet, ist zu überlegen, ob deshalb der geschätzte Aufwand für diese Aufgabe nicht erhöht werden muss (wenn dies nicht beim Schätzen berücksichtigt wurde). Das kann eventuell erforderlich sein, falls die Beteiligten ihre Teilergebnisse aufeinander abstimmen müssen. Dieser Mehraufwand wird durch die Zusammenarbeit hervorgerufen, ist aber wegen der Synergie-Effekte und der besseren Qualität der Arbeitsergebnisse gerechtfertigt.

Falls genügend Ressourcen verfügbar sind, lässt sich eine Arbeit nicht auf beliebig viele Personen verteilen. Daher ist pro Aufgabe oder Arbeitspaket die optimale Ressourcenzahl als Wunschgröße für die Ressourcen- und Terminplanung festzulegen.

3.7 Terminplan in Form von Netz- oder Balkenplan aufstellen: 7. Schritt

Dieser Schritt führt zu folgenden Aussagen:

⇨ Den voraussichtlichen Anfangs- und Endtermin einer jeden Aufgabe/Arbeitspaket berechnen, einerseits unter Berücksichtigung der logischen Abhängigkeiten der Aufgaben/Arbeitspakete untereinander und andererseits durch die Einbindung der Verfügbarkeit der Ressourcen.

⇨ Die Festlegung, wann welche Ressource im Projekt und für welche Arbeit eingesetzt wird.

⇨ Die Erkenntnis, welche Aufgaben bzw. Arbeitspakete in ihrer Abfolge zeitkritisch sind. Jede Verspätung oder Verschiebung bedeutet in dem Fall eine Verzögerung des Projektendes (kritischer Pfad).

⇨ Die Erkenntnis, welche Aufgaben/Arbeitspakete in ihrer Abfolge aus momentaner Sicht über ein Zeitpolster verfügen. Dieses Polster, Zeitpuffer genannt, gibt an, um wieviel Zeiteinheiten sich diese entsprechenden Aufgaben/Arbeitspakete verschieben können oder verspäten dürfen, ohne dass der Start nachfolgenden Arbeitspakete gefährdet ist.

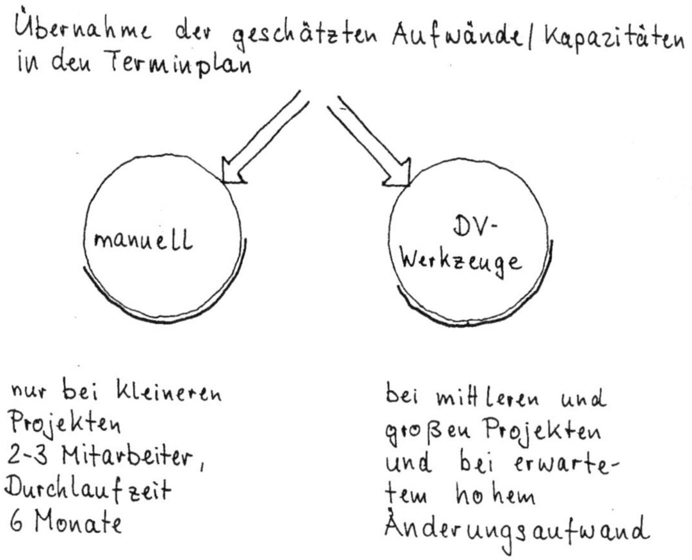

Übernahme der geschätzten Aufwände/Kapazitäten in den Terminplan

manuell

DV-Werkzeuge

nur bei kleineren Projekten 2-3 Mitarbeiter, Durchlaufzeit 6 Monate

bei mittleren und großen Projekten und bei erwartetem hohem Änderungsaufwand

Bild 3.15: Terminplanung

Alle diese Informationen sind die Voraussetzung dafür, um in der Durchführungsphase des Projekts die geeigneten Korrekturmaßnahmen einleiten zu können, falls zeitkritische Abweichungen auftreten. Es bietet sich einerseits an, diese Daten in den Ablaufplan zu übernehmen und zu integrieren. Somit erweitern Sie Ihren Ablaufplan zum Netzplan. Andererseits lassen sich dieselben Informationen auch in Form eines Balkenplanes darstellen (siehe Bild 3.16).

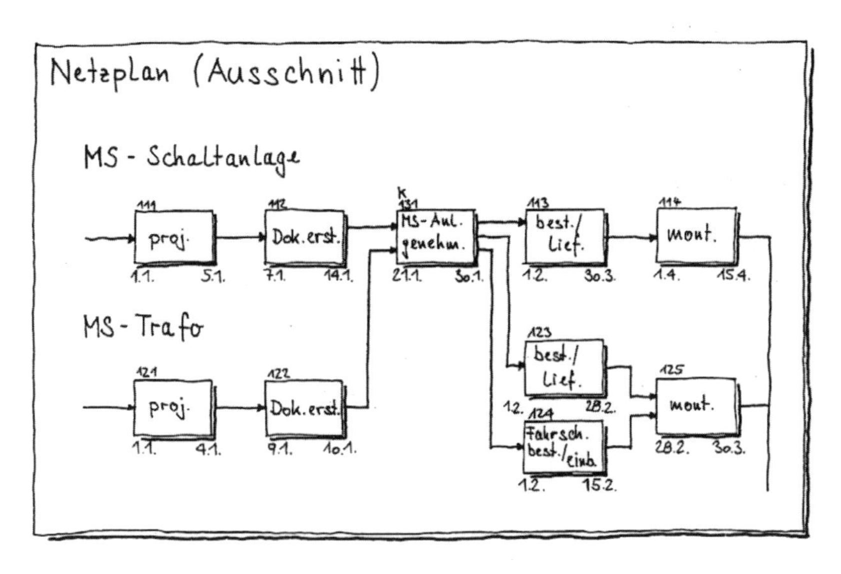

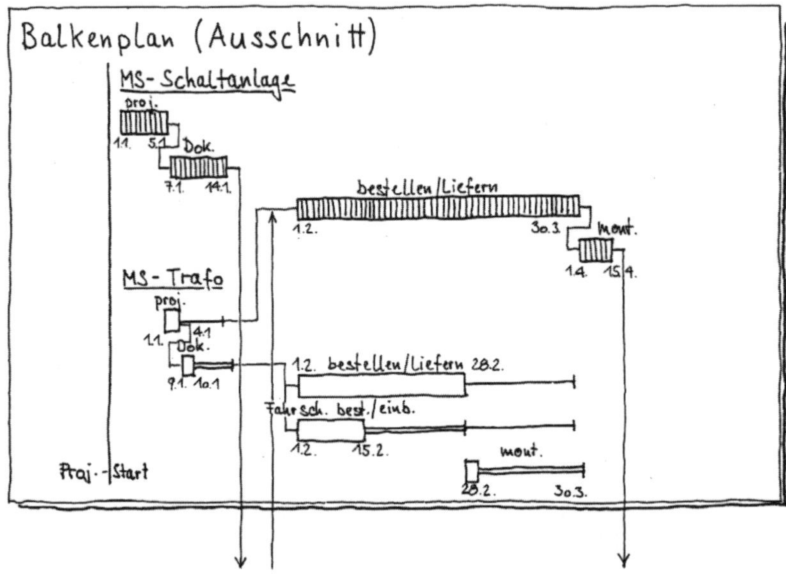

Bild 3.16: Der Terminplan in Form von Netzplan oder Balkenplan beim Projekt „Mittelspannungsanlage"[03]

Kapazitäts- und Terminplan

Firma: *AMPELFIT*
Projekt: *Ampel am Gymnasium*
Projekt-Nr.:
Teilprojekt:
Meilenstein: *Angebot abgegeben*

Auftragnehmer: *Ingenieurbüro Leiter*
Projektleiter: *Obering. Gut*
AP-Verantwort.: *Obering. Gut*
Verteiler:

PSP-Code	Arbeitspaket	Verantwortung	Vorgänger	Aufwand	Verfügbare Ressourcen	Dauer	KW 1	KW 2	KW 3	KW 4	KW 5	KW 6	Notizen/ Personen
AP 1.1	*Grobpflichtenheft*	*Fr. Meister*	-	*7 MT*	*2 P / 50%*	*8 AT*							
	Ampel erstellen												
	AF 1.1, 1.2												
AP 1.2	*Lieferantenangebote*	*Fr. Preiswert*	*AP 1.1*	*3 MT*	*1 P / 100%*	*15 AT*							
	besorgen												
	AF 1.3, 1.4												
AP 1.3	*Projektmanagement*	*Obering. Gut*	*Parallel*	*2 MT*	*1 P / 25%*	*25 AT*							
	AF 1.5, 1.6, 1.7, 1.8, 1.9												
AP 1.4	*Angebotsfreigabe*	*Hr. Leiter*	*AP 1.5*	*1 MT*	*2 P / 100%*	*1 AT*							
	AF 1.10												
AP 1.5	*Review*	*Obering. Gut*	*AP 1.2*	*2 MT*	*3 P / 100%*	*1AT*							
	AF 1.11												
MST 1	*Angebot fertig*	*Obering. Gut*	*AP 1.4*	*0 MT*		*0 AT*							

17.01. — Datum
Gut — (Projektleiter)
Gut — (AP-Verantwortlicher)

Bild 3.17: Terminplan aus dem Projekt „Ampel am Gymnasium“, Phase Angebotserstellung, die Aufgaben sind zu Arbeitspaketen (AP) gebündelt.

In der Praxis hat sich der Terminplan als Balkenplan-Darstellung auch wegen PM-TOOLs und entsprechenden Tabellen durchgesetzt (siehe Bild 3.18, Seite 1 und 2).

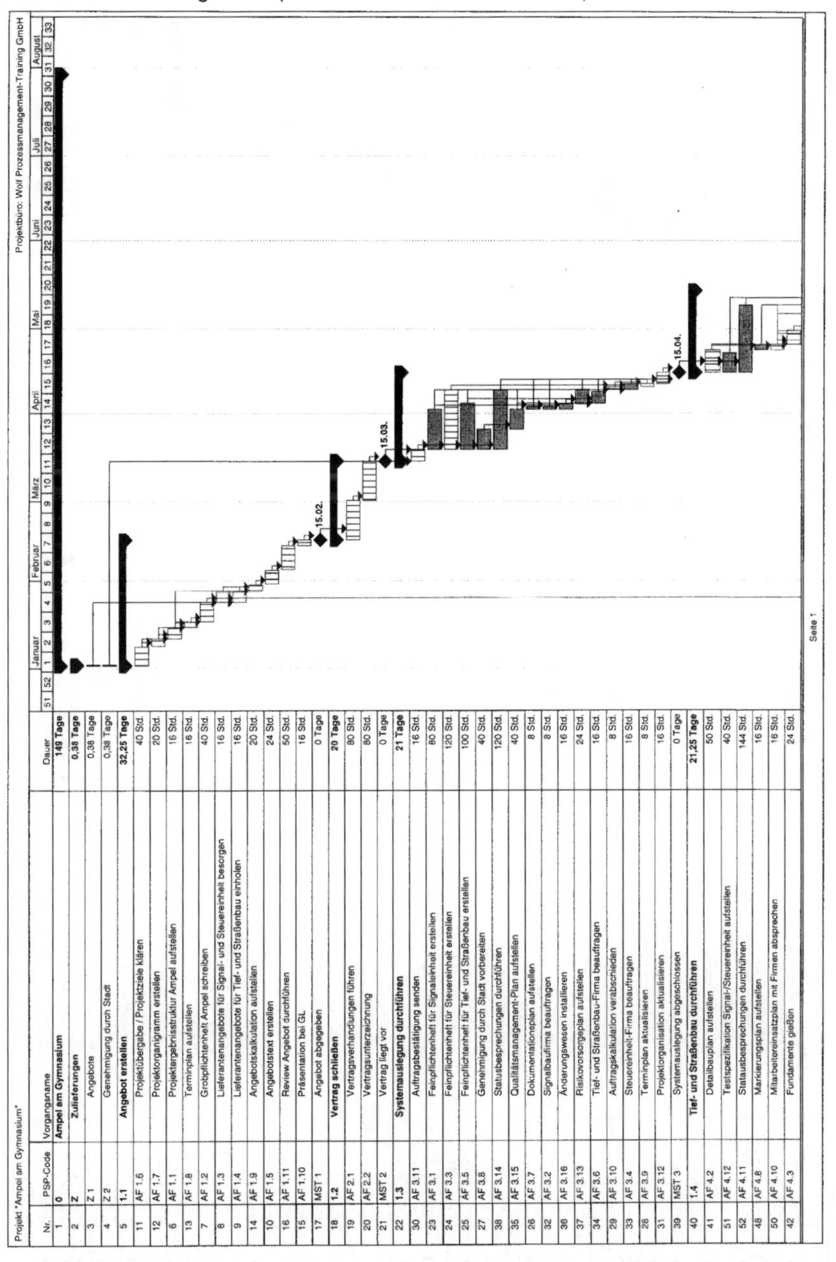

Bild 3.18: Terminplan mit MS-Project auf der Basis von Aufgaben (siehe Projektstrukturplan Bild 3.6) aus dem Projekt „Ampel am Gymnasium", 1. Seite (sortiert nach Anfangsterminen pro Aufgabe)

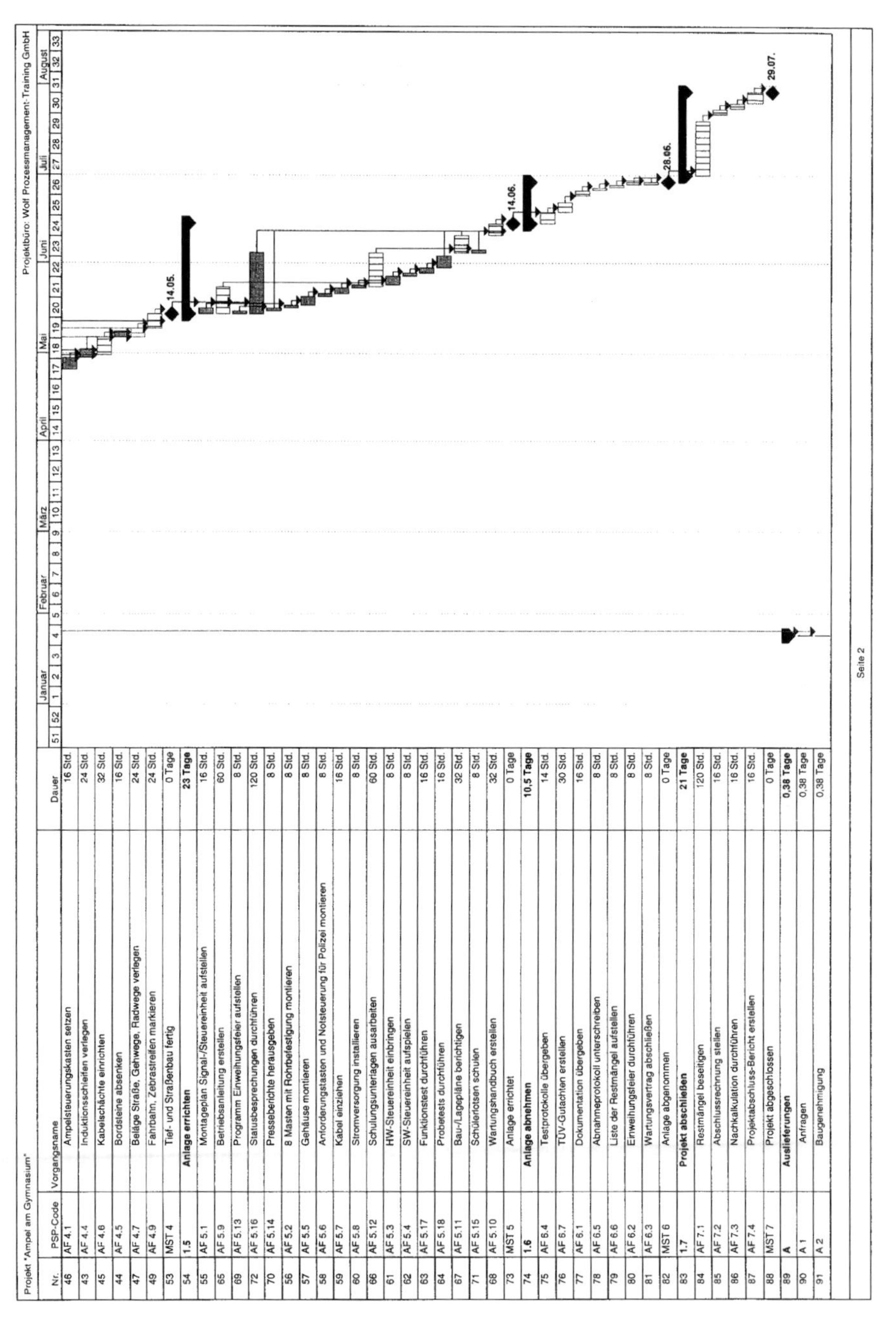

Bild 3.18: Terminplan mit MS-Project auf der Basis von Aufgaben (siehe Projektstrukturplan Bild 3.6) aus dem Projekt „Ampel am Gymnasium“, 2. Seite (sortiert nach Anfangsterminen pro Aufgabe)

Bevor Sie den Planungsschritt 8 angehen, sollten Sie den **Terminplan optimieren**. In der Regel sind für das Projekt feste Ecktermine, z.B. Genehmigungen, Ressourcen-Engpass usw. vorgegeben. In dieser Phase der Planung kann es passieren, dass Sie mit dem Markteintrittstermin für Ihr Produkt z.B. zwei Monate zu spät liegen. Nun müssen Sie durch schrittweises Optimieren der einzelnen Pläne den „Verzug" beseitigen. Folgende Maßnahmen bieten sich bei der Rückwärtsplanung an:

Terminplan (Schritt 7):
für alle Aufgaben/Arbeitspakete auf dem kritischen Pfad

⇨ Überstunden einplanen,
⇨ Personaleinsatz erhöhen oder z.B.
⇨ über weitere Fremdvergabe nachdenken,
⇨ um Durchlaufzeiten zu verkürzen.

Aufwands-/Kapazitätsplan (Schritt 6):

⇨ Erfahrungen anderer Projekte mit eigenen Schätzwerten vergleichen,
⇨ Annahmen an neue Erkenntnisse anpassen.

Ablaufplan (Schritt 5):

⇨ Sachlogik überprüfen
⇨ parallel arbeiten, damit Überlappungen zulassen und ggf. Risiken erhöhen.

Projektstrukturplan (Schritt 4):

⇨ Aufgaben vernachlässigen, ggf. streichen
⇨ interne Aufgaben fremd vergeben (Achtung: zur Umsetzung der Fremdvergabe sind zusätzlich neue, interne Aufgaben erforderlich).

Meilensteinplan (Schritt 3):

⇨ Meilensteine zusammenfassen oder streichen.

Projektergebnisse (Schritt 2):

⇨ Mit Auftraggeber absprechen:
  - Versionen bilden,
  - Projektergebnisstruktur reduzieren,
  - andere technische Lösung anwenden.

Soweit die Eingriffe in die einzelnen Planungsschritte. Daneben gibt es auch noch andere Möglichkeiten: mit dem Auftraggeber den Endtermin bewusst verschieben, – oder das Projekt früher starten. Vielleicht kann die Produktivität der Mitarbeiter durch Motivation und die Produktivität der Maschinen durch neuere Technik verbessert werden.

3.8 Benötigte Infrastruktur berücksichtigen: 8. Schritt

In diesem Schritt wird geklärt, welche Hilfs-, Betriebs- und Arbeitsmittel für die Durchführung des Projekts benötigt werden. Die Kenntnis über diese Projektinfrastruktur (z.B. Büroarbeitsplätze und deren Ausstattung, PC, Software, Telefone, Formulare, Moderationsmaterial usw.) ist für die termingerechte Bereitstellung wichtig. Die ggf. anfallenden Kosten werden für die Kostenplanung und -kontrolle benötigt.

3.9 Kalkulation (Kostenplan) aufstellen: 9. Schritt

Die Kostenaufstellung mag dem einen oder anderen Praktiker an dieser Stelle zu spät kommen. Aber erst jetzt sind alle Informationen zur Kostendarstellung vorhanden. Die Komponentenkosten, Materialkosten, Teilekosten können auf der Basis der Projektergebnisse (2. Planungsschritt) durch Beschaffung von Angeboten und Studium von Preislisten ermittelt werden. Auf diese Weise kommen wir zum ersten Kostenblock: den Sachkosten. Durch die Festlegung der Aufgaben/Arbeitspakete sind wir in der Lage, den für diese Arbeiten erforderlichen Aufwand zu schätzen (6. Planungsschritt). Diese Aufwendungen werden mit unterschiedlichen Stundensätzen multipliziert. Auf diese Weise kommen wir zum 2. Kostenblock: den Personalkosten (siehe Bild 3.19).

Die Basis der Kostenermittlung für das Projekt ist der Projektstrukturplan mit seinen Aufgaben bzw. Arbeitspaketen. Die Kosteninformationen aus den Planungsschritten 2 und 6 werden den Aufgaben/Arbeitspaketen des Projektstrukturplanes zugeordnet. Hier sind für jede Position die Fragen zu stellen:

- Welche Materialkosten stecken in der Aufgabe bzw. dem Arbeitspaket?
- Welche Fertigungskosten fallen an?
- Welche Entwicklungs- und Forschungskosten fallen an?
- Welche Erschließungskosten sind zu berücksichtigen?
- Welche Montagekosten sind zu erwarten?
- Welche Vertriebskosten fallen an?
- Was muss für die Verwaltung eingeplant werden?

Das Bild 3.21 zeigt ein Beispiel für ein Kalkulationsschema bei Produktentwicklung und -fertigung.

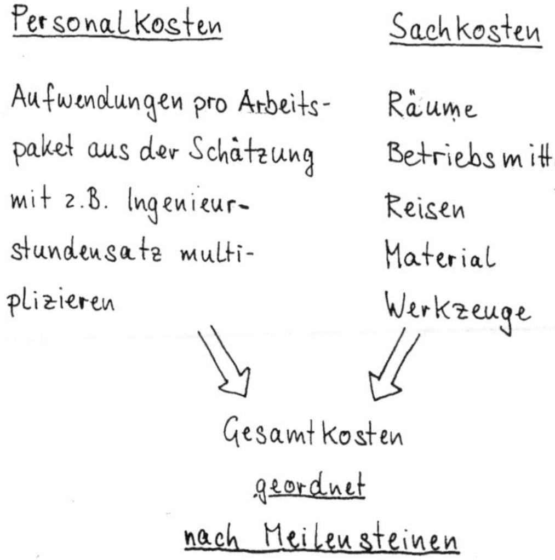

Bild 3.19: Kostenarten und Zuordnung pro Meilenstein

Kalkulation Arbeitspakete

Firma: *AMPELFIT* — Auftragnehmer: *Ingenieurbüro Leiter*
Projekt: *Ampel am Gymnasium* — Projektleiter: *Obering. Gut*
Projekt-Nr.: ______ — AP-Verantwort.: *Meister*
Teilprojekt: ______ — Verteiler: ______
Meilenstein: ______
Arbeitspaket: *Probebetrieb durchführen*

Pos.	KOSTENART	Arbeitspaket 1		Arbeitspaket 2		Summe
		Mengen kg/Std/%	Kosten (EUR)	Mengen kg/Std/%	Kosten (EUR)	
1.1	Material nach Materialarten					
1.2	Materialbeistellung durch Kunden					
1.3	Auswärtige Bearbeitung					
1.4	Selbsterstellte Lagerteile					
1.5	Rückstellung für fehlende Materialkosten					
1.6	Materialgemeinkosten MGK					
1	MATERIALKOSTEN					
2.1	Fertigungslöhne Handarbeit					
	FGK auf Handarbeit					
2.2	Fertigungslöhne mech. Bearbeitung					
	FGK auf mech. Bearbeitung					
2.3	Fertigungslöhne an Maschinen					
	FGK auf Maschinen					
2.4	Fertigungslöhne Montage im Werk					
	FGK auf Montage im Werk					
2.5	Wärme und Oberflächenbehandlung					
2.6	Sonstige Bearbeitung					
2	FERTIGUNGSKOSTEN					
3.1	Modelle Vorrichtungen Sonderwerkzeuge					
3.2	Prüfungs- und Abnahmekosten im Werk					
3.3	Fertigungslizenzen					
3.4	Kalkulatorische Fertigungs-Wagnisse (Ausschuss und Nacharbeit)					
3	SONDERKOSTEN der FERTIGUNG					
4	HERSTELLKOSTEN A (Summe 1-3)					
5	FORSCHUNGS- + ENTWICKLUNGSKOSTEN					
	Konstruktionskosten					
6.1	durch eigene Personal	2 Std.	*300*			*300*
6.2	durch Fremde	8 Std.	*1.200*			*1.200*
6.3	Konstruktionsgemeinkosten					
6.4	ggf. auch spez. Auftragsabwicklungskosten					
6	KONSTRUKTIONSKOSTEN					
7	AUSSENMONTAGEN					
8	HERSTELLKOSTEN B (Summe 4-7)		*1.500*			*1.500*
9	VERWALTUNGSGEMEINKOSTEN					
10	VERTRIEBSKOSTEN					
11	Korrekturposten Materialbeistellung		*2.800*			*2.800*
12	SELBSTKOSTEN A (Summe 8-11)		*4.300*			*4.300*
13.1	Provisionen					
13.2	Lizenzen					
13.3	Frachten, Transport, Verpackung					
13.4	Versicherungen (inkl. Kreditvers.)					
13.5	Reisen und Auslagen					
13.6	ausl. Steuern, ggf. Zölle					
13.7	Zinsen bei außergewöhnl. Zahlungsbedingungen und Vorfinanzierung					
13.8	Erprobung Abnahme Inbetriebnahme	16 Std.	*2.400*			*2.400*
13.9	Sonstige (Lieferant)	16 Std.	*2.400*			*2.400*
13	SONDERKOSTEN DES VERTRIEBES					
14	WAGNISKOSTEN DES VERTRIEBES					
15	SELBSTKOSTEN B (Summe 12-14)		*9.100*			*9.100*
16	KALK: GEWINN/ERGEBNIS		*1.000*			*1.000*
17	VERKAUFSPREIS/ERLÖS		*10.100*			*10.100*

16.01. — Datum
Gut — (Projektleiter)
Meister — (AP-Verantwortlicher)

Bild 3.20: Kalkulationsschema für Arbeitspakete (Zuschlagskalkulation) des Projektes „Ampel am Gymnasium“ [22]

Wir empfehlen, die einzelnen Posten nach dem zeitlichen Auftreten zu sortieren und die Kosten den Projektphasen bzw. den entsprechenden Meilensteinen zuzuordnen. Phasen- und meilensteinübergreifende Positionen sind sinnvoll aufzuteilen, um diese Zuordnung durchgängig zu gestalten. Diese Gliederung bedeutet einen zusätzlichen Planungsaufwand, der sich aber bezahlt macht. Damit wird eine optimale Basis für die fortlaufende Kostenkontrolle in der Abwicklungsphase des Projekts geschaffen.

So, wie bis jetzt beschrieben, ist die Kostenermittlung aus der Sicht des Projektes vollzogen worden. Hier wird kalkuliert

- nach aufgaben-/arbeitspaketbezogenen Einheiten (prozessorientiert),
- nach dem Verursacherprinzip (Kostenträger-/Stückrechnung),
- nach Personalkosten als Einzelkosten,
- nach der Summierung des Projektstrukturplanes,
- nach den Gesichtspunkten der mitlaufenden Kalkulation.

Das Rechnungswesen geht die Kostenermittlung nach folgenden Prinzipien an:

- nach produkt- bzw. anlagenbezogenen Einheiten (liefer- und leistungsorientiert),
- durch Kostenträger-Zeitrechnung,
- Personalkosten sind Gemeinkosten,
- lineare Summierung der Kosten
- nach dem Gesichtspunkt der Vor- und Nachkalkulation
- Fixkosten und variable Kosten.

Kommt ein Anlagenprojekt auf den Projektleiter zu, so muss er die Kalkulationswerte aus dem Angebot/Vertrag auf der Basis eines Leistungsverzeichnisses mit seinen Werten pro Aufgabe/Arbeitspaket vergleichen und ggf. die Angebotskalkulation auf dem Weg zur Auftragskalkulation entsprechend korrigieren.

Kommt ein Entwicklungsprojekt auf den Projektleiter zu, so steht das Budget für die zur Verfügung stehenden „Köpfen“ in Form von Gemeinkosten schon fest. Das Dilemma lässt sich in der Praxis nicht ganz beseitigen. Die Lösung besteht darin, dass der Projektstrukturcode um die Belange des Rechnungswesens erweitert wird. Damit können die Aufgaben/Arbeitspakete nach Baugruppen und Komponenten für das oben aufgezeigte Kalkulationsschema umsortiert werden.

Nun können Sie annehmen, die Projektplanung ist abgeschlossen. Es fehlt aber noch ein wesentlicher Gesichtspunkt, eine der vordringlichsten Aufgaben des Projektmanagements: die Risikoabschätzung und -vermeidung.

3.10 Risiken erkennen und präventiv angehen: 10. Schritt

Jeder Projektleiter ist ohne großes Nachdenken in der Lage, einige Risiken für sein Projekt zu nennen. Eine vollständige und bewertete **Risikoabschätzung** über die tatsächliche Situation liegt damit noch nicht vor. Auch hier bietet sich eine geordnete, systematische Vorgehensweise an.

Welche Risiken stecken überhaupt im Projekt? Dazu kann jedes Arbeitspaket aus dem Projektstrukturplan oder aus dem Ablaufplan im Team diskutiert werden. Es wird bei jeder einzelnen Aufgabe nach möglichen oder wahrscheinlichen Problemen, oder nach negativen Einflüssen auf das Ergebnis (Quantität, Qualität), die Kosten und den Termin gesucht.

Jedes erkannte Risiko wird anschließend anhand zweier Kriterien bewertet. Einmal nach der Größe der Auswirkung, der Bedeutung des Risikos, falls es eintreten sollte. Zweitens nach der Wahrscheinlichkeit, dass es zum Tragen kommt. Häufig werden die Faktoren Bedeutung und Wahrscheinlichkeit noch mit Hilfe der Methode „Entscheidungsmatrix“ verknüpft, um als Ergebnis eine Prioritätsaussage zu machen. Damit lässt sich dann eine Rangfolge der Projektrisiken aufstellen. Das ist ein Hilfsmittel, um den Blick aller Projektbeteiligten für die größten Risiken zu schärfen [23].

Die Risiken nach zwei Eigenschaften unterscheiden:

⇨ Einflussgrad des Risikos auf das Projekt (Auswirkung)
⇨ Wahrscheinlichkeit des Risikoeintritts.

	Wahrscheinlichkeit des Eintritts			
Einflussgrad	unwahrscheinlich	kaum möglich	möglich	wahrscheinlich
Massiv	1	1	1	1
Stark	2	2	2	1
Mäßig	3	2	2	1
Unwesentlich	3	3	2	1

Risikogegenmaßnahmen

⇨ Um die Analyse überschaubar zu halten und die Risikoüberwachung zu vereinfachen, empfiehlt es sich, nur die Risiken der Klasse 1 und 2 zu verfolgen.
⇨ Für die Risiken der Klasse 1 sollten Gegenmaßnahmen komplett durchgeplant sein.
⇨ Für die Risiken der Klasse 2 sollte zumindest eine Strategie entwickelt sein, die sich im Bedarfsfall schnell durchplanen lässt.

Die Planungsphase bietet sich daher an, bei der Bewertung der einzelnen Risiken auch gleich die Kreativität des versammelten Teams zu nutzen, um geeignete Maßnahmen zur Risikoeingrenzung zu entwickeln. Das können Überlegungen sein, ein Risiko zu verhindern, bzw. seine Eintrittswahrscheinlichkeit zu reduzieren. Auch Notfallpläne für die Schublade sind hilfreich, falls trotz aller Vorsichtsmaßnahmen ein Risikofall eintritt (siehe Bild 3.21).

Projekt-Risikoanalyse

Firma: *AMPELFIT*
Projekt: *Ampel am Gymnasium*
Projekt-Nr.: ______
Teilprojekt: ______
Meilenstein: ______

Auftragnehmer: *Ingenieurbüro Leiter*
Projektleiter: *Obering. Gut*
AP-Verantwort.: ______
Verteiler: *Leiter, Meister*
Preiswert, Ungeduld

Risiken der Arbeitspakete	Auswirkung auf Termine, Kosten, Qualität	Tragweite H/M/N	Wahrscheinlichkeit H/M/N	Risiko-Kennzahl TxW	Mögl. Maßnahmen/ Alternativen	Entscheidung/ Priorität/ Begründung
Lieferzeiten für Signal und Steuereinheit verzögern sich.	*Abnahme-Termin kann um 2-4 Wochen nicht eingehalten werden.*	*2*	*2*	*4*	*Enge Abstimmung mit den potenziellen Lieferanten.*	*Prio 1*
					Einholung weiterer Angebote.	*Prio 2*
					Einbindung des potentiellen Lieferanten bei der Spezifikation vor allem SW.	*Prio 1*
Zusammenspiel der Signal-, Tief- und Straßenbaufirmen klappt nicht.	*Mehrkosten durch Nacharbeiten, mögliche Terminverschiebungen und Qualitätseinbußen.*	*1*	*2*	*2*	*Einrichtung von wöchentlichen Koordinationsbesprechungen in der Phase zwischen Beauftragung und Beginn der Bauarbeiten. Dann alle 2 Tage bis zur Abnahme.*	*Prio 2*
Genehmigung der Pläne durch die Stadt Unterwolfsheim kommt später.	*Abnahme-Termin gefährdet, mögliche Konventionalstrafe wird fällig.*	*2*	*3*	*6*	*Frühe und rechtzeitige Einbindung der Stadt.*	*Prio 1*

Legende: **H**och = 3, **M**ittel = 2, **N**iedrig = 1   T = Tragweite, W = Wahrscheinlichkeit

16.01.   *Gut*
Datum   (Projektleiter)

Bild 3.21: Risikoanalyse des Projektes „Ampel am Gymnasium“

3.11 Die Planung und damit das Projekt freigeben lassen

Mit Abschluss des 10. Schrittes ist die Projektplanung aus Managementsicht vorerst abgeschlossen. Die Projektplanung kann unter dem Aspekt der Führung in der Teamarbeit nicht isoliert gesehen werden. Überlagert werden insbesondere die ersten Planungsschritte von Ergebnissen aus der Planung des „Engineering", je nach Projektart also aus Überlegungen zu technischen Lösungen, zur Alternativauswahl, zur Organisation, zu Vorgehensweisen und zu Konzepten jeglicher Art.

Die Planungsschritte 4 bis 10 sind nicht nur für das gesamte Projekt durchführbar, sondern auch für jede Phase in einem Projekt. Je nachdem, wieweit der Planungshorizont angelegt ist, sollten im Team die Informationen zu einer realistischen Planung zusammengetragen werden. Am Ende des Planungsprozesses steht die Projektfreigabe durch die Geschäftsleitung. Im Sinne einer Meilenstein-Freigabe werden alle bis dorthin erarbeiteten Ergebnisse präsentiert und von der Geschäftsleitung mit oder ohne Auflagen bis Projektende oder bis zu einem bestimmten Meilenstein freigegeben. Damit ist die vorgelegte Planung gebilligt. Die entsprechenden Budgets werden geöffnet. Die Ressourcenkonflikte sind im Moment gelöst.

3.12 Auf die Dokumentation der Projektergebnisse achten

Spätestens am Ende des Planungsprozesses muss dem Projektteam klar sein, wie es mit der Informationsaufnahme, -verarbeitung und -weitergabe, bzw. -ablage umgeht.

Für bestimmte Dokumente, Besprechungsprotokolle oder Änderungsmitteilungen muss jeweils ein Verteilerkreis festgelegt sein. Bei der Ablage hat sich bewährt, die Archivierung nach dem Projektstrukturplan zu organisieren. Alle organisatorischen Informationen sind nach Projektmanagement-Gesichtspunkten abzulegen (Bild 3.22).

Alle technischen Informationen wie Konstruktionszeichnungen, Schaltpläne, Spezifikationen, Datenmodell, Prüfprotokolle u.a. sind nach Projektergebnissen, wie Elektrik, Mechanik usw. abzulegen. Innerhalb einer solchen Liefereinheit wird nach Meilensteinen weiter abgelegt. Innerhalb der Meilensteine erfolgt die Ablage nach Datum.

Bevor wir das Projekt abwickeln, schauen wir uns den Planungsprozess aus der Sicht der Teamarbeit noch genauer an. Einerseits gilt es, den Planungsprozess in einer Planungsklausur inklusive Expertenbefragung zu organisieren, andererseits brechen die Konflikte im Team und gegenüber der Linie z.B. wegen der Ressourcenknappheit verschärft auf.

3.13 Mit Zusammenarbeit zur Akzeptanz der Planung

Die Projektplanung ist ein komplexer und komplizierter Prozess. Mitwirken sollen alle vom späteren Projektverlauf betroffenen Stellen eines Unternehmens. Gegebenenfalls sind im Rahmen des Simultaneous Engineering Vertreter von Lieferanten und Unterauftragnehmern zu beteiligen.

Den Planungsprozess etwas zu entflechten, ist das Ziel dieses Abschnittes. Auf der Sachebene ist die organisatorische Zusammenarbeit innerhalb des Teams und zur Linie darzustellen. Auf der Beziehungsebene geht es um Verhaltensweisen in Konfliktsituationen und um den richtigen Umgang mit Macht und Hierarchie. Wie soll sich das Team gegenüber der Linie einbringen, und wie soll die Linie z.B. die Teamarbeit fördern? Unsere Beraterpraxis und Mitarbeit in konkreten Projekten zeigen deutlich: Nicht der mangelnde Methoden- und Werkzeugeinsatz, sondern die unzureichende Art und Weise der Zusammenarbeit bringt die Projekte in technische, terminliche und kostenmäßige

Schwierigkeiten. Gerade die Ressourcenknappheit führt zu Konflikten zwischen Projekt und Linie. Diesen Konflikt in der Planung offensiv durch Gespräche und Darstellung der Konsequenzen anzugehen, ist das Gebot der Stunde.

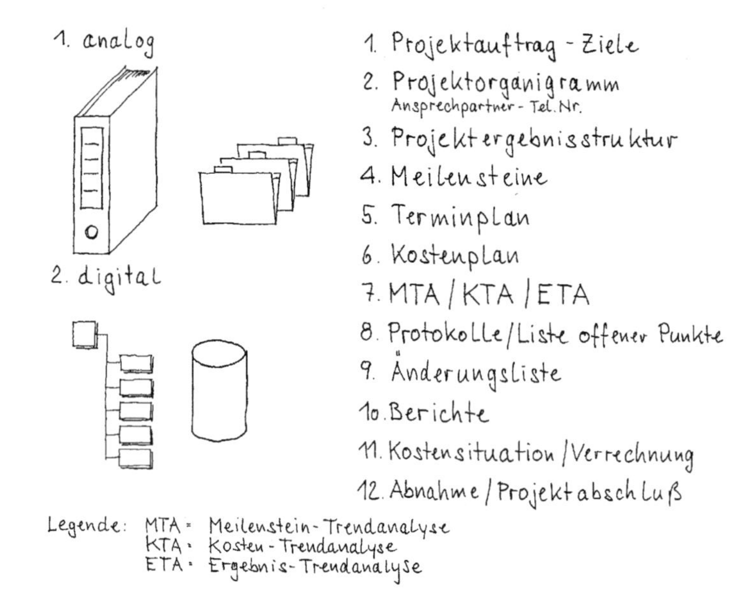

Bild 3.22: Projektdokumentation

3.13.1 Die organisatorische Zusammenarbeit

Bei größeren Projekten würde die ständige Beteiligung aller Betroffenen den Rahmen effektiver Projektarbeit sprengen. Hier bieten sich zwei Alternativen an.

Die erste Alternative ist die sachliche Gliederung des Themas in sinnvolle, eigenständige **Teilprojekte** mit maximal 50 Arbeitspaketen. Diese werden von der Gesamtprojektleitung koordiniert. In Teilprojekten werden die jeweiligen Problemstellungen unter der Führung von Teilprojektleitern in kleinen, autarken Projektteams bearbeitet.

Die zweite Alternative ist die Bildung von bereichsübergreifend zusammengesetzten Know-how-Gruppen. Jede Gruppe entsendet dann einen Vertreter in das sogenannte Kernteam unter Führung des Projektleiters. Hier findet die Koordination der Know-how-Gruppen statt. Das Kernteam trifft grundlegende Entscheidungen, erarbeitet z.B. in Strukturplänen die oberste(n) Ebene(n). Die Gruppen füllen diese Ebenen dann mit Inhalt und sorgen für die Ausgestaltung und Detaillierung der Pläne. So ist es sinnvoll, beim Projektergebnis mit dem Team die erste Ebene wie „mechanisches System", „elektrisches System", „Verpackung", „Gehäuse" usw. zu erarbeiten. Die Details zum „mechanischen System", „elektrischen System" usw. können die einzelnen Teammitglieder oder Unterteams als Aufgabe selbst erarbeiten. Bei einer Planungsklausur wird die erste Ebene im Plenum und die Detaillierung in verschiedenen Kleingruppen auf Karten erstellt. Wieder im Plenum werden durch Moderation die Projektergebnisse zusammengebaut und Ungereimtheiten beseitigt. Dieses Vorgehen erfolgt auch bei der Meilenstein-Bildung und bei der Ableitung des Projektstrukturplanes von den Projektergebnissen und den Meilensteinen.

Der Ablaufplan wird generell im Plenum Schritt für Schritt (Band für Band) durch gekonnte Moderation erstellt. Wie die Expertenbefragung organisiert wird, wurde weiter oben detailliert dargestellt. Die Erfassung des Ablaufplanes mit den Daten aus der Expertenbefragung sollte eine kleine Gruppe (2 bis 4 Personen) für das Gesamtprojekt und auch für die Teilprojekte vornehmen. Durch das „Vier-Augen-Prinzip“ wird sichergestellt, dass bei der Erfassung keine Fehler passieren, die im Werkzeug nicht so schnell zu finden wären.

Um einen ungestörten und kreativen Verlauf zu gewährleisten, empfehlen wir, das Projekt im Rahmen einer Projektplanungsklausur in neutraler Umgebung und Atmosphäre zu beleuchten und zu durchdenken. Planungsarbeit ist geistiger Hochleistungssport! Keiner würde auf die Idee kommen, einen Sportler beim Anlauf zum Weitsprung durch Lärm oder Queren der Anlaufbahn zu stören.

Also, weg vom Arbeitsplatz und weg mit allen vermeidbaren Störungen! Handy abschalten, Laptop abstellen!

Die Beteiligung vieler Stellen, respektive Personen, mit unterschiedlichen Zielen und Vorstellungen erschwert den Vorgang der **Projektplanung**. In der Praxis hat sich der Einsatz der **Moderationstechnik** (Bild 1.10) unter Leitung eines erfahrenen Moderators als bester Weg herausgestellt, um die Teilnehmer unter einen Hut zu bringen. Für den Moderator wird es meistens nicht ganz einfach werden. Zudem sitzen viele unterschiedliche Persönlichkeiten am Tisch (Bild 3.23). Selten ist der Teamfindungsprozess bereits soweit fortgeschritten, dass das Team sich bereits in der Leistungsphase befindet. Die Klärung der Teamrollen ist noch nicht beendet. Typische Gruppenprozesse, wie das Entwickeln einer Rang- oder „Hackordnung“, sind noch nicht abgeschlossen.

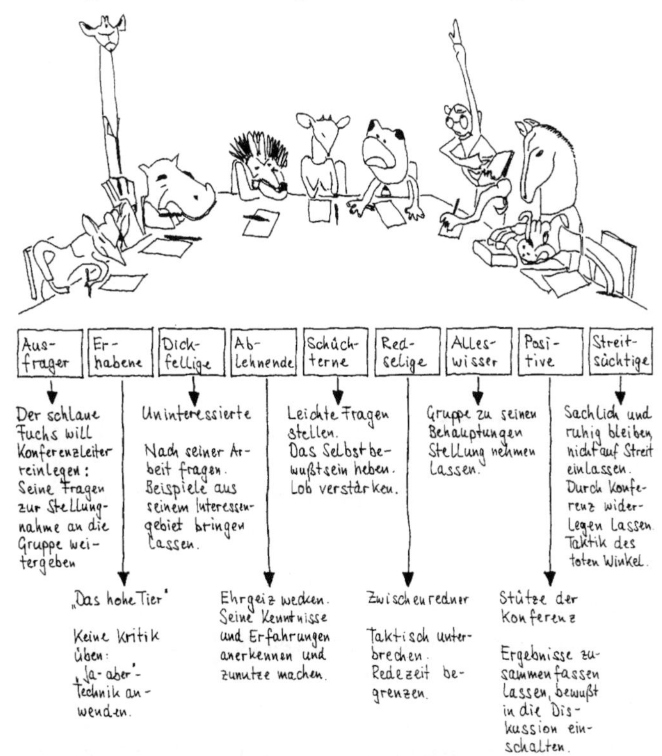

Bild 3.23: Unterschiedliche Persönlichkeiten [24]

Neben den rein sachlichen und fachlichen Gegensätzen ist in diesem Projektabschnitt auch mit zum Teil ernsten Kontroversen der beteiligten Personen zu rechnen. Deshalb ist es zwingend erforderlich, dass der Moderator von allen Beteiligten als neutrale Instanz akzeptiert wird.

Projektarbeit verlangt kooperatives Verhalten aller (siehe Bild 3.23).

3.13.2 Die zwischenmenschliche Zusammenarbeit

Wenn es um den Menschen geht, dann weichen wir gerne in die Tierwelt aus, um das emotionale Verhalten des Menschen zu veranschaulichen. Der Mensch ist zwar von der Abstammung her Teil der Natur, aber er kann sein Verhalten über das „Faustrecht" hinaus positiv gestalten.

Die zwischenmenschliche Zusammenarbeit bedeutet, Mitarbeiter dort an Zielsetzungen und Problemen teilhaben zu lassen, wo sie selbst betroffen sind.

Führungskräfte (Entscheidungsträger) und Projektleiter können die Projektarbeit positiv oder negativ beeinflussen, sie können den Fortgang des Projektes fördern oder behindern. Sie können diesen Einfluss wahrnehmen und erkennen und in Gesprächen Verbesserungsvorschläge einbringen.

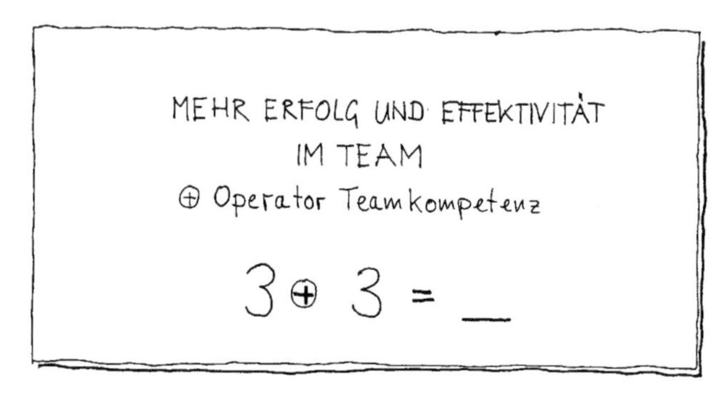

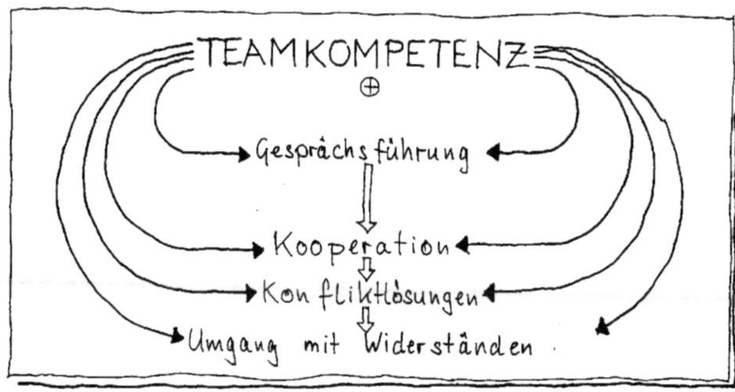

Bild 3.24: Teamkompetenz als Teil der Prozesskompetenz

Die folgende Gegenüberstellung soll die positiven und negativen Verhaltensweisen verdeutlichen:

negativ	positiv
Führungskräfte und Projektleiter	Führungskräfte und Projektleiter
- machen keine Aussage über die Zuständigkeiten, intervenieren unberechenbar und ohne Abstimmung in der Projektarbeit.	– schaffen klare Zuständigkeiten und halten sich selbst an diese Vereinbarungen, sind damit Vorbild.
– geben einfach ihre Zeitvorstellungen für die Projekttermine vor, ohne überhaupt die Sichtweise des Projektteams gehört zu haben.	– stimmen ihre Zeitvorstellung mit dem Projektteam ab und sind aufgeschlossen für sachliche Argumente, fördern die Projektarbeit.
– sind träge bei Entscheidungen. Sie treffen notwendige Entscheidungen nicht oder zu spät.	– sind bereit und in der Lage, in schwierigen Projektsituationen notwendige Entscheidungen zu treffen, um dadurch die Projektarbeit zu unterstützen.
– sind autoritär, nicht bereit auf Argumente einzugehen.	– sind kooperativ und arbeiten im Rahmen ihrer zeitlichen Möglichkeiten und ihrer Aufgabenstellung mit.
– meinen, sie müssen unbedingt etwas aus ihrem Erfahrungsschatz zur Sache beitragen, auch wenn dies mit dem aktuellen Diskussionsstand wenig zu tun hat. In manchen Fällen sind das die Zeiten innerhalb der Projektgruppe, in denen sich der Einzelne in Schweigen flüchtet und anschließend geschmunzelt oder geschimpft wird.	– erkennen ihre fachlichen Grenzen in Detailfragen des Projektes, sie sehen sich nicht als Projektspezialisten und geben deshalb dem Projektteam genügend Raum zum Arbeiten.
Führungskräfte setzen „Externe“ ohne Abstimmung mit dem Projektleiter ein und ab.	Führungskräfte überlassen dem Projektleiter, inwieweit er externe Unterstützung einsetzt. Die gehört zur Verantwortung des Projektleiters.

Erfolgreiche Führung ist das Resultat des ehrlichen Bemühens, Ergebnisse durch und mit den Mitarbeitern zu erzielen.

3.13.3 Mit Widerständen rechnen

Zahlreiche Ziele werden nicht verwirklicht, weil der Widerstand stärker als die Motivation ist. Wenn wir Ziele erreichen wollen, müssen wir uns daher mit den Kräften auseinandersetzen, die uns daran hindern, das zu tun, was wir für sinnvoll halten.

Unsere Psyche signalisiert Widerstände gegen Veränderungen. Zielsetzungen, die von außen kommen, stoßen häufig auf innere Abwehr. Immer dann, wenn uns Ziele und Pläne übergestülpt werden, von deren Notwendigkeit wir nicht überzeugt sind, melden wir Widerstände an. Wir fühlen uns fremdbestimmt und befürchten, manipuliert zu werden. Wir haben Angst, aus unserem gefundenen Gleichgewicht geworfen zu werden.

Freiheit empfindet der Mensch dann, wenn er sich entscheiden und damit zwischen mindestens zwei Alternativen auswählen kann. Statt andere zu missionieren, können wir ihnen Angebote unterbreiten. Nicht wir entscheiden, was für sie gut ist, sondern sie selbst.

Widerstände haben eine Schutzfunktion. Sie bilden zunächst eine natürliche Sperre gegen Veränderungen.

Objektive Widerstände

Nicht alle Ziele und Pläne sind erreichbar. Sie scheitern an den Widrigkeiten der Wirklichkeit. Wenn wir unsere Ziele erreichen wollen, dann müssen sie auch erreichbar sein. Wir müssen gegebene Größen mit einbeziehen und die Realität überprüfen.

Subjektive Widerstände

In den Bereich der subjektiven Widerstände gehören u.a. die Gewohnheiten. Wir sind gewöhnt, bestimmte Dinge so und nicht anders zu erledigen. Wenn wir uns plötzlich umstellen sollen, dann fällt uns diese Umstellung schwer. Gewohnheiten können wir ändern, wenn wir wollen. Dies erfordert viel Selbstdisziplin und inneren Willen.

Unbewusste Widerstände

Unbewusste Widerstände können wir nicht direkt wahrnehmen. Sie verstecken sich hinter unseren Verhaltensweisen. Immer dann, wenn wir Fehlhandlungen begehen, uns unangemessen, „überzogen" und für Dritte nicht einfühlsam verhalten, liegt der Verdacht nahe, dass es sich um Botschaften unseres Unbewussten handelt. Das Unbewusste schlägt dort zu, wo uns der Weg der direkten Auseinandersetzung verbaut zu sein scheint. Unsere Psyche arbeitet wie ein Sammler: Von Beginn unserer Existenz an speichert sie alle Eindrücke, Erfahrungen und Erlebnisse ab. Dazu gehören auch unsere Misserfolge, unsere Niederlagen, die Kränkungen und Verletzungen, die wir erlitten haben. Unsere Psyche will uns vor Wiederholungen unliebsamer Erfahrungen schützen. Widerstände sind eine Art Überlastungsschutz. Sie funktionieren wie eine elektrische Sicherung. Wenn uns etwas zuviel wird, dann fliegt die innere Sicherung heraus.
Wenn wir Widerstände erkennen wollen, müssen wir auf Körpersprache, Ausdruck und Betonung ebenso achten wie auf den Inhalt einer Botschaft.

Konstruktiver Umgang mit Widerständen

Andere mit unseren Ideen und Zielen zu konfrontieren, setzt ein offenes Klima voraus. Jeder erhält die Gelegenheit, seine Meinung zu äußern. Wir wollen eines Tages mit Mitarbeitern arbeiten, die unsere Sache zu der ihren gemacht haben. Dazu müssen sie sich mit unseren Vorstellungen anfreunden können. Wir brauchen ein Arbeitsklima, das angenehm ist. Sie brauchen Zeit, um sich mit unseren Vorstellungen auseinandersetzen zu können. Die Gegenargumente werden erst einmal wertfrei gesammelt.
Alle Widerstände sind grundsätzlich ernst zu nehmen. Sie zeigen an, dass wir Ängste haben. Aufgabe ist es nun, diese Ängste und Befürchtungen näher zu lokalisieren. Sind sie objektiv, sind sie subjektiv oder unbewusst?
Aufgabe der Widerstandsanalyse ist es, Widerstände zu erkennen, zu sammeln, zu verstehen und auf ihren Gehalt hin zu untersuchen und damit die Basis für Kooperation an Stelle von Konfrontation zu legen (siehe Bild 3.25).

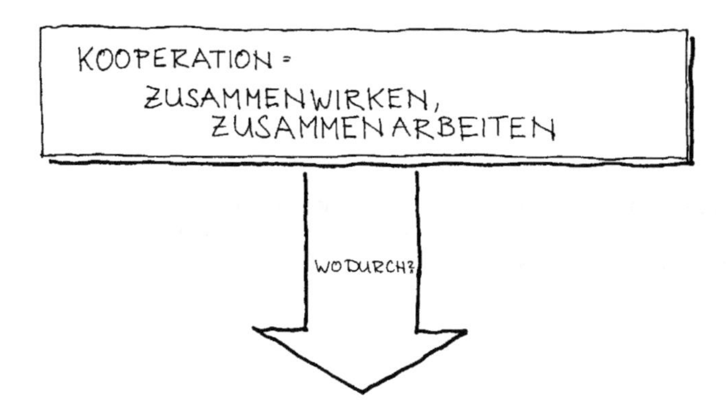

Bild 3.25: Kooperation, Zusammenwirken, Zusammenarbeiten

3.13.4 Entscheidungen treffen, Konsens erzielen

Ein Projektteam ist dauernd damit beschäftigt, Entscheidungen zu treffen und Beschlüsse zu fassen. Das Entscheiden bestimmt daher die Eigenart der Beziehungen zwischen den Mitgliedern einer Gruppe, eine Eigenart, die jeder einzelne Teilnehmer dauernd bedeutsam mitbestimmt. Es ist daher verständlich, dass die meisten Gruppen Schwierigkeiten haben, wenn es darauf ankommt, Entscheidungen zu treffen:

⇨ Übergehen
Jemand schlägt eine Lösung vor, aber niemand achtet darauf. Dieses Übergehen tritt häufig in neuen Teams auf, die mit vielfältigen Problemen konfrontiert sind. Problemebenen und Motivationsstrukturen der Teilnehmer sind noch nicht bekannt.

⇨ Abweichen vom Thema
Eine Entscheidung wird verhindert, indem ein neues Thema eingeführt wird. Das ist die Flucht einer Gruppe vor einem Problem, deren Gründe sehr vielfältig sein können.
Entsprechend solchen Verhaltensweisen kommt es in ungeübten Teams oft zu Entscheidungen, die die Teilnehmer eigentlich gar nicht anstreben.

⇨ Anmaßung
Der Einzelne maßt sich das Recht an, die Entscheidung im Namen des ganzen Teams zu treffen. Diese Entscheidung wird vom Team oft akzeptiert, obwohl einzelne Mitglieder anderer Meinung sind. Sie teilen ihre eigentlichen Wünsche aus Misstrauen oder Furcht nicht mit.

⇨ Zweierzusammenschluss
Zwei Mitglieder verbünden sich, um eine Entscheidung zu erreichen. Solche Entscheidungen tauchen oft so plötzlich auf, dass die anderen Teilnehmer davon überrascht werden und zugleich noch das Problem zu lösen haben, wie sie mit den beiden Personen zur gleichen Zeit fertig werden können.

⇨ Cliquenbildung
Mehrere Mitglieder eines Projektes legen sich schon vorher auf eine bestimmte Entscheidung fest. Auch wenn die Entscheidung gut ist, wirkt eine derartige Absprache negativ auf das Vertrauen und auf den Zusammenhalt im Team.

⇨ Mehrheitsbeschluss
Dieser traditionelle Weg der Abstimmung scheint oft der einzige und beste zu sein, um zu einer Entscheidung zu kommen. Es sollte jedoch bedacht werden, dass trotz der Abstimmung die Minorität die Entscheidung weiterhin ablehnen und zu revidieren versuchen wird.

⇨ Ausüben von Druck
Ist jemand dagegen? – Wenn ein Team mit dieser Frage konfrontiert wird, werden nur wenige Teilnehmer mutig genug sein, ja zu sagen. Sie müssen fürchten, von niemandem unterstützt zu werden. Die Aussage: „Wir alle stimmen doch zu, warum Sie nicht?“ hat übrigens die gleiche Wirkung.

⇨ scheinbare Einstimmigkeit
Die Entscheidung wird durch ein nur scheinbar einstimmiges Übereinkommen getroffen. Die Angst, als einziger anderer Meinung zu sein, kann so groß sein, dass eine 100% Übereinstimmung erreicht wird. Trotzdem ist es möglich, dass die meisten Teilnehmer innerlich nicht mit der Entscheidung zufrieden sind.

⇨ Konsens
Die beste Art, in einem Projekt zu Entscheidungen zu gelangen, ist eine echte Konsensbildung. Eine Entscheidung wird getroffen, nachdem alle die Möglichkeit hatten, die verschiedenen Seiten des Problems so ausgiebig zu erörtern, dass sie am Ende darin übereinstimmen, dass die vorgeschlagene Entscheidung die bestmögliche ist. Dieses Vorgehen kostet viel Zeit, die sich die Projektteams häufig nicht nehmen.

„Wir“-Gefühl und Konsens im Team stellen die sachliche Ebene der Übereinstimmung und die emotionale Ebene des Vertrauens dar. Diese Ebenen müssen sich nicht unbedingt decken, so können wir beispielsweise einem Freund auch dann vertrauen, wenn wir seine Meinung nicht teilen. Entsprechend der Entwicklung von Übereinstimmung und Vertrauen können bei der Diagnose einer Gruppe die folgenden Entwicklungsphasen festgestellt werden:

1. Konflikt
   Gegenseitiges Misstrauen – geringe Übereinstimmung über Gruppenziele und Arbeitsverfahren – kein „Wir“-Gefühl.

2. Anpassung
   Wenig persönliches Vertrauen – aber Annäherung der sachlichen Standpunkte – Ansätze eines „Wir“-Gefühls.

3. Uneinigkeit
   Wachsendes Vertrauen auf der persönlichen Ebene – noch keine Übereinstimmung auf der sachlichen Ebene – wachsendes „Wir“-Gefühl.

4. Einigkeit
   Hoher Vertrauensgrad zwischen den Mitgliedern und gemeinsame Gruppeninteressen – starkes „Wir“-Gefühl.

Auf dem Weg vom Konflikt zur Einigkeit wechseln die Phasen der Anpassung und der Uneinigkeit ständig. Zwischen diesen beiden Polen – im gegenseitigen Abgrenzen oder Akzeptieren der Standpunkte – entwickelt sich allmählich das „Wir“-Gefühl der Gruppe. Vielleicht erscheint es zunächst überraschend, dass das Team in der Phase der Uneinigkeit ein größeres „Wir“-Gefühl haben soll als in der Phase der Anpassung. Denken Sie darüber nach, so werden Sie feststellen, dass es vielfach im Kreise guter Freunde leichter ist, auch gegensätzliche Meinungen offen zu vertreten als bei Fremden. Das heftige Aufeinanderprallen von Meinungen ist oft mehr ein Zeichen des Vertrauens als des Misstrauens.

3.13.5 Aus einer starken Position heraus verhandeln

Jeder Partner in einer Beziehung hat Macht. Wenn Sie jemandem etwas geben können, das der eine oder andere haben möchte, haben Sie großen Einfluss auf die Person und deren Verhalten. Leider ist es nicht immer so einfach zu erkennen, was der andere haben möchte. Wir müssen uns ein Urteil darüber bilden, was die anderen tatsächlich wollen, wobei das etwas ganz Anderes sein kann, als sie vorgeben, haben zu wollen.

Wenn die Anderen Ihnen das, was sie wollen, mitteilen, und Sie den Anderen mitteilen, was Sie wollen, haben beide Seiten die Situation unter Kontrolle.

Sie werden in jeder Konfliktsituation, ob zu Hause oder am Arbeitsplatz, feststellen, dass es einige Mittel (Fähigkeiten, Know-How) gibt, über die Sie Kontrolle haben, und andere, die eben die andere Seite kontrolliert. Die Parteien müssen herausfinden, wie sie sich gegenseitig helfen können, das zu bekommen, was jeder will. Abhängigkeit hat zwei Seiten, und Sie haben unabhängig von Ihrer Situation, die Kontrolle über bestimmte Mittel, die für Andere vorteilhaft sein können.

Das Problem vieler Projektleiter besteht darin, dass sie nicht die nötigen formalen Kompetenzen haben, die sie zur erfolgreichen Realisierung ihrer Arbeit benötigen.

Was hilft aus der Sackgasse heraus?

1. Beharren Sie nicht auf Rechte aufgrund Ihrer Stellung im Unternehmen, sondern verhalten Sie sich sachbezogen und kooperativ (Ich gewinne – Du gewinnst).
2. Erleben Sie Projektarbeit nicht als Abbau Ihrer Autorität, sondern als Mittel, um erfolgreicher zu arbeiten (Einzelkämpfer sind nicht gefragt).
3. Unterstützen Sie das abteilungsübergreifende, gesamtheitliche Denken und Handeln.
4. Suchen Sie gemeinsam faire Kompromisse bei der Verteilung von Ressourcen. Regeln Sie die Zuteilung von Mitarbeitern aus den Fachabteilungen in das Projektteam nach sach- anstatt machtbezogenen Aspekten.
5. Ohne Zuverlässigkeit geht es nicht. Halten Sie Zusagen ein.
6. Ein partnerschaftliches Führungsverständnis ist wichtig. Die Mitarbeiter sollen Eigeninitiative zeigen.

3.14 Sachergebnisse einer realistischen Projektplanung

Wenn die zehn Planungsschritte anhand der oben beschriebenen Methode umgesetzt wurden, liegen die notwendigen Planungsergebnisse vor, um eine Bewertung oder Beurteilung des Vorhabens zu ermöglichen. In jedem Fall wurde die notwendige Informationsbasis geschaffen, um für die Umsetzung des Projektes gerüstet zu sein. Zur Verbesserung der Qualität sollten die Planungsergebnisse im Rahmen der Rückwärtsplanung optimiert werden.

Die Informationsbasis besteht allerdings nicht aus zehn Einzelplänen. Die Planungsergebnisse sind zum Teil miteinander verknüpft oder ineinander überführt worden. Je nachdem, wie stark die Informationen verdichtet werden, ergeben sich **höchstens** sechs Einzeldokumente:

- ⇨ Interner Projekt-Auftrag mit Zielen, Projektergebnissen und Meilenstein-Inhalten
- ⇨ Projektstruktur mit Arbeitspaket-Auftrag
- ⇨ Terminplan in Form von Netz- oder Balkenplan
- ⇨ Kostenplan/Kalkulation
- ⇨ Risikopräventivplan
- ⇨ Informations- und Dokumentationsplan.

Gegebenenfalls kann es aus Gründen der Anschaulichkeit und Übersichtlichkeit erforderlich sein, neben dem Gesamtterminplan Teilterminpläne mit einem gesonderten Mitarbeitereinsatzplan zu führen.

Bei der Fülle der Daten und häufigen Planänderungen kann die Datenverarbeitung mit geeigneten Software-Werkzeugen eine große Hilfe sein. Neben der eigentlichen Informationsverarbeitung unterstützen die Programme die Selektion und Darstellung der vielfältigen Projektdaten. Durch Standardisierung ist das Berichtswesen einfacher zu gestalten.

Wie bei allen Werkzeugen gilt aber auch in diesem Fall, dass sie nur dann eine wirkliche Hilfe sind, wenn sie konsequent eingesetzt werden. Hinweise dazu finden Sie im Kapitel 6 über Software-Unterstützung im Projektmanagement.
Wenn die Planung fertig ist, sind natürlich die Vorbereitungen für die Projektabwicklung zu treffen. Alle Daten sind in die entsprechenden Berichtsformulare zu übertragen und zu verteilen.

3.15 Verschiedene Planungssituationen aus der Praxis

Die Praxis der Projektplanung ist je nach Unternehmen und Art und Größe des Projektes sehr unterschiedlich.

Wie schaut die Praxis der Projektplanung generell und im Besonderen bei Innovations-, Anlagen- und Organisationsprojekten aus? Bei der Projektplanung steht für viele Planer die Terminplanung im Vordergrund. Häufig wird vom Endtermin aus mit Balken rückwärts geplant. Dabei stehen bei der Terminplanung die Aufgaben im Mittelpunkt. Kapazitätsbetrachtungen, Verknüpfungen oder Erfahrungswerte aus abgelaufenen Projekten werden erstaunlicherweise kaum berücksichtigt. So verkommt die Projektplanung zum Beruhigungsmittel für den Kunden und das Management. Die Folgen dieser vermeintlichen Planung liegen auf der Hand: Terminüberschreitungen sind vorprogrammiert. Wenn Schnittstellen sowie Liefer- und Leistungsumfänge geklärt sind, Meilensteine überprüft werden, wenn die Termine realistisch und die Kosten im Rahmen bleiben sollen, dann muss die Systematik der Projektplanung in unserem Sinne eingehalten werden.

Bei **Innovations-/Produktprojekten** kann sehr häufig am Anfang des Projektes eine Planung bis zum Ende nicht vorgelegt werden. Deshalb wird schrittweise an die Planung herangegangen. Mangels Erfahrungswerten aus abgelaufenen Projekten wird zunächst bis zum Pflichtenheft geplant, dann bis zum Prototyp und ab hier bis zum Markteintritt. Iterationsschleifen, bei diesen Projekten gängige Praxis, sind einzuplanen, damit die Termine realistisch werden. Da bei Innovationsprojekten gerade beim Start sehr viel offen ist, ist eine Planungsklausur sehr sinnvoll, um die Kräfte systematisch zu bündeln. An der vorgestellten Planungssystematik kann bei Innovationsprojekten festgehalten werden.

Bei **Anlagenprojekten** kann die Planungssystematik gestrafft werden. So kann die Anlagenstruktur gleich um Arbeitspakete ergänzt werden, um schneller zum Ablaufplan zu kommen. Die Meilensteine sind in erster Linie nach Gewerken festzulegen. Da Anlagenprojekte im Vergleich zu Innovationsprojekten ein Vielfaches größer sind, sollte pro Gewerk ein Teilnetzplan erstellt werden. Auf der Gesamtprojektebene ist ein vernetzter Meilenstein-Plan (Masterplan) zu führen. Die Kostenplanung auf Arbeitspaketebene ist hier sehr intensiv, da das eine oder andere Projekt unter der Deckungsspanne an Land gezogen wurde. Deshalb kann die Projektplanung gut zum Nachweis neuer Ansprüche im laufenden Projekt eingesetzt werden.

Da **IT- und Organisationsprojekte** meistens einmalig sind, auch One-Key-Projekte genannt, ist hier sehr große Sorgfalt bei der Projektplanung an den Tag zu legen. Die vorgestellte Planungssystematik ist für die einzelnen Etappen anzuwenden. Mangels Erfahrung mit der neuen Materie wird auch hier Schritt für Schritt detailliert geplant vorgegangen. Ein Meilenstein-Plan ist Pflicht, um die Risiken zu begrenzen.

Noch ein Wort zum **Multiprojektmanagement**, das bei vielen kleinen Projekten zum Tragen kommt. Der Engpass ist die Kapazitätsplanung. Deshalb sind die Terminpläne mit dem Kapazitätsbedarf der einzelnen Projekte sorgfältig aufeinander abzustimmen, um Kapazitätsspitzen zu erkennen und darauf entsprechend zu reagieren. Hier steht weniger die Projektplanung des einzelnen Projektes Pate, sondern die Kapazitäts- und Terminplanung über alle Projekte hinweg.

In der Praxis zeigen sich Grenzen bei der Planung:

- Großer Zeitdruck verhindert sorgfältige Planung,
- Detaillierung erfordert hohen Aktualisierungsaufwand,
- Planung muss den Möglichkeiten eines PM-Software-Werkzeuges angepasst werden,
- ausschließliche Rückwärtsplanung verhindert ausgewogene Planung,
- Personalverfügbarkeit zwingt zur Aufgabe der Sachlogik,
- „Man“ will sich nicht festlegen,
- „Man“ will sich nicht in die Karten schauen lassen.

Die Chancen sollten Sie dennoch nützen:

- rechtzeitiges Erkennen der Risiken,
- Verabschiedung der Planung beim Management sichert dessen frühzeitige Einbindung,
- Teammitarbeit sichert die Qualität der Planung,
- eine konsistente Planung sichert später auch einen reibungsloseren Ablauf.

3.16 Checklisten zur Projektplanung

Die folgenden Checklisten helfen Ihnen, Ihre Planung zu optimieren:

1 Interner Projekt-Auftrag

- Ist die Projektergebnisstruktur grafisch dargestellt?
- Ist dies auch als Basis einer späteren Stückliste vorgesehen?
- Sind Meilensteine definiert?
- Sind pro Meilenstein die Inhalte als Ergebnisse festgelegt?
- Liegen die Ecktermine vom Auftraggeber vor?
- Liegen die Angebotskalkulation oder Machbarkeitsstudie vor?
- Sind die Beistellungen des Auftraggebers verabredet?

2 Terminplanung

- Sind die Aufgaben/Arbeitspakete aus der Projektergebnisstruktur und den Meilensteinen systematisch abgeleitet?
- Ist der Projektstrukturplan grafisch dargestellt?
- Sind die Anordnungsbeziehungen zwischen den Arbeitspaketen geklärt?
- Ist der so entstandene Ablaufplan um die Zulieferungen und Auslieferungen ergänzt worden?
- Sind aus dem Ablaufplan die Verantwortlichkeiten ersichtlich?
- Sind die Durchlaufzeiten pro Arbeitspaket ermittelt worden?
- Liegen der Starttermin und Arbeitskalender des Projektes fest?
- Welche Arbeitspakete (Vorgänge) liegen auf dem kritischen Pfad?
- Kann der Terminplan noch optimiert werden?

3 Ressourcenplanung

- Sind pro Arbeitspaket die Aufwände (= Kapazität x Zeit) ermittelt worden?
- Sind die Ressourcen den Arbeitspaketen zugeordnet worden?
- Sind die Termine unter Berücksichtigung der Ressourcen berechnet worden?
- Kann die Ressourcenplanung noch optimiert werden?

4 Kostenplanung

- Sind auf der Basis der Projektergebnisstruktur die Sachkosten ermittelt worden?
- Welche Aufschläge sind berücksichtigt worden?
- Sind über eine Expertenklausur die Aufwände der Arbeitspakete ermittelt worden?
- Sind durch Zuordnung der Stundensätze die Personalkosten errechnet worden?
- Sind die Kosten den Meilensteinen zugeordnet?
- Ist ein Finanzierungsplan auf der Basis der Kostensituation über den Zeitverlauf erstellt worden?
- Sind die Risiken ermittelt worden?
- Gibt es Präventivmaßnahmen?

5 Hilfsmittel und Werkzeuge

- Werden Moderationsmaterial und Moderationstechnik eingesetzt?
- Liegt der Terminplan in Form eines Netzes und/oder eines Balkenplanes durch ein PM-Software-Werkzeug vor?
- Sind Strukturierungs-, Termin- und Ressourcenformulare verwendet worden?
- Liegt eine Ablageordnung vor?
- Liegen Verteilerkreise für definierte Informationsweitergabe vor?
- Liegen die Arbeitspaket-Beschreibungen maschinell vor?

6 Teamarbeit

- Ist die Planung im Kernteam im Wechsel von Teamarbeit und Hausaufgaben erstellt worden?
- Ist die Planung kritisch im Sinne des „Vier-Augen-Prinzips“ durchgesprochen?
- Steht das Team hinter der Planung?
- Ist im Team geklärt worden, wer die Pläne aktualisiert und wie das geschehen soll?

7 Planungsfreigabe

- Ist die Planung dem Management und dem Auftraggeber vorgestellt worden?
- Ist der Kapazitätskonflikt mit dem Management offen angesprochen worden? Gibt es klare Vereinbarungen darüber?
- Sind die Budgets, insbesondere für die nächsten Schritte, freigegeben?
- Haben sich die Qualitätssicherung und das Controlling den Termin- und Kostenplan angesehen und ihre Erfahrungen eingebracht?

8 Dokumentation

- Gibt es eine Verteilerkreis?
- Ist geklärt, wie die Plandaten ins Berichtswesen übergehen?
- Ist geklärt, welche Formulare für welche Planungsschritte eingesetzt werden?
- Ist geklärt, wo die Dokumente z.B. im Intranet hinterlegt werden?
- Ist festgelegt, wer wo Lese- bzw. Schreibrechte bekommt?
- Ist eine ausreichende Versionsbildung pro Dokument festgelegt?

3.17 Zur eigenen Vertiefung

Wie führe ich meine Termin- und Kostenplanung durch?

- ______________________________
- ______________________________
- ______________________________
- ______________________________
- ______________________________
- ______________________________
- ______________________________
- ______________________________
- ______________________________

Was könnte ich bei meiner jetzigen Planung verbessern?

- ______________________________
- ______________________________
- ______________________________
- ______________________________
- ______________________________
- ______________________________
- ______________________________
- ______________________________
- ______________________________

Für mein nächstes Projekt werde ich die Terminplanung und die Kalkulation wie folgt gestalten:

- ______________________________
- ______________________________
- ______________________________
- ______________________________
- ______________________________
- ______________________________
- ______________________________
- ______________________________
- ______________________________
- ______________________________

4 Projektsteuerung

4.1 Zielsetzung der Projektsteuerung

Typische Projektsituation: Nach der erfolgreichen Projektplanung setzen Projektleiter und Projektteam die geplanten Schritte in die Tat um und erzielen die geplanten Ergebnisse ohne Schwierigkeiten. Oder?

Das wird wohl ein Wunschtraum bleiben. Wir haben das selten erlebt. Es gibt kaum Projekte, bei denen nicht irgendwelche Störungen die geplanten Prozesse und deren Ergebnisse verändern.

Welche konkreten Probleme und Schwierigkeiten in Projekten auftreten, ist schwer vorherzusehen. Wir vermitteln in diesem Kapitel Methoden, mit deren Hilfe auftretende Schwierigkeiten rechtzeitig erkannt und gemeistert werden können.

Damit die Methoden und Werkzeuge eine präzise Regelung der Prozesse ermöglichen, werden noch einige Aspekte der Projektverfolgung herausgestellt. Mit der Projektsteuerung soll ein Frühwarnsystem entstehen, das rechtzeitig unerwartete Entwicklungen aufzeigt. Technische Ergebnisse, Termine und Kosten sollen geplant erreicht werden. Die Beteiligten sollen wissen, wo sie stehen. Natürlich soll das System der Projektregelung so angelegt sein, dass es mit wenig Aufwand leicht genutzt werden kann. Mit der Projektsteuerung soll der Überblick über das Erreichte, aber auch über das zukünftige Geschehen sichergestellt werden. Neu auftretende Risiken müssen erkannt und bewältigt werden.

Damit bei der Projektsteuerung sinnvoll die genannten Ansprüche erfüllt werden können, bedarf es eines Vertrauensklimas und der Offenheit aller Projektbeteiligten. Ohne konkrete Bereitstellung von Informationen, möglichst früh, wird das Frühwarnsystem austrocknen. Deshalb ist es entscheidend, ob durch die Informationen über Probleme Angst, Schrecken, Über- und Fehlreaktionen ausgelöst werden, oder ob Sachlichkeit, Unterstützung und gemeinsames Bemühen vorhanden ist, um die anstehenden Probleme zu lösen.

Ziel der Projektsteuerung ist, die „harten Daten" bereitzustellen. Darunter sind die Fakten zu verstehen, z.B. ein Arbeitspaket hat um 3 Tage verspätet begonnen. Aber die „weichen Daten" sind ebenso wichtig, um die Fakten entsprechend zu bewerten, gewichten und in die Gesamtsituation einordnen zu können. Aus diesen Gründen ist Projektsteuerung mehr als nur Berichtswesen. Sie beinhaltet, aus den Abweichungen und Änderungen den richtigen Schluss zu ziehen und sinnvolle Gegenmaßnahmen einzuleiten, damit der geplante Auftrag erfüllt wird (siehe Bild 4.1).

Notwendig ist eine systematische Kontrolle – auf Basis des tatsächlichen geleisteten Fortschritts – über die gesamte Projektlebensdauer.

Die Kontrollsysteme sollen möglichst einfach gehalten sein, das heißt, genaue Beobachtung nur der wichtigsten und kritischen Werte, die darüber hinaus in einer leicht verständlichen Form aufzubereiten sind.

Wirksam sind nur schnelle Kontrollsysteme, die zukunfts- und handlungsorientiert sind, so dass zum Zeitpunkt der Verfügbarkeit der Informationen noch korrigierend eingegriffen werden kann [12].

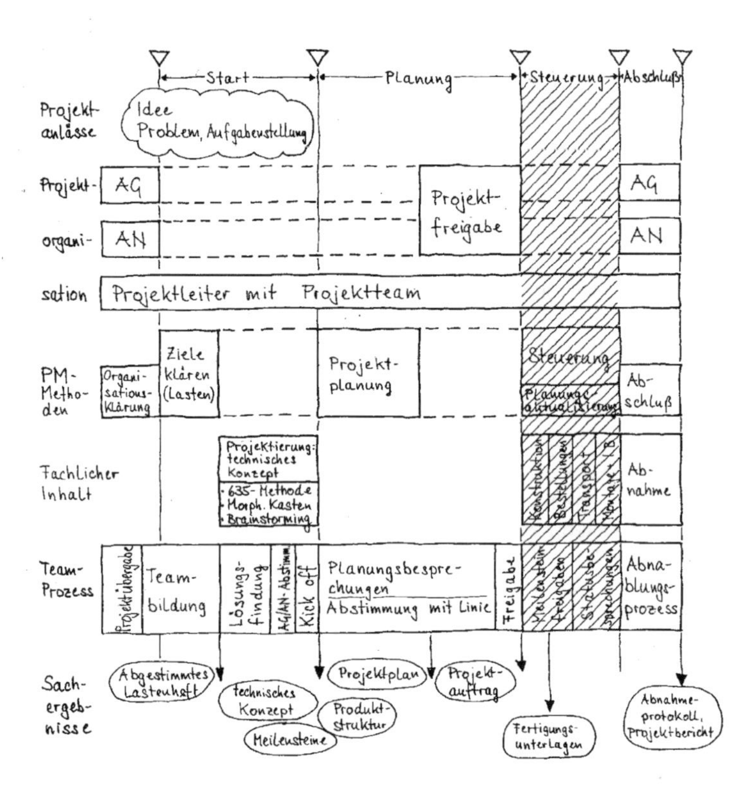

Bild 4.1: Blickrichtung Projektsteuerung

4.2 Abweichung oder Änderung innerhalb der Projektsteuerung

Je nach Projektart treten im Laufe des Projektes Störungen auf:

⇨ Teillieferungen bleiben aus,
⇨ Genehmigungen fehlen,
⇨ Teile bleiben im Zoll liegen,
⇨ Beistellung vom Kunden fehlt,
⇨ Gesetze ändern sich,
⇨ Lieferkomponenten sind mangelhaft,
⇨ Preise steigen,
⇨ Mitarbeiter fallen aus,
⇨ Software ist funktionsuntüchtig,
⇨ Management ändert Prioritäten für Projekte,
⇨ Linie zieht Mitarbeiter ab,
⇨ Mitarbeiter sind in verschiedenen Projekten über 100% in Summe eingeplant,
⇨ Identifikation der Beteiligten mit dem Projekt sinkt
und so weiter...

Die Liste der Störgrößen ist nur die Spitze des Eisberges. Im „Ratgeber für den kreativen Fehlplaner – Fehler richtig geplant" [25] kann der geneigte Leser das Füllhorn der Störgrößen erweitern.

Die **Auswirkungen von Störungen** lassen sich z.B. bei der Produktentwicklung anschaulich darstellen. Bei einem durchschnittlichen Produktlebenszyklus von fünf Jahren wirkt sich eine

⇨ Erhöhung der Entwicklungskosten um 50% mit 5% negativ auf das wirtschaftliche Ergebnis aus,
⇨ Erhöhung der Produktionskosten um 50% mit 22% negativ auf das wirtschaftliche Ergebnis aus und
⇨ Verlängerung der Entwicklungszeit um sechs Monate mit 30% negativ auf das wirtschaftliche Ergebnis aus.

Wenn der Produktlebenszyklus zehn Jahre beträgt, so wirkt sich eine

⇨ Erhöhung der Entwicklungskosten um 50% mit 2% negativ auf das wirtschaftliche Ergebnis aus,
⇨ Erhöhung der Produktionskosten um 50% mit 45% negativ auf das wirtschaftliche Ergebnis aus und
⇨ Verlängerung der Entwicklungszeit um sechs Monate mit 7% negativ auf das wirtschaftliche Ergebnis aus.

Diese und die folgenden sind Zahlen, die uns in unserer Beraterpraxis häufig genannt werden. So werden von 100 Projekten in der deutschen Wirtschaft 70 Projekte geplant, davon aber nur noch 30 Projekte im Sinne der Projektsteuerung kontrolliert und geregelt.

Die Prozesse betrachten (siehe Bild 4.1). Im Mittelpunkt steht der technische Prozess. Hier kann es sich z.B. um ein Bauvorhaben handeln, ebenso wie um das Herstellen eines Produktes.

Ein wesentlicher Prozess begleitet die Technik. Es ist der Teamprozess mit den Schwerpunkten Kooperations- und Kommunikationsfähigkeit. Hier werden die Informationen gesammelt, gesichtet, bewertet und weiterverarbeitet.

Der nächste Prozess ist das Zusammenspiel von Projekt und Führung. Die wichtigsten Ergebnisse sind freizugeben. Ressourcenkonflikte sind ebenso zu meistern wie laufende Änderungswünsche aus dem Team oder vom Kunden.

Ein weiterer Prozess ist die gesamte Administration. Dokumente müssen verteilt, archiviert und gesichert werden. Die IST-Daten müssen erfasst und neue aktualisierte Pläne verteilt werden. Neue Angebote müssen geschrieben und ins Vertragswerk eingebunden werden.

Der Projektverlauf wird von zahlreichen Störungen beeinflusst, damit sind ungeplante positive oder negative Ereignisse gemeint. Die Störungen lassen sich in zwei Klassen einteilen.

Wir sprechen von **„Abweichung"**, wenn durch Störungen bei unveränderten Vorgaben (Ziele, Ergebnisse, Abläufe) gemäß Vertrag bzw. Auftrag erkennbar wird, dass Sachergebnisse, Termine, Kosten ohne Eingriff in das Projektgeschehen aus dem Ruder laufen.

Wir sprechen von **„Änderung"**, wenn eine oder mehrere Vorgaben (Ziele, Ergebnisse, Abläufe) aus dem Vertrag bzw. Auftrag durch den Auftraggeber oder -nehmer variiert. Änderungen sind teilweise unumgänglich, z.B. bei der Neufassung von relevanten Gesetzen oder technischen Richtlinien. Die Frage ist dann, wer bezahlt die Änderung, wer steht für die Verschiebung des Endtermins gerade?

Empfehlenswert ist, im Projekt über die Akzeptanz der Änderung und ihrer Auswirkungen zu entscheiden, bevor begonnen wird, die Änderung umzusetzen.

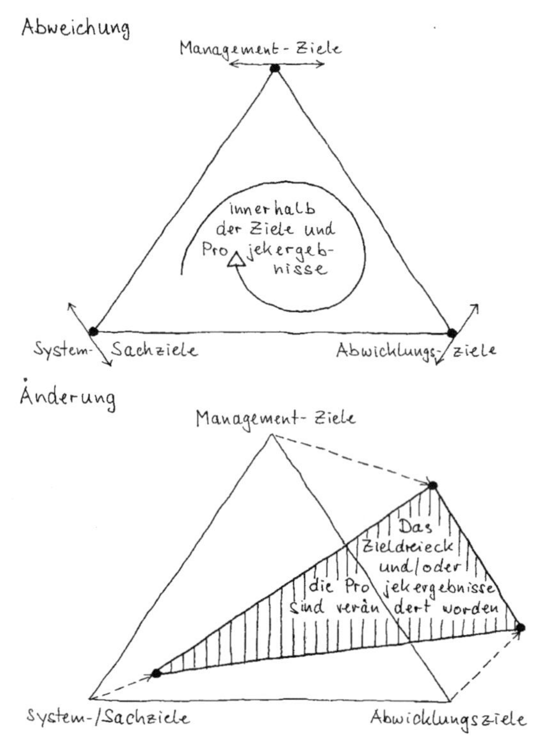

Bild 4.2: Unterschied zwischen Abweichung und Änderung

Unabhängig von den tatsächlichen Auswirkungen von Abweichungen oder Änderungen auf das Projekt ist festzustellen, dass dem Projektleiter und dem Team der Umgang mit Änderungen leichter fällt, wenn diese richtig angepackt werden. Darauf kommen wir noch zurück.

Trotz der verfügbaren Informationen, z.B. Erfahrungen aus früheren Projekten, werden die Planungen lückenhaft aufgestellt. Der Projektstrukturplan weist nicht alle Arbeitspakete auf, der Balkenplan wird ohne Vernetzung aufgestellt oder die geplante Durchlaufzeit eines Arbeitspaketes ist nicht an die Kapazität gekoppelt.

Wer will sich schon gerne in die Karten schauen lassen. Sich der unangenehmen Situation zu stellen, einen Terminverzug verantworten zu müssen, fällt nicht jedem leicht. Ferner ist ständiges Aktualisieren der Balkenpläne und Kalkulationsschemata im Alltag mühsam und gefährdet die konsequente und regelmäßige Anwendung. Die Bereitschaft, bei der Führung von Zeit zu Zeit Ergebnisse abzufragen, ist durch den alltäglichen Arbeitsdruck nicht so hoch. Vielleicht liegt es daran, dass eher negative als positive Ereignisse herausgestellt werden.

Mit Hilfe der Projektsteuerung soll der Auftrag bzw. der Vertrag erfüllt werden. Dazu sind geeignete Methoden erforderlich, die nun näher beleuchtet werden.

4.3 Praktische Methoden der Projektsteuerung

In erster Linie geht es bei der Projektsteuerung darum, die Störgrößen in den Griff zu bekommen. Je nachdem, ob es sich um eine Abweichung oder eine Änderung handelt, wird sie unterschiedlich bearbeitet. Zuerst stellen wir die Vorgehensweise bei Abweichungen vor, dann die bei Änderungen. Ein wesentlicher Aspekt der Projektsteuerung ist die Auslegung des Berichtswesens innerhalb des Projektes und nach außen zum Management und Kunden. Mit den Themen Meilenstein-Freigabe, Risikoabschätzung und Kennzahlenbildung soll der methodische Aspekt der Projektsteuerung abgeschlossen werden.

Schwierigkeiten frühzeitig erkennen. Die aufgestellte Projektplanung liefert die SOLL-Daten bezüglich technischem Ergebnis, Termine und Kosten auf der Basis von Meilensteinen und Arbeitspaketen/Aufgaben. Die erfassten IST-Daten bilden die Grundlage zum Erkennen der Abweichungen. Zur Behandlung der Abweichungen müssen methodisch vier Stufen durchlaufen werden:

1. Stufe: Projektstatus-Analyse erstellen (Rückschau)
2. Stufe: Projektfortschritts-Analyse durchführen (Vorschau)
3. Stufe: Steuerungsmaßnahmen entwickeln (Beschlussfassung)
4. Stufe: Überwachung und ggf. Korrektur der Steuerungsmaßnahmen (Umsetzung der Maßnahmen).

4.3.1 Projektstatus-Analyse erstellen (Rückschau)

Basis für eine erfolgreiche Projektsteuerung ist die Projektstatus-Analyse. Sie besteht aus einem präzisen SOLL-/IST-Vergleich der Projekttermine, der Projektkosten und der sachlichen, technischen Ergebnisse.

Die Qualität dieses SOLL-/IST-Vergleichs hängt von der Qualität der SOLL-Daten und der IST-Daten ab. Die SOLL-Daten stehen in den Zielvorgaben, der Projektplanung und der Definition der Ergebnisse der Arbeitspakete. An dieser Stelle sei noch einmal der Hinweis auf die Notwendigkeit einer sorgfältigen Projektplanung erlaubt: Je besser die Planung, desto besser die Daten, desto aussagefähiger die Projektstatus-Analyse.

Die IST-Informationen erarbeiten Sie am besten in einer speziell dafür vorgesehenen Teamsitzung, der Projekt(status)besprechung. Die Qualität der IST-Daten ist von zwei Parametern abhängig:

1. von der sorgfältigen Vorbereitung aller Teilnehmer der Projekt(status)besprechung und
2. von der korrekten und wahrheitsgemäßen Informationsweitergabe der Projektbeteiligten.

Natürlich können auch andere Formen der Berichterstattung gewählt werden. Beim Vergleich zwischen den SOLL- und den IST-Daten werden mögliche Abweichungen ermittelt, deren Ursachen analysiert und deren unmittelbare Auswirkungen bewertet (siehe Bild 4.3).

Entscheidend für die Projektstatus-Analyse ist die Kunst, den SOLL-IST-Vergleich integriert durchzuführen. Zu einem festgelegten Zeitpunkt müssen alle drei Zielgrößen – sachliche Zielerreichung, Projekttermine und Projektkosten – betrachtet werden. Klar, werden Sie sagen, das ist selbstverständlich. Jedoch, im Projektalltag hinken die Kostenermittlungen oft ein bis zwei Monate hinter dem Berichtszeitpunkt her. Die Einschätzung des technischen Ergebnisses, zu welchem Anteil begonnene Arbeiten erfolgreich umgesetzt wurden, erfolgt subjektiv und sind in der Realität zu optimistisch.

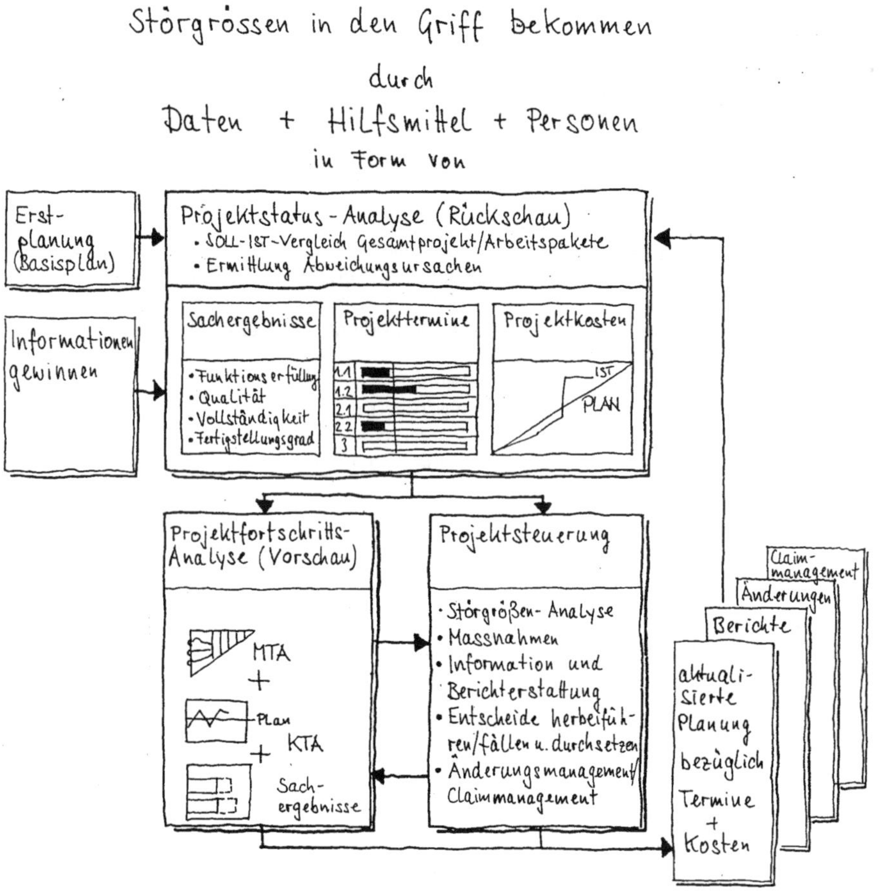

Bild 4.3: Systematik der Projektsteuerung

Projektstatus-Analyse: Sachliche Zielerreichung, technische Ergebnisse
Zur Ermittlung der IST-Situation helfen folgende Fragen:

⇨ Welche Arbeitspakete sind zum heutigen Zeitpunkt fertig?
⇨ Welche Aufgaben sind in Bearbeitung?
⇨ Wie weit sind sie fertig (Terminsituation)?
⇨ Wie hoch ist der Fertigstellungsgrad der Arbeitsergebnisse (Ergebnissituation)?
⇨ Hat sich an der technischen Aufgabenstellung etwas geändert?

Absicht ist es, herauszufinden, wie sich die zu einem Stichtag erbrachte Leistung in Relation zur Gesamtleistung einer Arbeit oder eines Arbeitspaketes verhält. Der **Fertigstellungsgrad** wird dann in Beziehung zur verbrauchten Zeit und den verbrauchten Kosten gesetzt. Welche Techniken können hierfür genutzt werden?

Die einfachste Technik ist die Ja-/Nein-Aussage zur Feststellung, ob eine definierte Leistung zu einem bestimmten Stichtag erbracht ist. Deshalb ist es so wichtig, die Leistung eines Arbeitspaketes sehr genau zu beschreiben.

Die genauere Technik ist die Mengenbetrachtung, falls messbare Ergebnisse in einem Arbeitspaket anfallen, wenn z.B. innerhalb eines Monats ein definierter umbauter Raum erstellt werden soll. Unter der Voraussetzung, dass sich die Arbeit linear vollzieht, kann der zwischenzeitliche Fertigstellungsgrad objektiv ermittelt werden.

Eine andere Technik ist die der linearen Zeitbetrachtung. Ein Arbeitspaket läuft sechs Monate. Nach drei Monaten sind 50% der Zeitstrecke zurückgelegt. PM-Software-Werkzeuge bieten z.B. einen solchen zeitlichen Fertigstellungsgrad in Prozent als Standardtechnik an.

Eine weitere Technik ist die Budgetierung. Bei Erreichen einer bestimmten Zwischenleistung wird ein definiertes Teilbudget zugeordnet, oder beim Start des Arbeitspaketes wird das volle Budget aktiviert und je mehr Ergebnisse vorliegen, desto stärker wird das Arbeitspaketkonto belastet.

Alle diese Techniken sind der Versuch, die subjektive Schätzung des Arbeitspaket-Verantwortlichen zu objektivieren, um Sachergebnisse, Termine und Kosten in die richtige Relation zu setzen.

Projektstatus-Analyse: Projekttermine
Zur Ermittlung der IST-Situation helfen folgende Fragen:

- ⇨ Wann sind die geplanten Arbeitspakete tatsächlich begonnen worden?
- ⇨ Wann sind sie tatsächlich beendet worden?
- ⇨ Falls die Arbeiten gerade laufen, wie ist die Einschätzung, dass die Arbeiten pünktlich fertig werden?
- ⇨ Welche Meilensteine sind gefährdet?
- ⇨ Sind alle Zulieferungen pünktlich erfolgt?

Bei der im Bild 4.4 dargestellten Situation beim bereits vorgestellten Projekt „Mittelspannungsanlage“ (MS) ist die vom Kunden zu liefernde „Genehmigung“ um zwei Wochen ausgeblieben. Damit verzögert sich das „Bestellen/Liefern“. Dieser Vorgang liegt auf dem kritischen Pfad. Wie Dominosteine kippen die Arbeiten „Montage“, „Inbetriebnahme“, „Abnahme“ und „Gefahrenübergang“. Diese balkenplan-orientierte Projektstatus-Analyse ist sehr anschaulich und leicht zu handhaben.

Etwas problematischer ist es, wenn der Balkenplan ohne Vernetzung aufgestellt wird. Dann lässt sich die dynamische Projektverfolgung nicht bewerkstelligen. Unter dynamischer Projektverfolgung verstehen wir, wenn die Vorgänge verknüpft sind und pro Vorgang in Form von Balken unterschieden wird:

- Darstellung der Erstplanung (Basisplan)
- Darstellung der IST-Situation bis zum Berichtszeitpunkt
- Darstellung der geänderten Planung ab den Berichtszeitpunkt in die Zukunft.

Diese differenzierte terminliche Betrachtung unterstützt die Ursachenforschung für Terminprobleme.

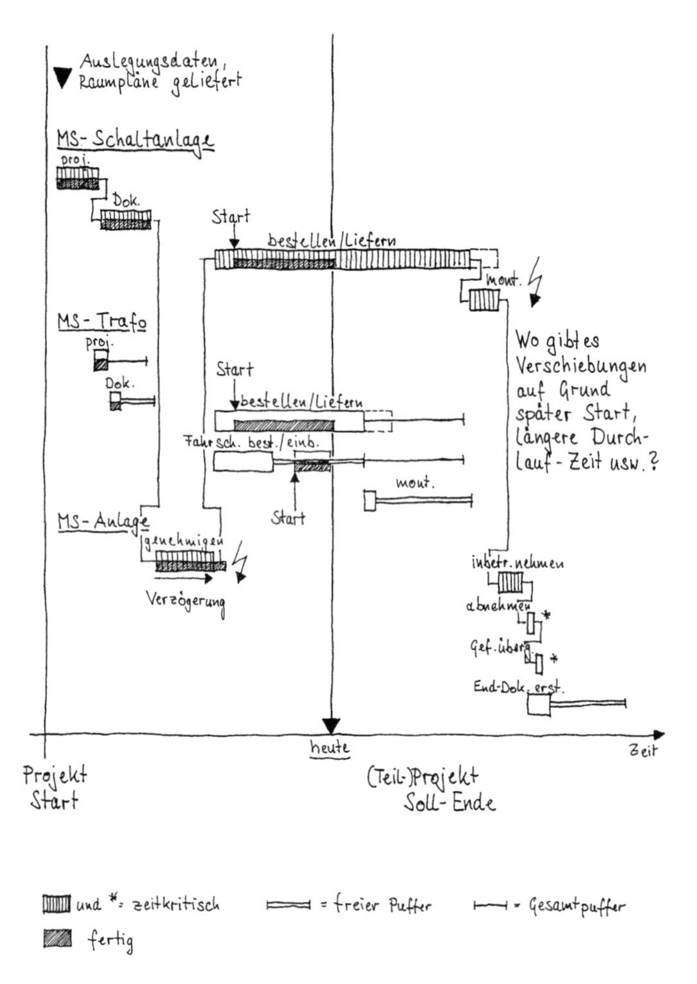

Bild 4.4: Projektstatus-Analyse des Projektes „Mittelspannungsanlage“

Auf Grund der erfassten aktuellen Termine und Durchlaufzeiten kann die Auswirkung gerade auf dem kritischen Weg vorzüglich nachvollzogen werden. Die Analyse bei unserem obigen Beispiel demonstriert dies sehr deutlich. Durch Verschiebungen werden die freien Puffer der einzelnen Vorgänge aufgebraucht und zehren so am Gesamtpuffer. Ferner kann der Effekt auftreten, dass plötzlich ganz andere, ursprünglich unkritische Vorgänge kritisch werden. Werden die Vorgänge zusätzlich kalendarisch dargestellt, so werden die Verzögerungen und deren Auswirkungen auf andere Vorgänge sehr anschaulich aufgezeigt.

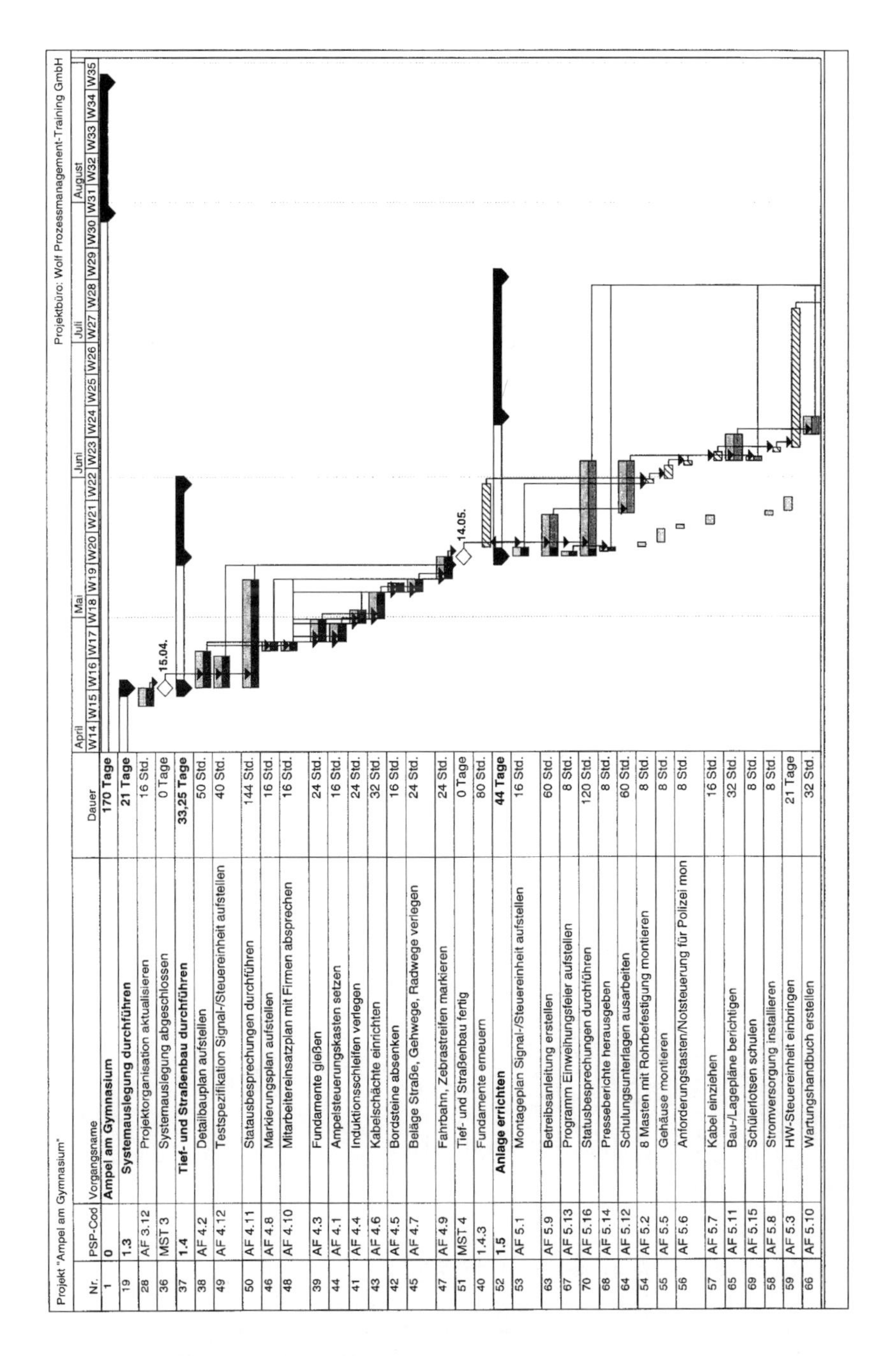

Bild 4.5, 1. Teil: Terminlicher SOLL-/IST-Vergleich aus dem Projekt „Ampel am Gymnasium" neues Arbeitspaket eingefügt: Nr. 40, PSP-Code 1.4.3 und Dauer verlängert: Nr. 59, PSP-Code 5.7, siehe dazu Bild 4.16f., Analyse der Störgrößen

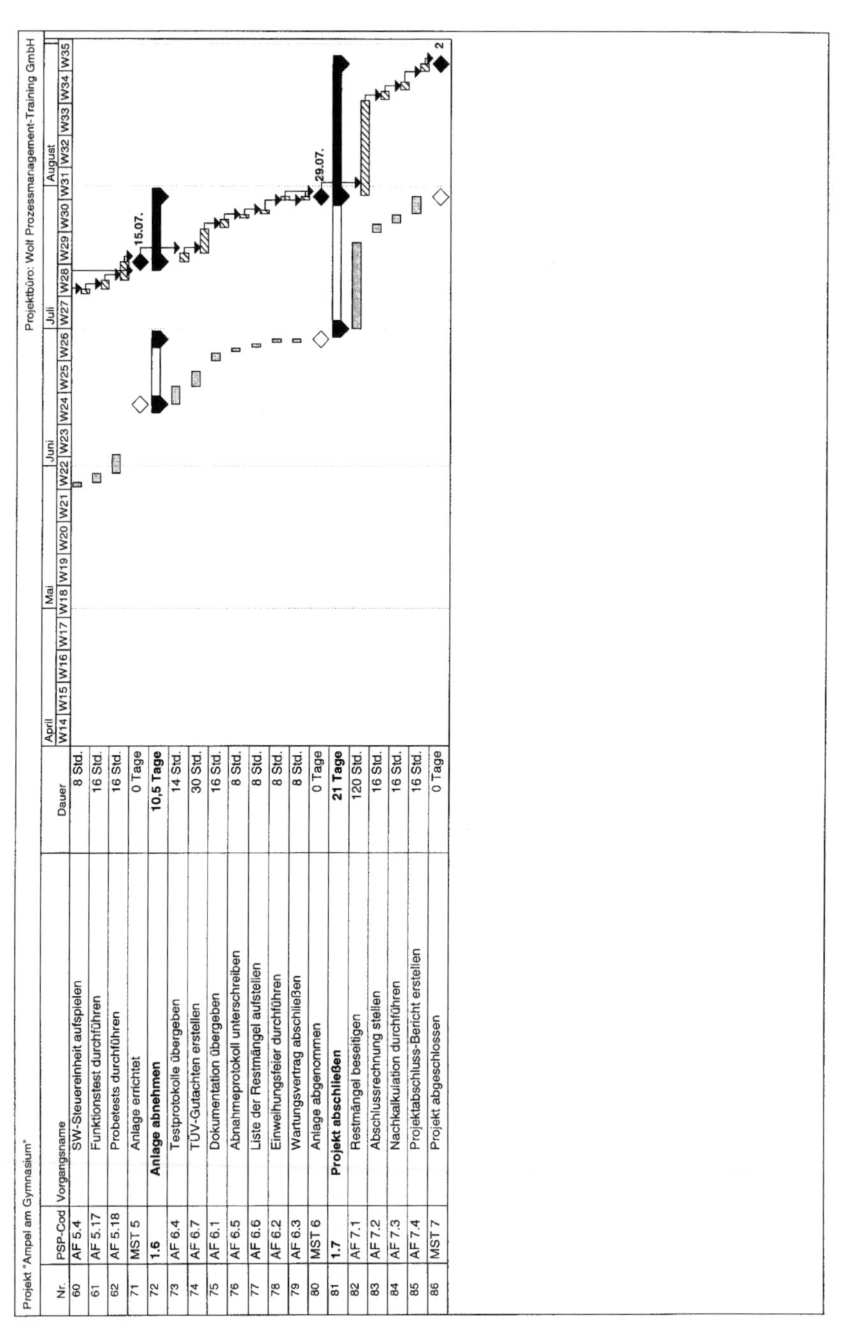

Nr.	PSP-Cod	Vorgangsname	Dauer
60	AF 5.4	SW-Steuereinheit aufspielen	8 Std.
61	AF 5.17	Funktionstest durchführen	16 Std.
62	AF 5.18	Probetests durchführen	16 Std.
71	MST 5	Anlage errichtet	0 Tage
72	**1.6**	**Anlage abnehmen**	**10,5 Tage**
73	AF 6.4	Testprotokolle übergeben	14 Std.
74	AF 6.7	TÜV-Gutachten erstellen	30 Std.
75	AF 6.1	Dokumentation übergeben	16 Std.
76	AF 6.5	Abnahmeprotokoll unterschreiben	8 Std.
77	AF 6.6	Liste der Restmängel aufstellen	8 Std.
78	AF 6.2	Einweihungsfeier durchführen	8 Std.
79	AF 6.3	Wartungsvertrag abschließen	8 Std.
80	MST 6	Anlage abgenommen	0 Tage
81	**1.7**	**Projekt abschließen**	**21 Tage**
82	AF 7.1	Restmängel beseitigen	120 Std.
83	AF 7.2	Abschlussrechnung stellen	16 Std.
84	AF 7.3	Nachkalkulation durchführen	16 Std.
85	AF 7.4	Projektabschluss-Bericht erstellen	16 Std.
86	MST 7	Projekt abgeschlossen	0 Tage

Bild 4.5, 2. Teil: Terminlicher IST-/SOLL-Vergleich aus dem Projekt „Ampel am Gymnasium", durch die 2 Störgrößen und die ergriffenen Maßnahmen verschiebt sich der Endtermin um 4 Wochen.

Projektstatus-Analyse: Projektkosten
Folgende Fragen helfen weiter:

- ⇨ Welche Personalkosten sind aufgelaufen?
- ⇨ Welche Materialkosten sind entstanden?
- ⇨ Wie hoch ist das Obligo?
- ⇨ Sind die Herstellungskosten gefährdet?
- ⇨ Welche Kosten werden über die bisherige Planung hinaus erwartet?

Basis für die IST-Kostenerfassung muss die Aufgabe/das Arbeitspaket oder der Meilenstein sein. Auf diese Weise ist ein direkter Vergleich zwischen geplanten und tatsächlichen Kosten oder Aufwendungen möglich (siehe Bild 4.6).

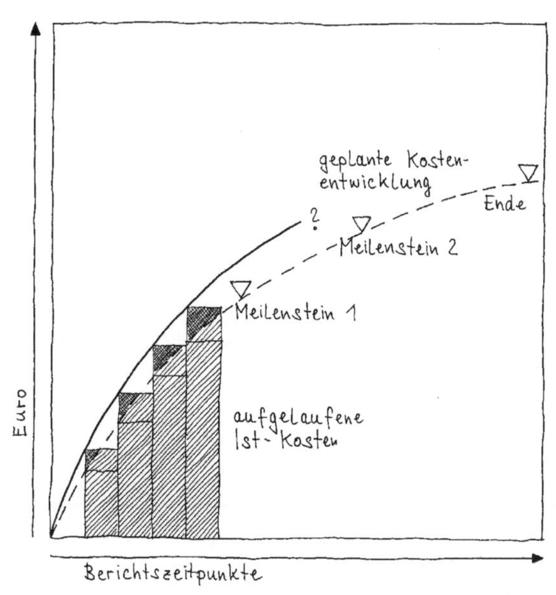

Bild 4.6: Projektkosten zum 4. Berichtszeitpunkt [26]

Die geplanten Kosten werden als Gesamtheit oder am Meilenstein kumuliert dargestellt. Die IST-Kosten werden einzeln pro Berichtszeitpunkt und am Meilenstein kumuliert aufgetragen. Auf diese Weise ist eine Überschreitung bzw. Unterschreitung deutlich sichtbar. Die geplante Kostenkurve und die dagegen gehaltene aufgelaufene Kostenkurve sagen über die Ursachen der Kostenüberschreitung noch wenig aus.

Die Ursachen für Kostenänderungen können sein:

- wertmäßige Erhöhungen, nicht durch vertragliche Regelungen abgesichert (Preise, Devisenkurse, Inflation, Nebenkosten, Gleitklauseln),
- zusätzliche Aufwandsarten (Abgaben, Schäden, Schadenersatz, Wagnisse, Auseinandersetzungen, Selbstbeteiligungen), nicht durch Versicherungen oder Verträge abgesichert,
- mengenmäßige Erhöhungen (Fehlbedarf, Mehrfachlieferung, Falschlieferung, Fehlplanung, Verbrauch),
- Planungsfehler in der technischen Lösung, Qualitätsminderung, Termingründe, Fehllieferungen (siehe Bild 4.7).

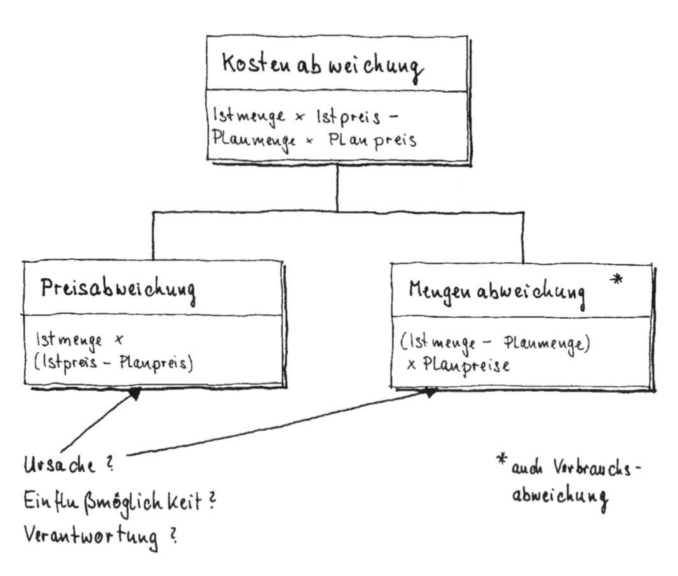

Bild 4.7: Bestandteile der Kostenabweichungen [26]

Am **Beispiel „Auftrag zur Erfüllung von Bauleistungen"** [26] soll das Vorgehen der Projektstatus-Analyse für die Kosten aufgezeigt werden.

1. Informationen zum Kontrollstichtag

Planmenge:	200 m³ Fundament erstellen
Planpreis:	50.– €/m³
Plankosten:	10.000.– € (vor Vergabe geschätzt)
IST-Menge:	250 m³ Fundament erstellt
IST-Preis:	60.– €/m³
IST-Kosten:	15.000.– €

2. SOLL-/IST-Vergleich

Kostenabweichung

IST-Kosten (IST-Preis x IST-Menge)	15.000.– €
- Plankosten (Planpreis x Planmenge)	10.000.– €
Kostenabweichung	5.000.– €

Preisabweichung

IST-Kosten (IST-Preis x IST-Menge)	15.000.– €
- SOLL-Kosten (Planpreis x IST-Menge)	
(250 m³ x 50.– €)	12.500.– €
Preisabweichung	2.500.– €

Mengenabweichung

SOLL-Kosten (Planpreis x IST-Menge)	12.500.– €
- Plankosten (Planpreis x Planmenge)	10.000.– €
Mengenabweichung	2.500.– €

3. Ursachenanalyse

- Um 50 m^3 Fundament mehr erstellt als geplant.
- Einheitspreis je m^3 60.– € statt 50.– €.

4. Verantwortlichkeiten (Beispiel)

- Fehldimensionierung der Technik
- Fehlkalkulation durch Einkauf

Es empfiehlt sich, die Kosten in der Mitlaufenden Kalkulation, auch Mitkalkulation genannt, zu führen. Die Kosten können z.B. aus SAP bereitgestellt werden (siehe Bild 4.8).

Projektstatus-Analyse gesamtheitlich angehen. Auf der Basis der Projektplanung, im Besonderen auf der Basis eines Termin-/Balkenplanes oder Netzplanes und der rückfließenden Informationen wie Startbeginn, Arbeitsende, angefallene Aufwände und Kosten kann als erster Schritt die Projektstatus-Analyse durchgeführt werden. Dieser SOLL-/IST-Vergleich ist der entscheidende Teil, die Grundlage zur Ermittlung des Projektstatus. Je nach Abweichung sollten die Ursachen ermittelt werden, um Ansätze einer Problemlösung erarbeiten zu können (Bild 4.9).

4.3.2 Projektfortschritts-Analyse durchführen (Vorschau).

In der Projektfortschritts-Analyse wird auf der Basis der Projektstatus-Analyse ermittelt, wie sich der derzeitige Projektstatus voraussichtlich auf das Projektende auswirken wird. Die Ergebnisse dieser Betrachtung lassen sich mit Hilfe der Ergebnis-Trendanalyse (ETA), der Meilenstein-Trendanalyse (MTA) und der Kosten-Trendanalyse (KTA) übersichtlich und leicht visualisieren.

Die Trendanalysen im Rahmen der Projektfortschritts-Analyse sind wichtige Kommunikationsmittel, um neu eingeschätzte Plansituationen ursprünglichen Plansituationen gegenüber herauszuarbeiten. Auf die Prognosen kann in der Projektsteuerung nicht verzichtet werden. Das Befragen der Beteiligten zur Lage der Meilensteine und Kosten ist ein wichtiger Kommunikationsschritt. Dies kann mit einem Werkzeug meist nicht geleistet werden, die Ergebnisse dieser Befragung können optisch aufbereitet werden.

Mitlaufende Kalkulation

Firma: *AMPELFIT* Auftragnehmer: *Ingenieurbüro Leiter*
Projekt: *Ampel am Gymnasium* Projektleiter: *Obering. Gut*
Projekt-Nr.: AP-Verantwort.: *Meister*
Teilprojekt: Verteiler:
Meilenstein: *Probetrieb durchführen*

Pos.	KOSTENART	Budget Plan-Kosten 1	Monatliche IST-Kosten 2	Kumulierte IST-Kosten 3	Abweichung Spalte 1 zu Spalte 3	Zusätzliche, erwartete Kosten
1.1	Material nach Materialarten					
1.2	Materialbeistellung durch Kunden					
1.3	Auswärtige Bearbeitung					
1.4	Selbsterstellte Lagerteile					
1.5	Rückstellung für fehlende Materialkosten					
1.6	Materialgemeinkosten MGK					
1	MATERIALKOSTEN					
2.1	Fertigungslöhne Handarbeit					
	FGK auf Handarbeit					
2.2	Fertigungslöhne mech. Bearbeitung					
	FGK auf mech. Bearbeitung					
2.3	Fertigungslöhne an Maschinen					
	FGK auf Maschinen					
2.4	Fertigungslöhne Montage im Werk					
	FGK auf Montage im Werk					
2.5	Wärme und Oberflächenbehandlung					
2.6	Sonstige Bearbeitung					
2	FERTIGUNGSKOSTEN					
3.1	Modelle Vorrichtungen Sonderwerkzeuge					
3.2	Prüfungs- und Abnahmekosten im Werk					
3.3	Fertigungslizenzen					
3.4	Kalkulatorische Fertigungs-Wagnisse (Ausschuß und Nacharbeit)					
3	SONDERKOSTEN der FERTIGUNG					
4	HERSTELLKOSTEN A (Summe 1-3)					
5	FORSCHUNGS- + ENTWICKLUNGSKOSTEN					
	Konstruktionskosten					
6.1	durch eigene Personal	*300*	*200*	*250*	*- 50*	
6.2	durch Fremde	*1.200*	*900*	*1.000*	*-200*	
6.3	Konstruktionsgemeinkosten					
6.4	ggf. auch spez. Auftragsabwicklungskosten					
6	KONSTRUKTIONSKOSTEN					
7	AUSSENMONTAGEN					
8	HERSTELLKOSTEN B (Summe 4-7)	*1.500*	*1.100*	*1.250*	*- 250*	
9	VERWALTUNGSGEMEINKOSTEN					
10	VERTRIEBSKOSTEN					
11	Korrekturposten Materialbeistellung	*2.800*	*3.000*	*3.500*	*+ 700*	
12	SELBSTKOSTEN A (Summe 8-11)	*4.300*	*4.100*	*4.750*	*+ 450*	
13.1	Provisionen					
13.2	Lizenzen					
13.3	Frachten, Transport, Verpackung					
13.4	Versicherungen (inkl. Kreditvers.)					
13.5	Reisen und Auslagen					
13.6	ausl. Steuern, ggf. Zölle					
13.7	Zinsen bei außergewöhnl. Zahlungsbedingungen und Vorfinanzierung					
13.8	Erprobung Abnahme Inbetriebnahme	*2.400*	*2.000*	*2.800*	*+ 400*	*440*
13.9	Sonstige (Lieferant)	*2.400*	*1.800*	*2.600*	*+ 200*	*200*
13	SONDERKOSTEN DES VERTRIEBES					
14	WAGNISKOSTEN DES VERTRIEBES					
15	SELBSTKOSTEN B (Summe 12-14)	*9.100*	*7.900*	*10.150*	*+ 1050*	*640*
16	KALK: GEWINN/ERGEBNIS	*1.000*	*900*	*840*	*- 160*	
17	VERKAUFSPREIS/ERLÖS	*10.100*	*8.800*	*10.990*	*+ 890*	*640*

30.05. *Gut* *Meister*
Datum (Projektleiter) (AP-Verantwortlicher)

Bild 4.8: Projektstatus-Analyse kostenmäßig: Mitkalkulation für das Projekt „Ampel am Gymnasium"

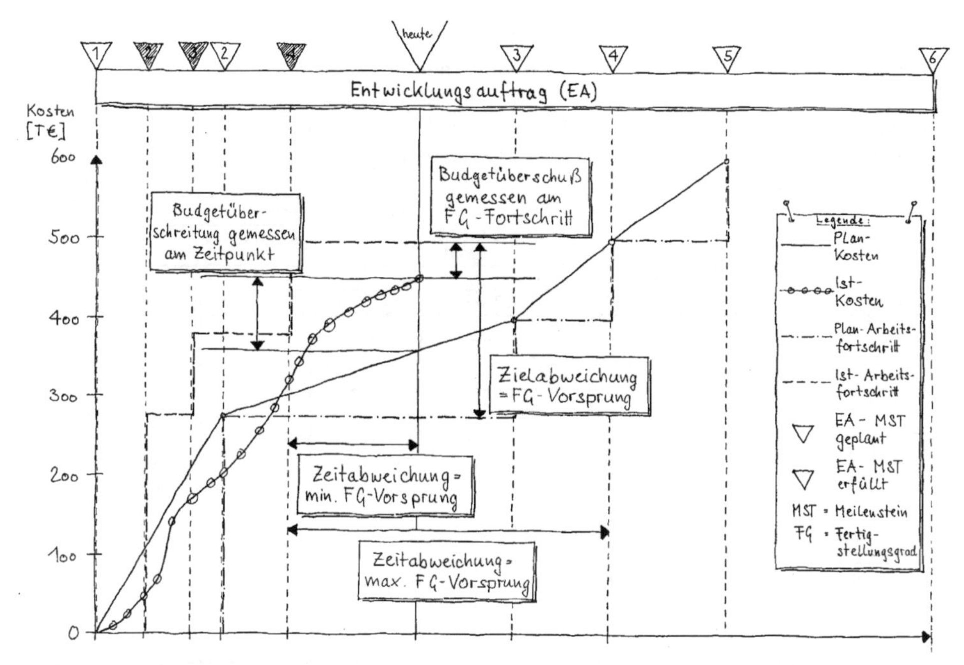

Bild 4.9: Gesamtbetrachtung von Kosten- und Terminabweichung [26]

Die Ergebnis-Trendanalyse (ETA)

Für das Erfassen der Gesamtsituation im Projekt ist es wichtig, den Stand der Technik zu kennen und die zukünftige Entwicklungssituation pro Arbeitspaket möglichst frühzeitig zu sehen. Deshalb werden die Arbeitspakete pro Zeitabschnitt, z.B. Monat, mit ihrem prognostizierten Fertigstellungsgrad (100%) in einer Planspalte erfasst. Anhand des Zeitabschnittes z.B. wird abgefragt, inwieweit die Arbeiten fertig sind und der Fertigstellungsgrad pro Arbeitspaket prozentual, z.B. 80%, erreicht (siehe Bild 4.10) ist.

Die Meilenstein-Trendanalyse (MTA)

In die Meilenstein-Trendanalyse wird zunächst die geplante Durchlaufzeit des Projektes auf der X-Achse dargestellt. Die terminierten Meilensteine werden später auf der Y-Achse eingetragen. Zuvor wird sowohl auf der X-Achse (von links nach rechts) als auch auf der Y-Achse (von unten nach oben) der Projektkalender notiert. Bei jedem Berichtszeitpunkt werden nun die Meilenstein-Plantermine gegebenenfalls durch neue ersetzt. Auf diese Weise entstehen

- gerade Linien ⇒ Plantermin neu = Plantermin alt
- aufsteigende Linien ⇒ Plantermin neu liegt später als Plantermin alt
- absteigende Linien ⇒ Plantermin neu liegt früher als Plantermin alt

Bei kleinen Projekten brauchen Sie nicht für jedes Projekt eine eigene Meilenstein-Trendanalyse anlegen. Sollten Sie fünf kleine Projekte zu betreuen haben, dann genügt es, wenn Sie pro Projekt immer den letzten Meilenstein in das Diagramm eintragen.

Bei einem großen Projekt wird für jedes Teilprojekt eine Meilenstein-Trendanalyse und eine für das Gesamtprojekt aufgestellt.

Ergebnis-Trendanalyse (Ausschnitt)

Firma: *AMPELFIT*
Projekt: *Ampel am Gymnasium*
Projekt-Nr.:
Teilprojekt:
Meilenstein: *Tief- u. Straßenbau fertig*

Auftragnehmer: *Ingenieurbüro Leiter*
Projektleiter: *Obering. Gut*
AP-Verantwort.: *Unwegsamkeit*
Verteiler: *Leiter*
Meister
Unwegsamkeit

Fachlicher Fertigstellungsgrad

Monat	4		5		6		7		8			
Arbeitspakete	Plan	IST	Plan	IST	Plan	IST	Plan	IST	Plan	IST	Plan	IST
Tief- und Straßenbau durchf.												
Detail-Bauplan aufstellen	*100%*	*100%*										
Fundamente gießen	*100%*	*0%*	*100%*									
Induktionsschleifen verlegen			*100%*									
Bordsteine absenken			*100%*									
Kabelschächte einrichten			*100%*									
Ampelsteuerungskasten setzen	*100%*	*100%*										
Beläge Straße, Gehwege, Radwege verlegen			*100%*									
Markierungsplan aufstellen	*100%*	*100%*	*100%*									
Fahrbahn, Zebrastreifen markieren			*100%*									
Mitarbeitereinsatzplan mit Firmen absprechen	*100%*	*100%*										
Testspezifikation Signal-/ Steuereinheit aufstellen	*100%*	*100%*										
Statusbesprechungen durchführen	*100%*	*100%*	*100%*									
Tief- und Straßenbau fertig			*100%*									
Anlage errichten												
Montageplan Signal-/Steuereinheit aufstellen			*100%*									
8 Masten mit Rohrbefestigung montieren			*100%*									
Gehäuse montieren			*100%*									
Anforderungstasten und Notsteuerung f. Polizei montieren			*100%*									
Kabel einziehen			*100%*									
Stromversorgung installieren			*100%*									
HW-Steuereinheit einbringen			*100%*									
SW-Steuereinheit aufspielen			*100%*									
Funktionstest durchführen			*100%*									

heute

30.04. — Datum
Gut — (Projektleiter)
Unwegsamkeit — (AP-Verantwortlicher)

Bild 4.10: Darstellung der geplanten und erreichten Fertigstellungsgrade pro Arbeitspaket des Projektes „Ampel am Gymnasium"

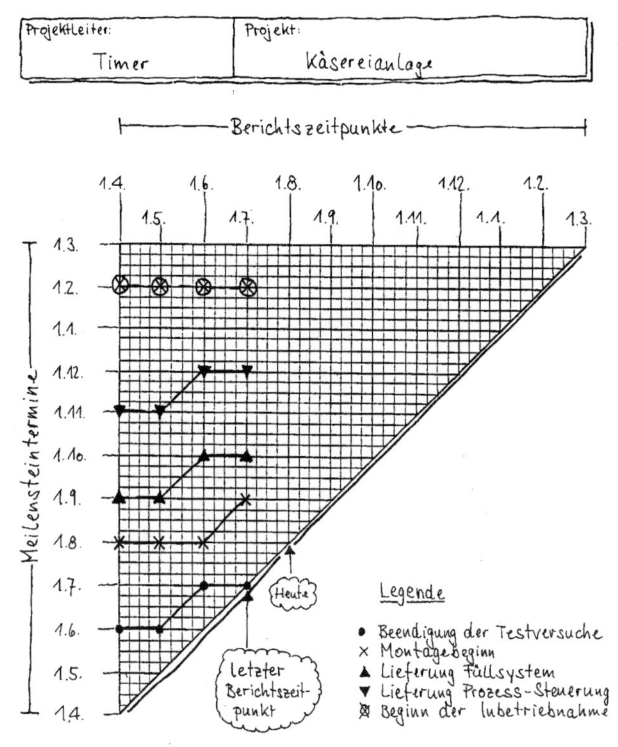

Bild 4.11: Meilenstein-Trendanalyse des Projektes „Käsereianlage“

Die Situation des Projektes „Käsereianlage“ zeigt:

- Meilenstein „Beendigung der Testversuche. Der IST-Termin ist 1.7.nn. Geplant war ursprünglich 1.6.nn . Der Meilenstein ist damit vier Wochen später fertig geworden.
- Meilenstein „Montagebeginn“ war geplant 1.8.nn, neuer geplanter Termin 1.9.nn.
- Meilenstein „Lieferung Füllsysteme“ war geplant 1.9.nn, neuer geplanter Termin 1.10.nn
- Meilenstein „Lieferung Prozess-Steuerung“ war geplant 1.11.nn, neuer geplanter Termin 1.12.nn
- Meilenstein „Beginn der Inbetriebnahme“ ist geplant 1.2.nn+1, die neuen geplanten Termine der vorangegangenen Meilensteine haben keine Auswirkungen. Warum? Hier sind Zeitreserven im Plan gewesen, die durch die Verschiebung der vorgelagerten Meilensteine aufgebraucht werden.

Die momentanen Eintragungen in die Meilenstein-Trendanalyse reichen noch nicht aus. In der Folge ihres Auftretens werden neu geplante Termine im Diagramm durchnummeriert. Löst die Verschiebung eines Meilensteins gleichartige Verschiebungen bei Folgemeilensteinen aus, so werden diese bei der Nummerierung nicht berücksichtigt.

Im später folgenden Chart „Analyse der Störgrößen“ (Bild 4.16f) werden für jede vergebene Nummer (Störgröße) folgende Informationen festgehalten:

a) Ereignis, das die Verschiebung hervorruft
b) Auswirkung auf das Projekt, wenn keine Gegenmaßnahme berücksichtigt wird
c) Beschlossene bzw. vorgesehene Gegenmaßnahmen.

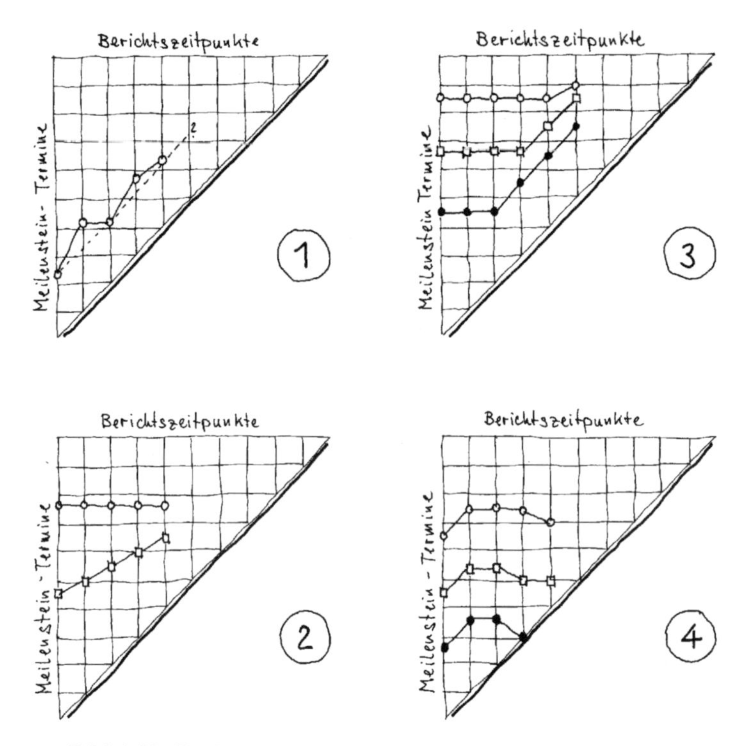

Bild 4.12: Typischer Verlauf von Meilenstein-Trendanalysen [27]

Inwieweit die Gegenmaßnahmen die Wirkung des Ereignisses voraussichtlich kompensieren können, wird vom Projektteam in der folgenden Prognose ermittelt. Das Ergebnis dieser Prognose wird in die Meilenstein-Trendanalyse bzw. Kosten-Trendanalyse eingetragen.
Betrachten wir vier typische Verläufe von Meilenstein-Trendanalysen (siehe Bild 4.12).

Typ 1:
Bei jedem Berichtszeitpunkt verschiebt sich der Meilenstein-Termin nach hinten. Wahrscheinlich liegt hier keine fundierte Terminplanung vor.

Typ 2:
Der erste Meilenstein verschiebt sich bei jedem Berichtszeitpunkt nach hinten. Der zweite Meilenstein bleibt konstant. Normalerweise hängen die Meilensteine voneinander ab. Offensichtlich wird die Auswirkung der Verschiebung des ersten Meilensteines nicht ausreichend berücksichtigt. Oder gibt es doch heimliche Zeitreserven?

Typ 3:
Zunächst zeigt die Meilenstein-Trendanalyse einen stabilen Verlauf. Vor dem Endtermin des ersten Meilensteines wird eine Verzögerung deutlich, die dann später auch Verzögerungen bei den darauffolgenden Meilensteinen verursachen. Typisch dafür, dass die Terminsituation in den frühen Berichtsperioden nicht beherrscht wurde. Alle Steuerungsmaßnahmen zur Erreichung des ersten Meilenstein-Termines haben nicht gewirkt. Steuern im Sinne von Agieren war offensichtlich nicht möglich.

Kosten-/Meilenstein-Trendanalyse

Firma: *AMPELFIT*
Projekt: *Ampel am Gymnasium*
Projekt-Nr.:
Teilprojekt:
Meilenstein: *Anlage errichtet*

Auftragnehmer: *Ingenieurbüro Leiter*
Projektleiter: *Obering. Gut*
AP-Verantwort.:
Verteiler:

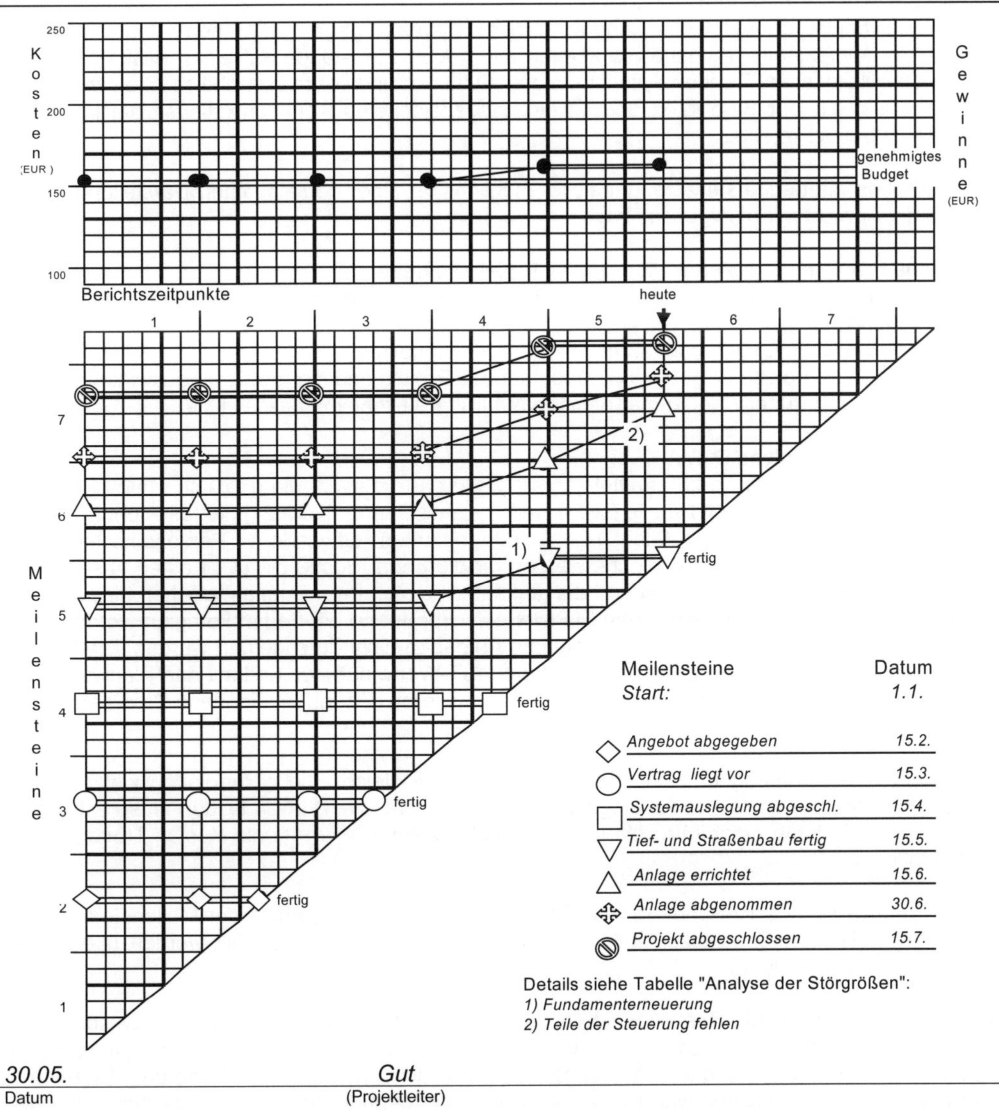

30.05. Datum | *Gut* (Projektleiter)

Bild 4.13: Kosten-Trendanalyse (grafische Darstellung des V'IST) oberhalb der Meilenstein-Trendanalyse für das Projekt „Ampel am Gymnasium“

Typ 4:
Der typische Verlauf einer am Anfang liegenden Verzögerung wird hier deutlich. Die Steuerungsmaßnahmen beginnen zu greifen. Die Terminsituation wird positiv beeinflusst.

Welche Nachteile liegen bei der MTA vor?
Die Schätzungen sind subjektiv. Die Trendkurven müssen unbedingt kommentiert werden. Die Trendanalyse ist eine zusätzliche Einrichtung, die geführt werden muss.

Welche Vorteile sprechen für die MTA?
In einem Balkenplan oder Netzplan kann nur einmal „Plan alt“ gegen „Plan neu“ dargestellt werden. Bei der Meilenstein-Trendanalyse können alle neuen Planstände auf einen Blick dargestellt werden. Die Meilenstein-Trendanalyse ist einfach zu führen und sehr übersichtlich. Sie schärft das Terminbewusstsein der Beteiligten und ist ein ausgezeichnetes Kommunikationsmittel innerhalb und außerhalb des Projektes.

In Kombination mit der Kosten-Trendanalyse, möglichst in einer gemeinsamen Darstellung, ergeben sich die Antworten auf folgende Fragen:

⇨ Welche Probleme/Schwierigkeiten sind im Projekt aufgetreten?
⇨ Wie wirken sich diese Probleme auf das Projekt aus, wenn man keine Gegenmaßnahmen berücksichtigt?
⇨ Welche sinnvollen Gegenmaßnahmen werden Sie umsetzen?
⇨ Wie werden sich diese Gegenmaßnahmen auf das Projekt und die Probleme auswirken?
⇨ Wie haben sich frühere Gegenmaßnahmen auf frühere Probleme ausgewirkt?

Die Kosten-Trendanalyse (KTA)
Um die Kosten-Trendanalyse zu ermitteln, ist es zuerst erforderlich, die geplanten und die bisher aufgelaufenen Kosten in einer Tabelle (siehe Kalkulationsschema Bild 3.21) darzustellen. Zunächst werden die geplanten Kosten, in Bild 4.14 z. B. die geplanten Aufwände (= Personalkosten), dargestellt. Zum Beispiel nach einer Woche werden für die erste Woche die IST-Kosten anstelle der geplanten Kosten zusammengefasst und die geplanten Kosten der nächsten Wochen hinzugefügt. Gegebenenfalls müssen die zukünftigen Planwerte überprüft und bei Bedarf korrigiert werden, z.B. wenn Arbeiten vorgezogen wurden oder geplante Aufgaben nicht durchgeführt wurden. Die Formel heißt: die bis zum jetzigen Zeitpunkt aufgelaufenen IST-Werte nehmen und mit den Planwerten ab dem jetzigen Berichtszeitpunkt bis zum Projektende addieren. Der so entstandene Wert nennt sich Voraussichtliches IST (V'IST).

So entsteht eine Hochrechnung auf das Projektende. Bei gleichzeitiger Verfolgung vieler kleiner Projekte werden die Kosten nicht aufgeschlüsselt, sondern die Aufwände der entsprechenden Projekte in der Tabelle aufgeführt. Mit jedem Kalkulationsprogramm ist die Kosten-Trendanalyse leicht zu pflegen.

Aus der Tabelle Voraussichtliches IST (V'IST) können die Werte oberhalb der Meilenstein-Trendanalyse zum gleichen Berichtszeitpunkt eingetragen und grafisch dargestellt werden (siehe Bild 4.13: Kosten-Trendanalyse).

Der jeweilige Punkt pro Berichtszeitpunkt besagt, dass mit Blick auf das Projektende entsprechende Unter- oder Überschreitungen der Kosten zu erwarten sind. Dieses Frühwarnsystem funktioniert noch besser, wenn nicht nur die zum heutigen Zeitpunkt aufgelaufenen IST-Werte und die zukünftigen Planwerte berücksichtigt werden, sondern auch die geänderten PLAN-Werte zusätzlich berücksichtigt werden.

Voraussichtliches IST (V'IST)

Firma: *AMPELFIT*
Projekt: *Ampel am Gymnasium*
Projekt-Nr.:
Teilprojekt:
Meilenstein: *Angebot abgegeben*

Auftragnehmer: *Ingenieurbüro Leiter*
Projektleiter: *Obering Gut*
AP-Verantwort.: *Meister*
Verteiler:

Berichtszeitpunkte	KW 1		KW 2		KW 3		KW 4		KW 5		KW 6			
	1		**2**		**3**		**4**		**5**		**6**		**Summe**	
Arbeitspakete/ Kostenart	Plan	IST	Plan	IST	Plan	IST	Plan	IST	Plan	IST	Plan	IST	Plan	V'IST
PM														
Projektübergabe/Projektziele	*100*	*100*											*100*	*100*
Projekt-Organigramm	*100*	***200***											*100*	*200*
Terminplan			*200*		***100***								*200*	*300*
Angebotskalkulation			*100*		*100*		*100*		***100***				*300*	*400*
Präsentation GL											*100*		*100*	*100*
QM														
Review Angebot									*100*				*100*	*100*
Technik														
Projektergebnisstruktur			*200*										*200*	*200*
Grobpflichtenheft			*500*		*500*		*500*		***100***				*1500*	*1600*
Lieferantenangebote					*100*		*100*						*200*	*200*
Angebotstexte							*300*		*300*				*600*	*600*

	KW 1 Plan	KW 1 IST	KW 2 Plan	KW 2 IST	KW 3 Plan	KW 3 IST	KW 4 Plan	KW 4 IST	KW 5 Plan	KW 5 IST	KW 6 Plan	KW 6 IST	Summe Plan	V'IST	
Planwerte	*200*		*1000*		*700*		*1000*		*400*		*100*		*3400*		
Berichtszeitpunkt 1		*300*	*1000*		*800*		*1000*		*600*		*100*			*3800*	V'IST
Berichtszeitpunkt 2															V'IST
Berichtszeitpunkt 3															V'IST
Berichtszeitpunkt 4															V'IST
Berichtszeitpunkt 5															V'IST
Berichtszeitpunkt 6															V'IST

16.01.	*Gut*	*Meister*
Datum	(Projektleiter)	(AP-Verantwortlicher)

Bild 4.14: Kostenüberwachung Voraussichtliches IST (V'IST) des Projektes „Ampel am Gymnasium"

Nehmen wir an, ein Arbeitspaket ist mit 600 Stunden Aufwand geplant worden (siehe Bild 4.15). Die Laufzeit beträgt sechs Monate. Nach vier Monaten ist ein Aufwand von 480 Stunden gemeldet worden. Um den Termin zu halten, sind nun zusätzlich zu den noch geplanten 120 Stunden noch 240 Stunden mehr erforderlich.
Der Grund kann sein, dass das zu lösende technische Problem unterschätzt worden ist. Es kann auch sein, dass bei der Montage einer Maschine zusätzliche Schwierigkeiten aufgetreten sind. So könnte die Deckenhöhe im Niederspannungsraum niedriger sein als geplant. Die Folge ist, dass die entsprechenden Schaltschränke nicht hineinpassen.

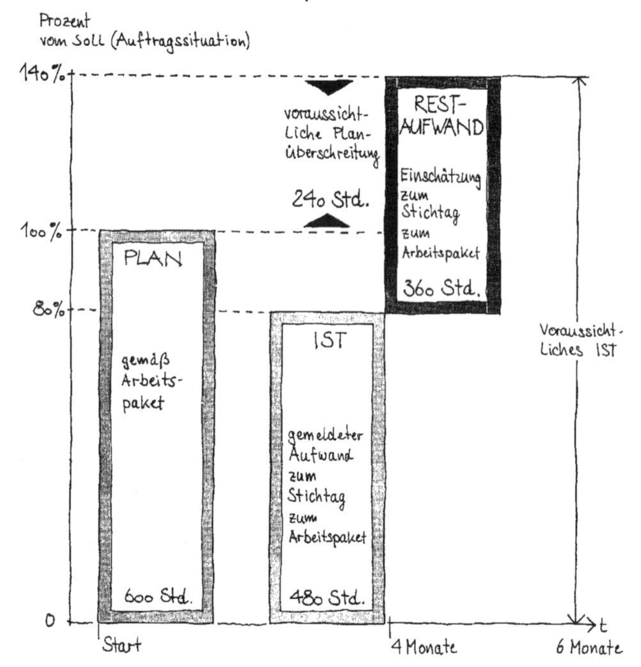

Bild 4.15: Voraussichtliches IST mit berücksichtigtem Restaufwand (Restkosten)

In unserem Beispiel werden angesetzt: 480 Stunden (IST-Wert) und 120 Stunden (PLAN-Wert ursprünglich) und 240 Stunden (PLAN-Wert zusätzlich neu) ergibt 840 Stunden V'IST.
Damit ist zum jetzigen Zeitpunkt (4. Monat) eine Kostenüberschreitung von 40% zu erwarten. Nun muss im Projektteam überlegt werden, was zu tun ist, um die voraussichtliche Kostenüberschreitung dieses Arbeitspaketes zu verringern oder zu eliminieren. Notfalls muss das Team überlegen, wie es verbleibende Kostenüberschreitungen an anderer Stelle durch Kosteneinsparungen kompensieren kann.

4.3.3 Steuerungsmaßnahmen finden (Beschlussfassung)

Nachdem jetzt die Ergebnisse aus der Projektstatus- und der Projektfortschritts-Analyse vorliegen, muss im Sinne der Projektsteuerung überlegt werden, welche Maßnahmen zu ergreifen sind, um die Projektziele und -ergebnisse im Rahmen des Kostenplans zu erreichen.

Analyse der Störgrößen

Firma: *AMPELFIT*
Projekt: *Ampel am Gymnasium*
Projekt-Nr.: ______
Teilprojekt: ______
Meilenstein: ______

Auftragnehmer: *Ingenieurbüro Leiter*
Projektleiter: *Obering. Gut*
AP-Verantwort.: *Meister*
Verteiler: ______

Störgröße/ Problem (Auslöser)	Abweichung oder Änderung	Auswirkung ohne Korrektur (T,K,Q)	Mögliche Maßnahmen/ Alternativen (T,K,Q)	Folgen der Maßnahmen (T,K,Q)	Entscheidung/ Priorität und Begründung
1.) Fundamente für Ampelmasten sind brüchig.	*Abweichung*	*Q: Ampeln sind nicht betriebssicher. Technische Abnahme ist nicht möglich. Kundenabnahme ist nicht möglich.*	*a) Ampeln zusätzlich absichern (z.B. abspannen)*	*Q:* Technisch machbar, bis Probebetrieb schaffbar. K:* Mehrkosten ca. EUR 4.000,- auf Lieferant abwälzbar. Q:* Technische Abnahme ginge ok Q:* Abnahme durch Kunden zweifelhaft*	*NEIN * Kunde voraussichtlich unzufrieden * Imageverlust in der Öffentlichkeit * Projekt nicht als Referenz geeignet*
			b) Fundamente ausbessern	*Q: * Technisch machbar. T:* Arbeitspaket verzögert sich um 10 Arbeitstage bei 0 Tagen Puffer K:* Regressleistung der Lieferanten Q:* Risiko einer verringerten Lebensdauer der Ampel*	*NEIN * Terminlich und kostenmäßig gute Lösung, aber Qualitätsrisiko widerspricht unserer Firmenphilosophie*
			c) Fundamente erneuern	*Q:* Technisch machbar. T:* Arbeitspaket verzögert sich um 10 Arbeitstage bei 0 Tagen Puffer K:* Mehrkosten EUR 10.000,-*	*JA * Kosten- und qualitätsmäßig gute Lösung * Termin durch Umplanung gehalten * Geringes Terminrisiko bleibt*
2.) Teile der Steuerung fehlen.	*Abweichung*	*T: Verzögerung von 10 Tagen, da kein Puffer*	*a) Lieferant anmahnen, schnelle Nachlieferung.*	*K:* Keine Zusatzkosten, kaum Aufwand für das Projekt T:* Terminverzug*	*JA * Einfachste und günstigste Lösung, falls Nachlieferung innerhalb von 7 Tagen erfolgt.*
			b) Teile von anderen Lieferanten beziehen (Standard).	*K:* Zusatzaufwand für PL K:* höhere Preise K:* Mehrkosten T:* Terminverzug*	*NEIN * Zusatzaufwand und Mehrkosten vermeiden*

Legende: T = Termine, K = Kosten, Q = Qualität/Ergebnisse

15.04. — *Gut* — *Meister*
Datum — (Projektleiter) — (AP-Verantwortlicher)

Bild 4.16. Analyse der Korrekturmaßnahmen für das Projekt „Ampel am Gymnasium"

Anhand der Bewertung der Auswirkungen von Abweichungen ist erkennbar, ob Gegenmaßnahmen zur Projektsteuerung erforderlich sind. Zur Korrektur von Abweichungen hat sich folgendes Schema in der Praxis bewährt (Bild 4.16):

In die erste Spalte der Tabelle tragen Sie das Problem bzw. die Ursache der Störgröße ein. In der zweiten Spalte überlegen Sie, ob es eine Abweichung oder eine Änderung sein wird. Bei Änderungen müssen Sie das Änderungsverfahren in Gang setzen (siehe weiter unten). In der dritten Spalte beschreiben Sie die Auswirkungen der Störgröße ohne Korrekturmaßnahmen. In die vierte Spalte kommen alle vom Team erarbeiteten bzw. vorgeschlagenen Steuerungsmöglichkeiten.

Hier ist es wichtig, sich nicht mit der ersten Lösung zufrieden zu geben, sondern ernsthaft verschiedene Alternativen zu erwägen. Untersuchen Sie auch gleich, wie sich die diskutierten Maßnahmen auf Termine (T), Kosten (K) und Sachergebnisse, Qualität (Q) auswirken. In der fünften Spalte betrachten Sie die Folgen der angedachten Maßnahmen. In der sechsten Spalte kennzeichnen Sie diejenigen Vorschläge, die Sie konkret umsetzen wollen, und begründen Sie, warum Sie einzelne Lösungsansätze verworfen oder ausgewählt haben.

Entscheidungsträger umgehend informieren. Nicht immer hat der Projektleiter die nötigen Kompetenzen, um die beschlossenen Maßnahmen auch umsetzen zu können. In diesen Fällen müssen die entsprechenden Entscheidungsträger umgehend informiert werden. Dabei bietet es sich an, die ausgefüllte Tabelle als Grundlage der Präsentation zu nutzen und damit die Argumentation zu untermauern. Auf diese Weise ist der Entscheidungsträger leichter zu überzeugen.

Steuerungsmaßnahmen bei Planabweichung nutzen. Je nach Störgröße gibt es unterschiedliche Steuerungsmaßnahmen, die bei Planabweichung ergriffen werden können.

Die wohl am schnellsten diskutierte Maßnahme ist die **Kapazitätsvergrößerung**. Dies kann im Einzelnen bedeuten:

⇨ Einstellung zusätzlicher Mitarbeiter
⇨ Kapazitätszukauf extern
⇨ Nutzung interner Dienststellen
⇨ Überstunden
⇨ Mehrschichtbetrieb (z.B. bei Test von Software- Projekten)
⇨ Abbau von Linienarbeit bei den Projektmitarbeitern
⇨ Umverteilung der Kapazitäten im Projekt
⇨ Prioritätenwechsel in Bezug auf die Projekte
⇨ Bessere Hilfsmittel bereitstellen
⇨ Mehr Lieferungen und Leistungen zusätzlich einkaufen.

Die Kapazitätsvergrößerung bringt eine terminliche Verbesserung. Aber zusätzliche Arbeiten sind erforderlich. Häufig steigen dadurch die Kosten, so dass abzuwägen ist, was wichtiger ist: Termin- oder Kostenzielerreichung.

Ohne Zweifel bringt die **Produktivitätserhöhung** den größten Effekt. Dazu zählen:

⇨ Motivierte Mitarbeiter
⇨ Nutzung des Know-hows für die entsprechenden Arbeitspakete
⇨ Infrastruktur des Projektes optimieren
⇨ Team räumlich zusammenlegen
⇨ Information und Kommunikation verbessern

⇨ Neuere Hilfsmittel und Werkzeuge
⇨ Geschultes Personal
⇨ Einbindung von Experten.

Die Produktivitätserhöhung zielt auf langfristige Verbesserungen ab. Deshalb sollte sie permanent betrieben werden. Kurzfristig kann mit den aufgezeigten Maßnahmen zur Termin- und Kostenverbesserung wenig beigetragen werden.

Die **Kostenreduzierung** sollte auch permanent im Laufe des Projektes angestrebt werden. Dazu zählen:

⇨ Günstigeres Personal einsetzen (z.B. bei der Montage)
⇨ Nach anderen technischen Lösungen suchen
⇨ Teilkomponenten einkaufen
⇨ Preiswerte Lieferanten nutzen bzw. Lieferantenwechsel
⇨ Entwicklungs- und Fertigungsprozesse optimieren oder neu gestalten
⇨ Nicht zwingend erforderliche Arbeitspakete streichen oder auf das Wesentliche reduzieren
⇨ Anderes Material verwenden
⇨ Günstigeres Material nutzen
⇨ Effektivere Werkzeuge einsetzen.

Gerade bei Anlagenprojekten, die heute eher mit einer sehr geringen Deckungsspanne ins Haus genommen werden, ist die Kostenreduzierung eine der Hauptaufgaben des Projektteams. Mit der Kostenreduzierung kann es sein, dass man ein höheres technisches Risiko eingeht oder für bestimmte Umstellungen wie Lieferantenwechsel Zeit und Aufwand kurzfristig erhöhen muss.

Umfang der Projektergebnisse verändern. Als Letztes bleibt das Sachergebnis, das bezüglich Qualität und Quantität verändert werden kann. Was bei internen Projekten häufig allzu schnell getan wird, ist bei Vertragsprojekten kaum möglich. Vertragsbrüche können teuer werden.

Eine Reduzierung des Leistungs- und Lieferumfanges wird ein Kunde selten hinnehmen. Eine Veränderung des Lastenheftes und des Grobpflichtenheftes verlangt die Zustimmung des Auftraggebers.

Unabhängig von der Art des Projektes haben wir einige markante Steuerungsmöglichkeiten diskutiert. Natürlich gibt es für konkrete Projekte wesentlich mehr Möglichkeiten des Eingreifens als hier dargestellt.

4.3.4 Überwachung mit Steuerungsmaßnahmen (Umsetzung der Maßnahmen).

Jetzt steht die Realisierung der vorgegebenen Schritte an. Als methodisches Hilfsmittel eignet sich dazu die „Erledigungsliste“, häufig auch **„Liste Offener Punkte“ (LOP)** genannt (Bild 4.17). Die Erledigungsliste ist an Ort und Stelle zu führen. Einer aus dem Projektteam übernimmt das Protokollieren. Sobald ein Tagesordnungspunkt diskutiert ist, sollen die verabredeten Maßnahmen gleich schriftlich festgehalten werden. Falls Sie mit Balkenplänen arbeiten, kann die Erledigungsliste pro Phase gleich im Projektmanagement-Software-Werkzeug mitgeführt werden.

Liste offener Punkte

Firma: *AMPELFIT*
Projekt: *Ampel am Gymnasium*
Projekt-Nr.:
Teilprojekt:
Meilenstein: *Angebot abgegeben*

Auftragnehmer: *Ingenieurbüro Leiter*
Projektleiter: *Obering. Gut*
AP-Verantwort.:
Verteiler:

TOP/ Datum	Was?	Wer?	Mit wem?	wann?	Erledigt:
28.01.	*Weitere Angebote zum Tiefbau*	*Preiswert*	*Gesell*	*01.02.*	
	einholen				
28.01.	*Vorbereitung der Meilenstein-Freigabe*	*Gut/Meister*	*Leiter*	*04.02.*	
28.01.	*Abgabe Angebot persönlich terminieren*	*Gut*	*Leiter*	*04.02.*	

Anlagen:

28.01. — *Gut* — *Meister*
Datum — (Projektleiter) — (Protokollant)

Bild 4.17: Liste offener Punkte - Besprechungsprotokoll aus dem Projekt „Ampel am Gymnasium"

4.4 Informationen gewinnen

Die Systematik der Projektsteuerung wird gespeist durch die SOLL- und IST-Daten. Die IST-Daten können erhoben werden:

- durch persönliches Gespräch und/oder
- durch Projekt(status)besprechungen und/oder
- durch formalisiertes Berichtswesen.

Diesen unterschiedlichen Informationsquellen gilt nun unsere weitere Aufmerksamkeit.

Das persönliche Gespräch
Zur IST-Datenerhebung ist das persönliche Gespräch sowohl für die „harten Daten" als auch für die „weichen Daten" geeignet. Neben der Beobachtung der Körpersignale können auch sehr persönliche Aussagen diskutiert werden, die im Gruppenrahmen möglicherweise nicht auf den Tisch gekommen wären. Missverständnisse können schnell behoben werden. Bei kleinen Projekten führt das persönliche Gespräch kaum zu zeitlichen Problemen. Bei mittleren und großen Projekten ist dies für einen Projektleiter aufwändig durchführbar. Er muss auf sein Zeitbudget achten. Er wird Projekt(status)besprechungen und ein formalisiertes Berichtswesen bevorzugen. Natürlich sollte der Projektleiter das persönliche Gespräch gerade bei kritischen Arbeitspaketen und bei gelungener Leistung mit den Betroffenen suchen. Größter Nachteil der Methode „persönliches Gespräch" ist, dass andere Betroffene nicht beteiligt sind und in dem Fall eine wichtige Grundregel des Projektmanagements nicht beachtet wird.

Die Projekt(status)besprechung
Sie ist eine reine Managementbesprechung. Hier geht es um die gemeinsame Erarbeitung von Projektstatus-Analyse, Projektfortschritts-Analyse und Entwicklung geeigneter Steuerungsmaßnahmen im Team (Einsatz der Störgrößen-Analyse). Die Projekt(status)besprechung (Bild 4.19) steht und fällt mit der Vorbereitung der Beteiligten.

Deshalb sollte jeder Besprechungsteilnehmer folgende Punkte vorbereitet mitbringen:

⇨ Welche Arbeitspakete sind seit der letzten Statusbesprechung fertig?
⇨ Welche Arbeitspakete werden bis zur kommenden Statusbesprechung angefangen?
⇨ Wo gibt es Probleme?
⇨ Welche Meilensteine sind gefährdet?
⇨ Welche Maßnahmen sollen ergriffen werden, um die Schwierigkeiten zu beseitigen?

Es ist selbstverständlich, dass jeder seinen Terminplan und seine Meilenstein- und Kosten-Trendanalyse aktualisiert hat oder die entsprechenden Informationen für die Aktualisierung der Gesamtpläne bereit hält.

Die Projekt(status)besprechung ist bei großen Projekten die (in der Regel) wöchentliche Informations- und Entscheidungssitzung des Projektteams, für die ein fester Termin reserviert ist. Teilnehmer sind der Projektleiter und das Kernteam (siehe Projekt-Organigramm, Bild 2.13, ggf. ergänzt um aktuell betroffene Mitarbeiter).

Die Schwerpunkte sind:

⇨ Information der anderen Teammitglieder über aktuelle Ereignisse, Ergebnisse und Vereinbarungen/ Festlegungen im Projekt
⇨ Status und Abarbeitung der Aktivitäten des Projektteams (Liste offener Punkte und letztes Ergebnisprotokoll)
⇨ Status und Fertigstellungsgrad der aktuellen Arbeitspakete
⇨ Terminsituation / Kapazitätssituation / Kostensituation / Kalkulation
⇨ Konflikte und deren Lösungsansätze
⇨ Änderungen vom Kunden und von Stellen des Auftragnehmers
⇨ Claims und deren Behandlung
⇨ Maßnahmen vereinbaren (Liste offener Punkte)
⇨ Informationen an Beteiligte veranlassen (Ergebnisprotokoll)

Die Projektbesprechung ist keine Diskussionsrunde für fachliche Probleme, sondern eine Entscheidungssitzung, in der vereinbart wird, wer, was bis wann erledigt, bzw. sich um eine Lösung kümmert.

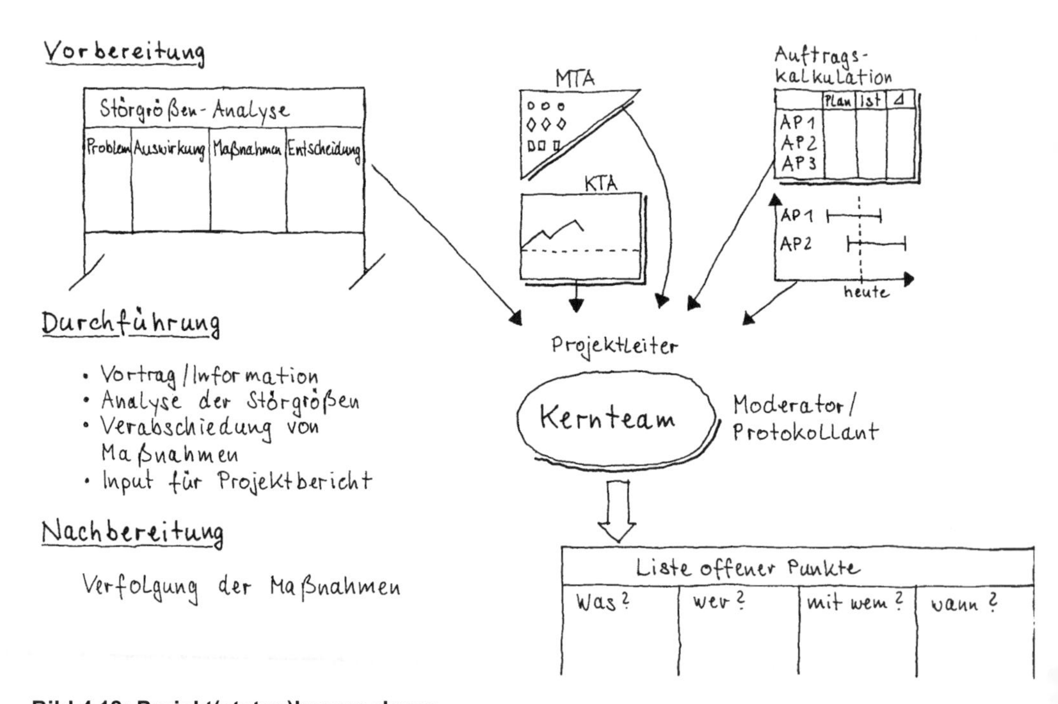

Bild 4.18: Projekt(status)besprechung

Ziel: Stand des Projektes ermitteln und im Plan bleiben

Tagesordnung

1.	Aktuelle Informationen, Status der Teammitglieder	Alle	30 Min.
2.	LOP: Erledigte und offene Aktivitäten, Präsentation der Ergebnisse	Projektleiter	15 Min.
3.	Statusbericht der Kernteam (KT) -Mitglieder • Termine, Fortschritt, Kapazität • Kosten • Qualität zu den bearbeiteten Arbeitspaketen	KT-Mitglieder	15 Min.
4.	Kostensituation, Kalkulation, Änderungen	Projektcontroller	10 Min.
5.	Nächste Schritte Projektplanung bis zum nächsten Meilenstein	Alle	10 Min.
6.	Abschluss	Projektleiter	10 Min.

Bild 4.19: Beispiel für die Tagesordnung einer Projektbesprechung

Das formalisierte Berichtswesen
Die Beteiligten, in erster Linie der Projektleiter und der Arbeitspaketverantwortliche bzw. der Teilprojektleiter, geben die Situation des Projektes wieder.
Der Projektleiter hat sein Management und seinen Kunden zu informieren. Auf einem Blatt sollten alle wichtigen Informationen dargestellt werden (siehe Bild 4.21). Im gezeigten Kurzbericht sind die wichtigsten Ereignisse seit dem letzten Bericht aufgeführt, die Gründe für eventuelle Abweichungen erläutert und die vorgesehenen Maßnahmen aufgeführt. Der Projektfortschritt wird mit der Meilenstein- und Kosten-Trendanalyse aufgezeigt.
Der Projekt(status)bericht stellt eine Zusammenfassung der wesentlichen Statusinformationen für das Management dar. Dies sind im Wesentlichen die aktuelle Terminsituation, bzw. der Projektfortschritt, die Kostensituation, die Kapazitätssituation und die Zufriedenheit der Kunden und Mitarbeiter. Er soll entscheidungsorientiert sein, d.h. die Informationen hervorheben, für die ein Entscheidungsbedarf seitens der Unternehmensleitung besteht.
Der Statusbericht dient vor allem als regelmäßige Informationsquelle für das Management im Hinblick auf den Fortschritt und aktuelle Probleme im Projekt. Projektleiter und Projektteam müssen in regelmäßigen Abständen die Möglichkeit haben, Rechenschaft über ihre Arbeitsergebnisse abzulegen. Dies trägt entscheidend zur Motivation bei. Außerdem bietet der Projekt(status)bericht die Möglichkeit, Konflikte und Risiken aufzuzeigen und das Management für projektübergreifende Entscheidungen einzubinden bzw. Unterstützung zu erwirken.

Projektkurzbericht

Firma:	*AMPELFIT*	Auftragnehmer:	*Ingenieurbüro Leiter*
Projekt:	*Ampel am Gymnasium*	Projektleiter:	*Obering. Gut*
Projekt-Nr.:		AP-Verantwort.:	
Teilprojekt:		Verteiler:	*Gründlich*
Meilenstein:	*Ampel errichtet*		*Leiter*

Stand: *30.05.*	Momentane Situation	rot ○ gelb ● grün ○

Wesentliche neue Aspekte gegenüber dem letzten Bericht:
Probleme mit Fundament und Teilen der Steuerung

Kritische Punkte:	Konsequenzen/ Risiken:
Das Fundament ist brüchig, deshalb muss es erneuert werden.	*Der Terminverzug beträgt 10 Tage, die Mehrkosten sind durch die Tiefbaufirma noch nicht zugesichert.*
Teile der Steuerung müssen nachgeliefert werden.	*Der Terminverzug beträgt 10 Tage.*

Projekt-fortschritt:	SOLL:	IST:	Abweichung:
Fundament	*15.05.*	*10 Tage Verzug*	*Die Fundamente für die Ampelmasten entsprechen nicht unseren Spezifikationen.*
Steuerung	*15.06.*	*10 Tage Verzug*	Zum vereinbarten Termin ist nur ein Teil der Ampelsteuerung geliefert worden.

Kosten (EUR) – Berichtszeitpunkte – heute – genehmigtes Budget – Gewinne (EUR)

Meilensteine	Datum
Start:	*1.1.*
◇ *Angebot abgegeben*	*15.2.*
○ *Vertrag liegt vor*	*15.3.*
□ *Systemauslegung abgeschl.*	*15.4.*
▽ *Tief- und Straßenbau fertig*	*15.5.*
△ *Anlage errichtet*	*15.6.*
✣ *Anlage abgenommen*	*30.6.*
⊘ *Projekt abgeschlossen*	*15.7.*

Details siehe Tabelle "Analyse der Störgrößen":
1) Fundamenterneuerung
2) Teile der Steuerung fehlen

Eingeleitete Maßnahmen:

1.) Die Fundamente werden erneuert. Durch Umplanung muss noch ein Terminverzug von 10 Tagen verhindert werden. Die Kosten trägt der Lieferant.

2.) Lieferung der Steuerung angemahnt. Zur Risikoabsicherung ist der Einbau von Teilen einer Altanlage vorgesehen, falls der Lieferant die Frist nicht einhält.

31.05. — *Gut*
Datum — (Projektleiter)

Bild 4.20: Projektkurzbericht für das Projekt „Ampel am Gymnasium"

Folgende Schritte sind im Regelfall erforderlich:

1. Aktuelle Informationen über Status einholen
2. Terminplan aktualisieren und Fortschritt in der Meilenstein-Trendanalyse dokumentieren
3. Mitkalkulation aktualisieren und Vorschauwert in der Kosten-Trendanalyse dokumentieren
4. SOLL/IST-Vergleiche und Abweichungen dokumentieren und kommentieren
5. Kunden – und Mitarbeiterzufriedenheit kommentieren
6. Maßnahmenvorschläge dokumentieren
7. Verteilung an Bereichsleitung
8. Präsentation in der monatlichen Projektleiter-Besprechung.

In größeren Firmen werden pro Monat oder pro Quartal Kurzberichte pro Projekt zu einem „bunten Bericht" zusammengestellt. Auf diese Weise kann sich die Geschäftsleitung schnell einen Überblick über den Stand aller Projekte verschaffen. Wenn sich die Geschäftsleitung nicht nur bei Problemfällen meldet, sondern auch Projektleiter besonders gut verlaufender Projekte anspricht, dann bewirken die Kurzberichte zusätzlich Anerkennung und Motivation. Wir haben in unserer Beratungs- und Projektpraxis erlebt, dass der eine oder andere Projektleiter bewusst Falschinformationen in einem Bericht an die Geschäftsleitung dargestellt hat, um die Reaktion zu testen. Passiert darauf nichts, so verlieren die Berichte ihre Akzeptanz.
Mit dem Abschluss der Projektplanung verteilt der Projektleiter an seine Teilprojektleiter bzw. Verantwortlichen für Arbeitspakete vier Berichtsblätter. Diese werden monatlich ausgefüllt an den Projektleiter weitergeleitet. Der Projektleiter wertet die Berichte aus, aktualisiert die Balken- und Netzpläne, bringt die Mitkalkulation auf den neuesten Stand und erstellt seinerseits den oben erläuterten Kurzbericht für das Management und den Kunden.

Der Teilprojekt-/Arbeitspaket-Bericht besteht aus folgenden Teilen (siehe Bilder 4.21):

- Stammdaten
- IST-Daten pro Aufgabe
- Prognose-Daten pro Aufgabe
- Abweichungen zu den Voraussetzungen
- Probleme/Schwierigkeiten
- Begründungen
- Maßnahmen/Vorschläge

4.5 Mit Änderungen gekonnt umgehen

Neben den Abweichungen kommen auf den Projektleiter einige Änderungen zu. Wie bereits erwähnt, beeinflussen neben den Abweichungen vor allem Änderungen die ursprünglich festgelegten Projektziele. Deshalb dürfen Änderungen niemals unkontrolliert und nur in Abstimmung mit dem Auftraggeber durchgeführt werden. Das Änderungswesen im Projekt erfordert daher von allen Beteiligten ein hohes Maß an Disziplin.

Allen muss klar sein, dass Änderungen nur im Rahmen eines strengen formalen Ablaufes vorgenommen werden dürfen (siehe Bild 4.22).

1. Ein schriftlicher Antrag ist zu stellen
Einen schriftlichen Antrag auf Änderung kann grundsätzlich jeder Projektbeteiligte stellen. Der entsprechende Fachspezialist im Projektteam muss diesen Antrag überprüfen und die Auswirkungen der eventuellen Änderung auf die Projektziele darlegen.

Arbeitspaket-Bericht: IST- und Prognose-Daten

Firma:	*AMPELFIT*	Auftragnehmer:	*Ingenieurbüro Leiter*
Projekt:	*Ampel am Gymnasium*	Projektleiter:	*Obering. Gut*
Projekt-Nr.:		AP-Verantwort.:	*Meister*
Teilprojekt:		Verteiler:	
Meilenstein:	*MST 1: Angebot abgegeben*		

IST-Daten						Prognose-Daten			
Arbeitspaket PSP-Code	IST-Start	IST-Ende	% fertig	Su.IST-Aufwand	Su.IST-Bezüge (€)	Vorauss. Ende	Vorauss. Dauer	Rest-SOLL-Aufwand	Rest-SOLL-Bezüge (€)
AF 1.6	*02.01.*	*08.01.*	*100 %*	*100*	-				
AF 1.7	*09.01.*	*11.01.*	*100 %*	*200*	-				
AF 1.1	*11.01.*	*15.01.*	*100 %*	*200*	-				
AF 1.8	*15.01.*	*17.01.*	*100 %*	*300*	-				
AF 1.2	*17.01.*		*10 %*	*160*	-	*24.01.*	*40*	*1440*	
AF 1.3						*28.01.*	*16*	*100*	
AF 1.4						*28.01.*	*16*	*100*	
AF 1.9						*30.01.*	*20*	*400*	
AF 1.5						*04.02.*	*24*	*600*	
AF 1.11						*13.02.*	*50*	*100*	
AF 1.10						*15.02.*	*16*	*100*	
Summe:				***960***			***182***	***2840***	

Abweichungen zu den Voraussetzungen:	Probleme/Schwierigkeiten:
Angebote verzögern sich.	*Vorgaben waren zu ungenau.*
	€ 400 Mehrkosten werden erwartet.

Begründung:	Maßnahmen/Vorschläge:
Erstzusammenarbeit	*Gespräche mit Anbietern*

18.1.	*Gut*	*Meister*
Datum	(Projektleiter)	(AP-Verantwortlicher)

Bild 4.21: Arbeitspaket-Bericht: IST- und Prognose-Daten aus dem Projekt „Ampel am Gymnasium“

2. Auftraggeber und Auftragnehmer entscheiden über den Antrag
In einer gemeinsamen Sitzung bewerten Auftraggeber und Auftragnehmer diese Auswirkungen. Sie entscheiden sich dann für oder gegen den Antrag und danach über die Umsetzung des Antrages. Im Fall der Ablehnung wird der Vorgang zu den Akten gelegt und der Antragsteller wird entsprechend informiert.

3. Änderungsmaßnahmen
Im Fall der Annahme sind die veränderten Projektziele festzuschreiben. Der Projektleiter muss alle Betroffenen informieren und dafür sorgen, dass die Projektplanung entsprechend angepasst wird.

4. Überwachung
Außerdem veranlasst und überwacht der Projektleiter die Realisierung.

Diesen Prozess begleitet eine Änderungsliste, sie ähnelt vom Aufbau her der Erledigungsliste sehr:

1. Spalte: Nummer der Änderung
2. Spalte: Datum des Änderungsstartes
3. Spalte: Thema der Änderung
4. Spalte: Zustand der Änderung (A = Antrag, E = Entscheidung, D = Durchführung, F = Fertig)
5. Spalte: Verursacher/Auftraggeber der Änderung
6. Spalte: Kosten/Volumen der Änderung
7. Spalte: Freigabe der Änderung
8. Spalte: Datum der Fertigstellung die Änderung.

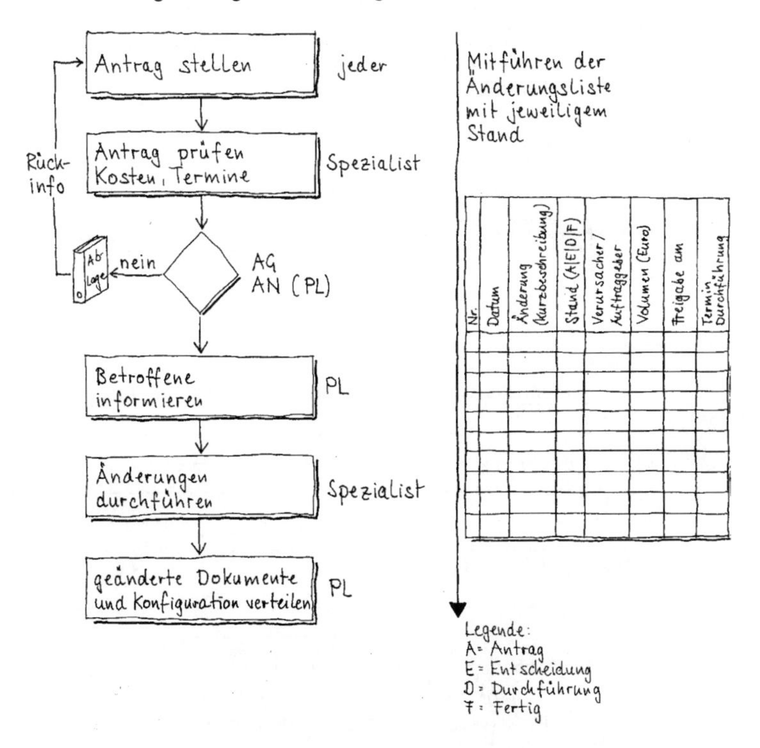

Bild 4.22: Ablauf des Änderungsprozesses behandeln

Änderungsvorschlag

Firma:	*AMPELFIT*	Auftragnehmer:	*Ingenieurbüro Leiter*
Projekt:	*Ampel am Gymnasium*	Projektleiter:	*Obering. Gut*
Projekt-Nr.:		AP-Verantwort.:	
Teilprojekt:		Verteiler:	*Stadtdirektor Ungeduld*
Meilenstein:	*Ampel errichtet*		*Dr. Lampel*

Initiator: *Stadtdirektor Ungeduld*

	Kostenwirksame Änderung	Kostenunwirksame Änderung
Beschreibung der Änderung:	*Die Beschilderung soll vom städtischen Bauhof auf die Straßenbau-Firma wegen fehlender Kapazität beim städtischen Bauamt übergehen.*	
Folgemaßnahmen:	*Eine Schnittstelle entfällt und die Verantwortung geht auf das Ingenieurbüro über.*	
Sonstige Auswirkungen auf Termine, Kosten, Qualität:	*Der Endtermin ist durch die Verlagerung der ausführenden Firma nicht gefährdet. Der Vertrag wird um EUR 1.500,- erhöht.*	
Aufwand für die Änderungsmaßnahmen:	*10 Std.*	

Änderungsentscheidung

[*X*] Der obigen Änderung wird zugestimmt. Folgende Auflagen sind zu berücksichtigen:

1. *Nachtragsangebot erstellen und abzeichnen lassen.*
2.
3.
4.
5.

[ ] Die obige Änderung wird abgelehnt. Begründung:

1.
2.
3.

05.06.	*Gut*	*Leiter*	*Dr. Lampel*
Datum	(Projektleiter)	(Auftragnehmer)	(Auftraggeber)

Bild 4.23: Änderungsvorschlag aus dem Projekt „Ampel am Gymnasium“

Der Änderungsprozess kann sehr gut unterstützt werden, wenn im Unternehmen ein Änderungsformular existiert (siehe Bild 4.23) und klar festgelegt ist, was zu tun ist, falls eine Änderung ins Haus steht.

Bei größeren Projekten ist es sinnvoll, für die Änderungen einen Verantwortlichen aus dem Projekt zu benennen.

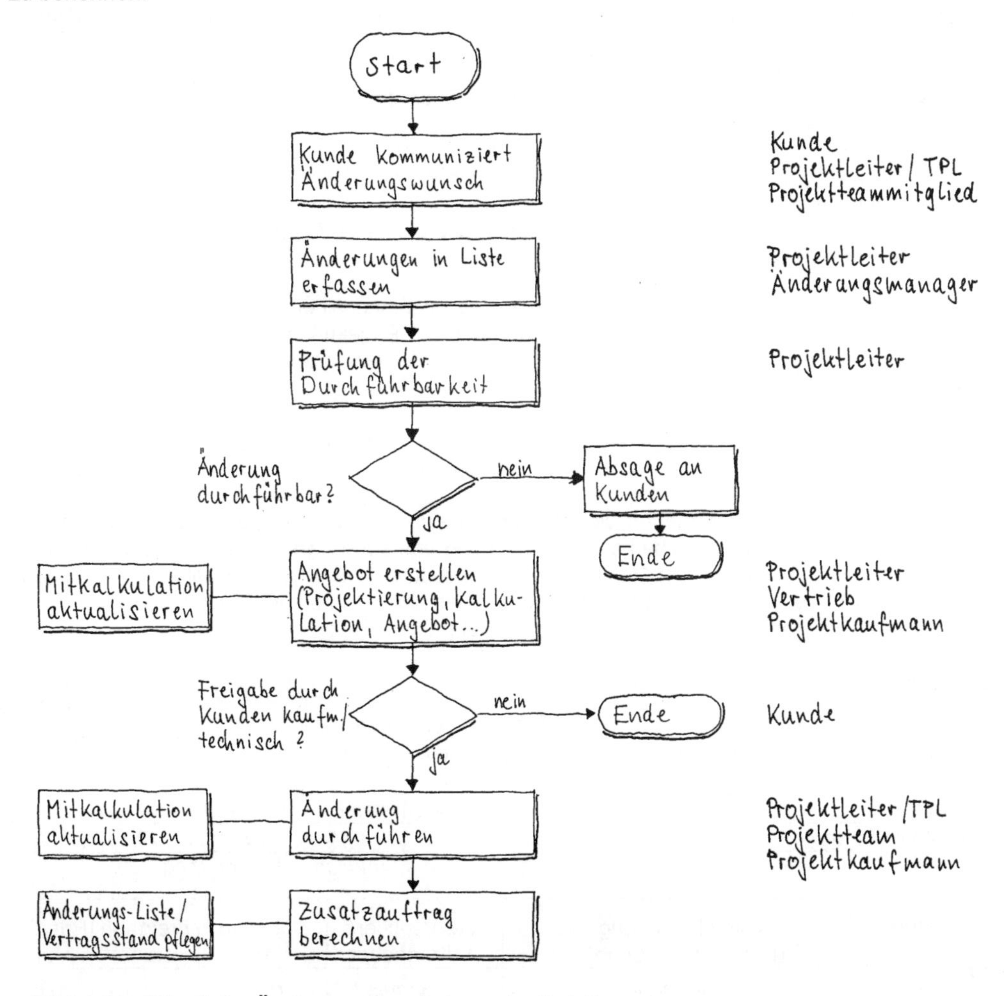

Bild 4.24: Ablauf der Änderungsbearbeitung im Detail

Änderungen sind in unserer kurzlebigen Zeit notwendig oder sogar geschäftsfördernd. Um Missverständnisse und Unordnungen zu vermeiden, ist es sinnvoll, das vorstehend beschriebene Änderungsverfahren unbedingt einzuhalten.

4.6 Forderungen des Kunden geschickt handhaben (Claimmanagement)

Spielen wir in einem Anlagenprojekt den Umgang mit Forderungen durch. Der Kunde stellt eine Forderung „Die Farbe der Schränke für die Niederspannung soll weiß statt grau sein". Zunächst prüft der Projektleiter, ob die Forderung berechtigt oder unberechtigt ist. Wenn die Forderung unberechtigt ist, so wird aus der Forderung des Kunden ein Wunsch. Sie können den Wunsch ablehnen. Dies wäre im Sinne der Kundenorientiertheit unklug. Sie machen dem Kunden ein Angebot (Nachtrag).

Nimmt der Kunde an, so haben Sie einen Zusatzauftrag hereingeholt. Lehnt der Kunde ab, so kann neu verhandelt werden oder der Fall ist erledigt.
Ist die Forderung des Kunden nach der Prüfung berechtigt, so hat der Kunde einen Anspruch. Auch hier ist es klug, den Anspruch ohne Wenn und Aber zu erfüllen. Lehnen Sie den Anspruch ab, so kann der Kunde Sie in Verzug setzen und diesen Anspruch ggf. sogar gerichtlich durchsetzen. In jedem Fall sollte der Projektleiter alle Gespräche schriftlich festhalten und am Besten von beiden Seiten abzeichnen lassen.

Die hier beschriebene Situation stellt keine Änderung im Sinne einer wesentlichen Zielverschiebung dar. Sie beschreibt den Umgang mit Forderungen. Im Projektmanagement sprechen wir von einem Claim. Der Begriff stammt aus der Goldgräberzeit: der Goldgräber bekam ein abgestecktes Gebiet, in dem er schürfen durfte, den Claim.

Im Gegensatz zur verabschiedeten Änderung, die eine Vergrößerung oder Reduzierung eines Vertrages bewirkt, beziehen sich die Claims (Forderungen) auf einen bestehenden Vertrag oder eine bestehende Vereinbarung.
Was wird das sein? Zum einen legen die Vertragsparteien eine Vertragspassage unterschiedlich aus oder es handelt sich um ein Thema, das im Vertrag übersehen worden ist. Zum anderen können es diverse Reklamationen wie Qualitätsmängel, Leistungsreduzierungen, falsche Abmessungen, Transportschäden usw. sein. Zum dritten handelt es sich auch um Mehraufwendungen, wenn der Kunde seine Beistellungen z.B. nicht rechtzeitig liefert.

Claimliste

Firma:	*AMPELFIT*	Auftragnehmer:	*Ingenieurbüro Leiter*
Projekt:	*Ampel am Gymnasium*	Projektleiter:	*Obering. Gut*
Projekt-Nr.:		AP-Verantwort.:	
Teilprojekt:		Verteiler:	*Meister Konstruktion*
Meilenstein:	*Anlage errichtet*		*Unwegsam Straßenbau*
			Gründlich Engineering

Nr.	Datum	Claim/ Forderung (Kurzbeschreibung)	Verursacher/ Auftraggeber	Volumen (€)	Freigabe am	Erledigen bis
1	*30.5.*	*Beschilderung aufstellen*	*Ungeduld*	*1500*	*5.6.*	*30.6.*
2	*15.6.*	*Stromversorgung sichern*	*Gründlich*	*1000*	*16.6.*	*20.6.*

30.6. — *Gut*
Datum — (Projektleiter)

Bild 4.25: Beispiel einer Claimliste aus dem Projekt „Ampel am Gymnasium"

Das **Claimmanagement** definiert, dokumentiert und realisiert die Ansprüche der eigenen Organisation/des eigenen Projektes gegenüber den Vertragspartnern (im Wesentlichen Kunden und Lieferanten bzw. interne Partner) und dient dazu, externe Ansprüche abzuwehren. Es basiert auf den Informationen des Vertrages, des Änderungsmanagements und der Statusberichte aus den Arbeitspaketen des Projektes. Somit ist das Claimmanagement eine übergreifende Funktion, die Einfluss auf Vertragsgestaltung, Verhandlungen und vor allem das wirtschaftliche Ergebnis des Projektes nimmt. Bei großen Projekten fallen viele Claims unterschiedlicher Art an. Das Bild 4.26 zeigt den Durchlauf durch das Projekt und die Firma.

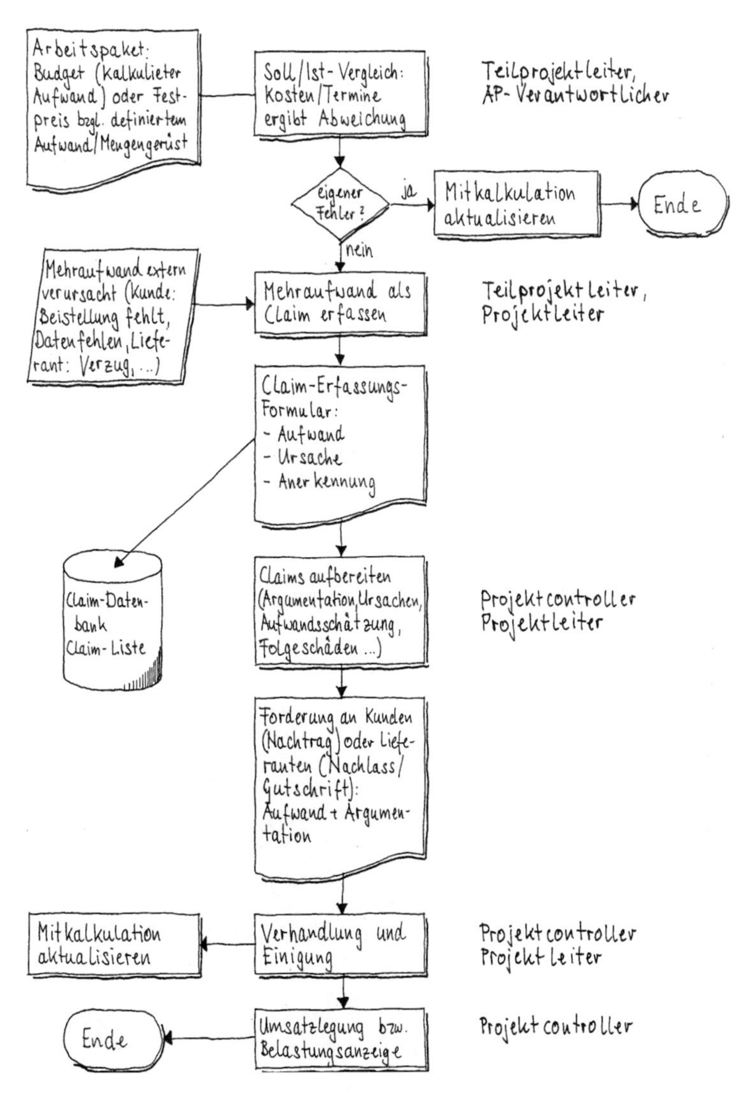

Bild 4.26: Ablauf der Claimbearbeitung im Detail

4.7 Die Meilenstein-Freigabe verbindet Projekt und Linie

Die Meilenstein-Freigabe ist ein entscheidendes Managementinstrument für Projektleiter und Projektteam. Präsentation und Abnahme der Arbeitsergebnisse zum jeweiligen Meilenstein-Termin erfordern viel Disziplin. Der entscheidende Vorteil für das Projektmanagement besteht darin, dass messbare und sichtbare Ergebnisse vorliegen, die eine eindeutige Aussage über den Fortschritt des Projektes und eventuell zukünftige Risiken zulassen. Für die Zusammenarbeit zwischen Linie und Projekt ist die Meilenstein-Freigabe ein äußerst hilfreiches Führungs- und Kommunikationsinstrument.

Auf der Meilenstein-Freigabe ist zu entscheiden:

- ⇨ Abnahme der Arbeitsergebnisse der abgeschlossenen Phase (ggf. mit Nacharbeits-Auflagen)
- ⇨ Freigabe der Planung des folgenden Phasenabschnittes (ggf. Nacharbeits-Auflagen)
- ⇨ Vorläufiges Aussetzen des Projektes
- ⇨ Fortführung des Projektes
- ⇨ Abbruch des Projektes.

Eine Meilenstein-Freigabe ist **keine**:

- Arbeitsbesprechung
- Projekt(status)besprechung
- Informationsveranstaltung
- Problemlösungsbesprechung
- Schulungsveranstaltung.

Eine Meilenstein-Freigabe ist eine straff moderierte Entscheidungssitzung, auf der über vorgelegte Phasenergebnisse offiziell entschieden wird. Anhand von Checklisten wird die Meilenstein-Freigabe vollzogen (Beispiel siehe Bild 4.27).

Tagesordnungspunkte sind:

1. Begrüßung und Ziel der Veranstaltung
2. Überblick Projekt
3. Phasenbericht
4. Diskussion
5. Abnahme
6. Phasenplanung nächste Phase
7. Diskussion
8. Freigabe
9. Protokoll und neue Termine.

Die Meilenstein-Freigabe ist die Schnittstelle zwischen Projekt und Management, z.B. der Geschäftsleitung. Sie zielt darauf ab, einen ordnungsgemäßen Verlauf des Projektes sicher zu stellen und frühzeitig Konflikte zu erkennen und mit den jeweilig Verantwortlichen aus der Linie zu lösen.

Meilenstein-Freigabe (firmenintern)

Firma: *AMPELFIT*
Projekt: *Ampel am Gymnasium*
Projekt-Nr.:
Teilprojekt:
Meilenstein: *Abnahme erfolgt*

Auftragnehmer: *Ingenieurbüro Leiter*
Projektleiter: *Obering. Gut*
AP-Verantwort.:
Verteiler:

Meilenstein-Ergebnisse	Fertig	fehlerhaft	offen	Wer?	Bis wann?
Testprotokolle abgezeichnet	*X*				
TÜV-Gutachten liegt vor			*X*	*Gut*	*15.07.*
Dokumentationsübergabeprotokoll liegt vor	*X*				
Abnahmeprotokoll ist unterzeichnet	*X*				

Ergebnisse:
[ ] Die Phasenergebnisse sind abgenommen.
[X] Die Phasenergebnisse sind mit Auflagen abgenommen.
[ ] Die Phase ist zu wiederholen.
[ ] Die Planung für die nächste Phase ist abgenommen

Auflagen: *Das TÜV-Gutachten wird nachgereicht.*

20.07. — Datum
Gut — (Projektleiter)
Leiter — (Auftragnehmer)

Bild 4.27: Meilenstein-Freigabe für MST „Abnahme erfolgt“ beim Projekt „Ampel am Gymnasium“

Mit dem Projektstart haben wir die technischen, juristischen, kommerziellen und terminlichen Risiken betrachtet und im Rahmen der Projektplanung zu reduzieren versucht. Die im Laufe des Projektes auftretenden Unwägbarkeiten haben wir bis jetzt als Abweichung, Änderung oder Claim klassifiziert und danach gehandelt. Abweichungen und besonders Änderungen sollten bezüglich des Risikos gründlich untersucht werden. Besonders gefährliche Risiken für das Projekt sollten Sie erkennen und nach Wahrscheinlichkeit, Tragweite und Kosten bewerten und dokumentieren. Sie müssen die Beseitigung der Risiken überwachen. Einschlägige Methoden wie ABC-Analyse und PERT-Methode helfen hier ein Stück weiter.

Im Laufes des Projektes sollte sich das Team über Folgendes Gedanken machen:

Wenn wir das Projekt nochmals durchführen,

- Was würden wir genauso machen?
- Was würden wir anders machen?
- Also, was machen wir ab sofort anders?

Aus Erfahrungen soll gelernt werden. Zukünftige Planungen werden sich dadurch deutlich verbessern, und die Abwicklung des Projektes wird eindeutig erleichtert.

Kennzahlen sind Zahlenwerte von Kenngrößen, die als Maßstab für wirtschaftliche oder technische Zusammenhänge benutzt werden. Kennzahlen können ein Hilfsmittel sein, um Erfahrungen auszudrücken. Da Kennzahlen aber immer die Erfahrungen vereinfachen, besteht auch die Gefahr, dass sie falsch vereinfachen und falsch verstanden werden. In [28] werden eine Reihe von Kennzahlen beschrieben, wie z.B.:

- Kennzahlen der Planungstechnik
- Kennzahlen der Kosten und Finanzen
- Kennzahlen der Fortschrittskontrolle
- Kennzahlen der Projektabwicklung als Ganzes
- Kennzahlen des Projekterfolges.

Projektkennzahlen für die Projektarbeit sind ein junges Wissensgebiet.

4.8 Die Projektsteuerung lebt von der Zusammenarbeit

Neben dem handwerklichen Rüstzeug ist die Art und Weise der Zusammenarbeit das A und O in der Projektverfolgung. Diese Zusammenarbeit werden wir nach dem sachlichen und dem zwischenmenschlichen Gesichtspunkt aufrollen.

Zur Einstimmung der Zusammenarbeit einige Denkanstöße [12]:

- Ein erfolgreiches Führungsverhalten zeichnet sich durch einen kooperativen, beratenden Führungsstil aus.
- In Ausnahmesituationen, das heißt in unklaren, schwierigen Situationen, bei denen großer Kosten- und Termindruck vorherrscht, greifen erfolgreiche Projektleiter durchaus autoritär ins Projektgeschehen ein.
- Erfolgreiche Projektleiter orientieren sich an Aufgaben, sie denken aber auch an die Personen.
- Auftretende Konflikte werden nicht geleugnet, sondern einer Lösung zugeführt.
- Die beste Form der Konfliktbewältigung sind offene, direkte Gespräche unter Beteiligung aller Betroffenen.

- Schrecken Sie nicht davor zurück, wenn Ihre Bemühungen gescheitert sind, den Konflikt zur Lösung in die Linie hineinzutragen.

Gelungene Projekte zeigen in der Praxis, dass die Säulen des Erfolges systematisches Arbeiten, richtiges Führungsverhalten des Projektleiters und gelungene Kooperation im Team sind.

Wenden wir uns zuerst dem sachlichen Gesichtspunkt der Zusammenarbeit zu.

Neben reinen Arbeitssitzungen sind die Projekt(status)besprechung und die Meilenstein-Freigabe zwei sehr wesentliche Projektmanagement-Foren. Deshalb sollten folgende Regeln eingehalten werden, die die Moderation und Protokollführung von Besprechungen erleichtern und beschleunigen:

Vor der Besprechung:

- Jeder Teilnehmer kommt schriftlich vorbereitet mit seinen Projektergebnissen, Ausblick, Problemen und Maßnahmen.
- Alternativen durchdenken (sachlich, terminlich, kostenmäßig).
- Unterlagen nach Tagesordnung geordnet einpacken.
- Informationen, Daten vor der Besprechung besorgen.
- Liste offener Punkte durchgehen und „Erledigtes" abhaken.
- Die bekannten Besprechungsgebote nochmals anschauen.

Während der Besprechung:

- Störungen wie Handy, Laptop usw. abstellen.
- Aufruf durch Moderator abwarten.
- Wortmeldungen auf Karten beim Moderator abgeben.
- Zeitliche Trennung zwischen Informations- und Diskussionsteil.
- Diskussionsbeiträge in Aufgaben überführen.
- Aufgaben durch Moderator in LOP festlegen (ws, wer, mit wem, bis wann).
- Protokollsubstanz für alle gut sichtbar aushängen

Nach der Besprechung:

- Die Aktivitäten werden abgearbeitet und dem Moderator als erledigt gemeldet.
- Protokoll nach Konsequenzen durchforsten.
- Vorbereitung der kommenden Besprechung einplanen.

Diese Regeln allein bieten keine Garantie für erfolgreiche Besprechungen. Sie können jedoch den richtigen Ablauf von Kooperations- und Entscheidungsprozessen unterstützen, um Zeit zu sparen und Enttäuschungen zu verringern. Wir betrachten nun diese Prozesse etwas näher.

Zum **Entscheidungsprozess** gehören nicht nur das Lösen eines Problems und die dafür notwendige Kommunikation zwischen den Mitgliedern eines Arbeitsteams. Nach Möglichkeit sollten auch die an der Entscheidung Beteiligten von der Richtigkeit der Entscheidung überzeugt sein. Man darf nie vergessen, dass vor jeder Entscheidung zunächst die unterschiedlichsten Meinungen und damit Konflikte im Team bestehen. Oft sind nicht nur die Meinungen verschieden, wie ein Ziel zu erreichen ist, sondern es bestehen auch unterschiedliche Auffassungen über das wünschenswerte Ziel selbst.
Bevor man sich darüber einigt, wie man am schnellsten ins Kino oder ins Theater kommt, muss man sich darüber klar werden, welches Theaterstück oder welchen Film man sehen möchte!

Aus den unterschiedlichen Interessenlagen resultieren dann oft – je nach der Bedeutung des Zieles – entsprechende Machtkämpfe. Um diese Phase zu verkürzen, muss eine Gruppe zunächst objektive Grundlagen für die Problemdiskussion zur Erreichung eines Ziels schaffen.

Die folgenden Punkte sollen einige Schritte herausstellen, die bei der Lösung eines Problems von der Gruppe zunächst geklärt werden müssen:

⇨ Das Ziel und die Mittel zur Erreichung müssen zunächst genau bestimmt werden.
⇨ Die Teilnehmer müssen sich über die Ziele bzw. die Kriterien einigen, nach denen die Lösungen bewertet werden sollen.
⇨ Die unterschiedlichen Interessenslagen, Zielvorstellungen und Bewertungskriterien der Teilnehmer müssen allen klar sein.
⇨ Alle verfügbaren Informationen, die für die Lösung des Problems wichtig sein können, müssen gesammelt werden.
⇨ Nach der Entscheidung muss die Bereitschaft jedes Einzelnen, sich hinter diese Entscheidung zu stellen, sichergestellt werden.

Meistens wird jedoch nicht versucht, eine Lösung in logischen Schritten zu finden bzw. ist es einer Gruppe oft nicht möglich, den Entscheidungsprozess bewusst gemeinsam zu steuern. Schauen wir uns einmal an, wie die „Einigung" bei einer Problemlösung in ungeübten Gruppen vor sich geht:

⇨ Jemand macht einen Vorschlag, aber er wird bei der allgemeinen heftigen Diskussion gar nicht beachtet.
⇨ Ein Vorschlag wird begeistert aufgenommen, dann hat ein anderer eine „noch bessere" Idee, der alte Vorschlag wird sofort fallen gelassen und nicht mehr auf seine Verwendungsmöglichkeit hin untersucht.
⇨ In der Gruppe ist ein Experte, alle möchten eigentlich widersprechen, aber niemand tut es, aus Angst, sich zu blamieren.
⇨ Einige haben sich schon vorher über die beste Lösung geeinigt (oder entdecken diese Einigkeit lautstark in der Sitzung) und wollen sich jetzt nur noch die richtigen Bälle zuwerfen. Die Übrigen schweigen.
⇨ Man gibt sich demokratisch und beschwört als einzig mögliche Lösung eine Abstimmung. Keiner widerspricht, weil er ja nicht undemokratisch sein will. Scheinbar herrscht allgemeine Übereinstimmung – aber leider werden die (stillen) Unzufriedenen auf alle möglichen Arten versuchen, den Mehrheitsbeschluss heimlich zu umgehen.

In realen Entscheidungsprozessen können wir diese Phänomene oft schwer verfolgen, besonders wenn wir selbst sehr engagiert daran teilnehmen. Wir stellen nur hinterher fest, dass eigentlich keiner mit der getroffenen Entscheidung richtig einverstanden ist. Deshalb ist sehr auf die zwischenmenschliche Kommunikation zu achten. Konflikte müssen frühzeitig erkannt und gelöst werden.

4.9 Konflikte während des Projektes aktiv lösen

Hier wollen wir folgende Themen stärker beleuchten:

- Konfliktformen
- Konfliktbehandlung
- Macht und Hierarchie
- Motivation und
- Identifikation.

Konflikte und Konfliktformen
Ein Konflikt ist eine Spannungssituation, in der zwei oder mehr Parteien, die von einander abhängig sind, mit Nachdruck versuchen, scheinbar oder tatsächlich unvereinbare Handlungspläne zu verwirklichen und sich dabei ihrer Gegnerschaft bewusst sind.

Ein sozialer Konflikt ist damit keine Meinungsverschiedenheit, weil keine Streitpunkte über Standpunkte, Fakten, Anschauungen oder Vorlieben im Mittelpunkt stehen, sondern klare Handlungen.

Wir unterscheiden zwischen intra-individuellen Konflikten (Konflikte in einer Person) und inter-individuellen Konflikten (Konflikte zwischen Personen).

Annäherungs-Vermeidungs-Konflikt
Diese Konfliktform zeichnet sich durch das gleichzeitige Vorhandensein von einem positiven und einem negativen Reiz in der gleichen Situation aus und den damit jeweils verbundenen Annäherungs- bzw. Vermeidungskomponenten für eine Reaktion. Je mehr sich die zwei Reizkomponenten in ihrer Stärke entsprechen, um so intensiver ist auch der Konflikt. Abhängig welcher Reiz in seiner Antriebskraft überwiegt, wird auch die entsprechende Reaktion ausfallen.

Vermeidungs-Vermeidungs-Konflikt
Zwei Reize werden so dargeboten, dass die Vermeidung des einen Reizes gleichzeitig eine Annäherung an den anderen, ebenfalls Vermeidung auslösenden Reiz bedeutet. „Egal, was ich jetzt tue, mich erwarten auf jeden Fall Konsequenzen."

Annäherungs-Annäherungs-Konflikt
Die Qual der positiven Wahl. Jeder Reiz hat positive Folgen. Für Menschen mit Entscheidungsschwierigkeiten entsteht dadurch ein Problem.

Es gibt niemals nur eine Ursache für einen Konflikt. Es kann zwar eine Ursache geben, der die Konfliktparteien die meiste Bedeutung beimessen und die den Konflikt tatsächlich ausgelöst hat. Es gibt, unbedingt und unausweichlich, noch mindestens eine weitere Ursache für den Konflikt, wie zum Beispiel:

- Einstellungen,
- Veränderung,
- Mittelverfügbarkeit,
- Wertvorstellungen,
- Streben nach Macht, Anerkennung oder Erfolg,
- ungenau abgegrenzte Zuständigkeitsbereiche.

Eine der wirkungsvollsten Techniken zur Bewältigung eines Konfliktes besteht darin, sämtliche Ursachen eines Konfliktes zu erkennen, um dann die Parteien veranlassen zu können, Lösungen zu finden, um an verschiedenen Stellen Zugeständnisse zu erhalten.

Konflikte aktiv angehen
Für viele Menschen sind Konflikte etwas Unangenehmes. Konflikte werden oft als Störungen bewertet, die es zu vermeiden gilt. Eine solche Einstellung gegenüber zwischenmenschlichen Beziehungen führt zu einem Verhalten, bei dem die Kollegen nicht mehr offen zueinander sein können und einen Teil ihrer Persönlichkeit unterdrücken müssen. Aus Angst vor Konflikten vermeiden es Menschen, unterschiedliche Bedürfnisse zu offenbaren. Solche Unterschiede in Bedürfnissen und Wünschen werden als Bedrohung erlebt, weil sie allzu selten auf eine befriedigende Art und Weise gelöst werden können. Häufig ist dann eine unterschiedliche Interessenslage verknüpft mit dem Gefühl: „Wenn ich etwas anderes möchte als mein Kollege, dann ist das ein Zeichen dafür, dass

ich ihm nicht verbunden bin.“ Die Folge ist, dass sich Menschen in Beziehungen nicht mehr so geben können, wie sie wirklich sind und empfinden. Die eigenen Wünsche werden zurückgehalten, weil sie die Gegensätze deutlich machen würden.

Die Unfähigkeit, mit Konfliktsituationen umzugehen, macht es uns unmöglich, anderen Menschen unsere eigenen Interessen mitzuteilen, wenn wir annehmen, dass diese Menschen andere Interessen haben.

Akzeptieren wir die Verschiedenheit zwischen Menschen und damit die Existenz von Konflikten, dann werden wir Beziehungen haben, in die sich jeder Kollege einbringen kann.

Auf die Kommunikation kommt es an
Die Angst vor Konflikten führt oft zu distanzierten Beziehungen. Menschen befürchten, dass ihre Beziehungen Störungen und Konflikte nicht ertragen. Durch Kontrolle und mangelnde Offenheit entstehen Missverständnisse. Die einzelnen Teammitglieder haben Vermutungen über die anderen, die häufig falsch sind. Dies führt zu zweideutiger Kommunikation. Ärger und Frustration über unbefriedigte Bedürfnisse und Wünsche werden in nonverbalen Signalen deutlich werden. Unsere Worte sagen dann etwas anderes als unser Verhalten. Ein offenes Gespräch könnte Missverständnisse ausräumen.

Gefühle müssen direkt in Ich-Form, nicht in Du-Form mit Vorwürfen, ausgedrückt werden.

Die Angst vor Gefühlen führt zur Verschleierung von gegensätzlichen Interessen und zu Distanz und ungeprüften Vorstellungen über das, was der andere von mir erwartet, und demzufolge zu widersprüchlicher Kommunikation.

Eine angemessene Seite der Konfliktbewältigung führt zu einer Bereicherung der Beziehung. Sie ermöglicht eine bessere Befriedigung der Interessen aller Beteiligten. Konflikte, die angemessen bewältigt werden, tragen zu einer aktiven Gestaltung der Beziehung bei. Bedürfnisse, die in Beziehungen auftreten, können sich ändern, und das Aufeinanderabstimmen individueller Wünsche wird zur ständigen Aufgabe einer Beziehung.

Konflikte langfristig lösen
Welche Lösung eines Konfliktes ist die beste?

1. Sie gewinnen?
2. Ihr Gegenspieler gewinnt?
3. Beide verlieren?

Das Problem besteht nicht darin, wie Sie Ihren Widersacher in die Knie zwingen, sondern es gilt eine Lösung zu finden, mit der beide zufrieden sind, so dass Ihre Beziehung auch nach Beilegung des Konfliktes auf die gleiche oder eine bessere Art fortbestehen kann, als es zuvor der Fall war.

Eine Beeinträchtigung oder Zerstörung der Beziehung muss immer verhindert werden, denn die Beziehung ist immer viel wichtiger als der Konflikt. Sie können keine Einigung erzielen, ohne nachzugeben. Wenn Sie niemals nachgeben, verhandeln Sie auch nicht. Sie zwingen Ihre Gegenpartei, sich Ihrem Willen zu beugen.

Gestalten Sie persönliche Angriffe in sachbezogene Auseinandersetzungen um. Wenn die Gegenseite Sie persönlich angreift, dann widerstehen Sie der Versuchung, sich zu verteidigen oder Ihrerseits die Gegenseite anzugreifen. Lehnen Sie sich statt dessen zurück und gestatten Sie dem anderen, Dampf abzulassen. Lenken Sie dann die Auseinandersetzung auf das sachliche Problem.

Lassen Sie der Person Zeit, die Angelegenheit noch einmal zu überdenken und drängen Sie auf keine vorschnelle Entscheidung.

Aushandeln von Interessen / Akzeptieren unterschiedlicher Bedürfnisse
Beim Aushandeln von Interessen erforschen Sie die Gründe für das Verhalten Ihres Gegners, um anschließend Mittel und Wege zur Beseitigung der Ursache für unerwünschtes Verhalten zu finden. Der professionelle Verhandlungsführer wird kreative Lösungen finden, bei denen die Interessen aller Parteien berücksichtigt werden:

1. Fragen Sie nach den Gründen für eine bestimmte Position.
2. Überlegen Sie, ob Sie dem anderen seinen Willen lassen können.
3. Suchen Sie einen anderen Weg, damit er das bekommt, was er will.

Je mehr Phantasie Sie aufbringen, um herauszufinden, was der andere tatsächlich will oder zu versuchen, ihn zufriedenzustellen, desto wahrscheinlicher ist es, eine Konfliktlösung zu finden, die Ihrem Gegner ebensogut gefällt wie Ihnen.

Arbeiten Sie die Interessen und Bedürfnisse beider Konfliktparteien heraus. Häufig kommt es vor, dass keiner versteht, was der andere eigentlich will, weil jeder damit beschäftigt ist, die Vorteile der eigenen Lösungsmöglichkeit darzustellen. Nur wenn beide Seiten das Gefühl haben, dass der Partner die eigenen Interessen und Bedürfnisse verstanden und akzeptiert hat, ist eine Suche nach gemeinsamen Lösungen möglich. Akzeptieren Sie bei Konflikten, dass Sie und Ihr Partner unterschiedliche Bedürfnisse haben. Nehmen Sie Ihre eigenen Bedürfnisse und die Ihres Partners ernst, und bemühen Sie sich zunächst nur zu verstehen, was das Gegenüber von Ihnen will. Finden Sie dann eine Lösung, zu der beide Parteien „Ja" sagen können.

Für eine partnerschaftliche Konfliktlösung ist es sehr wichtig, dass sich die Konfliktpartner immer wieder selbst prüfen, ob sie noch Einwände haben. Wenn dies der Fall ist, wird die erarbeitete Lösung kaum in die Tat umgesetzt werden. Die Suche nach einer für alle Beteiligten akzeptablen Lösung geht weiter.

Finden Sie möglichst viele Wege, um Ihren Gegenspieler zufrieden zu stellen, zum Beispiel finden Sie das tatsächliche Ärgernis des Gegners heraus, um dann die Ursache zu beseitigen, oder wir geben etwas, was uns nichts oder nur wenig kostet, für den Empfänger jedoch wertvoll ist.

Die Mini-Max-Strategie
Im Idealfall sind alle Konfliktparteien Anhänger des Aushandelns von Interessen, und jeder ist bemüht, dem anderen entgegen zu kommen. Doch häufig sieht die Realität anders aus.

So schwierig sich die Situation auch darstellen mag oder so hartnäckig sich Ihr Gegenüber auch zeigt, es gibt immer einen Weg, sich zu einigen. Die Mini-Max-Strategie basiert auf der Annahme, dass die meisten Menschen bereit sind, etwas zu geben, wenn sie auch etwas dafür bekommen oder etwas behalten dürfen. Mit der Mini-Max-Strategie finden die Parteien etwas, was sie austauschen können und das für den anderen akzeptabel ist. Es kann sein, dass dabei keine der Parteien all das bekommt, was sie will. Doch jede Partei sollte soviel bekommen, dass sie vom Verhandlungstisch zufrieden aufsteht.

Stellen Sie folgende Fragen:

1. **Was ist das Mindeste, auf das ich mich einlassen will?**
   Sie müssen sich darüber klar werden, was Sie gerne hätten und was Sie tatsächlich benötigen. Wenn Sie sich keine Untergrenze gesetzt haben oder nicht bereit sind, die Verhandlungen notfalls abzubrechen, fehlt Ihnen die Basis zum Verhandeln.

1. **Was ist das Äußerste, was ich verlangen will, ohne dass ich mich lächerlich mache?**
   Schätzen Sie Ihre Situation realistisch ein.

2. **Worauf will ich maximal verzichten?**
   Schätzen Sie Ihre Situation realistisch ein.

4. **Was ist das Mindeste, was ich anbieten will, ohne dass ich ausgelacht werde?**
   Schätzen Sie Ihre Situation realistisch ein.

Wenn Sie sich über all dies im Klaren sind, sind Sie auf die anstehenden Verhandlungen gut vorbereitet. Ihre Forderungen werden in einem vernünftigen Rahmen liegen, und sie haben eine realistische Chance, dass sie erfüllt werden.
Wir müssen akzeptieren, dass wir etwas geben müssen, wenn wir etwas bekommen wollen. Wenn nicht alle gewinnen können, ist es trotzdem möglich, die Verluste so gering wie möglich zu halten.

Ich gewinne – Du gewinnst: Jede Partei setzt all ihre Fähigkeiten und Phantasien ein, um der anderen eine ganze Palette von Vorteilen aufzuzeigen, die diese alleine gar nicht erkannt hätte.

Gesprächsführung in Konfliktsituationen
Konflikte beeinträchtigen Handlungspläne. Den Handlungsplänen liegen Bedürfnisse, Interessen und Einstellungen zugrunde. Diese sind der „Motor“ von Konflikten überhaupt. Wenn wir Konflikte bewältigen wollen, dann müssen wir diesen Motor herausfinden. Dies ist möglich, solange ein partnerschaftliches Verhalten von beiden Seiten gezeigt wird und sich beide Parteien auf dieser Basis dem Konfliktgespräch stellen. Wird diese Ebene verlassen, dann ist eine eher direktive Gesprächsführung anzutreffen, die bis hin zu autoritär einseitig getroffenen Entscheidungen reicht.

Regeln, die eine partnerschaftliche Konfliktregelung ermöglichen:

⇨ Verständnis für anders gelagerte Interessen, Motive; Gefühle zeigen
⇨ Eigene Interessen, Motive und Gefühle offen legen
⇨ Den anderen akzeptieren
⇨ Umformulierung eines Vorwurfs in einen Wunsch
⇨ Das Wort „aber“ durch „und“ ersetzen
⇨ Offen Fragen stellen: z.B. „Welche Motive haben Sie?“ „Was ist Ihre Absicht?“
⇨ Fragen zur Konkretisierung des Konfliktes stellen
⇨ Sich vergewissern, ob man den anderen richtig verstanden hat
⇨ Aktives Zuhören: mit eigenen Worten zusammenfassen und ggf. nachfragen
⇨ Missverständnisse und Vorurteile klären
⇨ Ich-Aussagen senden, Du-Botschaften vermeiden
⇨ Sich Zeit nehmen
⇨ Gemeinsam Zwischenergebnisse formulieren
⇨ Das Gespräch mit einem gemeinsam formulierten Ergebnis abschließen.

Konfliktlösung Schritt für Schritt angehen

⇨ Wo genau liegt der Konflikt?
Identifizieren Sie den Konflikt genau, und grenzen Sie ihn ab. Haben Sie Verständnis für den anderen und suchen Sie nach Hintergründen und Motiven.

⇨ Welche unterschiedlichen Lösungsmöglichkeiten ergeben sich?
Entwickeln Sie verschiedene Lösungsmöglichkeiten, ohne sie zu entwerten. Erarbeiten Sie mehrere Alternativen, um den Handlungsspielraum zu erweitern.

⇨ Welches Für und Wider beinhalten die möglichen Lösungen?
Vor- und Nachteile der Lösungsmöglichkeiten gemeinsam aufschreiben, Gefühle der Konfliktparteien bei den Vorschlägen offenlegen.

⇨ Wie sieht die beste annehmbare Lösung aus?
Entscheiden Sie sich für die beste Lösung. Erfragen Sie, ob alle Beteiligten die Lösung annehmen oder ob noch Vorbehalte da sind.

⇨ Wie wird die Lösung umgesetzt?
⇨ Erarbeiten Sie Wege zur Ausführung der Entscheidung. Setzen Sie klar fest, wer was bis wann macht.

⇨ War die getroffene Entscheidung zur Regelung des Konfliktes richtig?
⇨ Überprüfen Sie gemeinsam die Umsetzung der Lösung in die Realität. Festigen Sie die gemeinsam erarbeitete Plattform.

Die Bilder 4.28, 1. Teil und 2. Teil, zeigen die **10 Schritte des Konfliktbearbeitung**, sowohl die sachlichen als auch die emotionalen Aspekte auf.

4.10 Konflikte zwischen „Linie“ und „Projekt“

Ein besonderer Konflikt ist die unterschiedliche Interessenslage zwischen Linie und Projekt am Beispiel der Ressourcenvergabe. Deshalb ist es wichtig, sich diesem Konflikt zu stellen.
Wir sehen, dass die Menschen verschiedene emotionale Bedürfnisse haben, die sie erfüllt sehen möchten. Die Bedürfnisse – soweit sie das Problem der Identität und der Ziele betreffen – können wir mehr der persönlichen Ebene zuordnen, während Bedürfnisse – soweit sie das Problem der Macht und der Intimität betreffen – mehr der interpersonellen Ebene zuzuordnen sind.

Konfliktmanagement ist ein Prozeß, der Zeit benötigt.

Die rationale Seite

Die emotionale Seite

1 Nehmen Sie Konflikte wahr und schauen Sie, worin die Abweichung besteht (verschiedene Erwartungen, Ziele, Absprachen).

Ich kläre bei mir meine eigenen, inneren Spannungen. Wie geht es mir mit der Abweichung?

ϟ ! ?

2 Überlegen Sie sich Zeitpunkt, Ort, Gelegenheit, Sitzordnung zur Konfliktklärung.

Ich bringe Verständnis für den anderen auf, wechsel den Standort, um die Situation des anderen zu verstehen.

3 Sprechen Sie das Problem, den Konflikt an.

GRRRR!

Ich versuche meinen Ärger, meinen Zorn oder meine Wut in Wünschen auszudrücken.

4 Signalisieren Sie, daß Sie den Konflikt einvernehmlich lösen wollen.

Ich achte auf die Gesprächsebene und setze geeignete Kommunikationsmittel ein.

Vernunft

Gefühle

Bild 4.28, 1. Teil: Konfliktbearbeitung Schritt 1 bis 4

Bild 4.28, 2. Teil: Konfliktbearbeitung Schritt 5 bis 10

Ein dritter Problemkreis kommt hinzu, der durch die Sachproblematik bestimmt wird. Entsprechend können wir das Interaktionsverhalten der Mitglieder im Projekt und vom Projekt zur Linie in drei generelle Verhaltenskategorien unterteilen, welche diese drei Problemkreise betreffen:

1. Selbstorientiertes Verhalten
2. Interaktionsorientiertes Verhalten
3. Aufgabenorientiertes Verhalten.

Ihre soziale Wahrnehmungsfähigkeit können Sie steigern, indem Sie sich z.B. bei oder nach einer Diskussion mit den folgenden Fragen beschäftigen:

1. **Selbstorientiertes Verhalten**
   Welche Verhaltensweisen waren mehr an der Erfüllung der eigenen Bedürfnisse interessiert als daran, dem Team bei seiner Aufgabe zu helfen?
   Beispiele: Versuche, die Diskussion zu beherrschen, andere unterbrechen, nicht zuhören, erregt und empfindlich reagieren, hinweggehen über Argumente, Verantwortung ablehnen.
   Wer tat es? Was tat er? Was waren die Effekte seines Verhaltens bei den anderen?

2. **Interaktionsorientiertes Verhalten**
   Welche Verhaltensweisen halfen den Teammitgliedern, mit den anderen wirksam zusammenzuarbeiten?
   Beispiele: Andere ansprechen, andere in die Diskussion hineinziehen, bei unterschiedlichen Meinungen vermitteln, gute Beiträge aufgreifen, Spannungen mildern, zur Kooperation ermutigen. Wer tat es? Was tat er? Was waren die Effekte seines Verhaltens bei den anderen?

3. **Aufgabenorientiertes Verhalten**
   Welche Verhaltensweisen waren darauf gerichtet, die Aufgabe zu lösen?
   Beispiele: Dinge in Gang bringen, Informationen mit anderen teilen, Meinungen vertreten, organisieren, klären, zusammenfassen, Übereinstimmung feststellen.
   Wer tat es? Was tat er? Was waren die Effekte seines Verhaltens bei den anderen?

Im Verlauf einer schwierigen Diskussion meldete sich ein Bereichsleiter zu Wort und machte folgenden Vorschlag: „Ich empfehle Ihnen, Teile des Projektes aus der Phase A auszuklammern und zu einem späteren Zeitpunkt in der Phase B weiterzuverarbeiten“. Dieser Vorschlag wurde vom Geschäftsführer unterstützt: „Mir scheint das auch sinnvoll, denn auf diese Weise halten wir den Endtermin und das ist dem Vorstand wichtig“. Mit diesem Vorschlag war die Sitzung beendet, es gab weder Einwände, noch Gegenargumente. Beim anschließenden Mittagstisch (ohne die Führungskräfte) klang es ganz anders: „Die haben ja leicht reden; die geforderte Verschiebung von Projektteilen aus Phase A in die Phase B ist außerordentlich aufwändig und verlangt einen hohen technischen Einsatz. Es ist immer das gleiche: das Management kommt mit wenig Detailkenntnissen und setzt uns neue Forderungen vor die Nase“.

Was ist passiert? Analysieren wir die Situation:

- Mehrere Menschen unterschiedlicher Hierarchiestufen sitzen in einem Raum.
- Ein Bereichsleiter macht einen Vorschlag: „Ich empfehle Ihnen ...“
- Der Geschäftsführer unterstützt diesen Vorschlag: „Mir scheint das ...“
- Es gab keine Einwände, keine Gegenargumente.
- Beim Mittagessen wurde aus der Empfehlung eine „geforderte Verschiebung“.
- Es wird über das Management geschimpft.

Vielleicht reagieren Sie ärgerlich auf dieses Beispiel und meinen, es sei an den Haaren herbeigezogen. Wir sind hier anderer Meinung, denn wir beobachten, dass Mitarbeiter in Gesprächen mit Führungskräften ihre Meinung nicht klar und deutlich äußern. Sie warten darauf, dass einer dem anderen etwas sagt, und da niemand etwas sagt, kommen die Bedenken nicht auf den Tisch. Ein Vorschlag oder eine Idee von Führungskräften wird nicht hinterfragt und statt dessen nach einer Sitzung in kleinerem Kreis interpretiert. Nicht selten weichen diese Interpretationen erheblich von der gemachten Aussage ab.

Tragen wir diese Gesichtspunkte in unseren Gesprächen vor, so hören wir oft folgenden Einwand: „Man muss die Mitarbeiter doch verstehen, die haben bestimmt mit ihrem Management schlechte Erfahrungen gemacht". Das mag durchaus im einen oder anderen Fall stimmen. Dennoch engen sich Menschen durch ihr eigenes Verhalten selber ein und wir meinen, dass dieser Aspekt von innerer Hierarchie wenig bewusst ist und gerne verdrängt wird. Dies ist bestimmt kein Zufall, denn es ist einfacher, eigene Ohnmachtsgefühle, Unsicherheit und Hilflosigkeit auf andere zu übertragen. So werden den „Hierarchen" Eigenschaften wie „mit denen kann man nicht reden" zugeschrieben, statt sich mit der eigenen Unsicherheit, „den Mund aufzumachen gegenüber Führungskräften", auseinanderzusetzen.

Fragen wir nach den Ursachen dieser Problematik, so kommen wir schnell „in den Herrschaftsbereich" unserer Vorstellungen und Phantasien über Macht und Autorität. Wir alle haben Ein- und Vorstellungen über Führung:

- „Es ist besser, man widerspricht einem Vorgesetzten nicht."
- „Ich denke, wenn er etwas empfiehlt, dann will er es so haben. In Wirklichkeit ist es ein Befehl, nur verkauft er es geschickt."
- „Es ist besser, den Mund zu halten und taktisch vorzugehen. Vorgesetzte suchen nämlich Schwächen."
- „Die da oben interessieren sich doch in Wirklichkeit gar nicht für meine Probleme."

Wie gesagt, das alles sind Phantasien, die sich Menschen über ihre Führung machen. Und die Führer machen sich welche über ihre Mitarbeiter. Derartige Phantasien spielen für labile Menschen eine erhebliche Rolle. Sie sind Anlass für Missverständnisse, Unsicherheiten, Kommunikationsblockaden und Probleme in der Zusammenarbeit. Weil Phantasien die Realität beeinflussen, ist es ausgesprochen irrational, sie als einen Teil der Realität zu verleugnen.

Macht hat in der betrieblichen Praxis einen negativen Beigeschmack, da viele mit Macht auch negative Erfahrungen erlebt haben. Macht kann als die Möglichkeit der Einflussnahme auch durch Machtmittel definiert werden. Der eine nimmt durch seine geschickte Rhetorik Einfluss, der andere übt Druck aus bis hin zur Gewalt. Erst die Art der Beeinflussung lässt Macht negativ oder positiv erscheinen. Projektleiter sollen innerhalb ihres Teams Macht im positiven Sinn ausüben, beklagen jedoch die oft fehlenden Machtmittel. Deshalb ist das Ausüben von Macht auf die Person, mit ihren menschlichen Fähigkeiten begrenzt. Auf die Beziehung kommt es an!

Hierarchie beschreibt zunächst nur eine Ordnung. Diese Ordnung wird in der betrieblichen Praxis mit Machtmitteln gefüllt, die dann auch bei Konflikten eingesetzt werden. Dieser äußeren Hierarchie steht die innere Hierarchie der einzelnen Projektbeteiligten gegenüber. Wenn der Projektleiter beim Aushandeln der Ressourcen nicht weiß, was er will, dann tut er sich wegen seiner inneren Blockaden schwer, seine Interessen darzustellen und im Sinne der Mini-Max-Strategie zu lösen.

Um sich im Spannungsfeld „Projekt" zurechtzufinden, ist die eigene Autorität gefragt. Durch die innere Einstellung „Ich bin ok – Du bist ok" schöpft man so viel Selbstvertrauen, seine eigene Meinung zu vertreten und die Meinung seines Vorgesetzten ernst zu nehmen. Setzen Sie die Möglichkeiten der positiven Gesprächsführung ein. Im Einzelnen bedeutet dies, das Gespräch offen zu führen, nach Rückmeldungen zu suchen, das aktive Zuhören zu nutzen und durch Trennen von Wahrnehmung und Interpretation dem Gesprächspartner die Gelegenheit zu geben, autonom zu handeln.

4.11 Die Motivation in der Projektabwicklung sollte stimmen

Die nachstehenden Anreize kann jeder Projektleiter in der Praxis einsetzen. Sie helfen, die sozialen, psychologischen und der Selbsterfüllung dienenden Bedürfnisse der Mitarbeiter zu befriedigen. Diese Motivationsmethoden sind Grundlage positiven Führungsverhaltens. Die entscheidende Aufgabe besteht darin, diese Methoden als Grundhaltung zu übernehmen, sie zu akzeptieren und in der Praxis folgerichtig anzuwenden.

Zeigen Sie Ihren Mitarbeitern ihre eigentliche Funktion im Projekt
Teilen Sie Ihren Mitarbeitern mit, woher die Arbeit kommt und wohin die Ergebnisse weiter geleitet werden. Erhellen Sie die Zusammenhänge. Durch die aktive Beteiligung der Mitarbeiter an der Aufstellung der Projektziele, die wiederum mit den Zielen des Gesamtunternehmens eng verknüpft sind, kann sich der Mitarbeiter selbst besser einordnen und mit dem Unternehmen, dem Projekt und der Aufgabe identifizieren.

Überlassen Sie dem Mitarbeiter die Koordination seiner Arbeitspakete mit anderen Abteilungen. Auf diese Weise weitet sich sein Blick für das Gesamtunternehmen und seine Arbeit gewinnt für ihn an Bedeutung.

Dem einzelnen Mitarbeiter die Bedeutung seines Arbeitspaketes klarzumachen, ist im wesentlichen eine Frage ausreichender Kommunikation. Nehmen Sie sich Zeit, um den Mitarbeiter über den Zweck seiner Arbeit zu informieren, über deren Zusammenhang mit den Absatzmöglichkeiten, dem Ertrag bzw. der Leistungsfähigkeit seiner Abteilung, ferner mit den genauen Umständen, die zu einer Aufnahme dieses Arbeitspaketes im Projekt geführt haben, und in welcher Beziehung sie zum übrigen Arbeitsprozess steht.

Der Mitarbeiter muss wissen, was von ihm erwartet wird
Machen Sie genaue Angaben über das zu erwartende Ergebnis in Bezug auf Qualität, Quantität und Zeitaufwand. Sprechen Sie die einzelnen Punkte mit ihrem Mitarbeiter vor und nicht nach der Ausführung des Arbeitspaketes durch.

Fordern Sie Ihre Mitarbeiter
Der Mensch will gefordert werden und freut sich auf die Befriedigung, die sich dann einstellt, wenn ein Ziel erreicht wird. Die Forderungen sollen angemessen sein und erreichbare Ziele miteinschließen. Die Zeit, die Sie benötigen, um die Stärken Ihrer Mitarbeiter zu analysieren, ist nicht verloren. Überprüfen Sie regelmäßig die Arbeit eines jeden Mitarbeiters im Hinblick auf die Frage „Wie setze ich seine Fähigkeiten am besten ein?“ Handeln Sie entsprechend. Sie erhalten motivierte und engagierte Mitarbeiter und sichern sich somit auch Ihren persönlichen Erfolg.

Zeigen Sie Ihrem Mitarbeiter seine eigentliche Position im Gesamtunternehmen
Die Mehrzahl aller Mitarbeiter wollen ihre tatsächliche Position erkennen, wollen erfolgreiche Arbeit leisten und wollen auch positive Ergebnisse erzielen. Definieren Sie Verantwortlichkeiten genau, legen Sie quantifizierbare Leistungsmaßstäbe fest, setzen Sie Ziele.

Delegation
Stellen Sie sich die Frage:
Welche meiner gegenwärtigen Aufgaben und Entscheidungen ließe sich genau so gut von einem meiner Mitarbeiter durchführen, so dass ich entlastet, gleichzeitig aber die Arbeit meiner Mitarbeiter gehaltvoller würde?
Delegation ist eine Methode, Mitarbeiter zu engagieren und ihre Fähigkeiten optimal auszunutzen. Der Schlüssel zur wirksamen Delegation liegt darin, sich auf Ergebnisse zu konzentrieren.

Die Art, wie die Mitarbeiter vorgegebene und vereinbarte Ziele erreichen, wird ihnen völlig frei gestellt. Die Delegation wird zunichte gemacht, wenn der Projektleiter fortwährend bis in alle Einzelheiten Vorschriften gibt und übermäßig kontrolliert.

Loben Sie Ihre Mitarbeiter
Positives Feedback sollte konkret auf die Sache bezogen sein und so bald wie möglich gegeben werden. Der Mitarbeiter sollte offen sein für die positive Rückmeldung. Suchen Sie sich einen günstigen Zeitpunkt aus. Differenzieren Sie zwischen dem verbal ausgesprochenen Lob und der schriftlichen Anerkennung.

Zeigen Sie persönliches Interesse
Damit ist gemeint, dass die Mitarbeiter auf ehrliche Art und Weise als Individuen behandelt werden, damit sie zu optimaler Leistung fähig sind. Entwickeln Sie Interesse für die Dinge, die dem einzelnen Mitarbeiter wichtig sind. Die Leistung des einzelnen Mitarbeiters ist bis zu einem gewissen Grad von dem Ausmaß an Zeit abhängig, die die Führungskraft für ihn aufwendet.

Räumen Sie Ihren Mitarbeitern ein Mitspracherecht ein
Das Mitspracherecht spielt für den einzelnen Mitarbeiter bei der Schaffung eines Verantwortungsgefühls eine bedeutende Rolle. Wenn der Mitarbeiter mitbestimmt, engagiert er sich geistig, emotional und physisch. Seine Rolle wird eher aktiv als passiv sein. Mitbestimmung bzw. Mitsprache zuzulassen bedeutet für den Projektleiter, die Ideen und Vorschläge seiner Mitarbeiter wirklich aufzuspüren, sie zur Äußerung ihrer Meinungen und zum Engagement zu ermutigen. Mitbestimmung ist die treibende Kraft für das persönliche Engagement.

Ausreichende Informationen geben
Stellen Sie eine Liste zusammen mit all den Informationen, die Ihre Mitarbeiter zur Ausführung ihrer Arbeit unbedingt benötigen. Lassen Sie eine solche Liste in Form von Fragen von ihren Mitarbeitern anfertigen: Sie können die Informationsliste dann vervollständigen. Sie erkennen, welche Informationen der Mitarbeiter noch braucht, um sich mit der Arbeit identifizieren zu können.

Identifikation mit dem Projekt aufrecht erhalten
Beim Start des Projektes ist die Begeisterung zu spüren. Aber im Alltag der Projektarbeit und bei den ersten Problemen sinken Begeisterung und Identifikation mit dem Projekt. Dies ist sicherlich ein natürlicher Prozess. Die Begeisterung und Identifikation wieder herzustellen, ist eine wichtige Aufgabe des Projektleiters. Dazu kann er sich der folgenden Feedback-Techniken bedienen.

Feedback-Techniken
Effektiv kommunizieren heißt, Rückkopplung vorzunehmen, den Kommunikationskreis zu schließen. „Feedback“ heißt „Rückkopplung“ und wird in zweifacher Weise praktiziert:

1. Einerseits als Rückmeldung des Empfängers an den Sender, wie eine bestimmte Information bei ihm angekommen ist.
2. Andererseits als Form der Rückfrage. Durch Rückfragen erbittet der Empfänger Zusatzinformationen zu – aus seiner Sicht – unverständlichen Informationen.

Von jemandem zu erfahren, welche Wirkung unser Verhalten auf ihn oder eine andere Person hat, nennen wir „Feedback bekommen“. Ohne Feedback ist soziales Lernen unmöglich. Feedback kann so etwas wie ein Kontrollinstrument sein, mit dem man überprüft, ob etwas auch so ankommt, wie es gemeint ist. Weiter gibt Feedback die Möglichkeit, „Störungen“ herauszufinden, die durch eigenes Verhalten ausgelöst werden. Dadurch bekommt man Informationen, die für die Entwicklung der Beziehung zum Anderen wie auch für die Entwicklung der eigenen Persönlichkeit wichtig sein können. Feedback hilft, uns und die Umwelt realistisch wahrzunehmen.

Günstige Formen von Feedback im 4-Augen-Gespräch:

- ⇨ Geben Sie Feedback, wenn der andere es auch hören kann.
- ⇨ Feedback soll ausführlich und konkret sein.
- ⇨ Teilen Sie Ihre Wahrnehmungen als Wahrnehmungen, Ihre Vermutungen als Vermutungen und Ihre Gefühle als Gefühle mit.
- ⇨ Feedback soll den Anderen nicht analysieren.
- ⇨ Feedback soll besonders auch positive Gefühle und Wahrnehmungen umfassen.
- ⇨ Feedback soll umkehrbar sein.
- ⇨ Feedback soll die Informationskapazität des Anderen berücksichtigen.
- ⇨ Feedback soll sich auf begrenztes konkretes Verhalten beziehen.
- ⇨ Feedback sollte möglichst unmittelbar erfolgen.
- ⇨ Die Aufnahme von Feedback ist dann am Günstigsten, wenn der Partner es wünscht.
- ⇨ Sie sollten Feedback nur annehmen, wenn Sie dazu auch in der Lage sind.
- ⇨ Wenn Sie Feedback annehmen, hören Sie zunächst nur ruhig zu.
- ⇨ Feedback geben bedeutet, Informationen zu vermitteln, und nicht, den Anderen zu verändern.

Vergabe und Empfang von positivem Feedback
Positives Feedback soll möglichst sofort gegeben werden und nur, wenn es aufrichtig und ehrlich gemeint ist. Die Nachricht soll angemeldet werden: „Ich habe Ihnen etwas Positives zu sagen... “. Der Sender spricht nur für sich und beschreibt die spezifischen Daten, das Verhalten oder die Leistung, die er beobachtet hat. Er teilt seine Gedanken darüber mit und drückt seine Wünsche diesbezüglich aus: „Ich wünsche mir, dass Sie weiterhin so gut arbeiten werden... “. Eine weitere Möglichkeit ist das Händeschütteln.

Wenn Sie positives Feedback erhalten, sollen Sie schauen und zuhören und den Augenblick genießen; die positiven Kommentare mit „Danke“ akzeptieren. Sie können auch sagen, dass Sie das Kompliment gern hören. Setzen Sie auf keinen Fall sich und Ihre Arbeit herunter. Wenn andere zum Erfolg beigetragen haben, dann geben Sie das Lob weiter. Finden Sie jemanden, an den Sie ebenso positives Feedback für gute Leistungen weitergeben können.

4.12 Konkrete Sachergebnisse in der Projektsteuerung

Für jedes Projekt ergeben sich neben den technischen auch eine Reihe von Projektmanagement-Ergebnissen. Je nach Art und Größe des Projektes variieren diese Ergebnisse (siehe Bild 4.29).

In der Praxis stoßen die Beteiligten an viele innere und äußere Grenzen:

- ⇨ Das Management wird nicht rechtzeitig eingebunden.
- ⇨ Die Kostenauswertung hinkt der Terminbetrachtung hinterher.
- ⇨ Die Struktur der Kostenbetrachtung ist oft nicht im kaufmännischen Verfahren abbildbar.
- ⇨ Die Geschäftsjahresgrenzen verhindern eine Gesamtschau der Kosten.
- ⇨ Der ETA-/MTA-Einsatz scheitert an der Verschlossenheit der Akteure.
- ⇨ Die Terminplan-Aktualisierung scheitert am zu investierenden Aufwand.
- ⇨ Die Projekt(status)besprechung wird nicht konsequent moderiert.
- ⇨ Zu aufwändige Besprechungsprotokolle.
- ⇨ Zu viele beteiligte Stellen sorgen für zu viele Interessenkonflikte.
- ⇨ Keine Zugriffsrechte auf Projektinformationen.

Wer Projektsteuerung konsequent einhält, handelt sich einige deutliche Pluspunkte ein:

- \+ Frühzeitiges Erkennen der Probleme und rechtzeitige Einleitung von Maßnahmen.
- \+ Intensivierung der Kommunikation und Kooperation zwischen den Beteiligten.

+ Regelmäßige Statusbesprechungen am „Runden Tisch" erhöhen die Offenheit.
+ ETA, MTA und KTA bringen Transparenz auch gegenüber dem Management.
+ Reduzierung des Papieraufwandes z.B. durch Simultan- oder Fotoprotokoll.

Dennoch wird die Projektsteuerung in der Praxis oft stiefmütterlich behandelt. Den Drang, sich gleich auf die Technik zu stürzen, haben wir in vielen Projekten erlebt. In großen Projekten wird mitunter über das Ziel hinausgeschossen. Mit einer Flut von Berichten wird unnötig Kapazität gebunden, das aus der Sicht des Projektmanagements unsinnig ist.

Bei der Kostensituation stellen häufig kaufmännische Bereiche den Projekten die Informationen zur Verfügung. Selbst in Firmen, wo eigene Kalkulationsprogramme vorhanden sind, werden diese nur zaghaft eingesetzt. Viele Gründe werden genannt, weshalb ausgerechnet dieses Kalkulationsprogramm für die Projektarbeit so schlecht eingesetzt werden kann.

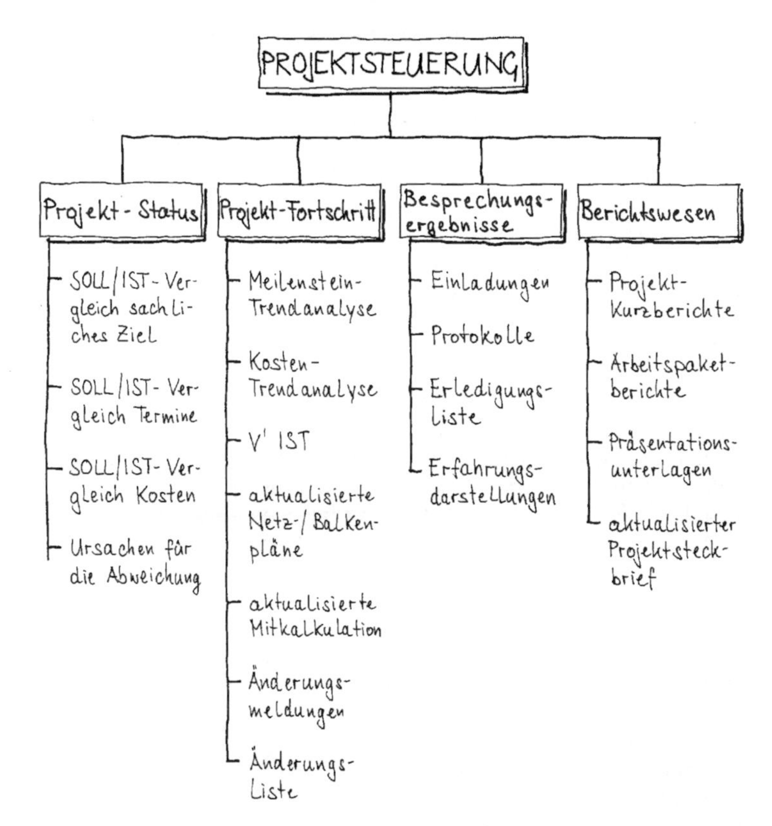

Bild 4.29: Sachergebnisse der „Projektsteuerung"

In der Literatur werden tolle Darstellungen von Projektstatus- und Projektfortschritts-Analysen angeboten. In unserer Beratungs- und Projektpraxis erfahren wir, dass sie kaum eingesetzt werden. Eine zentrale Ursache für das Auseinanderlaufen von Theorie und Praxis sehen wir im Verhalten der Führungskräfte und der Geschäftsleitung. Diese fordern die Ergebnisse und den Einsatz der Instrumente der Projektsteuerung zu wenig von den Projektleitern ein. Wir denken, eine Veränderung kann geschehen, wenn z.B. mit Interesse gefragt wird: „Zeigen Sie mir doch Ihre Meilenstein-Trendanalyse."

4.13 Checklisten zur Projektverfolgung

Im Folgenden werden einige Gesichtspunkte angeführt, die helfen, den Überblick über die Projektsteuerung zu behalten:

1 Technischer Stand

- Liegen zur Kontrolle Spezifikationen vor?
- Wieweit ist die Arbeit pro Arbeitspaket vorangeschritten?
- Kann ein Fertigstellungsgrad pro Arbeitspaket genannt werden?
- Welche Arbeiten sind fertig?
- Welche Arbeiten sind begonnen worden?
- Gibt es Entscheidungen, die getroffen werden sollen?
- Sind die geforderten Qualitätsmerkmale erreicht worden?
- Entspricht die Bearbeitung der Aufgaben den Anforderungen der ISO-Normen?

2 Terminsituation

- Welche Arbeitspakete sind wann tatsächlich begonnen worden?
- Haben sich die Durchlaufzeiten bei abgelaufenen Arbeiten verändert?
- Hat dies Auswirkungen auf nachgelagerte Arbeitspakete?
- Hat sich der kritische Pfad verändert?
- Welche Arbeiten sind tatsächlich fertig geworden?
- Haben sich Arbeiten auf dem kritischen Weg verschoben?
- Ist dadurch der Endtermin des Projektes gefährdet?

3 Kostensituation

- Liegt eine Referenzkalkulation vor?
- Welche Kosten sind bereits, bezogen auf einen Meilenstein, ausgegeben worden?
- Wie hoch ist das Obligo?
- Wie hoch sind die noch zu erwartenden Kosten bezogen auf einzelne Arbeitspakete?
- Gefährden die Kosten den genehmigten Finanzierungsplan des Projektes?
- Konnten durch andere technische Lösungen Kosten eingespart werden?
- Haben sich die Rahmenbedingungen und Annahmen der Referenzkalkulation verändert?
- Wenn ja, wie wirkt sich dies aus?

4 Zusammenarbeit

- Finden regelmäßige Besprechungen wie Projek(status)-, Baubesprechung oder Reviews statt?
- Gibt es Tagesordnungen und Simultanprotokolle?
- Wie werden Konflikte gelöst?
- Wie ist der Umgang miteinander?
- Wie steht es mit der gegenseitigen Unterstützung?
- Wird offen und ehrlich kommuniziert?
- Werden Informationen zurückgehalten?
- Gibt es bestimmte Situationen, in denen das Phänomen auftritt?

5 Werkzeugpflege

- Ist der Erstplan als Basisplan z.B. bei MS Project gesichert?
- Werden Balkenpläne und Kalkulationsschema regelmäßig aktualisiert?
- Werden Meilenstein- und Kosten-Trendanalysen eingesetzt?
- Ist die Erledigungsliste (LOP) auf dem neuesten Stand?
- Können die Protokolle von allen Beteiligten schnell eingesehen werden?

6 Berichts- und Informationswesen

- Existiert ein formalisiertes Berichtswesen?
- Werden im Berichtswesen die Einzelsichten wie technischer Fortschritt, Termine und Kosten/Aufwand ausreichend erfasst und wird auch eine Gesamtschau durchgeführt?
- Wird das Berichtswesen so mit Statusbesprechungen verbunden, dass die Erkenntnisse aus den Besprechungen gleich in das Berichtswesen einfließen?
- Werden die Berichte als Sanktions- oder Unterstützungsfunktion genutzt?
- Zeigt das Management Reaktionen auf die Berichte?
- In welchen zeitlichen Abständen werden an wen Berichte abgegeben?
- Erhält der Kunde angepasste Berichte?

7 Änderungswesen

- Gibt es ein formalisiertes Änderungswesen?
- Ist allen Beteiligten der Ablauf mit den entsprechenden Formularen klar?
- Werden vor Änderungen auch die Auswirkung auf Technik, Kosten und Termine untersucht?
- Werden Änderungen klar dokumentiert und verabschiedet?
- Existiert eine Liste über Änderungen mit dem momentanen Stand der Änderungen?

8 Claimmanagement

- Welche Forderungen von welcher Seite liegen vor?
- Sind die Forderungen durch den Vertrag abgedeckt?
- Welche Auswirkungen haben diese Claims?
- Haben Sie eine Vorstellung, wie Sie mit diesen Claims umgehen wollen?

9 Erfahrungssicherung

- Finden regelmäßige Erfahrungsworkshops innerhalb des Teams oder auch mit anderen Projektleitern statt?
- Werden Kenngrößen ermittelt, die zur Planung anderer Projekte herangezogen werden?
- Erfolgt bei Fehlern eine Bestrafung oder wird dies von den Beteiligten als Lernchance begriffen?
- Werden in der Teamarbeit die zwischenmenschlichen Aspekte noch zu wenig berücksichtigt?
- Werden die gemachten Erfahrungen für den Abschluss-Bericht bereitgestellt?
- Ist der Projektleiter auch gleichzeitig Arbeitspaket-Bearbeiter?
- Leidet die Umsetzung wegen der Doppelrolle Macher/Entwickler?
- Leidet die Kreativität wegen Organisationsaufgaben?
- Wird die PM-Systematik akzeptiert und unterstützt?
- Fordert und fördert die PM-Systematik
  - den Informationsfluss,
  - das Denken in Systemen,
  - das Denken in Alternativen und
  - die bessere Einbeziehung der Betroffenen?

4.14 Zur eigenen Vertiefung

Welche Störungen traten in meinen Projekten auf?

-
-
-
-
-

Wie habe ich diese Störungen bewältigt?

-
-
-
-
-

Wieweit habe ich die Prinzipien der Teamarbeit angewandt?

-
-
-
-
-

Welche Konflikte sind noch offen:

-
-
-
-
-

Wie will ich diese Konflikte lösen? Wer kann mir bei der Konfliktlösung helfen?

-
-
-
-

5 Projektabschluss

Projekte haben einen festen Anfang und einen definierten Abschluss. Ist das wirklich so? Schauen wir in die Praxis, so finden viele Projekte kein geregeltes Ende. Woran liegt das?

Bei Innovations- und Produktprojekten ist schwer festzulegen, wo das Ende sein soll. Wenn die ersten 100 Geräte ausgeliefert sind? Wer soll die Modifikationen vornehmen? Bei **Abwicklungsprojekten** gibt es eine Abnahme. Hier hinkt oft die Dokumentation hinterher. Das hat manche Kunden veranlasst, Dokumentation und Abnahme zu koppeln. Bei **Organisationsprojekten** ist es noch schwerer, ein Ende zu definieren. Wann ist der Veränderungsprozess abgeschlossen? Wenn z.B. das neue System inklusive Neuorganisation und IT im eingeschwungenen Zustand ist?

5.1 Grundsätzliches zum Projektabschluss

Projekte sind genauso sauber und präzise abzuschließen, wie sie begonnen werden. Wer neue Aufgaben anpacken will, muss die alten „Baustellen" abgeschlossen haben.

Der Abschluss zielt auf mehrere Dinge:

1. Es ist Bilanz zu ziehen, und die Beteiligten sind zu entlasten.
2. Die gesammelten Erfahrungen sollen den neuen Projekten zugute kommen. Die Erfahrungen sind zu sichern und festzuhalten. Damit können in Zukunft Fehler vermieden werden.
3. Juristische und kaufmännische Unklarheiten sind zu beseitigen.
4. Das Auflösen der Ressourcen soll dem Projekt angemessen vonstatten gehen.
5. Konten sind zu schließen, damit eine projektbezogene Nachkalkulation erfolgen kann.
6. Alle im Umfeld Beteiligten sind vom Ende des Projektes in Kenntnis zu setzen, damit sie sich darauf einstellen können.
7. Den Kunden befragen, wieweit er mir den Projektergebnissen zufrieden ist,

   und

8. Erfolge sollten auch gefeiert werden.

Ein Projektleiter muss ein Interesse daran haben, seine Konzentration auf „neue" Aufgaben und Herausforderungen richten zu können (siehe Bild 5.1).

5.2 Schwierigkeiten beim Projektabschluss

Auf dem Weg, das Projekt ordnungsgemäß abzuschließen, gibt es viele Hindernisse:

- ⇨ Der Kunde nimmt nicht ab.
- ⇨ Die Dokumentation ist noch nicht ganz fertig.
- ⇨ Eine Unsicherheit beim Übergang in die Serie ist vorhanden.
- ⇨ Die Verantwortlichen sind nicht mehr im Projekt.
- ⇨ Die Technik weist noch Mängel auf.
- ⇨ Neue Projekte nehmen bereits die Zeit des Projektleiters in Anspruch.
- ⇨ Restarbeiten müssen noch erledigt werden.
- ⇨ Der Abschluss-Bericht und die Nachkalkulation werden als lästig empfunden.
- ⇨ Der Kunde will nicht zahlen.

Bild 5.1: Projekte abschließen [04]

Dennoch empfiehlt es sich, das Projekt sauber abzuschließen. Die Motivation dazu geben die Vorteile:

⇨ Die Erfahrungen sind gesichert und dokumentiert.
⇨ Die Fehler können in Zukunft vermieden werden.
⇨ Projektleiter und Beteiligte können sich ruhigen Gewissens anderen Projekten zuwenden.
⇨ Juristische und kaufmännische Unklarheiten sind beseitigt.
⇨ Der Projektleiter und die Projektmitarbeiter sind entlastet.

5.3 Den Prozessschritt „Abschluss" strukturiert angehen

Ob groß oder klein, die Projekte sollten sauber beendet werden. Damit haben Sie den Kopf frei, um zukünftige Herausforderungen zu meistern (siehe Bild 5.2).

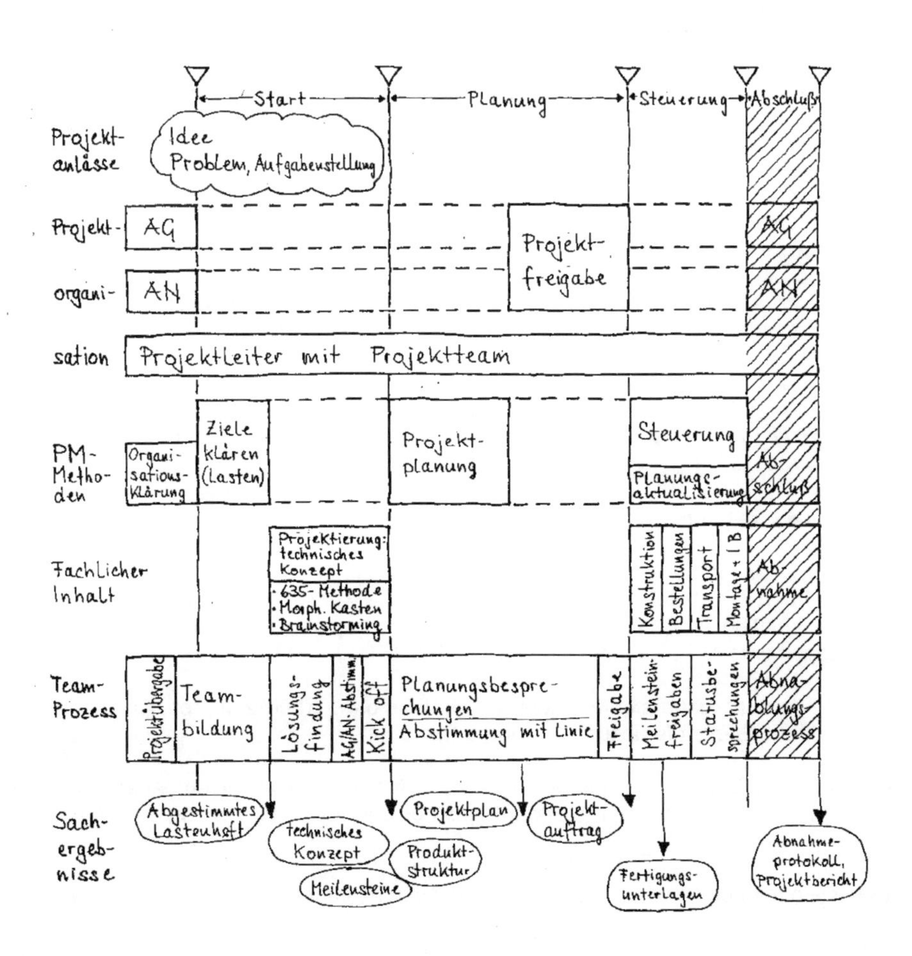

Bild 5.2: Projektabschluss

Schauen wir uns die Prozesse im Laufe des Projektes an. Das Projekt geht zu Ende. Bei Anlagenprojekten ist dies kurz vor oder nach der Abnahme. Bei einem Produktprojekt ist die erste Serie ausgeliefert. Soweit zur Technik. Im Auftraggeber-/Auftragnehmer-Verhältnis muss die letzte Meilenstein-Freigabe vorbereitet werden. Der methodische Prozess endet mit dem Abschluss-Bericht und der Entlastung des Projektleiters und seiner Mitarbeiter. Der Teamprozess ist bestimmt vom Abschiednehmen und Abnabeln: vom Team, vom Projekt und dem Produkt bzw. der Anlage. Der Abschluss ist häufig durch viel Ärger und Zeitdruck geprägt. Deshalb unsere Empfehlung: Legen Sie sich eine Checkliste an, oder nutzen Sie für das Projektende ein PM-Werkzeug.

Eine Menge von Arbeiten fallen am Ende des Projektes an. Wenn noch nicht geschehen, ist mit dem Auftraggeber zuerst der Termin für das Projektende festzulegen. Dieser Zeitpunkt wird veröffentlicht, damit sich alle Betroffenen darauf einstellen können. Dann ist die Planung für das Ende des Projektes nach den 10 Schritten aus Kapitel 2 und 3 aufzubauen:

- ⇨ Welche Ziele werden mit dem Projektabschluss verfolgt?
- ⇨ Welche Zwischenergebnisse gibt es, z. B. Rechnungsstellung erfolgt, Abgabe der Dokumentation und Projektbericht?
- ⇨ Welche Arbeiten sind noch in Richtung Kunde und Technik und welche noch in Richtung Firma durchzuführen? Häufig werden diese Arbeiten als Restaktivitäten bezeichnet.
- ⇨ Wie hängen die Arbeiten zusammen (Vernetzung)?
- ⇨ Wie lange dauern die einzelnen Arbeiten?
- ⇨ Wer soll die Arbeiten erledigen?
- ⇨ Welche Arbeiten liegen auf dem kritischen Weg?
- ⇨ Was kostet der Projektabschluss?

Welche weiteren Arbeiten stehen noch an? Mit den Mitarbeitern muss rechtzeitig geklärt werden, welche Arbeiten sie nach Beendigung des Projektes übernehmen. Gerade in großen Firmen kann so ein vorzeitiges Aussteigen von wichtigen Know-how-Trägern verhindert werden. Damit sind wir auch beim Know-how-Transfer. Dieser muss organisiert werden. Welche Stelle betreut und wartet das Produkt? Wer stellt die technische Assistenz bei Anlagen? Damit einher geht die Übergabe der Dokumente an den Auftraggeber, an die betreuende Stelle und an das Archiv.

5.4 Der Projektabschluss-Bericht

Bevor der Projektabschluss-Bericht erstellt wird, sollten Sie in einem Workshop die wichtigsten Erfahrungen mit den Beteiligten (Kernteam und erweitertes Team) sammeln und Verbesserungsvorschläge für zukünftige Projekte erarbeiten. Dieser Workshop kann mit einer kleinen Feier als Dank für das Engagement der Beteiligten enden (siehe Bild 5.4).

Wenn das Ende naht, dann sind Ressourcen wie PCs usw. zurückzuführen, Konten zu schließen und der Abschluss-Bericht fertigzustellen (siehe Bild 5.3).

Sie werden vielleicht in alten Protokollen lesen, sich Netz- und Balkenpläne ansehen, die angefallenen Änderungen studieren und die Erfahrungen aus dem Workshop in den Bericht einfließen lassen.

Die Meilensteinfreigabe ist noch vorzubereiten und durchzuführen.

Projektabschluss-Bericht

Firma:	*AMPELFIT*	Auftragnehmer:	*Ingenieurbüro Leiter*
Projekt:	*Ampel am Gymnasium*	Projektleiter:	*Obering. Gut*
Projekt-Nr.:		AP-Verantwort.:	
Teilprojekt:		Verteiler:	*Leiter, Meister, Gründlich, Preiswert*
Meilenstein:	*Projektabschluss*		

1. Sind die Sach-/Systemziele erreicht worden? [X] ja [ ] teilweise [ ] nein

Wenn teilweise oder nein: Weshalb? *Technisch sind die Anforderungen des Kunden zu 100% erreicht worden. Der Kunde hat in einem Dankschreiben seine Zufriedenheit ausgedrückt.*

2. Sind die Abwicklungsziele erreicht worden? [ ] ja [X] teilweise [ ] nein

Wenn teilweise oder nein: Weshalb? *Die Notfallmaßnahme wegen der gestörten Stromversorgung verursacht EUR 1000,- Mehrkosten. Der daraus folgende Terminverzug für den Projektabschluss erfordert die Verschiebung der Einweihungsfeier und verursacht EUR 750,- Zusatzkosten.*
Die Erneuerung der Fundamente verursachte 10 Tage Verzug.
Der durch die Notfallmaßnahme „gestörte Stromversorgung" verursachte Terminverzug ließ sich in der kurzen Restlaufzeit des Projektes nicht mehr kompensieren. Kundenabnahme/Projektende daher 5 Tage später.

3. Sind die Managementziele erreicht worden? [X] ja [ ] teilweise [ ] nein

Wenn teilweise oder nein: Weshalb? *Die Ampel dient nun als Referenzprojekt.*
Folgeaufträge sind in anderen Städten schon im Gespräch.

4. Was ist gut gelaufen? *Alle internen Maßnahmen, sowohl des Engineerings als auch des Projektmanagements.*
Zusammenarbeit mit Kunden und allen Behörden.

5. Was ist weniger gut gelaufen? *Controlling der Lieferanten für die Ampelsteuerung und Baumaßnahmen.*
Energieversorgungsunternehmen verhielt sich unkooperativ bei Störungssituation in der Stromversorgung.

6. Was sollte aus Ihrer Sicht verbessert werden? *Controlling der Lieferanten.*

7. Gibt es noch etwas zu berichten? *Trotz der Verzögerung beim Endtermin war der Kunde sehr zufrieden.*
Erstes Projekt als Generalunternehmer für schlüsselfertige Anlage erfolgreich abgeschlossen (kleine Einschränkung siehe Punkt 2 und 3).

Anlagen

20.08. — *Gut*
Datum — (Projektleiter)

Bild 5.3: Projektabschluss-Bericht aus dem Projekt „Ampel am Gymnasium"

5.5 Aus Erfahrungen gezielt lernen

Aus der Sicht der Organisation ist die letzte Statusbesprechung vorzubereiten und durchzuführen. Während des Erfahrungsworkshops sind folgende Fragen mit den Teilnehmern zu klären:

- ⇨ Was war der größte Erfolg?
- ⇨ Was war der größte Fehler?
- ⇨ Was hat sich bewährt, was sollte man beibehalten?
- ⇨ Was sollte geändert werden?
- ⇨ Wie haben wir zusammengearbeitet?
- ⇨ Wie lief die Kommunikation?
- ⇨ Wie sind Konflikte gelöst worden?

Der Erfahrungsworkshop

Der Erfahrungsworkshop ist eine interne Besprechung, an der das Kernteam, die Arbeitspaketverantwortlichen und das Linienmanagement teilnehmen (Agenda dazu siehe Bild 5.4).

Ziel: Erfahrungen bewerten und dokumentieren (positive und negative)
Informationstransfer für andere Projekte

Tagesordnung

1. Begrüßung/Statusbericht - Abnahme - Mängelbeseitigung - Gewährleistung - Service, etc. - Kalkulation (Ergebnis)	Projektleiter	30 Min.
2. Erfahrungsaustausch		
- Was ist gut gelaufen?	Projektteam/ alle	
- Was war schwierig/problematisch?		
- Erfahrungen der Linienabteilungen	Abteilungen	max. je 15 Min.
3. Maßnahmen	Alle	30 Min.
- Was soll verbessert werden? - Wer muss über die gesammelten Erfahrungen informiert werden?	Alle	30 Min.
4. Ergebnisprotokoll → Projektabschluss-Bericht (Wer? macht was? bis wann?)	Protokollant	30 Min.

Bild 5.4: Agenda eines Erfahrungsworkshops

Die positiven und negativen Erfahrungen aus dem Projekt werden präsentiert und diskutiert. Aus diesen Erfahrungen werden Maßnahmen für den kontinuierlichen Verbesserungsprozess im Projektmanagement abgeleitet. Im Mittelpunkt stehen die Themen des Projektmanagements (Organisation, Zusammenarbeit, Planung, Steuerung ...) und nicht so sehr die Technik.
Im Sinne der „kontinuierlichen Verbesserung" müssen die Erfahrungen der einzelnen Projekte in die Organisation kommuniziert werden, damit Fehler bei zukünftigen Projekten vermieden und vorbildliche Lösungen übernommen werden. Der Erfahrungsworkshop hat die Aufgabe, diese Informationen in einer Veranstaltung zu bündeln, damit durch die gegenseitigen Erfahrungsberichte und die Diskussion das Erinnerungsvermögen und das Problembewusstsein gesteigert werden und möglichst alle wichtigen Punkte festgehalten bzw. Probleme gelöst werden. Der „Projektabschluss-Bericht" bündelt die Ergebnisse in Form von Maßnahmen und bildet die Dokumentationsbasis für den Verbesserungsprozess (siehe Bild 5.3).

Der Projektleiter lädt ein und veranlasst Moderation und Protokollführung. Der Projektleiter und die Arbeitspaketverantwortlichen präsentieren ihre Erfahrungen. Mit Hilfe des „Projektabschluss-Berichtes" veranlasst der Projektleiter die Umsetzung der Maßnahmen.

Im Sinne der Moderationstechnik werden die Antworten auf Karten gesammelt, strukturiert und bewertet. Psychologisch betrachtet sind verschiedene Phänomene am Ende des Projektes zu beobachten:

⇨ Ängste
⇨ Trennungsschmerz
⇨ Ziellosigkeit
⇨ Lob und Anerkennung
⇨ Kritik und Schuldzuweisungen.

Die Ängste können bei den Beteiligten je nach Persönlichkeitsmuster sehr unterschiedlich sein. Die Angst vor dem Unbekannten spielt eine Rolle. Die Angst vor der Blamage bis hin zur Angst, jemandem weh zu tun. Die Ängste können den Abschluss des Projektes behindern.

Das Loslassenkönnen und Abschiednehmen sind Aspekte, die den Abschluss begünstigen. Entwickler neigen z.B. dazu, ihr Produkt sehr zu lieben und können deshalb nicht abgeben.
Projektteams gehen auseinander. Eine gelungene Zusammenarbeit ist zu Ende. Wie wird dies im neuen Team sein? Kann nochmals so eine gute Arbeitsatmosphäre entstehen? Dies sind einige Fragen, die sich Teammitglieder stellen.

Orientierungslosigkeit kann sich einstellen, wenn das Vorhaben beendet ist. Solange Sie auf dem Weg zum Gipfel sind, ist das Ziel klar. Sobald Sie auf dem Gipfel angekommen sind, genießt man zuerst den Erfolg. Dann können sich möglicherweise mit dem Abstieg Ziellosigkeit und Frustration einstellen, da die neuen Herausforderungen noch offen sind.

Bei erfolgreichen Projekten treten auch Freude und Ausgelassenheit auf. Alle sind stolz, das Ziel erreicht zu haben. Loben und Anerkennen der Beteiligten ist ein wichtiger Schritt für zukünftige Projektarbeit. Dazu gehört auch, die eigenen Erfahrungen anderen Kollegen zur Verfügung zu stellen.

5.6 Wichtige Sachergebnisse zum Ende des Projektes

Unabhängig von der Art des Projektes sollten Ergebnisse, die das Projekt verlassen, und Ergebnisse, die innerhalb des Projektes oder der Firma wichtig sind, erstellt werden (siehe Bild 5.5).

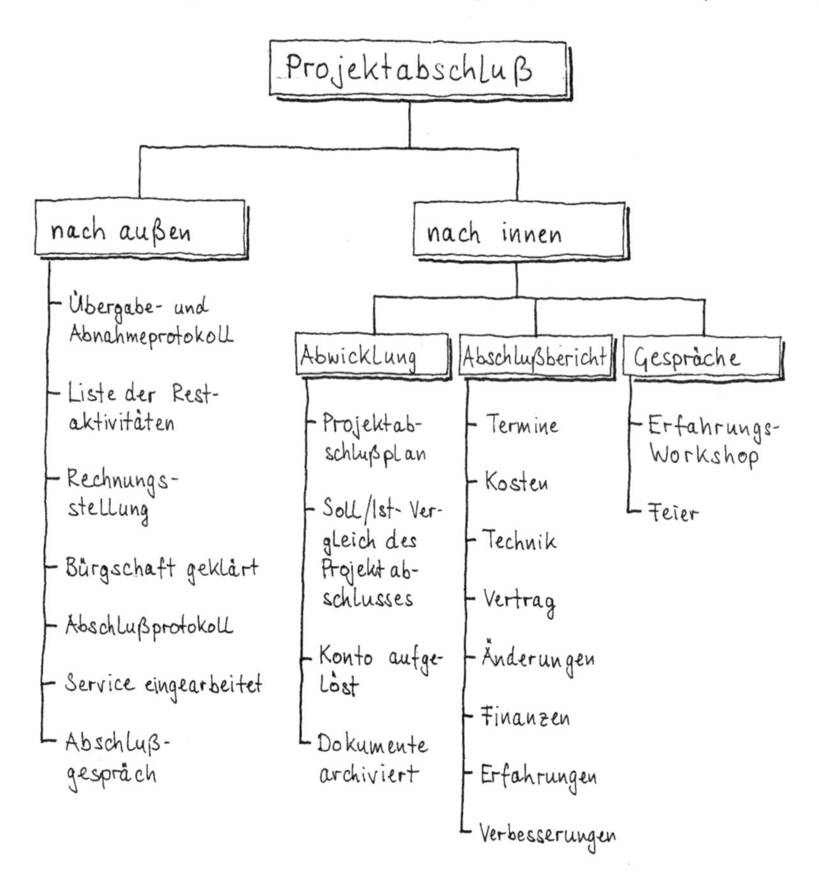

Bild 5.5: Sachergebnisse „Projektabschluss"

5.7 Typische Praxisbeispiele beim Projektabschluss

Bei **Produktprojekten** ist der Abschluss eine oft kaum beachtete Größe. Die Projekte gehen fließend in Wartung, Pflege oder gar Änderung über. Unzureichende Abnahmekriterien tragen auch nicht gerade zum geregelten Projektabschluss bei. Dabei ist alles so einfach. Das Projektende ist für den Serienstart klar definiert, wenn z.B. 1.000 Stück Konsumgüter ausgeliefert sind. Das Know-how wird entweder an ein Wartungsteam bei der Entwicklung oder in der Fertigung zusammen mit der Dokumentation übertragen. Für eine definierte Zeit steht die Entwicklung als Coach zur Verfügung.

Ja, wird der Praktiker sagen, dies geht nicht, weil ...
Sie wissen schon! Aber wenn z. B. jemand die Firma verlässt, geht es ja auch. Also funktioniert es auch am Projektende! „Wo ein Wille ist, da ist auch ein Weg!"

Organisationsprojekte stellen sich ähnlich dar wie Produktprojekte. Dennoch sollte der Zeitpunkt des Abschlusses veröffentlicht sein. Der kontinuierliche Verbesserungsprozess kann vom eigentlichen Projekt abgespalten werden.

Bei **Anlagenprojekten** ist der Abschluss klar. Häufig ist der Verzug mit einer Konventionalstrafe belegt. Die Dokumentation hinkt manchmal hinter dem Abnahmetermin her. Das Problem des sich verzögernden Abschlusses liegt an den Beteiligten. Sehr oft sind die Beteiligten in neue Projekte und Angebote verstrickt. Technische Assistenz und Gewährleistungsfragen erhöhen den Zeitdruck. Dennoch bringt das saubere Projektende massive Zeitersparnisse.

5.8 Checkliste zum Projektabschluss

Hier ist die Checkliste, damit Sie nichts vergessen:

- Gibt es eine Planung des Projektabschlusses?
- Ist die letzte Projekt(status)besprechung durchgeführt?
- Ist der Erfahrungsworkshop mit Formulierung des Projektabschluss-Berichtes vorbereitet?
- Hat das Projektabschluss-Gespräch mit dem Vorgesetzten und dem Auftraggeber stattgefunden?
- Ist die Dokumentation an den Kunden übergeben worden?
- Ist die Dokumentation des Projektes an das Archiv übergeben?
- Ist der Projektabschluss-Bericht fertig?
- Sind der Projektleiter und das Team entlastet?
- Ist das Überführen der Projektmitarbeiter in andere Projekte geklärt?
- Sind die Restarbeiten erledigt?
- Ist das Abnahme-/Übergabeprotokoll unterschrieben?
- Sind die Projektkonten geschlossen?
- Ist die Rechnung gestellt?
- Ist der Know-how-Transfer z.B. an die Fertigung und den Service geklärt?
- Sind die Projektmitarbeiter durch Führungskräfte und Projektleiter beurteilt worden?
- Ist die Projektarbeit in den Personalakten dokumentiert?
- Sind Pflege, Wartung und Gewährleistung geklärt?
- Ist die Abschlussfete organisiert?

5.9 Zur eigenen Vertiefung

Welche Erfahrungen habe ich mit meinem letzten Projekt gemacht?

- ____
- ____
- ____
- ____
- ____
- ____
- ____
- ____
- ____
- ____
- ____
- ____
- ____
- ____

Was nehme ich mir für das nächste Projekt vor?

- ____
- ____
- ____
- ____
- ____
- ____
- ____
- ____
- ____
- ____
- ____
- ____
- ____
- ____

6 Projektmanagement-Software-Werkzeuge (PMSW)

6.1 Wichtige Gesichtspunkte zu PM-Software-Werkzeugen

„Machen Sie sich über unsere zukünftige Projektarbeit keine Sorgen. Nächste Woche wird die neue Projektmanagement-Software installiert, und dann geht alles wie von selbst." – Diese Aussage hören wir im Rahmen unserer Beratungspraxis oft.
Ein derartiges „Heinzelmännchen" würden wir gerne anbieten, wenn es dies denn gäbe. Dennoch meinen wir, Software-Werkzeuge können – richtig eingesetzt – die Arbeit des Projektleiters wesentlich unterstützen.

Der DV-Einsatz im Projektmanagement hat Vor- und Nachteile:

Vorteile:

\+ Mehr Disziplin bei der Planung von Projekten
\+ Verbesserung des Berichtswesens
\+ Wenn-Dann-Analyse
\+ Vereinheitlichung des Vorgehens
\+ Positive Impulse für die Organisation
\+ Kostensenkung durch Nutzung der Erfahrungen abgelaufener Projekte
\+ Beschleunigung von Entscheidungen
\+ Bessere Auswertemöglichkeiten vergangener Projekte.

Nachteile:

- Hohe Investitionen
- Akzeptanzprobleme
- Organisationsumstellung
- Verringerung der Projektkommunikation
- Erhöhung des Unpersönlichen.

Auswahlkriterien schärfen das Beurteilungsvermögen
Wir beschreiben, in welchen Bereichen der Projektleiter DV-Werkzeuge einsetzen und nach welchen Kriterien die Auswahl erfolgen kann. Da sich Hard- und Software sehr schnell weiterentwickeln, verzichten wir auf konkrete Produktempfehlungen. Wir weisen darauf hin, wo Projektleiter Vorhandenes nutzen können. Das Ausleuchten der Auswahlkriterien aus der Sicht des Benutzers und Praktikers soll dazu beitragen, die Produktanpreisungen der Hersteller besser beurteilen zu können.

Wünsche für den Arbeitsplatz des Projektleiters
Bei der Suche nach geeigneten Werkzeugen gehen wir davon aus, dass die in den vorhergehenden Kapiteln beschriebene Systematik des Projektmanagements unterstützt wird. Die Auswertung und Darstellung von Projektinformationen soll erleichtert werden. Das regelmäßige Berichtswesen soll nach den ersten Probeläufen einfacher werden. Der Ablauf eines Projektes lässt sich oft durch Grafiken überschaubar und nachvollziehbar darstellen, daher soll das PM-Werkzeug über gute Grafikfunktionen verfügen. Die Konsequenzen von möglichen oder tatsächlichen Terminüberschreitungen können deutlicher und damit bewusster gemacht werden. Diese Liste an Wünschen ließe sich sicher noch weiter führen. Wir kommen jedoch zur Sache und beschreiben auf der Basis unserer Wünsche und Erfahrungen einen möglichen Arbeitsplatz eines Projektleiters.

6.2 Der moderne Arbeitsplatz des Projektleiters

Bei der Vorbereitung für den Einsatz von Software-Werkzeugen ist zuerst zu klären, welche Informationen überhaupt benötigt werden und in welcher Form diese darzustellen sind. Daraus folgen dann die Überlegungen, welche Programmpakete dafür eingesetzt werden können.

Die automatisierungswürdigen Bereiche für die Projektleitung sind:

- ⇨ Strukturierung
  Projektergebnisstruktur, Projektstruktur, Organisationsstruktur
- ⇨ Tabellenkalkulation
  Aufgabenplanung, Kostenplanung, Kapazitätsplanung, Ergebnis-Trendanalyse, voraussichtliche IST-Kosten
- ⇨ Terminplan als Netzplan
- ⇨ Textverarbeitung
  Dokumentation, Berichte, Briefe, E-Mail-Texte
- ⇨ Terminplan als Balkenplan
- ⇨ Präsentationsgrafiken
- ⇨ Meilenstein-Trendanalyse
- ⇨ Kosten-Trendanalyse
- ⇨ Dokumentationsverwaltung mit Recherche-Funktionen
- ⇨ Relationale Datenbank für ausgewählte Projektdaten
- ⇨ Literaturdatenbank für das jeweilige Fachgebiet
- ⇨ Datenimport und -Export von/für andere Programme
- ⇨ Persönliches Informationsmanagement für den Projektleiter (PIM)
  Zeitmanagement, Info-Management
- ⇨ Telekommunikation
  Mobiltelefon, Fax, ISDN-Anschluss, E-Mail
- ⇨ Weborientierung

Nicht Gegenstand dieser Betrachtung sind CAD-Pakete für Konstrukteure und Techniker, die CASE-Pakete für Software-Entwickler oder die kaufmännischen Programme z. B. für die Kostenstellenrechnung.

Der Traum eines Projektleiters wäre, alle erforderlichen Informationen in einer relationalen Datenbank gespeichert zu haben. Gezielte Abfragen in beliebiger Art und Weise wären damit möglich und bedarfsgerecht darstellbar. Basis eines Arbeitsplatzes für den Projektleiter ist eine Datenbank, die mit vier Gruppen von Softwarepaketen zusammenarbeitet:

1. Arbeitsplatz-Software (Office-Paket) mit
   - Datenbank,
   - Tabellenkalkulation,
   - Textverarbeitung und
   - Präsentationsgrafik.

2. Projektmanagement-Werkzeug für
   - Strukturierung,
   - Gantt-Diagramme
   - Netzpläne,
   - Terminübersichten,
   - Kosten- und
   - Kapazitätendarstellungen.

3. Zeitplan-Software zur
   - individuellen und gruppenorientierten
   - Jahres-, Monats-, Wochen- und Tagesplanung,
   - Aufgaben und Fristen und
   - persönlichem Informationsmanagement.

4. Telekommunikation und Groupware
   - ISDN, LAN/WAN, Mobiltelefon, Internet, Intranet, Fax und E-Mail

5. Datenbank und PM-Portal
   - Internet-, Intranetplattform

Die Bedienungsoberfläche soll einheitlich und leicht erlernbar sein. Die Benutzung kann nach Meilensteinen oder Verantwortungsbereichen organisiert bzw. einstellbar sein (siehe Bild 6.1).

Da ein derartiges Programmpaket nach unserer Erfahrung nur Ausschnitte abbildet, kann der optimale Software-Arbeitsplatz nur über eine Kombination möglichst gut aufeinander abgestimmter Programme erreicht werden. Wobei die einfache Abstimmung – Ausgabedateien des ersten Programmes können als Eingabedaten eines zweiten Programmes dienen – grundsätzlich vorausgesetzt werden muss.

Viele Aufgabenstellungen in Projekten und die damit verknüpften Daten und Informationen sind so spezifisch, dass sie nicht von den Funktionen herkömmlicher Standardprogramme ausgeführt werden. Besonders auffällig ist dieser Umstand bei der Arbeit mit Netzplänen und Balkendiagrammen.

Dennoch ist die Entwicklung in den letzten Jahren rasant vorangegangen. Im Windschatten des Internets ist die Integration der PM-Werkzeuge vorangeschritten. So können z.B. aus MS-Project heraus die Vorgänge als E-Mails an Outlook-Anwender versandt werden oder mit Lotus Notes ist sowohl die PM-Dokumentationsverwaltung wie auch die Kommunikation von Projekt zu Projekt datenbankorientiert gelöst.

Bleibt zu hoffen, dass die Softwarehersteller speziell für diese Zwecke mit besonderen Programmpaketen aufwarten. Der Oberbegriff Projektmanagement-Software sollte dann aber auch die Themen Zeit-, Informations- und Kommunikationsmanagement beinhalten.

6.3 Verschiedene marktgängige Software-Werkzeuge

Auf dem Markt werden Single-PMSW und Multi-PMSW angeboten. Die Single-PMSW helfen dem Projektleiter und seinem Controller, das Projekt terminlich und kostenmäßig zu planen, zu verfolgen und darüber zu berichten. Der Multi-PMSW-Arbeitsplatz kann mehrere Projekte oder ein Projekt mit mehreren Teilprojekten abbilden und eine projektübergreifende Ressourcenplanung und -verfolgung organisieren. Deshalb nützen Projektmanager und -büros diese Software sehr gern. Weitere Ausprägungen sind für die Unternehmen gedacht (Enterprise-PMSW) und speziell für Teammitglieder (Collaborations-Plattform).

Für den PC-Anwender werden mehr als 100 Programmpakete für die verschiedenen PMSW-Typen angeboten. Funktionsumfang und Funktionalität unterscheiden sich dabei erheblich, so dass die Auswahl des am besten geeigneten Programms schwierig ist. Informationen über Hersteller und ihre Produkte finden Sie auf der beiliegenden CD.

Im Bereich „Projektmanagement-Software“ hat sich MS-Project in der BRD etabliert. Für Strukturierung, Meilenstein-Trendanalyse, Ressourcenpflege und Grafikaufbereitung gibt es eine Reihe von Zusatzpaketen, die das Arbeiten mit MS-Project ergänzen und unterstützen.

Im Bereich „Zeitplan-Software“ hat sich MS-Outlook etabliert. Damit ist ein Zusammenspiel von MS-Project und MS-Outlook möglich. Meistens deckt die Zeitplan-Software gleich den Bereich „Kommunikations-Software“ ab.

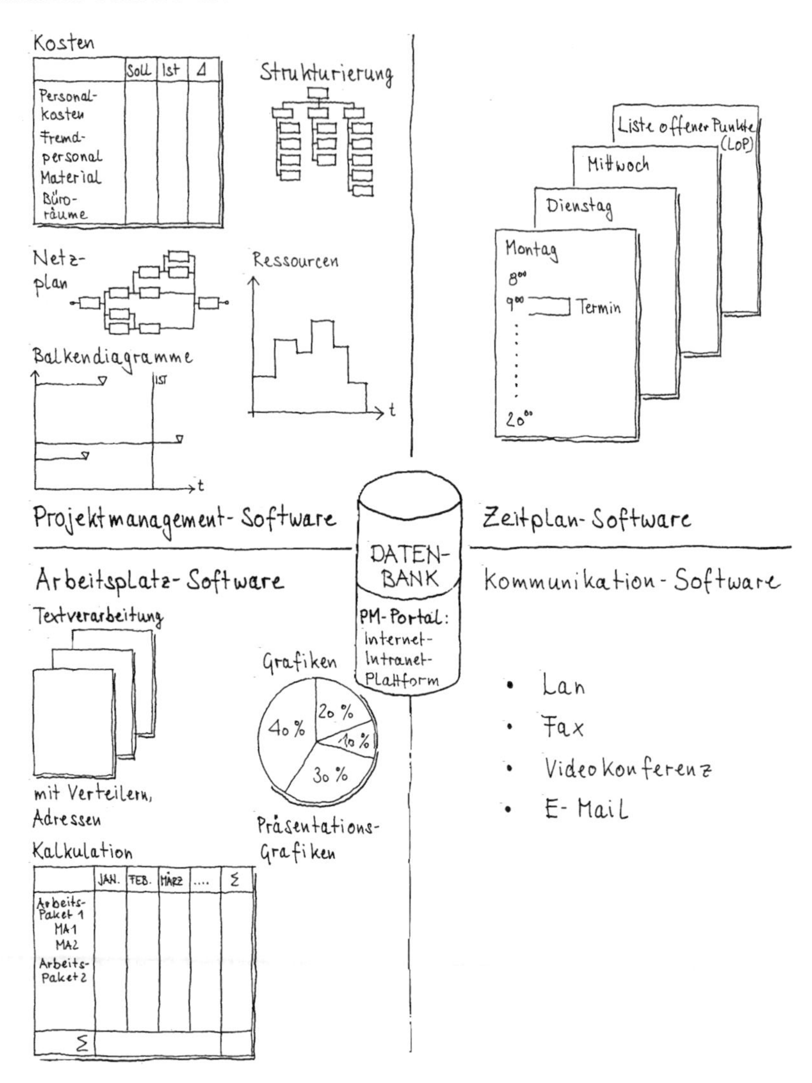

Bild 6.1: Übersicht DV-Einsatz für Projektmanagement

Gerade das Zeitmanagement wird heute von vielen kleinen Geräten - vom PDA bis zum Handy - unterstützt.

Der Bereich „Arbeitsplatz-Software“ wird durch diverse Office-Pakte abgedeckt.

Natürlich sind auch Produkte auf dem Markt, die Datenbank gestützt fast den gesamten Arbeitsplatz der Projektleitung abdecken, als Beispiel sei Lotus Notes genannt.

6.4 Kleines ABC der Netzplantechnik

Als Methoden wollen wir hier die Netzplanung und die Methoden des Datenaustausches zwischen Programmen betrachten.

In der DIN 69900 ff. sind die für die Netzplantechnik erforderlichen Normen und Kriterien festgelegt. In der Literatur sind bereits umfangreiche Fachbücher zu diesem Thema erschienen, so dass wir uns an dieser Stelle auf wesentliche Erkenntnisse „aus der Praxis – für die Praxis“ beschränken.

Nahezu zeitgleich, aber unabhängig voneinander, wurden die drei Netzplantechniken CPM, MPM und PERT entwickelt. Die PERT-Methode (Program Evaluation and Review Technique) und MPM (Metra Potential Method) haben sich in der Praxis durchgesetzt. CPM (Critical Path Method), umständlicher und oft auch weniger überschaubar, wird in ihrer ursprünglichen Form kaum noch verwendet. Zumal deren besondere Vorzüge, die Verdeutlichung des kürzesten möglichen Weges zwischen Projektstart und -ende bzw. das Aufzeigen von Zeitpolstern (Puffer) mittlerweile auch als Funktionen bei PERT und MPM integriert sind.

MPM ist die ideale Methode für die ausführende Ebene in der Projektarbeit, also für den Projektleiter und sein Team. Denn MPM verlangt die vollständige Auflistung und Vernetzung aller im Projekt anfallenden Arbeitspakete. Das ist Voraussetzung für eine exakte Termin-, Ressourcen- und Kostenplanung sowie deren Verfolgung.

PERT eignet sich grundsätzlich auch für diese Aufgabe, hat ihre Stärken aber eher in der Planung und Verfolgung des Projektes aus Sicht der überwachenden Ebene in der Projektarbeit. Also für den Auftraggeber oder z.B. für einen Auftragnehmer als Generalunternehmer für ein Projekt. Dort, wo (Zwischen-)Ergebnisse oder bestimmte Ereignisse bedeutender für die Fortschrittskontrolle sind, als die Kenntnis und Bewertung der Tätigkeiten, die hinter den Ergebnissen oder Ereignissen stehen.

Wie schon erwähnt, gibt es für den Aufgabenbereich „Netzpläne erstellen“, eine Reihe von Programmen.

6.5 Datenmodell für Projektmanagement

Weitere Aufgabenbereiche des Projektleiters können mit den sogenannten IDV-Werkzeugen abgedeckt werden.

Werkzeuge für die individuelle Datenverarbeitung (IDV-Werkzeugen)
Auf der PC-Ebene gibt es Programmpakete, die eine Reihe der automatisierungswürdigen Aufgabenbereiche des Projektleiters abdecken. Das sind die Büro- bzw. Office-Pakete namhafter Hersteller. Bei diesen Office-Paketen können die Ergebnisse eines Programmes an weitere Programme übergeben werden. Das geht in der Regel für reine ASCII-Textdateien und -Matrix-Tabellen gut. Einschränkungen ergeben sich bei den diversen Grafiken. Das Programm MS-Project kennt z.B. keine grafischen Strukturbäume.

Der Datenaustausch zwischen einzelnen PC-Anwendungen wird ständig verbessert
Mittlerweile hat sich z.B. unter MS-Windows der Datenaustausch zwischen den einzelnen Anwendungen deutlich verbessert. Dynamischer Datenaustausch (DDE Dynamic Data Exchange) und Objekteinbindung (OLE Object Link Embedding) sind die Schlagworte dafür. So können z.B. Grafiken eines Programmes in die Textverarbeitung eingebettet werden, ohne dabei Informationen zu verlieren. Als zusätzliche Funktion wird eine Datenbankschnittstelle angeboten. Damit können Daten in einer Datenbank abgelegt und dem Informationsbedarf entsprechend selektiert werden.

Wenn Sie auf eine methodisch saubere Lösung kommen wollen, empfehlen wir die Erstellung eines Datenmodells für die „Anwendung Projektmanagement". Ein Entity Relationship Diagram (ERD) für das umfangreiche Thema „Projektmanagement" ist besonders wertvoll, wenn eine relationale Datenbank mit Hilfe einer Datenbankkomponente von einem Office-Paket angelegt werden soll. In einem Datenmodell werden – stark vereinfacht ausgedrückt – die Informationsobjekte und die Zusammenhänge des Fachgebietes in Tabellen, Spalten und Beziehungen dargestellt.

Beim Projekt „Ampel am Gymnasium" wurde mit drei Werkzeugen gearbeitet:
Wenn es um Strukturierung und grafische Darstellung ging, wurde MS-Excel eingesetzt. Für die Terminplanung und -verfolgung wurde MS-Project verwendet. Alle Formulare sind mit MS-Word erstellt.

Die Kapazitäts- und Kostenplanung haben wir außen vor gelassen. Für die Kalkulation wird häufig ein eigenes Programm oder MS-Excel eingesetzt. In der Praxis ist die Kapazitätsplanung häufig bei der Linie zu finden, weil die Linie ihre Ressourcen selbst „verwaltet". Die Formblätter für den Start, die Planung, die Steuerung und den Abschluss eines Projektes sind aus der Praxis entstanden und stehen auch als MS-Word-Dateien zur Verfügung. Nach dem Motto „ausfüllen, anpassen und drukken" kann ein Projektleiter zeitsparend zu den gewünschten Ergebnissen kommen.

Mit dem Einsatz eines Office-Paketes reift erfahrungsgemäß der Wunsch, die Projektdaten (PM-Informationsobjekte) in die Datenbank zu speichern. Das ist durchaus möglich, da von der Tabellenkalkulation aus auf die Datenbank zugegriffen werden kann.

Wertvoller Tipp:
Bevor Sie die erste Tabelle in der Datenbank anlegen oder anlegen lassen, empfehlen wir, ein Datenmodell von Ihrer „Anwendung Projektmanagement" zu erarbeiten. Wenn Sie diesen Tipp befolgen, sparen Sie sich Mehrarbeit und zeitintensive Überraschungen. Mit einem guten und vollständigen Datenmodell für Ihre PM-Anwendung legen Sie Ihren Informationsbedarf auf eine einfache, aber genaue Art und Weise fest. Das Bild 6.2 zeigt ein Beispiel für ein logisches „PM-Datenmodell". Das Beispiel geht davon aus, dass der oben vorgestellte Wolf'sche Formularsatz Ihren Informationsbedarf deckt.

Und so lesen Sie das logische Datenmodell:
Die Kästen sind Entitäten (Tabellen). Die Attribute (Spalten der Tabellen) sind noch nicht dargestellt. Die Relationships (Beziehungen, das sind die Striche) zwischen den Entitäten sind mit den Namen und Kardinalitäten dargestellt.

Betrachten wir z. B. die Tabellen „Projekt" und „Projektauftrag" und die zwei Beziehungen „hat" und „ist für", so werden im Uhrzeigersinn wie folgt immer zwei Sätze gelesen:

1. Ein Projekt hat genau einen Projektauftrag (1:1 Beziehung).
2. Ein Projektauftrag ist für genau ein Projekt.

Ein zweites Beispiel:
Wir betrachten die Entitäten „Projektauftrag“ und „Projektpläne“ mit den Beziehungen „umfasst“ und „zu“.
Im Uhrzeigersinn lesen wir:

1. Ein Projektauftrag „umfasst“ einen oder mehrere Projektpläne (1:n Beziehung).
2. Ein Projektplan gehört „zu“ genau einem Projektauftrag.

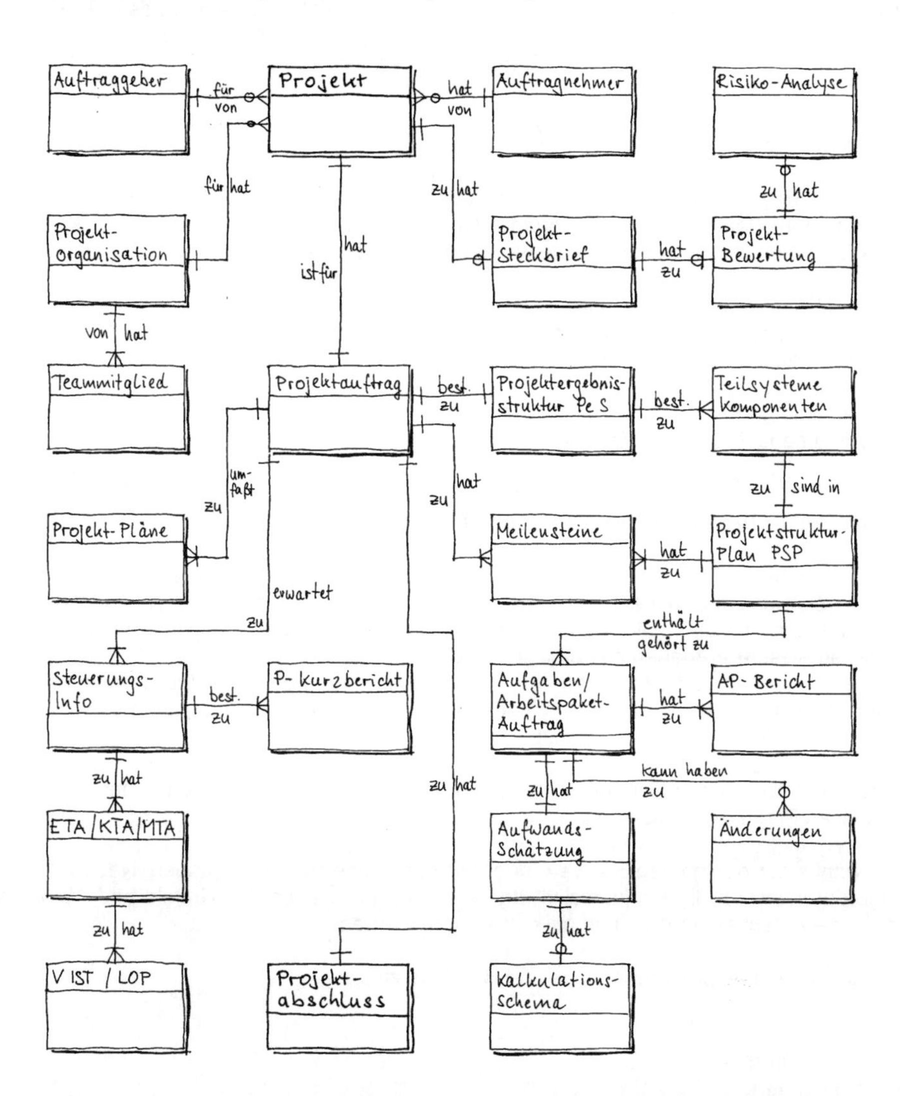

Bild 6.2: Beispiel für ein logisches Projektmanagement-Datenmodell

Jetzt betrachten wir noch eine „Kann“-Beziehung:

1. Ein Projekt „hat“ 0 oder einen Projektsteckbrief (d. h. soviel wie kann haben).
2. Ein Projektsteckbrief gehört „zu“ genau einem Projekt.

Soweit das Kennenlernen des logischen Datenmodells. Bis zur fertigen Datenbanktabelle ist aber noch Arbeit erforderlich. Da sind als nächstes die Attribute (Spalten der Tabelle) festzulegen, Datentypen (z. B. Text, numerisch, Datum) und ggf. die Datenfeldlängen sind zu definieren. Damit die gewünschte Sicht (View) auf die erforderlichen Tabellen passt, sind noch die Suchschlüssel zu erarbeiten. Ein Systemanalytiker oder PM-Berater kann weiter helfen.

6.6 Zusammenarbeit bei den Software-Werkzeugen

Zur Unterstützung der Zusammenarbeit von Projektteams werden Groupware- und Workflow-Systeme angeboten. Damit werden die Kommunikation und die Dokumentation im Projekt unterstützt. Voraussetzung ist ein PC-Netzwerk. Die wichtigsten Funktionen für das Projektmanagement sind:

⇨ E-Mail für Informationsverteilung,
⇨ Terminverwaltung und -abstimmung,
⇨ Dokumentation (Protokolle, Berichte),
⇨ Dokumentenverwaltung,
⇨ Büroabläufe und
⇨ unternehmenseinheitliche Vorgänge.

6.7 Kriterien für Projektmanagement-Software-Werkzeuge

Bei dem Vorhaben, eine geeignete Projektmanagement-Software auszuwählen und einzusetzen, handelt es sich um eine abgegrenzte Aufgabenstellung. Sie fällt aus dem Rahmen der üblichen Routineaufgaben. In der Regel sind mehrere Bereiche und Personen des Unternehmens betroffen, die daher an diesem Vorhaben zu beteiligen sind.
Üblicherweise wird neue Software für eine konkrete Anwendung eingesetzt. Daraus lässt sich ein spätester Termin für Auswahlentscheidung ableiten. Die zur Verfügung stehenden finanziellen Mittel sind normalerweise auch begrenzt.

Ein derartiges Vorhaben erfüllt die Definition eines Projektes. Wir empfehlen daher, diese Aufgabe in Form eines Projektes zu bearbeiten.

Die Auswahl einer geeigneten Software erfordert sorgfältige Vorüberlegungen. Neben den konkreten Anforderungen an die Funktionalität der Software muss auch das Umfeld und die Wirtschaftlichkeit in die Entscheidungsfindung mit einbezogen werden.

Dieses Kapitel enthält praktische Tipps und Hinweise zu folgenden Punkten:

- **Umfeldeinflüsse,**
- **Hauptkriterien,**
- **wirtschaftliche Einflüsse,**
- **Kriterienkatalog und**
- **Entscheidungsfindung.**

6.7.1 Umfeldeinflüsse

Die Umfeldeinflüsse betreffen die theoretische und praktische Beherrschung der Projektmanagement-Systematik, die Verfügbarkeit der Hardware und die Einbindung der Software in die vorhandene DV-Landschaft.

Beherrschung der Projektmanagement-Systematik
Eine wichtige Voraussetzung für erfolgreiche PM-Arbeit ist das ganzheitliche Denken und die Fähigkeit, die integrierte Systematik des Projektmanagements gezielt und effektiv einzusetzen. Die Software bietet Funktionen zur Planung, Steuerung und Überwachung von Projekten an. Das Wissen um die Methoden und die Beherrschung der PM-Systematik ist unabdingbare Voraussetzung für den erfolgreichen Einsatz der Software. Wir warnen davor, Projektmanagement im Unternehmen über PM-Software einzuführen. Dies wird unweigerlich zu Missverständnissen, Akzeptanzverlust und folglich zum Misserfolg führen.

Verfügbarkeit und Einbindung der Hard- und Software
In vielen Unternehmen gibt es Strategien, Regeln, Standards und Vorschriften zum Einsatz von Software. Auf welche davon ist bzgl. der Einbettung des neu anzukaufenden PM-Paketes in das vorhandene System besonders zu beachten? Steht die Hardware bereits fest?
Ist z.B. die Nutzung eines bestimmten Betriebssystems WINDOWSxx, OS/2, UNIX, BS2000 oder andere vorgeschrieben?
Ist Ihre Hardware vernetzt oder arbeiten Sie „stand alone“?
Welche anderen Anwendungsprogramme sind im Einsatz, ist Datenaustausch mit dieser Software erforderlich?
Müssen Sie bestimmte Ressourcen (Drucker, Plotter usw.) mit anderen Anwendern teilen? Klären Sie diese Fragen mit Ihrem Systembetreuer, bevor Sie weiter ins Detail gehen.

6.7.2 Hauptkriterien

Wenn alle diese Umfeldfragen beantwortet sind, können die Auswahlkriterien und die sachlichen Anforderungen an die Funktionen der Projektmanagement-Software zusammengestellt werden. Damit wird das benutzerorientierte Bedarfsprofil erstellt.

Das Bild 6.3 stellt die Hauptkriterien für die Auswahl der PM-Software dar.

Schauen wir einige Gesichspunkte genauer an:

Terminplanung

- ⇨ Zahl der abzuwickelnden Projekte pro Periode im Unternehmen?
- ⇨ Wie sieht es diesbezüglich in Zukunft aus?
- ⇨ Anforderungen bei unternehmensübergreifenden Projekten?
- ⇨ (Anzahl der Beteiligten, Größe der Strukturpläne,...)
- ⇨ Zahl der Vorgänge pro Projekt?
- ⇨ Zahl und Art der Anordnungsbeziehungen je Projekt?
- ⇨ Sachliche und logische Abhängigkeiten der Vorgänge untereinander werden durch Anordnungsbeziehungen beschrieben. Sie können den Aufwand zur Berechnung von Netzplänen erhöhen.
- ⇨ Zahl der Zeitabstände je Projekt und ihre Beschaffenheit?

⇨ Der Zeitabstand ist der Zeitwert einer Anordnungsbeziehung. Positive Zeitabstände sind Wartezeiten. Negative Zeitabstände sind Vorziehzeiten. Es gibt außerdem maximale und minimale Zeitabstände. Zeitabstände erleichtern die Ablauf- und Terminplanung und erhöhen den Aufwand für die Berechnung der Netzpläne.

⇨ Zahl der Teilnetzpläne und/oder Unterprojekte je Projekt? Teilnetzpläne umfassen nur einen Teil des Projektes und stehen mit anderen Teilnetzplänen des selben Projektes strukturell in Verbindung. Sie können bei Bedarf in das jeweilige Projekt integriert werden.

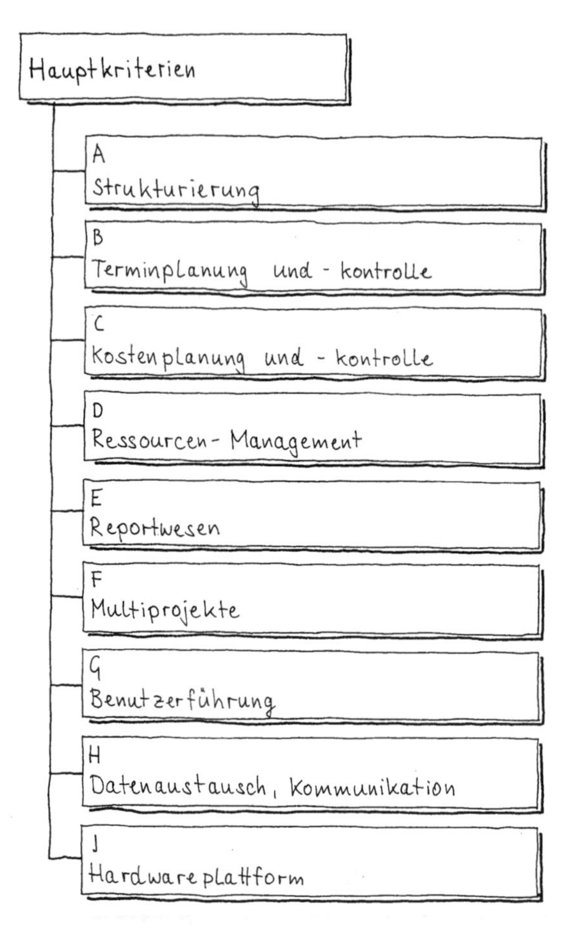

Bild 6.3: Hauptkriterien für die Auswahl von Projektmanagement-Software

Kostenplanung

Die Ablauf- und Terminplanung ist der erste Schritt, die nächsten Schritte sind die Planung der Kosten und der Einsatzmittel. Der Aufwand in diesem Bereich fällt in der Regel höher aus als bei der Ablauf- und Terminplanung. Jede neue Software sollte hier Erleichterung bringen und auch eine durchgängige Datenhaltung und -verwaltung organisieren.

Reportwesen

- ⇨ Zahl der Berichtsarten?
- ⇨ Was müssen die Berichte in welcher Form beinhalten (in welcher Ausführlichkeit oder Verdichtungsstufe)?
- ⇨ Zahl der Berichtsempfänger?
- ⇨ Häufigkeit der Berichterstattung?
- ⇨ Übersicht der Berichte pro Projekt im Internet bzw. Intranet?

Ressourcen- und Multiprojektmanagement
Projekte verursachen Kosten und Nutzen oder verbrauchen Ressourcen. Bei der integrierten Planung und Durchführung mehrerer Projekte im Unternehmen spricht man von Multiprojektplanung. Eine der schwierigsten Aufgaben dabei ist die sachgerechte Zuweisung der verfügbaren Ressourcen an die diversen Projekte. Hier stehen Fragen zur Ressourcen-Auslastung, zum -Abgleich und zur Bedarfsbegrenzung im Mittelpunkt. Effizienz hat hier ihren Preis.

Webbasierung
Auch bei den PMSW hat das Internet seinen Siegeszug vollzogen. Es gibt auf dem Intranet basierende Plattformen mit Checklisten/Formularen und/oder Ablagesystemen. Im Internet bieten Firmen PM-Arbeitsräume für virtuelle Teams an.

6.7.3 Wirtschaftliche Einflüsse

Natürlich erwartet man, dass spezielle Projektmanagement-Software die besonderen Belange der Projektarbeit unterstützen kann. Eine umfassende Unterstützung erfordert jedoch ein umfangreiches und damit komplexes Programm. Ein hoher Preis ist die Folge. Um die Wirtschaftlichkeit des neuen PM-Paketes festzustellen, werden Kosten und Nutzen gegenüber gestellt.

Die Kosten- und Nutzenwerte setzen sich u.a. aus den folgenden Positionen zusammen:

- ⇨ Einmalige Kosten
  - Anschaffung von Hard- und Software
  - Installation
  - Schulung und Unterweisung
  - Erstellung von Handbüchern/Schulungsunterlagen
  - Erstausstattung mit Mobiliar und Verbrauchsmaterial

- ⇨ Laufende Kosten
  - Abschreibung, Leasing, Miete
  - Personal
  - Versicherungen
  - Energie
  - Verbrauchsmaterial
  - Wartung, Pflege, Updates

- ⇨ Messbarer Nutzen
  - verbesserte Mitarbeiterauslastung
  - Verringerung der Kommunikationskosten
  - geringere Informationstransportkosten

⇨ Nicht messbarer Nutzen
  - bessere Qualität der Arbeitsergebnisse
  - aktuellere Informationen
  - schnellere Erledigung der Aufgaben
  - höhere Übersichtlichkeit
  - einheitliche Ein- und Ausgaben und somit bessere Verständlichkeit der Arbeitsergebnisse
  - geringere Belastung der Mitarbeiter
  - höhere Arbeitszufriedenheit.

Die Zahl und Komplexität der abzuwickelnden Projekte je Periode und die Zahl der Änderungen an den Projekten fließen in diese Betrachtungen mit ein.

6.7.4 Kriterienkatalog

Der Kriterienkatalog für die Auswahl eines PM-Software-Paketes kann wie das Bild 6.3 in neun Hauptkriterien gegliedert sein. Für die Bewertung von Projektmanagement-Werkzeugen finden Sie auf der beiliegenden CD eine Entscheidungstabelle in der Datei PM-Werkzeugauswahl.xlt. In dieser Excel-Datei wurden die Bewertungskriterien verfeinert bzw. vertieft.

Anhand dieser vorbereiteten Kriteriengliederung können Sie
a) festlegen, was Ihre Anforderungen sind und
b) prüfen, ob die von Ihnen betrachteten PM-Werkzeuge die gewünschten Anforderungen erfüllen.

Wir empfehlen, mit Hilfe der obigen, vorbereiteten Kriteriengliederung eine Tabelle für die Entscheidungsfindung anzufertigen, indem Sie die Kriterien nach Ihren Anforderungen anpassen.

6.7.5 Entscheidungsfindung

Mit dem benutzerorientierten Bedarfsprofil können die auf dem Markt angebotenen PM-Programme verglichen werden. Im Rahmen einer Vorauswahl sollten zwei bis vier Produkte in die engere Wahl gezogen werden.

Nicht alle Anwender wollen PM-Pakete mit maximalem Funktionsumfang. Die Hersteller von PM-Paketen tragen diesem Umstand Rechnung und bieten Produkte mit verringerter Funktionalität an. Oder sie bieten nur einige Funktionen in vollem Umfang an, bei anderen machen sie deutliche Abstriche. Dieser Umstand erschwert die Auswahl der am besten geeigneten Software erheblich.

Eine fundierte Auswahlentscheidung kann nur getroffen werden, indem die ausgewählten Programme im Rahmen von Pilot-Beispielprojekten praktisch erprobt werden. Zu diesem Zweck bieten die Hersteller der Softwareprodukte üblicherweise preiswerte Testinstallationen oder arbeitsfähige Demo-Versionen an. „Probieren geht über Studieren.“.

Nach der Anschaffung des ausgewählten PM-Programmes müssen die unmittelbar betroffenen Anwender geschult werden, um eine effiziente Nutzung zu gewährleisten.

Das Bild 6.4 zeigt als Zusammenfassung die Meilensteine für das Projekt „PM-Software auswählen und einsetzen“.

6.8 Die Praxis bei den PM-Software-Werkzeugen

Ein einfacher Fall ist der Einsatz eines PM-Werkzeuges und der Verbindung zu anderen Werkzeugen unter MS-Windows (siehe Bild 6.2). Ein ausgereifter Fall könnte der oben beschriebene Arbeitsplatz des Projektleiters sein. Dazwischen liegen sehr viele Möglichkeiten.

Entscheidend sind zwei Dinge:

- Wie ist das Umfeld im Unternehmen?
- Was wollen der Projektleiter und sein Team im Alltag tatsächlich mit ertragbarem Aufwand/ Nutzen anwenden.

In der konsequenten Anwendung der dargestellten PM-Werkzeuge liegt sicherlich ein enormes Rationalisierungspotential für die PM-Arbeit.

Bild 6.4: Meilensteine für das Projekt „PM-Software auswählen und einsetzen"

6.9 Checklisten zu den PM-Software-Werkzeugen

Checklisten zum Einsatz von PM-Software-Werkzeugen:

6.9.1 Zur Strukturierung

- Ist die Projektergebnisstruktur mit Karten oder mit Klebezettel strukturiert?
- Ist die Projektergebnisstruktur mit einer Gliederungsnummer versehen?
- Sind die Arbeitspakete meilensteinorientiert auf Karten oder Klebezettel strukturiert?
- Sind die Arbeitspakete mit dem PSP-Code versehen?
- Soll der PSP-Code die Gliederung unterstützen oder soll der Code eine bestimmte Bedeutung haben?

Beispiel:

pp............ = p Projekt
ppm.......... = m Meilenstein/Phase
ppmv........ = v Verantwortlicher
ppmv.aa.... = a Aufgabe oder Arbeitspaket
ppmv.aann = n Aufgaben innerhalb eines Arbeitspaketes (lfd. Nr.)

Empfehlung:
Legen Sie für die Projektergebnisstruktur eine Datei an. Für den Projektstrukturplan legen Sie eine separate Datei an. Eine Kopie dieser Datei nutzen Sie zur Weiterverwendung der Terminplanung.

Anmerkung:
Bei kleinen Projekten kann aus der Projektergebnisstruktur gleich die Projektstruktur erstellt werden.

Konsequenz:
Es gibt nur eine Ursprungs-Datei.

6.9.2 Zur Terminplanung

- Sind die Arbeitspakete auf Papier vor der Eingabe vernetzt worden?
- Sind die Vorgänge auf Papier mit ID-Nr. versehen, um die Eingabe der Vorgänger/ Nachfolger zu beschleunigen?
- Ist der PSP-Code in einer eigenen Spalte vor den Aufgaben erfasst worden?
- Sind die Durchlaufzeiten pro Aufgabe eingegeben?
- Sind der Kalender und die tägliche Arbeitszeit eingerichtet?
- Ist der Starttermin eingegeben?
- Ist die Balkendarstellung mit drei Balken vorgesehen?
  1. Balken = Basisplan
  2. Balken = geänderte Planung und
  3. Balken = IST-Situation
- Sind die Terminpläne an die Bearbeiter verteilt?

6.9.3 Zur Netzplanung

- Sind die Vorgänge nach Teilprojekten oder Verantwortlichkeiten dargestellt?
- Sind die Vorgänge so angeordnet, dass die Pfeilführung DIN-gerecht ist?
- Haben Sie vorwärts gerechnet?

- Haben Sie rückwärts gerechnet?
- Haben Sie mit Normal-, Anfangs- oder Endfolge mit den entsprechenden Zeitabständen gearbeitet?
- Kennen Sie Ihren freien Puffer und den Gesamtpuffer?

6.9.4 Zur Ressourcenplanung

- Sind die Ressourcen mit verfügbaren Zeiten eingerichtet?
- Sind die Ressourcen den jeweiligen Arbeitspaketen zugeordnet?
- Sind die Termine unter Berücksichtigung der Ressourcen berechnet?
- Ist durch Ressourcenveränderung die Terminplanung optimiert worden?
- Sind die Auslastungsdiagramme pro Ressource ausgedruckt?
- Ist das Gesamtauslastungsdiagramm ausgedruckt?

6.9.5 Zur Kostenplanung

- Sind die Kostenarten und die Kostenschlüssel eingegeben?
- Sind die Aufwände pro Vorgang eingegeben? (bei Ressourcenplanung schon passiert!)
- Sind die Stundensätze pro Ressource erfasst?
- Sind die Kosten den Vorgängen zugeordnet?
- Sie die Kosten den Arbeitspaketen aus der Projektstruktur zugeordnet?
- Sind die Fixkosten und die variablen Kosten dargestellt?

6.9.6 Zur Projektverfolgung

- Ist der Plan als Erstplan (Basisplan) eingefroren?
- Sind die tatsächlichen Anfangstermine und Endtermine eingegeben?
- Sind die tatsächlichen Aufwendungen pro Ressource erfasst?
- Sind die tatsächlichen Sachkosten, Obligos pro Vorgang erfasst?
- Ist der zeitliche Fertigstellungsgrad sichtbar?
- Haben Sie ggf. Ihre Maßnahmen als neue Vorgänge in die Planung aufgenommen, um z. B. Terminverzögerungen aufzufangen?

6.9.7 Zur persönlichen Zeitplanung und -verfolgung

- Führen Sie eine Termin- und Zeitplanung für sich auf Ihrem PC?
- Haben Sie die wichtigsten Projektfristen erfasst?
- Ist Ihre persönliche Aufgabenliste erstellt?
- Haben Sie Ihren Kollegen die Besprechungstermine gesendet (E-Mail)?

6.9.8 Zur Webbasierung

- Befindet sich Ihre Ablage im Intranet?
- Haben Sie eine Plattform für PM-Abläufe, Formulare und Checklisten?
- Nutzen Sie Internet-Plattformen zur Verständigung von virtuellen Teams?

6.10 Zur eigenen Vertiefung

Wo soll mich der PC bei meinem eigenen Projekt unterstützen?

- ______
- ______
- ______
- ______
- ______
- ______

Welche Dokumente, Daten usw. fallen bei meinem Projekt an?

- ______
- ______
- ______
- ______
- ______
- ______
- ______

Welche Werkzeuge nutze ich bereits?

- ______
- ______
- ______
- ______
- ______
- ______
- ______

Folgende Werkzeuge werde ich mir noch anschaffen:

- ______
- ______
- ______
- ______
- ______
- ______
- ______

7 Anwendungsbereiche für Projektmanagement

7.1 Überblick

Projektmanagement ist in diesem Buch mit vielfältigen Methoden, Verhaltensformen und Werkzeugen dargestellt worden. Der Einsatz von Projektmanagement muss eine deutlich beobachtbare Verbesserung bewirken. Die Durchlaufzeiten sollen gesenkt werden, und die Kosten für das Projektmanagement müssen in einem sinnvollen Verhältnis zum Ertrag des Projektes stehen. Außerdem soll durch Projektmanagement die Prozessqualität steigen. Die Produktqualität ist von Anfang an zu sichern.

In der Praxis wird häufig argumentiert, dass auf Grund der

- ⇨ Branchenspezifika,
- ⇨ Größe des Projektes,
- ⇨ Unternehmenskultur und -größe,
- ⇨ Internationalität und der
- ⇨ spezifische Anwendungsbereiche

Projektmanagement nicht oder kaum einzusetzen ist – oder auf keinen Fall so, wie es im Lehrbuch steht. Stimmen diese Argumente oder sind sie mehr ein Vorwand als ein Einwand?
In diesem Teil möchten wir aufzeigen, dass die positiven Aspekte überwiegen.

Die wesentlichen Elemente des Projektmanagements wie:

1 Methodik: Start, Planung, Steuerung und Abschluss
2 Teamarbeit
3 Werkzeugeinsatz
4 Einbettung des Projektes in der Firma
5 Projektergebnisse und Berichtswesen
6 Entscheidungsinstanzen und
7 Führungsstil des Projektleiters

werden den oben genannten Argumenten gegenüber gestellt.

Wir nehmen das Ergebnis vorweg: **Der Nutzen durch Projektmanagement entkräftet die Gegenargumente.**

Wo liegen die Unterschiede, wo die Gemeinsamkeiten zwischen den obigen Argumenten und unserer Vorstellung einer Systematik des Projektmanagements? Gibt es Eigenarten, die beim Einsatz von Projektmanagement tunlichst zu beachten sind? Sicher können wir nicht alle Möglichkeiten darstellen, die es in der Realität gibt. Dennoch wollen wir anhand von typischen Beispielen aus der Praxis den Fragestellungen nachgehen. Wir möchten damit aufzeigen, dass Projektmanagement mit entsprechenden firmenspezifischen Anpassungen überall nutzbringend eingesetzt werden kann.

7.2 Branchenspezifika

Unter Branchen sind Bereiche wie Hoch- und Tiefbau, Chemie, Elektro- und Elektronikindustrie, Software, Verwaltung, Automobilbereich, Umwelttechnik, Investitionsgüter, Politik, Banken, Versicherungen, Medien u. a. m. zu verstehen.

Das Ergebnis der Gegenüberstellung gleich vorab: In Bezug auf das System Projektmanagement sehen wir in den verschiedensten Branchen keine gravierenden Besonderheiten.

Übersicht:		**Branchenspezifika**
1	Methodik:	für alle Branchen geeignet
2	Teamarbeit:	unterschiedlich ausgeprägt, für alle geeignet
3	Werkzeugeinsatz:	für alle Branchen geeignet
4	Projekteinbettung:	hängt von der Art und Größe ab
5	Projektergebnisse:	unterscheiden sich stark, die Technik ist branchengebunden
6	Entscheidungsinstanzen:	sind unterschiedlich festgelegt
7	Führungsstil:	vom Unternehmen geprägt.

7.2.1 Methodik: für alle Branchen geeignet

Die Methodik zum Start, zur Planung, zur Steuerung und zum Abschluss eines Projektes kann grundsätzlich in allen Branchen angewendet werden. Die Methoden zeigen den Weg zum Ziel auf. Die technischen Ziele und Ergebnisse sind je nach Branche sehr verschieden. Wie jedoch das Projektteam zu den PM-Ergebnissen kommt, ist von diesen Ergebnissen und damit von der Branche unabhängig.

7.2.2 Teamarbeit: unterschiedlich ausgeprägt, für alle geeignet

Teamarbeit setzen Unternehmen in den einzelnen Branchen unterschiedlich stark ein. Es gibt Bereiche wie Hoch- und Tiefbau, die sich mit dem Teamgedanken noch schwer tun. Dagegen hat sich in der Software-Entwicklung und in der Automobilindustrie die Arbeitsweise im Team gefestigt. Je komplexer die zu erarbeitenden Lösungen sind, desto stärker ist die Teamarbeit als Mittel der Kreativität, der Faktenfokussierung und der Gestaltungsmöglichkeiten gefragt. Deshalb ist aus unserer Sicht Teamarbeit letztlich auch keine Frage der Branche, sondern eine strategische Frage der bewussten Entscheidung für diesen Arbeitsstil.

7.2.3 Werkzeugeinsatz: für alle Branchen geeignet

Auch der Werkzeugeinsatz ist branchenneutral zu beurteilen. Sicherlich sind die Schnittstellen, die Einbettung in branchenspezifischen Lösungen zu beachten. Der Einsatz von Projektmanagement-Werkzeugen ist von den im Kapitel 6 genannten Voraussetzungen abhängig.

7.2.4 Projekteinbettung: hängt von der Art und Größe ab

Die Einbettung eines Projektes in einem Unternehmen scheint nur auf den ersten Blick von branchenspezifischen Gesichtspunkten abzuhängen. Sie ist jedoch tatsächlich durch andere Faktoren, z.B. Größe des Unternehmens, Art und Größe des Vorhabens bedingt. In den meisten Branchen treffen wir die Matrixorganisation oder die Projektarbeit aus der Linie heraus an.

7.2.5 Projektergebnisse: unterscheiden sich stark, die Technik ist branchengebunden

Die Projektergebnisse fallen natürlich je nach Branche unterschiedlich aus. Die Technik ist eher branchengebunden, folglich sind die Inhalte der Arbeitspakete verschiedener Branchen untereinander kaum vergleichbar. Es ist ratsam, bei der Strukturierung nach Tiefe und Breite sehr genau zu überlegen. Eine zu breite oder zu tiefe Strukturierung erhöht den Aufwand für Planung und Steuerung und kann den Erfolg des Projektes gefährden. Zu geringe Strukturierung verhindert den notwendigen Überblick.

Das Berichtswesen des Projektes orientiert sich am Berichtswesen des jeweiligen Unternehmens in der jeweiligen Branche. Unter dem Aspekt „Projektarbeit" aber können wir keine Branchenbesonderheiten erkennen.

7.2.6 Entscheidungsinstanzen: sind unterschiedlich festgelegt

Die Entscheidungsinstanzen unterscheiden sich je nach Branche sehr stark. Sie sind in Form, Aufgabenbereich und Besetzung unterschiedlich ausgeprägt. Das Problem liegt weniger in der Vielfalt, als eher darin, dass die Befugnisse eines Projektausschusses nicht den Anforderungen nach Klarheit, Transparenz und Entscheidungskompetenz genügen. Der mehr oder weniger geglückte Umgang mit Projekt-Entscheidungsinstanzen hängt dabei nicht von der Branchenzugehörigkeit, sondern von der Führung im Unternehmen ab.

7.2.7 Führungsstil: vom Unternehmen geprägt

Der Führungsstil des Projektleiters entwickelt sich nicht völlig unabhängig von Branchengegebenheiten. Bei genauerem Hinsehen ist es aber nicht die Branche an sich, die hier beeinflusst, sondern es sind Faktoren wie Persönlichkeit der Projektleitung, Projektart, Unternehmenskultur, Firmentradition und Firmengröße. In jedem Fall kostet es viele Anstrengungen, damit die Beteiligten ihre alten Verhaltensmuster zugunsten der Projekterfordernisse aufgeben.

Aus diesen Erfahrungen ziehen wir das Fazit:
Die Anwendung der Projektmanagement-Systematik ist branchenneutral, auch wenn immer wieder die Besonderheiten einzelner Branchen beschworen werden. Im Einzelfall müssen branchenspezifische, nach unseren Erfahrungen aber eher unternehmensspezifische Anpassungen berücksichtigt werden.

7.3 Projektgröße

Die Beurteilung der Projektgröße kann nach verschiedenen Messgrößen vorgenommen werden:

- ⇨ Aufwand
- ⇨ Kosten
- ⇨ Kapazität
- ⇨ Beteiligte Stellen
- ⇨ Durchlaufzeit
- ⇨ Projektumsatz im Verhältnis zum Firmenumsatz

Deshalb lassen sich Klein-, Mittel- und Großprojekte auch nicht eindeutig definieren, zumindest nicht unabhängig von den jeweiligen Messgrößen.

Ein Vorhaben mit einem Budget von 2 Millionen Euro ist ein Großprojekt für ein Unternehmen, das 50 Millionen Euro umsetzt. Für einen Großkonzern dagegen kann es ein Kleinprojekt sein. Trotzdem, die Größe eines Projektes hat Auswirkungen auf die verschiedenen Elemente des Systems Projektmanagement.

Übersicht:		**Projektgröße**
1	Methodik:	bei Kleinprojekten auf wesentliche Standards konzentrieren
2	Teamarbeit:	die Organisation gestalten
3	Werkzeugeinsatz:	bedienungsfreundlich, Funktionalität je nach Größe
4	Projekteinbettung:	Varianten je nach Größe machbar
5	Projektergebnisse:	kurz, knapp, zielorientiert
6	Entscheidungsinstanzen:	Meilenstein-Freigaben sind Etappensiege
7	Führungsstil:	Größe prägt, Hinweise auf Prozesskompetenz

7.3.1 Methodik: bei Kleinprojekten auf wesentliche Standards konzentrieren

Die Methodik muss sich bei sehr kleinen Projekten (z.B. 3 Mitarbeiter, Aufwand 6 Mitarbeitermonate, Durchlaufzeit 12 Monate), auf das Wesentliche konzentrieren und in der Bearbeitungstiefe flach gehalten werden. Beim Start wird der Auftrag mit einem kleinen Lastenheft genügen. Die Planung wird sich auf die Projektergebnisstruktur, den Kapazitäts- und Terminplan stützen. Für die Projektverfolgung wird der SOLL-/IST-Vergleich mit Meilenstein-Trendanalyse und Kosten-Trendanalyse ausreichen. Vor allem kleine Projekte, die sich in ihrer Art und im Ablauf ähneln, sollten in Standards gefasst und entsprechend bearbeitet werden.

In solch einem Fall empfehlen wir

- ⇨ ein Standard-Lastenheft,
- ⇨ ein Standard-Pflichtenheft,
- ⇨ eine Standard-Projektergebnisstruktur,
- ⇨ einen Standard-Meilensteinplan,
- ⇨ einen standardisierten Kapazitäts- und Terminplan
- ⇨ einen Standard-Kurzbericht.

Diese Standards werden mit den Projektspezifika gefüttert und sind sofort einsatzbereit.

Gerade mittelständische Firmen haben die Standardisierung noch wenig entdeckt und erfinden für viele kleine Vorhaben das Rad neu. Da schlummern noch Produktivitäts- und Rationalisierungsreserven. Wir empfehlen dazu die Standardformblätter auf der beiliegenden CD.
Die Standardisierung hilft nicht nur beim Start, bei der Planung, Steuerung und Abschluss eines Projektes zu sparen, sondern erleichtert den Einsatz von Projektmanagement ganz generell: in der bekannten Projektkultur mit der Möglichkeit, immer auf bereits sauber definierte Begriffe aufbauen zu können und Reibungsverluste zu vermeiden.
Bei großen Projekten wird auf Standards wie Phasenorganisation zurückgegriffen. Dennoch ist hier wegen der Fülle an Informationen zu überlegen, wie dieses Mengenproblem zu handhaben ist: „Weniger ist mehr!"

Wir beschreiben einen Vorschlag am Beispiel des Projektplans. Dabei ist darauf zu achten, dass sinnvolle Teilnetzpläne erarbeitet werden und trotzdem eine Verzahnung erhalten bleibt. Das ist mit Hilfe von Meilensteinen zu erreichen. Der Projektleiter bekommt einen vernetzten Meilensteinplan, häufig auch Masterplan genannt. Je nach Teilprojekt werden eigene Teilnetzpläne aufgestellt, die den selben Aufbau haben, gegliedert nach:

1. Zulieferung,
2. Verantwortung und
3. Auslieferung.

Durch die eindeutige Zuordnung der Meilensteine zu den Hauptmeilensteinen des Projektes werden die Teilprojekte steuerbar. Die Verantwortung für die Bearbeitung und die Pflege der Pläne bleibt bei den Teilprojektleitern.

Für Projekte dieser Größe sind dann Projektmanagement-Software-Werkzeuge gefordert, die dann unterschiedliche Strukturierungstiefen ermöglichen und die Pflege der Pläne mit zum Teil über 500 Vorgängen/Arbeitspaketen wesentlich erleichtern.

7.3.2 Teamarbeit: die Organisation gestalten

Die Art der Teamarbeit muss der Größe des Projektes angepasst werden. Bei kleinen Projekten kann z.B. ein Team gebildet werden, das mehrere Projekte bearbeitet. Die Projekte werden in der Praxis in unterschiedlichen Bearbeitungszuständen sein. Dies erfordert vom Team eine gehörige Portion an Systematik und Disziplin.

Bei großen Projekten „Bau eines Automobils vom Typ xy" wird ein Kernteam an der Spitze einer Pyramide stehen, und jedes Kernteam-Mitglied wird wiederum selbst Leiter eines Teams sein. Die Größe des Kernteams sollte sieben Personen nicht überschreiten, erfahrungsgemäß ist sieben die ideale Führungsbreite. Falls spezielle Probleme auftreten, können weitere Mitarbeiter temporär hinzugezogen werden (erweitertes Team).
Bei großen Projekten sind der Informationsaustausch und das Ineinandergreifen von Informationen zu organisieren. Es gilt, spezielle Verteilerkreise aufzubauen, den Tagungsrhythmus der einzelnen Teams aufeinander abzustimmen und Meetings anzuberaumen, die beschriebene hierarchische Projektebenen wieder aufzulösen:
Das kann ein Info-Markt sein, der z.B. einmal im Quartal stattfindet. Das können auch feste Sprechzeiten des Gesamtprojektleiters sein, die allen Projektmitarbeitern offen stehen.

Neben den Projektmanagement-Institutionen existieren in großen Projekten viele Problemlösungs-Teams, die ebenfalls mit den Managementteams koordiniert werden müssen. Es lohnt sich bei großen Projekten, einen eigenen Team-Management-Plan aufzustellen und ihn in regelmäßigen Abständen den neuen Situationen des Projektes anzupassen.

7.3.3 Werkzeugeinsatz: bedienungsfreundlich, Funktionalität je nach Größe

Die Größe des Projektes beeinflusst die Anforderungen an das Werkzeug. Bei kleinen Projekten ist die Anforderung „Multiprojektmanagement" zu erfüllen, d.h. Kapazitätsplanung und -steuerung müssen integriert auf mehrere Projekte anwendbar sein. Dies gilt auch für die Kostendarstellung. Eine benutzerfreundliche Oberfläche des Werkzeugs ist besonders gefragt, da bei kleinen Projekten der Projektleiter selbst damit arbeiten will.

Bei großen Projekten gelten folgende Kriterien als Maßstab:

⇨ Terminberechnung über mehrere Netzpläne hinweg
⇨ bei großen Datenmengen hohe Rechnergeschwindigkeit

- ⇨ Selektionsmöglichkeiten aus einer Datenbank
- ⇨ Gestaltung eigener Berichte
- ⇨ Kostendarstellung nach kaufmännischen Gesichtspunkten (Abgleich mit Angebotskalkulation)
- ⇨ Verwaltung der Arbeitspakete mit Arbeitspaket-Beschreibung
- ⇨ Maschinelle Meilenstein-/Kosten-Trendanalyse
- ⇨ Datentransfer mit anderen betrieblichen Anwendungsprogrammen z.B. für Rechnungswesen, Arbeitsvorbereitung.
- ⇨ Internet-/Intranet-Fähigkeit

Die Betreuung erfolgt sehr häufig durch firmeninterne Projektbüros oder durch externe Ingenieurfirmen. Deshalb ist eine leicht bedienbare Oberfläche des TOOLs zweitrangig.

7.3.4 Projekteinbettung: Varianten je Größe nach machbar

Die Einbettung des Projektes in einem Unternehmen und die Größe des Projektes stehen in einem engen Zusammenhang. Bei großen Projekten wird sehr oft die Matrixorganisation oder die reine Projektmanagement-Organisation genommen. Bei kleinen Projekten wird in der bestehenden Organisation wenig geändert. Die Projekte werden aus der Linie heraus abgewickelt. Das Matrix-Modell und das Linien-Modell bringen in der Praxis neben den speziellen Projektproblemen so viele Schwierigkeiten mit sich, dass wir empfehlen, von diesen Modellen Abstand zu nehmen.

Bei einer reinen Projektorganisation ist es notwendig, dass die Projektbeteiligten ausreichende Möglichkeiten erhalten, sich weiterzubilden, neue Technologien auszuprobieren und Erfahrungen zu sammeln. Parallel dazu sollte ein Controller bzw. Prozessberater eingesetzt werden, der die Projekte methodisch unterstützt und Anregungen gibt.

Diese Prozessberater assistieren bei mehreren Projektleitern. Der Prozessberater verfügt über eine hohe Struktur- und Prozesskompetenz. Der Projektleiter besitzt viel Fach- und Umsetzungskompetenz. Zusammen ergibt das die notwendige Führungskompetenz (siehe dazu Kapitel 1).
Bei Großprojekten ist die reine Projektorganisation zu empfehlen. Es entsteht ein Unternehmen im Unternehmen, das nach Abschluss des Vorhabens wieder aufzulösen ist, oder als Keimzelle einer neuen Linienstruktur weitergeführt wird. Bei den vorhandenen Termin- und Kostenrisiken ist das Projekt nur durch die Bündelung von fachlicher und formaler Kompetenz zum Erfolg zu bringen.

Sicher treten in der Praxis weit mehr Formen der Projektorganisationen in den verschiedensten Ausprägungen auf, als hier dargestellt werden können. Wesentlich und wichtig für die Praxis erscheint uns:

- ⇨ Die Projektadministration ist schlank zu halten.
- ⇨ Auch beim Projektmanagement ist die Anzahl der Schnittstellen möglichst klein zu halten.
- ⇨ Das Projekt ist mit allen erforderlichen formalen Kompetenzen auszustatten.
- ⇨ Die Organisationseinheiten Linie und Projektmanagement sind als Einheit zu sehen und zu organisieren.

7.3.5 Projektergebnisse: kurz, knapp, zielorientiert

Projektgröße und Projektergebnisse verhalten sich linear zueinander. Je größer das Projekt, desto mehr Daten und Dokumente müssen bearbeitet werden. Die Gefahr der Bürokratisierung ist bei großen Projekten gegeben.

Gerade in Deutschland ist das Bedürfnis nach Sicherheit – auch im Sinne von Absicherung – stark ausgeprägt. Daher ist bei großen Projekten darauf zu achten, dass Projektpläne nicht zu fein strukturiert sind, dass Berichte knapp und schematisiert sind, dass Protokolle auf das Wesentliche konzentriert und Ablageordnungen übersichtlich sind.

Je nach Größe des Projektes sind auf den verschiedenen Ebenen eines Projektes unterschiedliche Verdichtungsgrade der Berichte gefordert. Die Frage ist, wer hat was, wann und wie detailliert zu erfahren. Der Bericht sollte analog zur Struktur der Projektplanung geordnet sein. Bei kleinen Projekten können in einem Bericht mehrere Projekte dargestellt sein. In der Meilenstein-Trendanalyse können die „End-Meilensteine" von bis zu 10 Projekten aufgezeigt werden. Dagegen wird bei Großprojekten eine Meilenstein-Trendanalyse pro Teilprojekt geführt und eine Meilenstein-Trendanalyse für die Hauptmeilensteine des Gesamtprojektes. Die Berichtszeiträume umfassen bei großen Projekten vier Wochen und mehr, bei kleinen Projekten sind sie eher kürzer.

7.3.6 Entscheidungsinstanzen: Meilenstein-Freigaben sind Etappensiege

Da große Projekte sehr viel mehr entscheidungsrelevante Meilensteine haben, nimmt die Anzahl der Phasenentscheidungen für die Meilenstein-Freigaben zu. Auf die Anzahl der Besprechungen der Schnittstelle Linie - Projekt hat die Projektgröße dagegen geringe Auswirkungen. Bei mehreren kleinen Projekten werden oft in einer Besprechung die Meilensteine verschiedener Projekte behandelt. Bei einem großen Projekt werden dagegen in verschiedenen Besprechungen wiederholt einzelne Meilensteine eines Projektes behandelt.

7.3.7 Führungsstil: Größe prägt, Hinweise auf Prozesskompetenz

Der Führungsstil des Projektleiters wird durch die Größe des Projektes mitgeprägt. Bei kleinen Projekten, bei denen der Projektleiter z.B. als Projekteur oder Konstrukteur mitarbeitet, orientiert er sich in der Regel mehr an Personen als an Aufgaben. Bei großen Projekten kehrt sich dieses Verhältnis um. Während der Leiter eines kleinen Projektes noch alle Beteiligten persönlich kennt, hat er bei großen Projekten direkte Kontakte nur noch zum Kernteam und zu den Kontaktpersonen der Linie und zu den Zulieferfirmen.

Noch stärker als die Größe aber nehmen die verschiedenen Phasen des Projektes Einfluss auf den Führungsstil. Am Anfang des Projektes sind vor allem Menschlichkeit und kreative Freiräume gefordert. Wenn das Projekt freigegeben und die organisatorische und die technische Planung abgeschlossen sind, kommt es mehr auf das Machen und Durchsetzen an (Umsetzungskompetenz). Nähert sich das Projekt dem Abschluss, liegt die Betonung wieder mehr auf der sozialen und integrativen Seite. Am Ende des Projektes ist der Druck auf die Beteiligten wegen der Termine sehr hoch. Es kommt vor, dass der eine oder andere vorzeitig aussteigen möchte. Gerade in Stresssituationen wie z.B. bei der Montage und Abnahme des Projektes muss der Projektleiter Einfühlungsvermögen, Gelassenheit und Zielstrebigkeit mitbringen, um Konflikte sinnvoll lösen und überwinden zu können.

7.4 Firmenkultur und Firmengröße

Firmenkultur und -größe haben auf die Gesamtheit des Projektmanagement-Systems Einfluss, weniger auf die einzelnen Elemente. Mittelständische Unternehmen halten stärker an bestehenden Linien fest als Großfirmen. Die Bereitschaft, neben der bisherigen Linienorganisation auch andere Formen zuzulassen, ist bei kleineren Unternehmen eher gering.

Rezession und Strukturwandel haben aber mittlerweile neue Impulse gegeben. Im Vergleich zu großen Firmen haben Klein- und Mittelbetriebe in punkto „Neues Denken" noch aufzuholen. Wenn Klein- und Mittelbetriebe aber das „Neue" erkannt haben, dann ist die Umsetzung flächendeckend schnell vollzogen.

Übersicht:		**Firmenkultur und Firmengröße**
1	Methodik:	im Handbuch oder gelebt
2	Teamarbeit:	abhängig von der Einstellung der Geschäftsleitung
3	Werkzeugeinsatz:	vernetzt
4	Projekteinbettung:	situativ anwenden
5	Projektergebnisse:	hängen vom Projekt ab
6	Entscheidungsinstanzen:	vom Unternehmen geprägt
7	Führungsstil:	je nach Firmenkultur und -tradition

7.4.1 Methodik: im Handbuch oder gelebt

Die Firmenkultur ist sehr prägend für die Anwendung der verschiedenen Methoden. Es gibt Unternehmen, z.B. aus dem Pharmabereich, die jedes Projekt mit einem Ziel- und Planungsworkshop mit professioneller Moderation starten. Anschließend werden die Workshop-Ergebnisse bei der Geschäftsleitung präsentiert und entschieden.

In einem Werk für Hochgeschwindigkeitsdrucker wird die Meilenstein-Freigabe für die Projekte intensiv betrieben. Mit viel Elan werden Meilenstein-Freigaben vorbereitet und durchgeführt. Damit wird die Transparenz der Projekte gefördert und das Gespräch zwischen Projekt und Linie einerseits und Projekt und Führung andererseits intensiviert. In großen Firmen ist die Methodik häufig in dicken Handbüchern, insbesondere Qualitätssicherungs-Handbüchern, detailliert beschrieben. Aber die Handbücher stehen oft im Schrank. Die Führung fordert die dort beschriebenen Verfahren und Ergebnisse zu wenig ein, so dass die Dinge im Sande verlaufen. Anders ist das bei kleinen und mittleren Betrieben. Es dauert oft lange, bis Projektmanagement firmenspezifisch festgelegt wird. Wenn es geschieht, wird von der Geschäftsleitung bis zum Mitarbeiter sichergestellt, dass das Handbuch oder die Verfahrensbeschreibung eingehalten werden. Hier wird stärker auf den Erfolg der hierfür getätigten Investition geachtet.

Die Anwendung der Projektmanagement-Methoden hängt sehr stark davon ab, wie die Führung in der jeweiligen Firma dazu steht. Wenn Projektmanagement ein Teil der Firmenkultur ist, dann wird Projektmanagement gelebt. Dies kann durch viele Beispiele aufgezeigt werden. So werden gerade in Klein- und Mittelbetrieben mit den Mitarbeitern Verfahrensbeschreibungen ausgearbeitet und angewendet. Hier wird versucht, den Start von Projekten durch „Projektdurchführungsaufträge" zu klären. Häufig sind Standard-Terminpläne auf einem PM-Werkzeug für die Projektplanung vorhanden, die dann nur noch projektspezifisch anzupassen sind. Es existiert ein fester Formularsatz für die Planung, Berichterstattung und für das Änderungswesen (teilweise DV-gestützt).

7.4.2 Teamarbeit: abhängig von der Einstellung der Geschäftsleitung

Teamarbeit ist in größeren Unternehmen auf Grund der Kapazitätsbreite üblich. Die striktere Arbeitsteilung erzwingt dies in der Praxis. Aber gerade bei kleinen und mittleren Firmen ist das informelle Netz stark ausgeprägt, wodurch Teamarbeit im kooperativen und kommunikativen Bereich unterstützt wird.

Immer mehr kleinere und mittlere Betriebe, soweit wir dies beobachten können, betreiben projektorientierte Teamentwicklung. Zum Start des Projektes wird z.B. in einem eintägigen Workshop zuerst die Teamarbeit geklärt, bevor die Projekte mit der Zieldefinition an die eigentliche Arbeit gehen.

7.4.3 Werkzeugeinsatz: vernetzt

Die Unternehmen sind immer mehr bestrebt, integrierte Arbeitsplätze (z.B. unter Windows) auf dem PC anzubieten. Dies ist unabhängig von der Größe des Unternehmens. Wenn es Teil der Firmenstrategie ist, die Informationstechnologie als wichtigen Faktor der Rationalisierung zu betrachten, dann werden die Hilfsmittel DV- und Internet-gestützt geführt. Über die Formulare und Standard-Terminpläne könnte die DV viel stärker genutzt werden, z.B. könnten Checklisten zur Bearbeitung angeboten werden.

7.4.4 Projekteinbettung: situativ anwenden

Bei großen Unternehmen sind verschiedenste Formen der Projektorganisation durchaus an der Tagesordnung. Jedoch ist die Reglementierung stark ausgeprägt. Der Weg durch die Instanzen und die Fülle der Vorschriften behindern die Projektarbeit mehr als notwendig wäre.

Generell vermissen wir, dass Projektorganisationen und die Einbettung der Projekte in die kleinen Unternehmen situativ gehandhabt werden. Wenn sich der Betrieb für eine Form entschieden hat, dann werden fast alle Projekte danach abgewickelt. Sinnvoll wäre es, je nach Projektart immer wieder neu zu überlegen: Welche Organisationsform ist für den Kunden und für das Projekt nützlich?

7.4.5 Projektergebnisse: hängen vom Projekt ab

Die Projektergebnisse sind zunächst unabhängig von Unternehmenskultur und -größe. Sie sind stark bestimmt durch die Technik bzw. durch den Inhalt des Projektes, z.B. Lieferung eines Marketingkonzeptes. Neben der Produktqualität ist dabei die Prozessqualität zu sehen. Durch die Zertifizierung nach DIN ISO 9001 sind in verschiedenen Unternehmen Regelungen eingeführt worden, die Projektergebnisse zumindest in Form und Verpackung stark beeinflussen. Je nachdem, ob die Qualitätssicherung Teil der Unternehmenskultur ist, wird sich dies mehr oder weniger in der Prozessqualität niederschlagen.

7.4.6 Entscheidungsinstanzen: vom Unternehmen geprägt

Die Zusammensetzung, der Rhythmus und die Art und Weise der Durchführung von projektbezogenen Besprechungen spiegeln sehr wohl die Unternehmenskultur wieder. Durch Leanmanagement hat sich in großen Betrieben die Schwerfälligkeit der Entscheidungsfindung abgebaut. Damit sind auch in Projekten schnellere Entscheidungen möglich. Leider wird zu wenig bedacht, dass durch Projektarbeit nicht unbedingt neue Besprechungsrunden auf der Entscheidungsebene entstehen müssen. Projektarbeit lässt sich gut z.B. in bestehende Routinetreffen integrieren. Was spricht dagegen, eine Meilenstein-Freigabe für ein oder mehrere Projekte in einer der regelmäßigen Führungsrunden durchzuführen? Warum nicht hier die monatliche Berichterstattung durch den Projektleiter integrieren? Weshalb werden Kapazitätskonflikte nicht in diesen Runden zusammen mit den Projektleitern geklärt? In der Praxis wird der Projektarbeit hier eine Sonderrolle zugebilligt – ist das gerechtfertigt?

Projektarbeit ist eine andere Form der Linienarbeit. Die Zusammenarbeit und die Vorgehensweise sind z.B. anders. Projektarbeit sollte für zeitkritische Vorhaben eine besondere Ausprägung der Linienarbeit sein. Dies sollte allgemeingültiges Gedankengut im Unternehmen sein. Von wem wird dieses Gedankengut geprägt?

Bei genauerer Beobachtung erkennen wir, dass es durch das Verhalten der Führung in der jeweiligen Firma entscheidend gestaltet wird („Wessen Brot ich esse, dessen Lied ich singe"). Deshalb ist für das gelebte System Projektmanagement nicht nur die positive Einstellung der Führung zu Projektmanagement entscheidend, sie muss von der Führung auch vorgelebt werden.

7.4.7 Führungsstil: je nach Firmenkultur und -tradition

Damit kommen wir automatisch zum Führungsstil. Er prägt maßgeblich das Zusammenspiel Linie und Projekt. Handelt die Mehrzahl der Akteure in einem kooperativen, partnerschaftlichen Führungsstil, so ist der volle Nutzen von Projektmanagement erzielbar. Wenn Linienstrukturen über viele Jahre gewachsen sind, besonders in Klein- und Mittelbetrieben, so werden diese „Fürstentümer" gegenüber den Projekten stark verteidigt. Wenn dem Fluss das Wasser abgegraben wird, so geht der Fluss mitsamt Umfeld ein. Ähnlich verhält es sich bei Projekten und starken „Burgen". Die Projekte scheitern an diesen Bastionen. Das Spannungsfeld Linie – Projekt kann mit kooperativer, partnerschaftlicher Führung abgebaut und sogar beseitigt werden.

7.5 Internationalität

Bei internationalen Projekten beeinflussen in erster Linie die verschiedenen Mentalitäten und Kulturen den Ablauf eines Projektes.

Diverse Sprachschwierigkeiten, verschiedene Traditionen und Gebräuche bis hin zu unterschiedlichen Verhaltensmustern der Individuen und Gruppen, um nur einige der Schwierigkeiten zu nennen, stellen an die Projektarbeit neue Dimensionen der Herausforderung.

Übersicht:		**Internationalität**
1	Methodik:	geeignet
2	Teamarbeit:	Teamentwicklung erforderlich
3	Werkzeugeinsatz:	geeignet
4	Projekteinbettung:	muss projektspezifisch geklärt werden
5	Projektergebnisse:	indifferent
6	Entscheidungsinstanzen:	muss projektspezifisch geklärt werden
7	Führungsstil:	Teambildung und Kooperation erforderlich

7.5.1 Methodik: geeignet

Das Anwenden der Methoden Projektstart, -planung, -steuerung und -abschluss ist unabhängig von der Internationalität. Die Probleme liegen eher in der Verständigung und der Mentalität der Beteiligten. Wenn z.B. bei uns Pünktlichkeit ein Muss ist, kann in einem anderen Land der zeitliche Verzug als völlig normal angesehen werden. Die Methoden an sich bringen keine Probleme, höchstens die persönliche Einstellung zu den Methoden kann ein Dilemma verursachen.

Ohne auf Nationalitäten und Traditionen näher einzugehen, gibt es Kulturen, denen die europäische Art der Systematisierung und Abstraktion eher fremd sind. Deshalb sollten die zum Einsatz kommenden Methoden und Verfahren mit den Projektbeteiligten möglichst frühzeitig diskutiert, geklärt und vereinbart werden.

7.5.2 Teamarbeit: Teamentwicklung erforderlich

Teamarbeit, und damit das Miteinander der Beteiligten, ist der zentrale Punkt bei internationalen Projekten. Hier muss sehr gezielt und gleich von Anfang an die Teambildung und die Teamentwicklung bewusst durch Workshops unterstützt werden. Sicherlich ist es von Vorteil, wenn die Projektbeteiligten im Vorfeld des Projektes auf die jeweiligen Kulturen vorbereitet werden. Das Verständnis für den anderen mit seinen eigenen Erfahrungen muss geweckt und gefördert werden. Toleranz ist angesagt. Im Kapitel 2.4 ist auf die Teamentwicklung durch Workshops schon hingewiesen worden.

7.5.3 Werkzeugeinsatz: geeignet

Der Werkzeugeinsatz verhält sich ähnlich wie der Methodeneinsatz. Die Beteiligten müssen die entsprechende Einstellung mitbringen. Im Werkzeugeinsatz liegt auch eine Chance. Dank der weltweiten Vernetzung kann man die Möglichkeit schaffen, sich in ein gemeinsames System einzuloggen und so Informationen untereinander auszutauschen. Auch Videokonferenzen machen Entfernungen teilweise wett.

7.5.4 Projekteinbettung: muss projektspezifisch geklärt werden

Die Frage nach der Projekteinbettung in ein Unternehmen stellt sich bei internationalen Projekten nicht so stark. Häufig entstehen neue Firmen mit entsprechenden Kapitalbeteiligungen (Joint Venture). Gerade bei internationalen Projekten muss die organisatorische Frage projektspezifisch gelöst werden. Wenn sich mehrere Firmen an dem Projekt beteiligen und keine eigene Firma gegründet wurde (Konsortium), wird in der Regel ein Lenkungsausschuss installiert, der das Projekt aus der Sicht der einzelnen Geschäftsführungen betreuen soll.

7.5.5 Projektergebnisse: indifferent

Die Ergebnisse des Projektes sind losgelöst von der Internationalität zu betrachten. Natürlich ist das Erledigen der einzelnen Arbeitspakete durch die Sprachvielfalt, die unterschiedlichen Mentalitäten und durch die verschiedenen Schauplätze geprägt. Unabhängig davon steht am Ende des Projektes eine funktionierende Anlage oder ein verkaufsfähiges Produkt.

7.5.6 Entscheidungsinstanzen: muss projektspezifisch geklärt werden

Wie bei der Projekteinbettung angedeutet, werden bei internationalen Projekten die Entscheidungsinstanzen neu definiert und besetzt. Bis sich die neue Crew „zusammengerauft" hat, vergeht beim Start des Projektes Zeit. Auf eine gewisse Durststrecke am Anfang müssen die Beteiligten sich daher einrichten.

7.5.7 Führungsstil: Teambildung und Kooperation erforderlich

Toleranz, Offenheit und Feedback aller Beteiligten schlagen die nötigen Brücken, um den Erfolg des Projektes zu sichern.
Zeitverschiebungen, Entfernungen und andere Arbeitseinstellungen der Beteiligten sind Einflussgrößen in der täglichen Projektarbeit, die zu beachten sind.

7.6 Spezifische Anwendungsbereiche

Projektmanagement ist in Zusammenhang mit Netzplantechnik entstanden. Die Ursprünge kommen aus dem militärischen Umfeld. Inzwischen behauptet sich Projektmanagement in vielen anderen Bereichen mit Erfolg.

Projektmanagement treffen wir auf vielen Gebieten an, auch wenn es einmal mehr technisch, ein anderes mal mehr organisatorisch oder psychologisch aufgefasst wird.

Hier ein kleiner Ausschnitt:

- ⇨ Angebotserstellung
- ⇨ Anlagenbau
- ⇨ Beratungsleistungen
- ⇨ Bildungsmanagement
- ⇨ Forschung und Entwicklung
- ⇨ Investitionsvorhaben
- ⇨ Karriereplanung
- ⇨ Logistik
- ⇨ Maschinenbau
- ⇨ Einführung neuer Technologie
- ⇨ Organisationsentwicklung
- ⇨ Produktentwicklung
- ⇨ PM-Einführung
- ⇨ Selbstorganisation
- ⇨ SW-Entwicklung
- ⇨ Zertifizierung

Übersicht:		**Spezifische Anwendungsbereiche**
1	Methodik:	auf Situation zuschneiden
2	Teamarbeit:	unabhängig vom Anwendungsgebiet
3	Werkzeugeinsatz:	auf Situation zuschneiden
4	Projekteinbettung:	auf Situation zuschneiden
5	Projektergebnisse:	anwendungsspezifisch
6	Entscheidungsinstanzen:	auf Situation zuschneiden
7	Führungsstil:	unabhängig vom Anwendungsgebiet

Aus der Fülle der Anwendungen wollen wir vier herausgreifen:

⇨ Beratungsleistungen
⇨ Bildungsmanagement
⇨ Selbstorganisation
⇨ Zertifizierung

7.6.1 Methodik: auf Situation zuschneiden

Die Methoden des Projektstarts sind bei der Beratungsleistung anwendbar. Welche Ziele werden mit der Beratungsleistung verfolgt? Was will das Unternehmen mit der Beratungsleistung bewirken? Welche sachlichen Aspekte sollen mit der Beratungsleistung verfolgt werden? Wie soll die Beratungsleistung abgewickelt werden? Wie schauen die Rahmenbedingungen aus?

Wenn nun an Stelle des Wortes „Beratungsleistung" die Worte Bildungsmanagement, Selbstorganisation oder Zertifizierung stehen, können diese Fragen zum Lastenheft – wenn auch mit anderen Inhalten – ebenso angewendet werden. Für die Projektergebnisstruktur und für die Meilensteine ist analog zu verfahren.

Was liefert und leistet ein Bildungsmanagement?

Dies kann sein:

⇨ Bedarfsanalysen
⇨ Stellenprofil-Auswertungen
⇨ Bildungsmöglichkeiten als Angebot
⇨ Bildungsabwicklung von der Anmeldung für ein Training bis zum Transfer
⇨ Kostenübersichten
⇨ Trainer-Einsatzpläne

Welche Meilensteine treten bei der Selbstorganisation auf?
Dies können zu erreichende Tages- und Wochenergebnisse sein. Es kann auch eine Etappe im Rahmen der Persönlichkeitsentwicklung sein.

Bei der Planung wird eine Konzentration stattfinden. In den ausgewählten Anwendungen wird es ausreichen, einen Terminplan mit Balken anzulegen. Die Aufgaben/Arbeitspakete werden direkt aus der Projektergebnisstruktur abgeleitet. Bei der Projektverfolgung genügt das Verfolgen der Aufgaben/Arbeitspakete im Terminplan und die Kostenbetrachtung pro Liefer- und Leistungseinheit. Der Projektabschluss-Bericht wird auf eine Seite schrumpfen. So kann die Methodenvielfalt auf wenige Schritte konzentriert werden, um Nutzen und Aufwand in einer vernünftigen Balance zu halten.

7.6.2 Teamarbeit: unabhängig vom Anwendungsgebiet

Bei den oben ausgewählten Anwendungen können Erfolge auch ohne Teamarbeit erzielt werden. Dennoch sollte sie genutzt werden, um Kreativität einerseits und Fehlerfreiheit andererseits zu bewirken. Auch bei der Selbstorganisation können Wochenpläne mit Kollegen abgestimmt und geprüft werden. Bei der Zertifizierung ist Teamarbeit schon aus Akzeptanzgründen stark gefordert. Teamarbeit kann immer genutzt werden und ist deshalb vom Anwendungsgebiet unabhängig.

7.6.3 Werkzeugeinsatz: auf Situation zuschneiden

Wie bei den Methoden wird die Anwendung eines PM-Werkzeuges auf die jeweilige Situation angepasst. In unserer Auswahl ist z.B. bei der Selbstorganisation ein PM-Werkzeug überdimensioniert. Hier ist ein Zeitplanbuch oder eine Zeitplan-Software sinnvoll. Bei den anderen Beispielen kann die Projektergebnisstruktur direkt als Vorgang eingegeben und darauf die Terminplanung aufgebaut werden. Typisch für die ausgewählten Anwendungen sind die geringen Verknüpfungen im Balkenplan, da die zu erbringenden Liefer- und Leistungsanteile eher unabhängig voneinander, also parallel abgewickelt werden können.

7.6.4 Projekteinbettung: auf Situation zuschneiden

Beratungsleistungen, Bildungsmanagement und Zertifizierung können sinnvoll durch Projektmanagement aus dem Stab heraus erbracht werden. Diese sind typische Dienstleistungen und Akzeptanzgesichtspunkte für Stabsprojekte.

Diese Beispiele zeigen, dass die Einbettung des Projektes sehr wohl vom Anwendungsgebiet abhängt.

7.6.5 Projektergebnisse: anwendungsspezifisch

Bei der Beratungsleistung stellt sich das Projektergebnis als Know-how, als Dokumentation und als Verfahrensbeschreibung dar. Beim Bildungsmanagement haben wir es stark mit Bildungs- und Organisations-Know-how, Bildungsmaßnahmen und diversen Dokumenten zu tun. Bei der Selbstorganisation kann das Ergebnis ein abgearbeiteter Wochen- und Monatsplan sein, eine erledigte Checkliste oder die Darstellung von Visionen mittels Mindmap. Bei der Zertifizierung bekommt man in der Regel ein Qualitätshandbuch. Diese Beispiele belegen in der Kürze, dass die Projektergebnisse stark anwendungsspezifisch geprägt sind.

7.6.6 Entscheidungsinstanzen: auf Situation zuschneiden

Unsere ausgewählten Beispiele haben nur zwei Entscheidungsinstanzen. Bei der Selbstorganisation ist es der Anwender der Selbstorganisation selbst, in allen anderen Fällen die Geschäftsführung. Die Entscheidungsinstanzen werden je nach Anwendungsfeld unterschiedlich ausfallen. Im Forschungs- und Entwicklungsbereich wird dies anders sein als bei einem Anlagenprojekt.

7.6.7 Führungsstil: unabhängig vom Anwendungsgebiet

Sicherlich prägt das Anwendungsgebiet die Führungskraft und ihren Führungsstil. Auf einer Baustelle wird mehr der Macher erfolgreich sein als der leise, in sich gekehrte Entwickler. Aber dennoch ist unabhängig vom Anwendungsgebiet der partnerschaftliche, kooperative Führungsstil team- und integrationsfördernd und daher zu empfehlen.

Zusammenfassend hat das Kapitel gezeigt, dass die Elemente des Projektmanagements durchaus mit Anpassungen, aber ohne große Schwierigkeiten eingesetzt werden können. Das Argument: „Bei uns ist alles ganz anders, das geht bei uns nicht!" ist häufig ein Vorwand, um der neuen Anwendung aus dem Weg zu gehen.

Selbst im kleinsten Rahmen, bei der Organisation der eigenen Arbeit, können die Elemente des Projektmanagements durchgängig angewendet werden.

7.7 Methodeneinsatz: Pflicht - Kür - Profi

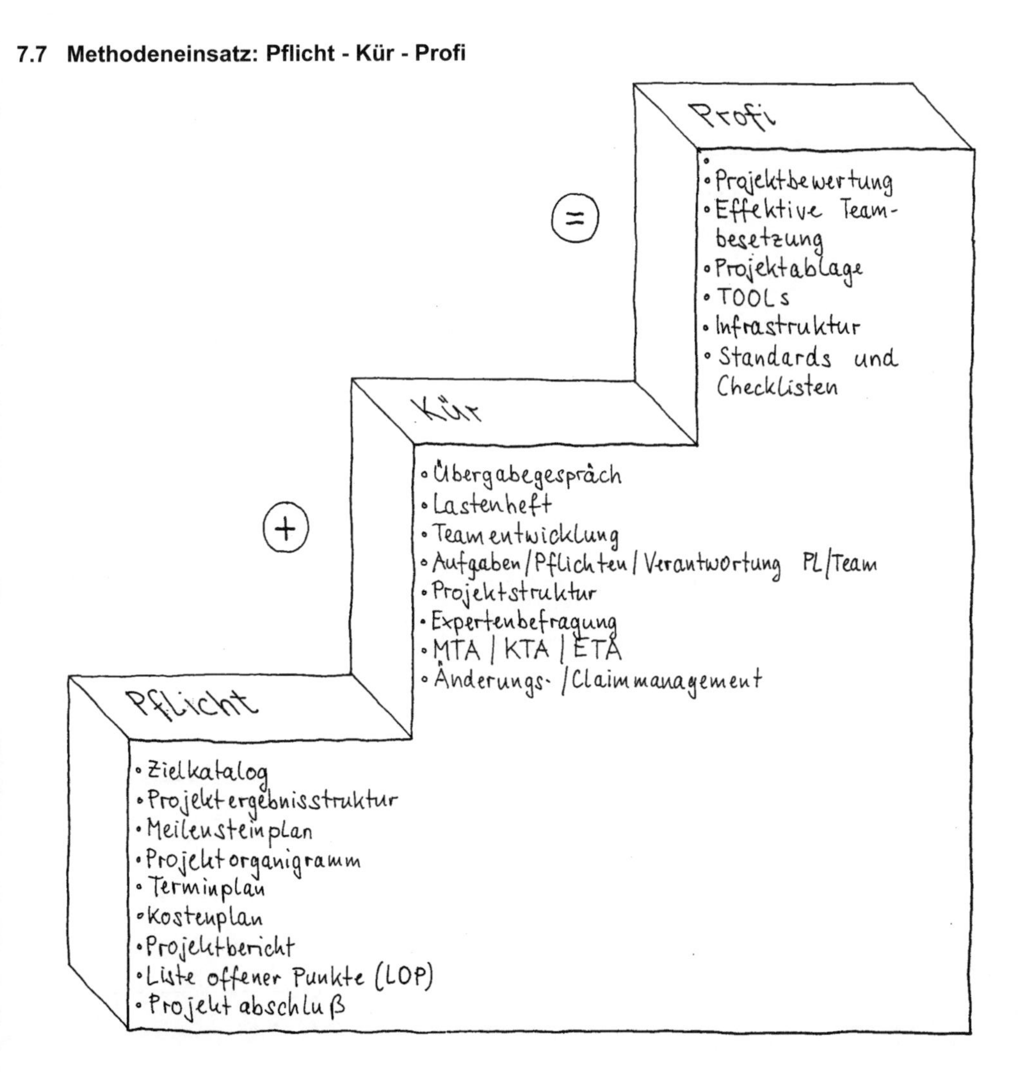

Bild 7.1: Abstufung des Methodeneinsatzes

7.8 Zur eigenen Vertiefung

Welche konkreten Methoden setzen ich für mein Projekt ein?

- ____________________
- ____________________
- ____________________
- ____________________
- ____________________
- ____________________

Welche konkreten Regeln wende ich in meinem Projekt jetzt schon an?

- ____________________
- ____________________
- ____________________
- ____________________
- ____________________
- ____________________

Welche Methoden und Regeln fehlen mir noch?

- ____________________
- ____________________
- ____________________
- ____________________
- ____________________
- ____________________

Folgende Standards werde ich bei uns/bei mir einsetzen:

- ____________________
- ____________________
- ____________________
- ____________________
- ____________________
- ____________________
- ____________________

8 Projektmanagement im Unternehmen einrichten

8.1 Wichtige Elemente beim Einrichten von Projektmanagement

Projektmanagement im Sinne von Prozessmanagement in einem Unternehmen als ständige Methode einzurichten bzw. zu etablieren, gelingt im Firmenalltag selten oder nur teilweise. In diesem Teil beschreiben wir die Probleme aus der Praxis und zeigen Lösungen auf, wie das Ziel „Projektmanagement im Unternehmen einrichten" erreicht werden kann.

Wie bei allen Veränderungen, die Menschen in einer Organisation vollziehen sollen, begegnet man neuen Vorgehensweisen mit einer gewissen Ablehnung. Der Mensch reagiert auf Unbekanntes verhaltend bis zurückweisend. Entweder gibt es offene Aggressionen oder Fluchtverhalten.

In dem Artikel „Herrn Meier macht es keinen Spaß mehr" [29] werden 25 Fluchtwege wie z. B. Schuldzuweisung, Formalismus, Dienst nach Vorschrift, Perfektion u.a. aufgeführt.

Wie begegnen wir diesem Verhalten bei der Einrichtung von Projektmanagement? Der Umgang mit Veränderungen muss anders als in der Praxis üblich organisiert werden. Jemand in einer Firma will von einem Ausgangszustand in einen Wunschzustand. Die Betroffenen müssen voll miteinbezogen werden. Zunächst ist die Beschreibung des neuen, gewollten Zustandes zu bewerkstelligen.

Dies kann Aufbruchstimmung, aber auch sehr viel Unsicherheit und Angst vor dem Neuen auslösen.
Aus diesem schwebenden Zustand heraus ist Orientierung gefragt. Neue Aufgaben, Rollen und neue Verantwortungen sind festzulegen und einzustudieren, damit der gewünschte Zustand erreicht wird.

Und hier tritt das zweite Problem auf. Veränderungen kosten Zeit. In einer Studie mit der Fragestellung „Warum Seminarinhalte nicht optimal umgesetzt werden?" (siehe Bild 8.1) nennen 69% der Unternehmungen und 51% der Seminarleiter: fehlende Zeit.

Fehlende Zeit, die gerade erlernten Seminarinhalte umzusetzen, wird sowohl bei Unternehmen als auch bei Seminaranbietern als Hauptgrund gesehen, warum Weiterbildung oft wenig Erfolg zeigt. Es ist sehr interessant zu klären, wie dies geändert werden könnte.

Wer Projektmanagement in einem Unternehmen erfolgreich installieren will, muss sich darum bemühen, schrittweise alle Betroffenen in den Prozess einzubeziehen und diesen Veränderungsprozess in Ruhe und ohne Termindruck voranzutreiben. Rückschläge müssen ebenso realistisch gesehen werden wie auch schnelle Fortschritte. Die Veränderung wird nicht kontinuierlich und linear verlaufen, sondern sprunghaft und unrhythmisch.

Das Installieren von Projektarbeit zielt auf die Stärkung der Bereiche

⇨ Struktur- und Prozesskompetenz
⇨ Lernkompetenz und vor allem
⇨ Umsetzungskompetenz

ab.

Transferprobleme

Warum Seminarinhalte nicht optimal umgesetzt werden (in Prozent)

Unternehmen		Seminarleiter
69%	fehlende Zeit, Inhalt umzusetzen	51.0 %
56.3 %	Schwellenangst, Neues zu lernen	50.3 %
53.5 %	keine Nachbearbeitung	40.0 %
47.9 %	geringe Selbstdisziplin	33.5 %
45.1 %	praxisferne Seminarinhalte	39.4 %
45.1 %	zu hohe Erwartungshaltung	23.9 %
15.5 %	Inhalt wird nicht ernst genommen	17.4 %
12.7 %	zu geringe Motivation	16.8 %
12.7 %	Seminare gelten als Kurzurlaub	15.5 %
4.0 %	mangelnde Kommunikation	9.0 %

Bild 8.1: Transferprobleme [30]

Bei der Installation von Projektmanagement sind diese Kompetenzbereiche mit konkreter betrieblicher Zielsetzung zu erfüllen. Die Kernfrage lautet:

Was will das Unternehmen mit Projektmanagement anders machen oder verbessern? Daraus leiten sich die Kompetenzbereiche inhaltlich ab und können in einen nach Arbeitstiteln geordneten Lernzielkatalog münden. Ziel der Installation von Projektmanagement muss sein, den Veränderungsprozess so zu gestalten, dass die Akzeptanz und das Arbeiten im Sinne von Projektmanagement von allen Beteiligten voll getragen werden.

8.2 Verschiedene Strategien beim Einrichten von Projektmanagement

Die Realität in vielen Unternehmen zeigt: die Einrichtung des Projektmanagements gelingt oft nicht bzw. nicht reibungslos. Die Ursachen haben uns interessiert.
Aus unserer Sicht sind je nach Unternehmen unterschiedliche Strategien zu beobachten, die den erhofften Erfolg verhindern. Vornehmlich sind dies:

⇨ „Kulturrevolution von unten“
⇨ „Anordnung von oben“
⇨ „Handbuchphilosophie“
und
⇨ „TOOL-Gläubigkeit“.

Wir beschreiben diese Strategien und erörtern die Gründe für ihr Scheitern.

Ziel ist, Strukturen von unten aufzubrechen. Die Firmenleitung setzt auf junge, dynamische Projektleiter.

Projektleiter besuchen mit Ihren Teams entsprechende Methoden- und Verhaltenstrainings. Führen anschliessend in ihren Projekten PM ein. Reibungen mit der Führung sind gewollt.

Vorteil:
- schnelles Einführen bei Projektleitern
- flächendeckend auf der unteren Ebene

Nachteil:
- langwieriger Prozess mit vielen Konflikten
- Gefahr des Scheiterns sehr hoch
- fehlende Akzeptanz in der Führungsmannschaft

Bild 8.2: „Kulturrevolution von unten“

Kulturrevolution von unten

Bei der „Kulturrevolution von unten“, wie wir diese Art der Einrichtung ironisch nennen, werden ausgewählte Projektleiter und Teammitglieder auf firmeninterne Projektmanagement-Seminare geschickt. Das Management erwartet dann, dass die Teilnehmer die vermittelten Lerninhalte in die Praxis umsetzen (siehe Bild 8.2). Der Vorteil dieser Vorgehensweise liegt sicherlich darin, dass die Inhalte sehr schnell in die Firma hineingetragen werden. Die Seminarteilnehmer sind anfangs motiviert, ihr neues Wissen bei den kommenden Projekten anzuwenden. Trotzdem ist diese Art „Projektmanagement einzurichten“ zum Scheitern verurteilt. Dafür sprechen folgende Beobachtungen:

- ⇨ Projektmanagement-Methoden und -Spielregeln sind mit der Führungsmannschaft nicht abgestimmt. Dies trifft auch auf die Trainingsinhalte zu.
- ⇨ Die Führungsmannschaft ist auf den Ernstfall nicht vorbereitet.
- ⇨ Projektmanagement-Methoden und -Spielregeln sind auf bestehende Methoden nicht abgestimmt. Es existieren z.B. ein altes und ein neues Berichtswesen nebeneinander.
- ⇨ Die Neulinge in der Anwendung des Projektmanagements werden nicht über einen längeren Zeitraum hinweg begleitet.
- ⇨ Häufig fehlt auch ein Ansprechpartner, der als Coach den Einrichtungsprozess unterstützt.

Diese Probleme verhindern den Erfolg. Die Geschäftsführung glaubt, nach Zwei-Tages-Seminaren wird nun bald Projektmanagement praktiziert. Übersehen werden aber das hohe Trägheitsmoment der Beteiligten und die Widerstände in der Führungsmannschaft, wenn es um Machtteilung bzw. -umverteilung geht.

Anordnung von oben
Die „Anordnung von oben" sieht häufig so aus: In der Firma kursiert ein Vorstandsschreiben, in dem die Ziele der neuen Arbeitsweise, die Rechte und Pflichten der Beteiligten und die Lösungen für verschiedene Konflikte aufgezeigt werden (siehe Bild 8.3).

Im Gegensatz zur „Kulturrevolution von unten" ist deutlich erkennbar: die Firmenleitung will ein Projektmanagement einrichten. Trotzdem greift diese Art der Einrichtung in der Praxis nach unseren Beobachtungen selten. Die Ursachen hierfür sind:

- ⇨ Die Betroffenen sind nicht ausreichend informiert worden. Bei der Fülle von täglichen Informationen geht auch ein Vorstandsschreiben unter. Das Vorstandsschreiben wird unterschiedlich interpretiert.
- ⇨ Die Führungsmannschaft spielt die Bedeutung und Tragweite von Projektmanagement herunter (Lehmschicht-Effekt).
- ⇨ Flankierende Maßnahmen wie Training, Coaching und Informationsmärkte unterbleiben und laden daher nicht zur konstruktiven Auseinandersetzung mit der neuen Vorgehensweise ein.
- ⇨ Das Vorstandsschreiben kann nur die Spitze des Eisberges darstellen. Die Details müssten in einem Handbuch dargestellt sein. Ausführungsbestimmungen sind wichtig, um die ersten Schritte zu unterstützen.

Damit der Prozess „Projektmanagement einrichten" nicht auf der Strecke bleibt, empfehlen wir zum Schreiben des Vorstandes noch folgende Punkte:

- ⇨ Ein Team mit der Aufgabe „Projektmanagement einrichten" einberufen.
- ⇨ Bei strategischen Projekten – im Sinne eines Vorbildes – periodisch die wesentlichen Elemente des Projektmanagements wie
  - Projektauftrag mit Zielen,
  - Projektergebnisstruktur,
  - Projektstruktur- und Terminplan,
  - Kostenplan,
  - regelmäßige Projektbesprechungen mit Ergebnis-, Termin- und Kostenkontrolle und
  - offene Informationspolitik

  einfordern.

Durch ein Vorstandsschreiben wird verkündet, daß ab sofort die Produktivität zu steigern ist, Reibungsverluste zu reduzieren sind, Durchlaufzeiten kürzer sein müssen.

PM ist damit eingeführt.

Vorteil:
- PM-Einführung von "oben"
- Firma zeigt Flagge (auch gegenüber Kunde)
- Zertifizierung wird erleichtert

Nachteil:
- Vorstandsschreiben erreicht die Betroffenen nur selten
- Akzeptanzprobleme im Management
- Umsetzung der oberflächlich formulierten Vorgaben ist kaum machbar

Bild 8.3: „Anordnung von oben"

Handbuchphilosophie

Die „Handbuchphilosophie" vollzieht sich in Firmen über die Stabsabteilung Organisation. Die Abteilung wird von der Geschäftsführung beauftragt, ein Regelwerk „Projektmanagement" auszuarbeiten (siehe Bild 8.4). Das umfangreiche Werk mit vielen Literaturstellen wird als Entwurf in großem Umfang verteilt. Im Anschreiben zum Handbuch wird deutlich gemacht, dass das Handbuch als Entwurf anzuwenden ist. Zudem wird der erforderliche Probebetrieb unterstrichen. Wen wundert es, wenn der Entwurf in den Büroschränken vergilbt. Elementare Mängel verhindern den Erfolg:

- ⇨ Das Handbuch ist oft zu detailliert und berücksichtigt die konkreten praktischen Fälle zu wenig.
- ⇨ Mit dem Stempel „Entwurf" wird signalisiert, dass noch Änderungen kommen. Deshalb wartet der Anwender ab.
- ⇨ Es fehlen häufig ausführliche Trainings, oder die Inhalte der Trainings passen nicht mit dem Handbuch zusammen.
- ⇨ Die Führungsmannschaft fordert Berichte laut Inhalt des Handbuches in der Praxis kaum ein.
- ⇨ Es fehlt ein Mitarbeiter-Förderungs-Programm, das die Anwendung des im Handbuch beschriebenen Projektmanagements positiv in Richtung Gehalt und Laufbahn unterstützt.

Natürlich ist ein Projektmanagement-Handbuch im Rahmen des Einrichtungsprozesses wichtig. Darüber hinaus müssen jedoch als flankierende Maßnahmen Trainings, Workshops und Info-Märkte veranstaltet werden. Die Führungsmannschaft muss sich aktiv daran beteiligen.

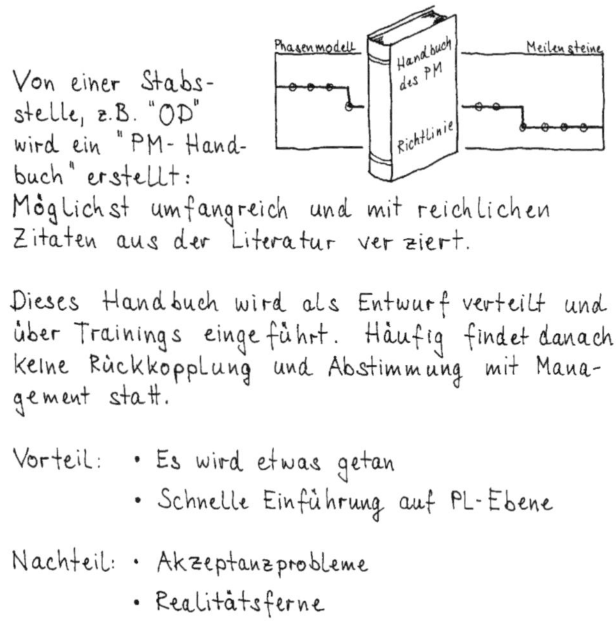

Phasenmodell

Handbuch des PM

Richtlinie

Meilensteine

Von einer Stabsstelle, z.B. "OD" wird ein "PM-Handbuch" erstellt:
Möglichst umfangreich und mit reichlichen Zitaten aus der Literatur verziert.

Dieses Handbuch wird als Entwurf verteilt und über Trainings eingeführt. Häufig findet danach keine Rückkopplung und Abstimmung mit Management statt.

Vorteil:
- Es wird etwas getan
- Schnelle Einführung auf PL-Ebene

Nachteil:
- Akzeptanzprobleme
- Realitätsferne

Bild 8.4: Die „Handbuchphilosophie„

TOOL-Gläubigkeit

Die TOOL-Gläubigkeit ist in der Praxis weit verbreitet. Dahinter steckt der Gedanke, es müsse nur ein Werkzeug eingeführt werden, dann laufe die Projektarbeit.

Mit der Installation eines Werkzeuges ist noch lange kein Projektmanagement-Verfahren mit Hilfsmitteln für den Start, die Planung über die Steuerung bis zum Abschluss der Projekte eingerichtet. Einerseits werden häufig durch die zusätzliche unprofessionelle TOOL-Einführung die Widerstände bei den Beteiligten verstärkt. Andererseits deckt das Werkzeug oft nur einige Aspekte der Projektarbeit ab.

Unserer Überzeugung nach soll ein Werkzeug erst dann flächendeckend eingesetzt werden, wenn die Projektmanagement-Methoden wie z.B. Strukturierung, SOLL-/IST-Vergleich usw. geklärt und etabliert sind. Die Spielregeln von Projekt zur Linie und innerhalb der Projekte müssen bereits eingeübt und gefestigt sein.

8.3 Mit Projektmanagement „Projektmanagement“ etablieren

Um Projektmanagement im Unternehmen einzurichten, bedarf es einiger grundsätzlicher Prinzipien, die beim Start des Vorhabens „Projektmanagement einrichten“ auf jeden Fall geklärt sein müssen:

⇨ Projektmanagement wird beim Projekt „Projektmanagement einrichten“ bereits angewandt.
⇨ Alle Betroffenen werden mit eingebunden.

⇨ Die Führungskräfte aus der eigenen Firma betätigen sich als Trainer und Coaches.
⇨ Der Zeitraum für das Projekt beträgt zwischen ein bis drei Jahre.
⇨ Das Budget wird für das Projekt nach Kostenschätzungen bereitgestellt.

Diese Klärungen sind Teil der Methode „Runder Tisch“, die wir nun vorstellen.

Betroffene und Führungsmannschaft sitzen an einem Tisch und verabreden

→ Prozess
→ Struktur
→ Ziele / Teilziele

Beispiel für Prozess

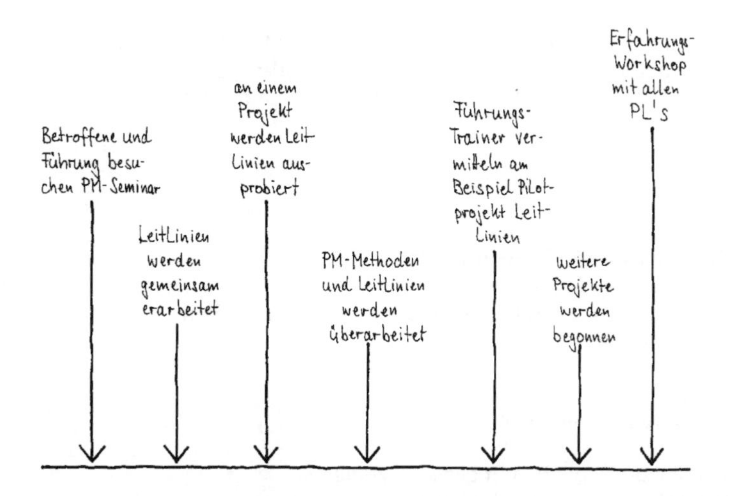

Bild 8.5: Runder Tisch

Die Methode „Runder Tisch“ ist ein besonderes Vorgehen im Projekt.
Bei der Methode „Runder Tisch“ (siehe Bild 8.5) wird ein Projektteam mit einem Projektleiter und einem Projektausschuss im Unternehmen eingesetzt. Da Projektmanagement eingesetzt wird, beginnen wir zuerst mit dem Lastenheft für das Projekt.

Das Lastenheft:

Managementziele
Die Managementziele, die je nach Firma unterschiedlich spezifiziert werden müssen, könnten z.B. lauten:

⇨ Verkürzung der Durchlaufzeit von 60 Monaten auf 40 Monate vom Start bis zum Serienanfang.
⇨ Die Kosteneinsparung für die Technik soll 25% betragen.
⇨ Jedes Projekt erwirtschaftet einen Gewinn in Höhe von 5–8% des Auftragsvolumens.
⇨ Die Termintreue ist bei 90 von 100 Projekten zu gewährleisten.
⇨ Die Projekte sind von Teams mit zwei bis fünf Mitgliedern abzuwickeln.
⇨ Drei bis fünf Pflichtmeilensteine sind durch den Projektausschuss freizugeben.
⇨ Für jeden Monat ist ein Projektbericht an den Projektausschuss und die Geschäftsleitung abzugeben.
⇨ Der Projektleiter und das Projektteam werden prozentual am Erfolg bzw. Misserfolg des Projektes beteiligt.
⇨ Das Projektmanagement-System ist Teil der Zertifizierung im Rahmen von ISO 9001ff.

Sachziele
Die Sachziele für das Projekt „Projektmanagement einrichten" könnten lauten:

⇨ Das System PM ist einfach und schlank zu halten.
⇨ Das System PM muss änderungsfreundlich sein.
⇨ Die Wartung und Pflege des PM-Systems sollen pro Monat unter drei Mitarbeitertage betragen.
⇨ Das PM-System muss auch über ein TOOL praktizierbar sein.
⇨ Das PM-System soll in Form von Leitlinien im Umfang von 50 bis 100 Seiten DIN A4 dargestellt werden.

Abwicklungsziele
Die Abwicklungsziele sind z.B.:

⇨ Das PM-System ist innerhalb von 15 Monaten eingerichtet.
⇨ Bei der Einführung sind moderne didaktische Gesichtspunkte zu berücksichtigen.
⇨ Die Kosten der Einführung dürfen € 50.000 nicht überschreiten.
⇨ Die Qualitätssicherung ist am Projekt zu beteiligen.

Randbedingungen
Die Randbedingungen könnten sein:

- Die Dokumentation ist auch in Englisch abzufassen.
- PM soll nur in den Bereichen in Europa eingesetzt werden.
- Die Anbindung des PM-Werkzeuges an das zentrale rechnergesteuerte Berichtswesen der Mutter in den USA muss gewährleistet sein.

Sicherlich können wir hier nur allgemeine Lasten formulieren, die zum Start des Projektes mit dem Auftraggeber ergänzt und operationalisiert werden müssen.

Bestandsaufnahme
Zur Vervollständigung des Lastenheftes ist in der Firma eine Bestandsaufnahme durchzuführen. Interviews und Fragebögen sind hier sehr hilfreich.

Meilensteine
Mit den hier beschriebenen Meilensteinen

1. Lastenheft fertig,
2. Bestandsaufnahme beendet,
3. Projektteam und Projektleiter benannt und
4. Projektauftrag mit Geschäftsführung unterzeichnet

ist der Start des Projektes abgeschlossen.

Projektplan
Nun muss der Projektplan erstellt werden. Dazu ist es erforderlich, für das Projekt „Projektmanagement einrichten" ein Grobpflichtenheft zu erstellen und die Vorgehensweise festzulegen.

PM-Leitfaden für eine Firma

Inhalt

Präambel (aus der Chef-Etage)
Führungsgrundsätze
Ziele PM
Projektstart
Aufgaben, Rechte, Pflichten des PL
Projektplanung
Projektorganisation und Einbindung in die Firma
Projektsteuerung
Projektabschluß
PM-Hilfsmittel/-Werkzeuge
Ansprechpartner (Pate)
Teamarbeit
Kommunikation
Konflikte Lösen, wie?

Bild 8.6: Projektleitfaden

Die Didaktik ist ein Projektschwerpunkt
Die didaktische Aufbereitung und Wissensvermittlung ist bei diesem Projekt ein kritischer Erfolgsfaktor. Auf folgende Punkte sind zu beachten:

⇨ Klare Gliederung des Handbuches (siehe Bild 8.6)
⇨ Visuelle Darstellung des Handbuches

- ⇨ Pilotprojekt ist Fallbeispiel im Training
- ⇨ Für jedes eingesetzte Formular gibt es eine Musterlösung
- ⇨ Führungskräfte treten als Trainer auf
- ⇨ Trainer werden von einem externen Berater unterstützt
- ⇨ Handbuch und Trainingsunterlagen sind aufeinander abgestimmt oder identisch
- ⇨ Das erarbeitete Projektmanagement-Verfahren wird von der Geschäftsführung auf der Basis der Erfahrungen des Pilotprojektes verabschiedet
- ⇨ Das Training ist geprägt von einem starken Wechsel zwischen Kurzpräsentationen, Übungen und Werkzeugeinsatz
- ⇨ Das Seminar muss Methodentraining, Verhaltenstraining und Werkzeugeinsatz umfassen.

Insgesamt stellt das Projekt „Projektmanagement einrichten“ vielfältige Anforderungen an das Team. Das Team muss auf den Gebieten Projektmanagement, Didaktik und Engineering ausreichend qualifiziert sein.

Warum heißt die Methode nun „Runder Tisch“?
Auf den runden Tisch gelangen sehr viele Informationen über die unterschiedlichsten Vorhaben im Unternehmen. Daraus ist die Anpassung an die Systematik „Projektmanagement“ abzuleiten. Das geht um so leichter, wenn am runden Tisch die Informationen zwischen den Teammitgliedern fließen. „Rund“ signalisiert „Offenheit“ und „Gleichberechtigung“. Nicht jeder für sich erarbeitet eine Teillösung. Am runden Tisch findet der kreative Meinungsbildungsprozess statt.

8.4 Die Zusammenarbeit beim Einrichten von Projektmanagement

Zu beachten sind alle Aspekte, die wir in den vorangegangenen Kapiteln mit dem Titel „Wie zusammenarbeiten“ ausgeführt haben. Da viele Menschen bei Neuerungen erst einmal mit Widerstand reagieren, ist ein sehr behutsames Vorgehen gefragt. Teamarbeit mit guter Moderation hat sich in der Praxis bewährt. Mit den Regeln der Zusammenarbeit ist der Entwicklungsprozess sehr offen zu gestalten.

Der Beziehung zwischen Team und Projektleiter kommt ebenfalls eine große Bedeutung zu. Der integrative Ansatz ist sowohl nach innen – zum Team hin – als auch nach außen – zur Linie hin – ein zentraler Bestandteil der Einführung. **Die Trainer aus der Führungsmannschaft** sind in den Prozess **als tragende Säulen einzubinden**.

Entscheidungen treffen die Projektbeteiligten am besten gemeinsam mit der Geschäftsleitung. Falls unterschiedliche Interessen des Unternehmers und der Betroffenen eine zügige Einigung verhindern, ist es unbedingt ratsam, einen Konsens zu suchen, mit dem alle leben können. Feedback und Reflexion sind als Erfahrungsprozesse von Zeit zu Zeit einzubauen. Am wichtigsten ist, die Betroffenen beim „Projektmanagement einrichten“ zu hören und an den Entscheidungen zu beteiligen.

Neben einem firmeninternen Coach ist der Einsatz eines neutralen Coaches von außen sehr hilfreich. Folgende Aufgaben haben Coaches zu erfüllen:

- ⇨ Den Prozess der Kernteambildung systematisch fördern
- ⇨ Spielregeln der Zusammenarbeit im Kernteam aufstellen lassen
- ⇨ Den Gruppenprozess beobachten, Konflikte erkennen und Lösungen initiieren
- ⇨ Feedback für die Gruppe und Einzelfeedbacks geben
- ⇨ Durch Vor- und Nachgespräche den Projektleiter in seiner Rolle unterstützen

- ⇨ Aufgrund ihrer „neutralen“ Rolle Konflikte zwischen Linie und Projekt aufgreifen, vermittelnd wirken, Lösungen herbeiführen
- ⇨ Schwierigkeiten bei der Zusammenarbeit zwischen verschiedenen Bereichen erkennen und Anstöße zur Aufarbeitung der Störung geben
- ⇨ Darauf achten, dass nach dem PM-Handbuch vorgegangen wird.

Fassen wir zusammen. Der Ablauf „Projektmanagement einrichten“ könnte wie folgt aussehen:

- ⇨ Klärung der Ziele und der Projektergebnisse
- ⇨ Aufbau der Projektplanung (Projektstrukturplan bis Terminplan)
- ⇨ Präsentation vor der Leitung und Verabschiedung von Planung und Kosten
- ⇨ Workshops mit Führungskräften
- ⇨ Definition von PM für die Firma
- ⇨ Aufbau des PM-Handbuches
- ⇨ Projektsteuerung durch ETA, MTA und KTA
- ⇨ Projektbegleitendes Coaching für Pilotierung von PM anhand des PM-Handbuches
- ⇨ Trainings für Projektbeteiligte auf der Basis des PM-Handbuches
- ⇨ Arbeitsbeschreibung des Coaches als Dienstleister im Projekt
- ⇨ Projektabschluss-Bericht

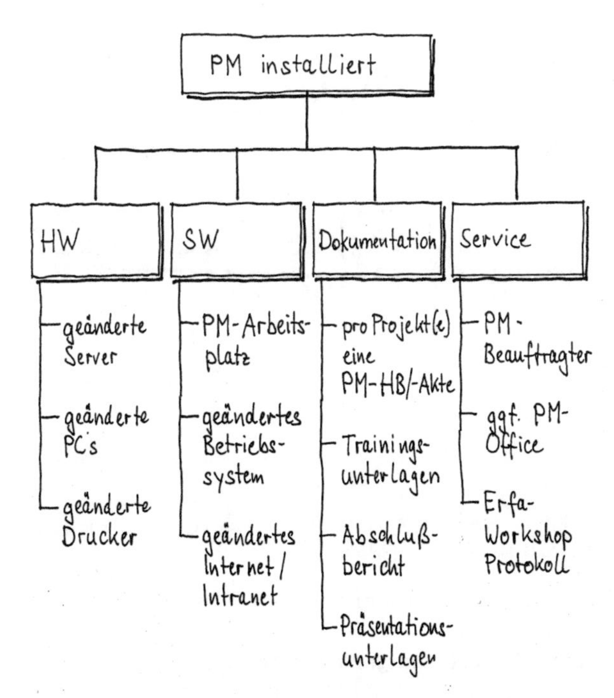

Bild 8.7. Sachergebnisse „Projektmanagement einrichten“

8.5 Sachergebnisse beim „Projektmanagement einrichten“

8.5 Sachergebnisse beim „Projektmanagement einrichten“

Als Ergebnisse aus einem konkreten Projekt werden beispielhaft der Liefer- und Leistungsumfang (siehe Bild 8.7) und der grobe Zeitplan dargestellt (siehe Bild 8.8).
Zur Klärung der PM-Methodik ist mit den Führungskräften ein Ein- bis Zwei-Tages-Workshop durchgeführt worden.

8.6 Praktische Tipps für das „Projektmanagement einrichten“

Mit der Methode „Runder Tisch“ ist eine bestimmte Anwendung des PM-Systems zum Tragen gekommen. Auch andere Vorgehensweisen sind denkbar, z.B. müssen nicht alle Führungskräfte unbedingt als Trainer fungieren. Authentizität und Glaubwürdigkeit können auch erreicht werden, wenn die Chefs – wenn schon nicht selbst mit gutem Beispiel vorangehend – den großen Stellenwert des PM-Systems für das Unternehmen immer wieder betonen und ganz besonderes Interesse an den Zwischenberichten und Ergebnissen zeigen.

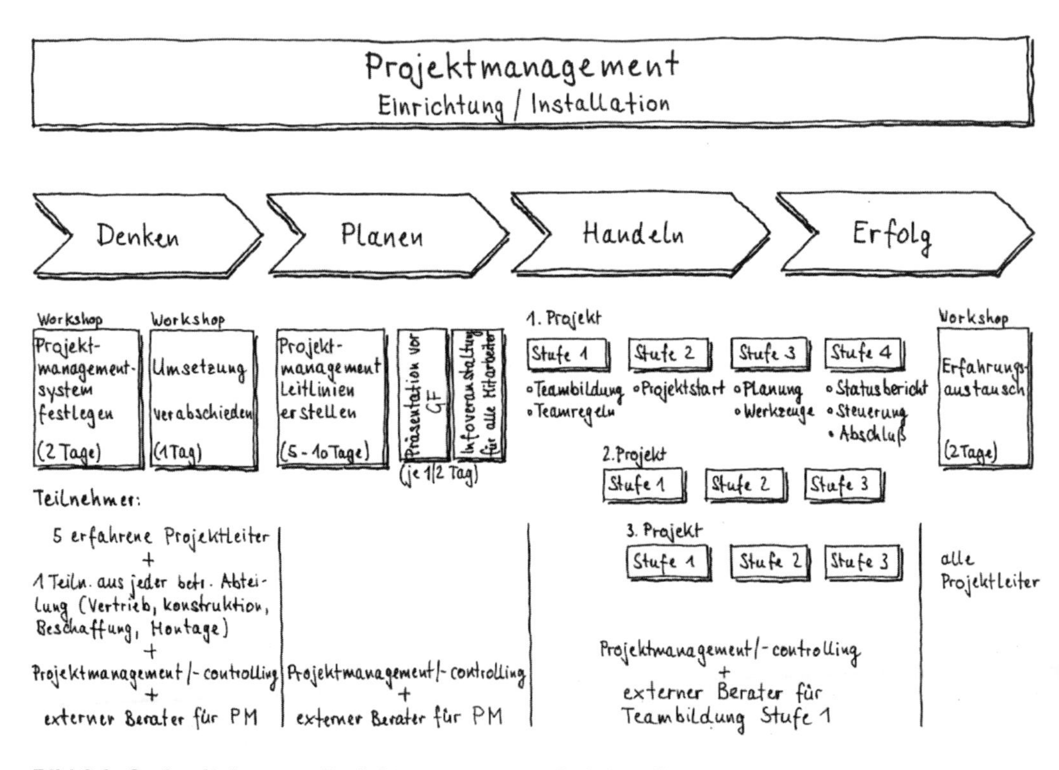

Bild 8.8: Grobzeitplanung „Projektmanagement einrichten“

Folgende Probleme für Projektleiter werden genannt: Mangelnde Unterstützung durch direkte Vorgesetzte und unzureichende Qualifikation der Projektleiter. Projektleiter würden eher durch Zufall in ihre Rolle gedrängt.

Wir haben ständig mit den unterschiedlichsten Projekten in den verschiedensten Unternehmen zu tun. Wir machen ähnliche Erfahrungen.

Das Projektmanagement-System ist sehr stark mit dem Umfeld in einem Unternehmen verflochten. Der Erfolg hängt stark davon ab, ob dieses Umfeld stimmt oder nicht. Die Situation ist vergleichbar mit der einer Pflanze. Jede Pflanze braucht einen bestimmten Boden, etwas Dünger, bestimmte Lichtverhältnisse und nicht zu viel, aber auch nicht zu wenig Wasser. Pflanzen blühen und gedeihen unter ganz bestimmten Bedingungen. Der Gärtner kennt sie.
In diversen Publikationen wird ein Cartoon abgebildet, wo der Projektleiter als Gärtner tätig ist. Karikaturen sind oft Sinnbilder. Wir meinen, Pflanzenmanagement erfordert viel Erfahrung. Projektmanagement erfordert auch viel Erfahrung und Geduld.

Übertragen auf das Projektmanagement bedeutet das: Unternehmen, die gute Erfahrungen mit ihrem PM-System machen, haben aus Fehlern gelernt und diese dann vermieden. Sie haben Projektmanagement als strategische Organisationsform Schritt für Schritt verbessert.

Der Lerneffekt lag in der Erkenntnis:

- ⇨ In Projektmanagement-Leitlinien müssen die neuen Rollen und Kompetenzen dargestellt werden.
- ⇨ Die Führungskräfte müssen das Projektmanagement-Know-how in die Mannschaft tragen.
- ⇨ Eine permanente Unterstützung durch erfahrene Prozessberater ist notwendig.
- ⇨ Es sind unterschiedliche Trainings in Methoden, Verhaltensweisen und Werkzeugen für die entsprechenden Zielgruppen erforderlich.
- ⇨ In Konfliktsituationen müssen die Führungskräfte die Projektleiter fördern und unterstützen.
- ⇨ Projektleiter und Teammitglieder werden finanziell am Erfolg des Projektes beteiligt.
- ⇨ Die Führungskräfte müssen z.B. Projektstrukturpläne, Balkendiagramme, Protokolle der Statusbesprechungen, Erfahrungsberichte und Änderungslisten einfordern.
- ⇨ Das Projektmanagement-System muss auf das jeweilige Unternehmen zugeschnitten und für alle Beteiligten nachvollziehbar beschrieben werden.
- ⇨ Das System soll an kleinen Projekten pilotiert, gegebenenfalls verändert und erst dann gezielt auf alle Projekte angewendet werden.
- ⇨ Projektmanagement soll eine Form der Förderung der Mitarbeiter darstellen, um tüchtige Projektleiter zu Führungskräften auszubilden.
- ⇨ Projektleitern ist die volle Budgetverantwortung zu übertragen.

8.7 Leitlinien zur Verbesserung der Akzeptanz des Projektmanagements

Anstelle einer Checkliste sollen hier die wichtigsten Regeln für das Vorhaben „Projektmanagement einrichten“ dargestellt werden [31].

Projektmanagement-Methoden und -Verhaltensweisen in einer Firma zu etablieren, bedeutet, einige Regeln zu beachten. Die Regeln, die wir nun beschreiben, sind aus der Praxis heraus gewachsen. Die Reihenfolge der Regeln stellt keine Gewichtung dar, sie sind vielmehr als gleichwertig zu betrachten.

Regel 1: Projektorientiert arbeiten
Wir empfehlen, das „Projektmanagement einrichten“ als Projekt aufzuziehen. Dazu sollte ein Kernteam aus allen Bereichen der Firma mit einem klaren Auftrag der Geschäftsführung installiert werden. Sollte dieses Kernteam mit dem Thema Projektmanagement wenig vertraut sein, ist eine entsprechende Schulung notwendig und zu empfehlen. Daraufhin muss ein Plan für das Projekt „Projektmanagement einrichten“ entwickelt werden.

Regel 2: Die Betroffenen zu Beteiligten machen
Die Inhalte eines Projektmanagement-Handbuches müssen unter Leitung eines neutralen Moderators in Workshops erarbeitet werden. Teilnehmer solcher Workshops sollten erfahrene Projektleiter und die Führungsmannschaft sein. Sie müssen die Inhalte des „Systems bzw. Vorgehensmodells Projektmanagement“ skizzieren.
Dabei geht es im Wesentlichen um die Festlegung

⇨ der Ziele, die mit Projektmanagement verfolgt werden,
⇨ der Rechte, Aufgaben, Verantwortungen aller Beteiligten,
⇨ der Meilenstein-Inhalte,
⇨ der Methoden, Formularen und Checklisten pro Meilenstein.

Natürlich können bzw. sollten die Inhalte des Systems bzw. Vorgehensmodells „Projektmanagement einrichten“ in kleinen Präsentationen erklärt werden. Was aber letztlich im Unternehmen gelebt werden soll, muss von den Beteiligten und der Führungsmannschaft erarbeitet und verbindlich beschlossen werden.

Regel 3: In Prozessen denken und handeln
Projektmanagement zerfällt in eine Reihe von einzelnen Prozessen, die es zu erkennen und bei der Einführung von Projektmanagement zu berücksichtigen gilt (siehe Bild 1.2):

⇨ Das Zusammenspiel zwischen Auftraggeber, Auftragnehmer, Projektleiter und Team, kurz genannt Organisationsprozesse.
⇨ Das Ineinandergreifen von Methoden für die Projektübergabe, Start, Planung, Steuerung und Abschluss, kurz genannt Projektmanagement-Methoden-Prozesse.
⇨ Je nach Projektart wird der Inhalt des Projektes technischer Ab- bzw. Entwicklungsprozesse genannt.
⇨ Der Führungs-/Teamprozess, der in Prozesse wie Teamfindung, Lösungsfindung, Freigabe, Abstimmung und Abnahme zerfällt.

Jeder Prozess läuft grundsätzlich für sich. Die Prozesse sind jedoch eng miteinander verwoben. Wenn der Auftrag eines Kunden das Projekt anstößt, dann wird mit dem Aufbau der Projektorganisation, dem Teamprozess, dem Startprozess und dem technischen Prozess angefangen.

Bei der Projektorganisation geht es um die Klärung der Kompetenzbereiche, der Ansprechpartner und um die Verantwortungsbereiche. Das Team muss sich erst finden, um arbeitsfähig zu werden. Im Startprozess werden die Projekt- und Firmenziele zwischen Auftraggeber und Auftragnehmer/ Projektleitung diskutiert und festgeschrieben. Hier finden schon erste Überlegungen zur Planung des Projektes statt.

Die Zieldefinition sollte nur mit Unterstützung der für den technischen Prozess Verantwortlichen stattfinden, wobei die Sachziele (Lastenheft) geklärt und deren Lösungen (Pflichtenheft) gemeistert werden. Dazu sind spezielle Kreativitätstechniken erforderlich, um gerade den technischen Prozess in den Griff zu bekommen. Bildlich gesprochen, werden die einzelnen Prozesse wie Wellen durch den Wurf eines Steines in einen Weiher ausgelöst. Die kreisförmigen Wellen lösen ihrerseits wieder Wellen, sprich Prozesse aus. Es geht um das Planen, Kontrollieren und Weitermarschieren.

Regel 4: Bei den dringendsten und wichtigsten Problemen zuerst ansetzen
Auswertungen unserer Trainings zeigen: Die Probleme bei der Abwicklung von Projekten sind zwar sehr vielseitig, aber sie lassen sich dennoch zu Kernproblemen zusammenfassen .

Deshalb ist es wichtig, über Fragebögen oder Workshops diese Probleme zu erfassen und im Sinne einer ABC-Analyse auszuwerten. Die so ermittelten A-Probleme sollten im Projekt „Projektmanagement einrichten" als erstes gelöst werden. Dies bringt Motivation in die Mannschaft, da die größten Blockaden und Reibungsverluste verschwinden.

Regel 5: Vom Gesamten zum Detail und vom Detail zum Gesamten
„Projektmanagement einrichten" heißt auch, sich über die Einrichtungsstrategie klar zu sein. Die Strategien zur Einrichtung von Projektmanagement sind in den einzelnen Unternehmen sehr unterschiedlich (siehe Kapitel 8.2).

Unsere Strategie „Runder Tisch" oder „Denken – Planen – Handeln – Erfolg" hat sich in der Praxis bewährt. Sie geht vom Gesamten zum Detail. Sie berücksichtigt „learning by doing" und ist am Arbeitsplatz begleitend zu betreiben.

Trainings im Gießkannen-Prinzip sind hier wegen der mangelnden Umsetzung bewusst ausgeklammert. Nachdem das Projektmanagement-System bzw. Vorgehensmodell durch die Betroffenen in einem PM-Handbuch festgelegt ist, wird es in Verbindung mit dem Team-Entwicklungs-Prozess Schritt für Schritt bei jedem Projekt eingeführt. Start in den Projekten ist ein Projektcheck als Bestandsaufnahme. Erkennbare Defizite werden mit den Projektbeteiligten dargestellt. Eine Korrektur wird in Form einer Zielvereinbarung verabschiedet. Sie enthält, was an Elementen von Projektmanagement von wem bis wann eingeführt wird.

Regel 6: Erfahrungen systematisch nützen
In der Firmenpraxis erleben wir sehr häufig, dass die in Projekten gewonnenen Erfahrungen nur zögernd und eher inoffiziell weitergegeben werden. Um das Projekt „Projektmanagement einrichten" massiv zu beschleunigen, ist es wichtig, dass die gewonnenen Erfahrungen in Form von Feedbacks regelmäßig in den Projekten erfasst und in konzentrierter Form den anderen Projekten zur Verfügung gestellt werden. Dies bedeutet auch: Von Zeit zu Zeit muss das Projektmanagement-Handbuch den neuen Erkenntnissen angepasst werden.

Regel 7: Teamarbeit nützen
Der Gedanke ist sicherlich nicht neu: In vielen Unternehmen wird Gruppenarbeit in unterschiedlichsten Bereichen installiert. Aber Teamarbeit entsteht nicht von selbst. Auch die Teamarbeit muss in Projekten eingeführt und die Entwicklung eines Teams aktiv gefördert werden. Dazu hier ein schönes Beispiel für eine aktive Teamentwicklung für ein internationales Projekt:

Situation

Erfolgreiche Projektarbeit verlangt effiziente Teamarbeit. Viele Unternehmen machen die Erfahrung, dass ein neu zusammengestelltes Team eine Menge Anlaufschwierigkeiten bewältigen muss, bevor sich die geforderte Effizienz einstellt. Teamentwicklung heißt der Prozess, den das Team durchlaufen muss, um zu einer synergiebringenden Kooperation zu finden. Es ist einsehbar, dass ein Team und damit sein Projekt umso erfolgreicher wird, je früher der Punkt der positiven Zusammenarbeit erreicht ist.

Planung

Ein erfahrener Projektleiter bei einem unserer Kunden bat um unsere Unterstützung. Wir sollten helfen, für ein neues Projekt den Teamentwicklungsprozess deutlich zu beschleunigen. Über das gegenseitige Kennenlernen hinaus sollte eine Atmosphäre der Offenheit und des Vertrauens entstehen. Die Bereitschaft und die Motivation zu konstruktiver Zusammenarbeit sollten entwickelt werden. Als weiteres Ergebnis sollte eine von allen Beteiligten akzeptierte Form des Umgangs miteinander vereinbart werden, wobei hier nicht formale Spielregeln (ausreden lassen, keine Monologe, sich auf Besprechungen vorbereiten,...), sondern ein gelebtes System positiver Verhaltensweisen gefragt war.
Dafür sollte der Workshop in entspannter Atmosphäre stattfinden. Die Ergebnisse sollten auf Selbsterfahrung basieren, aber auch selbstgestaltete, bindende Spielregeln für die zukünftige gemeinsame Arbeit des Teams hervorbringen. Die Umsetzung der entsprechenden Inhalte erfordert daher einen spielerischen Charakter.
Unter Berücksichtigung der Wünsche und Ziele, des Zeitrahmens und der Randbedingungen entschieden wir uns für folgende Workshop-Inhalte:

- ⇨ Kennenlernen untereinander, Erwartungsanalyse, soziokulturelle Aspekte des aktuellen Teams
- ⇨ Schwerpunktthema „Teamverstärker Ziele“:
- ⇨ Spiel mit Reflexion, Gruppenarbeit mit Ergebnisvorstellung und Diskussion
- ⇨ Schwerpunktthema „Feedback/Kritik“:
- ⇨ Intensivspiel mit Rückmeldung und Diskussion, Spielregeln
- ⇨ Schwerpunktthema „Teamverstärker Transparenz/Offenheit/Vertrauen“:
- ⇨ Spiel zur Standortbestimmung mit situativer Reflexion, Spielregeln.

Durchführung

Das Trainertandem und sechzehn Workshop-Teilnehmer trafen sich in Deutschlands ältestem urkundlich erwähnten Gasthaus. In der ansprechenden Atmosphäre ließ sich das „warming-up“ leicht und entspannt über die Bühne bringen. Obwohl nur für einen Teilnehmer die Workshop-Sprache Englisch auch gleichzeitig Muttersprache war, konnten von Anfang an Sprachbarrieren vermieden werden.
Die „junge Truppe“, Durchschnittsalter knapp über 30, war von Anfang bis Ende in der Lage, einen kontinuierlichen Informationsfluss und eine intensive Kommunikation zu errichten.
Die Skepsis gegenüber dem Teilnehmer aus dem obersten Management – er war eigens von der Konzernzentrale angereist – verflog schnell. Er integrierte sich und wurde vom Projektteam integriert. An allen Spielen und Maßnahmen des Workshops nahm er ganz normal teil. Er unterstützte das Team mit seiner Erfahrung als Führungskraft nach besten Kräften. Seine Teilnahme leistete einen großen Beitrag zum Gesamterfolg dieses Workshops.

Abschluss

Nach Fertigstellung des Protokolls erfolgte ein Nachgespräch zwischen dem Projektleiter und einem der Trainer. Fazit: Die gesetzten Ziele sind erreicht.

Regel 8: Umfeld mit einbeziehen
Wenn es um die Einrichtung von Projektmanagement geht, dann müssen unbedingt auch die Umfeld-Faktoren berücksichtigt werden. Das Engagement der Geschäftsführung ist ebenso gefordert wie flankierende Personalmaßnahmen. Die Projektbeteiligten müssen erkennen, dass es „die da oben“ mit dem Thema Projektmanagement ernst meinen und dass sich der Einsatz im „Spielkasino“ Projektmanagement lohnt.

Regel 9: Veränderungen brauchen Zeit
Auf Grund der Arbeitsweise des Menschen, insbesondere wegen der Funktionsweise des Gehirns, spielen sich Lernprozesse mit starker Verhaltensänderung nicht von heute auf morgen ab. Eine Veränderung bedeutet für den Menschen etwas Neues. Das löst Unsicherheit und damit Widerstand aus. Das Neue bedarf der Einsicht und der Verinnerlichung. So erstreckt sich z.B. das Erlernen einer Sprache auch auf mehrere Monate oder gar Jahre. Das Erlernen von neuen Verhaltensmustern und neuen Instrumenten benötigt Zeit. Da in der Regel mehrere Betroffene mit unterschiedlichem Lerntempo am Lernprozess beteiligt sind, dauert es entsprechend länger. So sollte Folgendes realistisch gesehen werden: Vom ersten Spatenstich bis zum Leben im „Projektmanagement-Haus“ können durchaus ein bis drei Jahre vergehen. Natürlich kann der Prozess durch intensive fachliche Beratung von außen (externer Berater) und durch die Einbettung in den kontinuierlichen Verbesserungsprozess unterstützt werden.

Regel 10: Die Einrichtung von Projektmanagement als Investition in die Zukunft sehen
Projektmanagement in einem Unternehmen zu installieren, ohne oder mit Berater von außen, kostet Geld. Ist das Geld gut angelegt? Hochgerechnet auf alle Vorhaben, ist einzusehen, dass sich eine Investition zwischen EUR 10.000,– und EUR 100.000,– je nach Umfang für zeitsparendes Projektmanagement lohnen wird.

Die oben aufgezeigten zehn Regeln stecken den Zielrahmen für die Einrichtung von Projektmanagement ab. Nutzen Sie unser Erfolgskonzept „Projekt- und Prozessmanagement“.

„Nicht die Schnellen werden die Langsamen überholen, sondern die Aktiven werden die Lahmen übertreffen.“

8.8 Zur eigenen Vertiefung

Welche positiven Seiten hat bei mir die jetzige Projektarbeit?

- ____________________
- ____________________
- ____________________
- ____________________
- ____________________
- ____________________
- ____________________
- ____________________

Welche Schwachstellen sehe ich bei der Projektarbeit und beim Zusammenspiel von Projekt/Projekten und Linie?

- ____________________
- ____________________
- ____________________
- ____________________
- ____________________
- ____________________
- ____________________
- ____________________

Was nehme ich mir konkret vor, um die oben skizzierte Abweichung zu beseitigen:

- ____________________
- ____________________
- ____________________
- ____________________
- ____________________
- ____________________
- ____________________
- ____________________
- ____________________
- ____________________

Kleiner Tipp: Schauen Sie doch mal unter www.wolf-pmt.de in „Dienstleistungen“ in die Seite „PM-Einsatz“ hinein.

Begriffe

Ablaufplan
Er zeigt die sachlogische Verknüpfung der Aufgaben/Arbeitspakete, geordnet nach Verantwortlichkeit und nach Meilensteinen. Zusätzlich werden alle Beistellungen des Kunden und der Zulieferer dargestellt. Der Ablaufplan ist die Voraussetzung für den Terminplan.

Abnahme
Vereinbarung, dass das Werk (Lieferung/Leistung) vertragsmäßig ohne oder mit Mängelvorbehalten (Mängelliste) hergestellt ist. Beim Werkvertrag ist gleichzeitig der Gefahrenübergang und Besitz- bzw. Eigentumsübergang geregelt.

Abnahmebedingungen
Sie sind die vereinbarten Ziele, wie Sachziele, Abwicklungsziele mit den Rahmenbedingungen, die dazu genutzt werden, die Ergebnisse eines Projektes zu beurteilen, damit das Projekt vom Auftraggeber abgenommen wird.

Abweichung
Sie stellt die Differenz zwischen einem SOLL- und einem IST-Zustand dar. Der Vertrag oder der Projektauftrag mit seinen Zielen ist dadurch nicht gefährdet. Durch das rechtzeitige Ergreifen von geeigneten Maßnahmen kann die Abweichung reduziert oder beseitigt werden.

Abwicklungsziele
Das sind Anforderungen an den Weg des Projektes, die dazu dienen, organisatorische Leistungen zur Abwicklung des Projektes optimal zu finden.

Änderung
Sie beschreibt eine entsprechende Projektziel-Verschiebung. Alle Leistungen, die über einen Vertrag oder einen Projektauftrag im Laufe des Projektes zusätzlich gefordert werden oder Vertragsbestandteile reduzieren, werden als Änderung bezeichnet.

Änderungswesen
Es regelt den Umgang mit Änderungen. Im einzelnen beschreibt das Änderungswesen den Ablauf der Änderungen von der Entstehung bis zur Durchführung der Änderung, und legt den Änderungsbericht mit der Änderungsliste fest. Darüber hinaus regelt es, wer wen wann zu informieren hat und wer wann über Änderungen entscheidet.

Angebotserstellung
Sie startet durch eine Kundenanfrage und ist mit Vertragsunterzeichnung abgeschlossen.

Anordnungsbeziehung
Sie stellt die sachliche und zeitliche Abhängigkeit zweier unmittelbarer Vorgänge bzw. Aufgaben/Arbeitspakete im Sinne der Netzplantechnik dar. Den Vorgang, von dem eine Anordnungsbeziehung ausgeht, bezeichnet man als Vorgänger. Der Vorgang, in den sie mündet, heißt Nachfolger. Zwischen zwei Vorgängen können folgende Anordnungsbeziehungen entstehen:

- Ende-Anfang-Beziehung
- Anfang-Anfang-Beziehung
- Anfang-Ende-Beziehung
- Ende-Ende-Beziehung.

Die Anordnungsbeziehung wird im Rahmen des Ablaufplanes geklärt.

Arbeitsfortschritt
Sachlicher Fertigstellungsgrad einer Aufgabe oder eines Arbeitspaketes.

Arbeitspaket
Es ist ein interner und/oder externer Auftrag vom Projektleiter/-team an eine Fachabteilung (Linienorganisation) oder einen Sublieferanten (Kunden/Lieferantenverhältnis). Das Arbeitspaket enthält eine klare Abgrenzung der Verantwortlichkeit gegenüber anderen Arbeitspaketen. Die Aufgabenbeschreibung und Ergebnisdarstellung muss eindeutig und messbar sein. Budget und Termine sind genau zu definieren. Der jeweilige Verantwortliche wickelt das Arbeitspaket im Sinne eines „Unternehmens im Unternehmen" selbstständig und eigenverantwortlich ab.

Arbeitspaket-Bericht
Er ist eine schriftliche oder mündliche Stellungnahme des Arbeitspaketverantwortlichen an den Projektleiter oder an ein Mitglied des Kernteams. Er findet periodisch oder situativ statt (siehe Projekt(status)besprechung).

Auftraggeber (AG)
Er ist der Kunde (im Sinn, wer zahlt schafft an) oder der Vertrieb als Vertreter eines Kunden oder Kundenkreises, eine Fachabteilung, ein Kostenstellenleiter u.a. Ein Produkt wird nach den Vorgaben des Auftraggebers entwickelt und von ihm abgenommen. Häufig wird beim Auftraggeber ein Lenkungsausschuss gebildet im Rahmen des Projektes.

Auftragnehmer (AN)
Er übernimmt vom Auftraggeber in Form eines Lastenheftes/Anforderungskatalogs den Auftrag. Er liefert die technische, organisatorische Lösung in Form eines Pflichtenheftes und realisiert die technische, organisatorische Lösung im Rahmen des Projektes.

Auftragsabwicklung
Ein Kundenauftrag wird projektmäßig abgewickelt.

Auftragskalkulation
Sie ist diejenige Kalkulation, die auf der Basis des Vertrages mit dem Kunden und unter Berücksichtigung der Projektplanung als Grundlage für das Projekt erstellt worden ist.

Aufwand
Er ist das Produkt aus Zeit und Kapazität. Die Zeit ist eine Größe, die erforderlich ist, eine Aufgabe/Arbeitspaket durch eine Person abzuarbeiten. Der Aufwand wird in MT (Mitarbeitertage), MW (Mitarbeiterwoche) usw. dargestellt.

Aufwandsplan
Er ist eine Liste mit Aufgaben bzw. Arbeitspaketen und dem dazu gehörigen Aufwand in MT (Mitarbeitertage), MW, MM und MJ. Im Aufwandsplan werden ferner pro Aufgabe bzw. Arbeitspaket die Umfänge und Kapazitäten dargestellt.

Aufwandsschätzung
Sie ist die Ermittlung des Aufwandes mit Hilfe einer vorgegebenen Schätzmethode, z.B. Expertenbefragung.

Balkenplan
Er ist die grafische Darstellung eines Terminplanes von Aufgaben/Arbeitspaketen im Zeitraster.

Besitzübergang
Übertragung der tatsächlichen Gewalt, des uneingeschränkten Nutzungsrechtes an einer Sache.

Berichts- und Informationswesen
Oberbegriff für den formal geregelten Informationsfluss innerhalb eines Projekts sowie zwischen Projekt und Projektumwelt.

Bottom up
Vorgehensweise zur Erstellung eines Projektstrukturplans. Zunächst werden alle Aktivitäten/Aufgaben ungeordnet gesammelt, dann nach Arbeitspaketen zusammengefasst.

Brainstorming
Kreativitätstechnik: Produktion einer möglichst großen Anzahl spontaner, auch abwegiger, ausgefallener Ideen innerhalb einer Gruppe. Dabei dürfen auch die Ideen anderer Teilnehmer aufgegriffen und weiterentwickelt werden. Einzige Einschränkung: Es darf während der Ideenfindung keinerlei Kritik an den Vorschlägen geübt werden.

Claim
heißt Anspruch, Rechtsanspruch, Forderung, Beanspruchung, Behauptung, Klagebegehren, Reklamation, Beanstandung, Versicherungsanspruch, Schadensfall, Nutzung, Patentanspruch, der/die/das sich aus einem Vertrag heraus ergibt.

Claimmanagement
Es zielt darauf ab, aus ungesicherten Ansprüchen vertraglich oder gerichtlich gesicherte Ansprüche zu machen. Dazu zählt die Erfassung der Claims, das Sichern der Beweismittel, das Anmelden und Durchsetzen bzw. Abwehren der Claims bis zur Rechnungsstellung.

Dauer
Sie stellt die Durchlaufzeit einer Aufgabe/eines Arbeitspaketes inkl. Pausen, Ruhezeiten, Rüstzeiten, Mitarbeiterausfälle usw. dar.

Dienstvertrag
Er ist ein Vertrag über die Leistung der versprochenen Dienste jeder Art, ohne Zusicherung eines bestimmten Erfolges bzw. Ergebnisses nach Zeit und Aufwand.

Eigentumsübergang
Übertragung des uneingeschränkten Verfügungsrechtes. Der Eigentümer kann mit der Sache nach Belieben verfahren und andere von jeder Einwirkung ausschließen.

Einsatzplanung
Planung des zeitlichen Einsatzes der an der Projektdurchführung beteiligten Kapazitäten abhängig von ihrer Verfügbarkeit.

Entscheidungsmatrix
Grafisches Hilfsmittel zur Ermittlung einer bevorzugten Alternative: Mehrere Alternativen werden anhand von gewichteten Entscheidungskriterien bewertet.

Ergebnis
Es ist das Erreichen eines definierten Zustandes im Ablauf des Projektes. Ein Ergebnis ist eine unter einem bestimmten Gesichtspunkt (z.B. zum Meilenstein oder zur Abnahme) vollständige, in sich konsistente nach definierten Qualitätskriterien entsprechende Ausarbeitung.

Erweitertes Team
Es sind vom Kernteam beauftragte Arbeitspaketverantwortliche in den Fachabteilungen, die befristet im Projekt mitarbeiten.

Fertigstellungsgrad
Prozentsatz zu dem eine Aufgabe/ein Arbeitspaket abgearbeitet ist. Methoden zur Ermittlung des Fertigstellungsgrades sind:

- 0/100-Methode
- 50/50-Methode
- Step-to-Step-Methode
- Mengenmethode.

Fixe Kosten
Sie sind Kosten, die unabhängig von einer bestimmten Kosteneinflussgröße für einen bestimmten Zeitraum in gleicher Höhe anfallen. Über längere Zeiträume sind fixe Kosten veränderbar. Sie können nach dem Grad ihrer Abbaufähigkeit differenziert werden.

Freie Pufferzeit
Sie ist die Zeitspanne, um die ein Vorgang (Aufgabe/Arbeitspaket) gegenüber seiner frühesten Lage im Terminplan verschoben werden kann, ohne die früheste Lage anderer Vorgänge zu beeinflussen.

Frühwarnsystem
System zur möglichst frühzeitigen Erkennung von Planabweichungen. Beispiel:
Die am Projekt beteiligten Mitarbeiter der Linienfunktionen liefern im Falle von Planabweichungen alle projektrelevanten Informationen schnellstmöglich an den Projektleiter. Bei gravierenden Abweichungen werden diese in Form einer außerordentlichen Teamsitzung diskutiert und geeignete Maßnahmen getroffen.

Garantie
Sie regelt die Haftung der Lieferanten für bestimmte und messbare Sachmängel. Der Lieferant muss bei der Zusicherung einer Eigenschaft für den bestimmten Erfolg eingestehen.

Gefahrenübergang
Zeitpunkt, ab dem die Gefahr der zufälligen Verschlechterung, des zufälligen Unterganges von einem auf einen anderen übergeht. Die Gefahr der Beschädigung, Zerstörung oder des Verlustes der zu liefernden Gegenstände oder einer erbrachten Leistung, durch von keinem der Vertragspartner zu vertretenden Umstände verursacht, geht ab diesem Zeitpunkt vom Auftragnehmer auf den Auftraggeber über. Der Gefahrenübergang ist schriftlich zwischen den Vertragsparteien zu vereinbaren.

Gemeinkosten
Das sind alle Kosten, die einem Kostenträger nicht direkt zugerechnet werden können. Gemeinkosten werden mit Hilfe von Zuschlägen dem Kostenträger verrechnet.

Gesamte Pufferzeit
Sie ist die Zeitspanne, um die die Lage eines Vorganges (Aufgabe/Arbeitspaket) gegenüber anderen Vorgängen verändert werden kann, ohne den Endtermin des Projektes zu beeinflussen.

Gewährleistung
Sie regelt die Haftung des Lieferanten für Sachmängel. Unter Sachmängel sind versteckte Fehler und das Fehlen zugesicherter Eigenschaften zu verstehen.

Herstellkosten
Das sind alle im Zusammenhang mit der Leistungserstellung für Material und Fertigung anfallenden oder angefallenen Kosten.

Kalkulation
Sie stellt eine kostenmäßige und erlösorientierte Übersicht des Projektes auf der Basis der Mengen im Leistungsverzeichnis bzw. in der Projektergebnisstruktur dar. Sie unterteilt sich in Angebots-, Auftrags-, Mitlaufende- und Nachkalkulation.

Kapazitätsbedarf
Bedarf an Personal, das für die Bearbeitung der Vorgänge (Aufgaben/Arbeitspakete) eines Projektes nötig ist, ermittelt aus dem geschätzten Aufwand und der Zeitrechnung des Netzplans.

Kapazitätsplan
Er stellt den geplanten Verlauf des Personalbedarfs pro Aufgabe/Arbeitspaket über die Projektdauer dar. Der Personalbedarf wird aus den Aufgaben und Arbeitspaketen abgeleitet und ist mit der tatsächlich verfügbaren Kapazität abzugleichen.

Kaufvertrag
Vertrag über den Kauf einer zum Zeitpunkt des Vertragsabschlusses bereits erstellten Sache / Produktes.

Kernteam
Es besteht aus den Personen in einem Team, denen bestimmte Teilprojekte, Funktionen oder Liefer- und Leistungsumfänge (Projektergebnisse) übertragen sind, um diese mit entsprechenden Rechten und Verantwortungen zu erledigen.

Kernteam-Verantwortung
Es trägt die Verantwortung für die mit der Geschäftsleitung abgestimmten Sachziele, Abwicklungsziele, Managementziele und Rahmen-/Randbedingungen. Das Team muss unternehmerisch handeln. Das Kernteam entscheidet über die Verwendung des geplanten und mit der Geschäftsleitung verabschiedeten Projektbudgets und steht für die Einhaltung des Endtermines gerade.

Kick-off-Meeting
Das Kernteam lädt alle Mitglieder des erweiterten Teams ein, um ihnen alle bis dahin erarbeiteten Ergebnisse und Dokumente vorzustellen. Das Kick-off-Meeting schließt den Abschnitt „Projektstart“ ab.

Konfigurationsmanagement (KM)
Unter Konfigurationsmanagement wird die Regelung und Durchführung aller Aufgaben zur Verwaltung der im Ablauf eines Projektes anfallenden technischen Ergebnisse (Liefereinheiten) verstanden.

Kosten
Sammelbegriff für den bewerteten Mengenverzehr an Gütern und Diensten zum Zwecke der betrieblichen Leistungserstellung.
Kosten sind der in Geld bewertete Einsatz von Produktionsfaktoren (Maschinen, Material, menschliche Arbeitsleistung) zum Erstellen und zum Absatz von Gütern und/oder Diensten sowie zur Aufrechterhaltung der Betriebsbereitschaft.

Kostenbericht
Er enthält den Kostenanfall aus der Kostenrechnung ergänzt, um Bestellobligo aus dem Einkauf und die erwarteten Kosten als Schätzung des Verantwortlichen. Die Summe dieser Werte ergibt den Vorauswert, der dem ursprünglichen Budget gegenüber gestellt wird. Der Kostenbericht wird monatlich pro Arbeitspaket bzw. pro Projekt erstellt, um den Trend der Kostenentwicklung zu ermitteln.

Kosten-Trendanalyse (KTA)
Sie zeigt in grafischer Form zum jeweiligen Berichtszeitpunkt die bisher aufgelaufenen Kosten und den noch erforderlichen Aufwand/Kosten bis zur Fertigstellung definierter Projektergebnisse. Die Berechnung der KTA erfolgt durch das „Voraussichtliche IST". Die Kostenplan-Abweichungen sind zu begründen unter Annahme von Maßnahmen, die ein Gegensteuern bzw. Einhalten neuer Plandaten sicherstellen. Die Informationen fließen in einen Kostenbericht ein.

Kritischer Weg
Er stellt alle Vorgänge (Aufgaben/Arbeitspakete) dar, für die keine Pufferzeit errechnet ist.

Kundenauftrag
Das ist eine vertragliche Aufforderung, Lieferungen und Leistungen zu erbringen, die nach Menge, Qualität, Ort und Zeit bestimmt sind.

Lastenheft
Es beinhaltet die Wünsche und Anforderungen an ein Produkt, Anlage oder zu liefernde Sache aus der Sicht des Auftraggebers dar. Das Lastenheft stellt eine Erweiterung des Zielkataloges dar.

Lenkungsausschuss
Er ist ein Gremium zwischen dem Kunden und der Geschäftsleitung einer Firma (bzw. zwischen Auftraggeber und Auftragnehmer). Der Lenkungsausschuss hat Entscheidungen zu treffen, die über die Kompetenz des Projektleiters und des Kernteams hinausgehen. Im besonderen sind die vertraglichen Angelegenheiten und Ressourceneinsätze der Arbeitspaketbearbeiter zu klären.

Liste offener Punkte (LOP)
Sie stellt alle noch zu erledigenden Aufgaben im Rahmen der Projektverfolgung mit Verantwortlichkeit und Endtermin dar.

Managementbericht
Er ist eine schriftliche oder mündliche Stellungnahme des Projektleiters an die Geschäftsleitung. Im Managementbericht wird dem gegenwärtigen Projektstand die Projektplanung gegenübergestellt. Ferner wird aufgezeigt, wie sich die Abweichungen und Änderungen auf das Projektende technisch, terminlich und kostenmäßig ohne und mit zu ergreifenden Maßnahmen auswirken.

Managementziele
Dies sind Anforderungen des Auftragnehmers an das Projekt bzw. an das Produkt, die Anlage oder das Thema, die versinnbildlichen, weshalb dieses Projekt bzw. der Auftrag durch den Auftragnehmer realisiert werden soll.

Meilensteine
Sie beinhalten bedeutsame Ereignisse im Projektablauf. Die zu diesen Ereignissen definierten Sachergebnisse werden terminlich und kostenmäßig festgelegt.

Meilenstein-Freigabe
In jeder einzelnen Phase entstehen eine Reihe von Sachergebnissen. Die Freigabe stellt sicher, dass die Sachergebnisse qualitativ erreicht worden sind.

Meilenstein-Plan
Er ist die Zusammenstellung aller für ein Projekt definierten Meilensteine. Neben der Meilensteinbezeichnung muss der entsprechende Inhalt, der Zeitpunkt und Aufwand/Kosten der Ergebniserreichung aufgeführt werden.

Meilenstein-Trendanalyse (MTA)
Die MTA ist eine Methode, um Plantermine meilensteinbezogen periodisch darzustellen. Sie beruht darauf, dass Meilensteine periodisch in regelmäßigen Zeitabständen terminlich neu eingeschätzt (prognostiziert) werden und die Prognose grafisch dargestellt wird.

Metaplan-Technik
Ideensammlung durch Kartenabfrage: Die Ideen der Teammitglieder werden einzeln auf Karten notiert, an eine Metaplan-Wand gepinnt, thematisch zusammengefasst und durch die Teilnehmer mittels einer Punktabfrage gewichtet.

Methode 6-3-5
Kreativitätstechnik: 6 Teilnehmer notieren auf einem Formblatt jeweils 3 Ideen. Das Formblatt wird innerhalb von 5 Minuten im Teilnehmerkreis weitergereicht, so dass nach 6 Runden 108 Vorschläge vorliegen.

Mitlaufende Kalkulation
Als Bericht über die aktuelle Kostenentwicklung des laufenden Gesamtprojektes dient die sogenannte Mitlaufende Kalkulation. Hier werden als Summe aller Arbeitspakete des Projektes Kostenanfall, Bestellobligo und Kostenerwartung als Vorschau dem Gesamtbudget gegenüber gestellt. Erweitert wird dieser Bericht durch die Darstellung der Umsatzerlöse inklusive Mehrungen und Minderungen.

Morphologischer Kasten
Kreativitätstechnik: Ein Problem wird in seine wesentlichen Merkmale (Parameter) strukturiert. Zu jedem der Parameter werden alle denkbaren Varianten (Ausprägungen) ermittelt. Mit Hilfe einer Matrix aus Parametern und Ausprägungen können verschiedenste Ausprägungen kombiniert, bewertet und die geeignetste Lösungsvariante ausgewählt werden.

Multiprojektmanagement
Aufgabe des Multiprojektmanagements ist es, eine Menge von Einzelprojekten unter Berücksichtigung der verfügbaren Ressourcen so zu koordinieren, dass das Gesamtergebnis aller Projekte hinsichtlich der Unternehmensziele ein Optimum ergibt.

Netzplan
Er gibt eine grafische Darstellung von Vorgängen und deren Abhängigkeiten wieder. Der Netzplan ist der mit Vorgängen und Terminen versehene Ablaufplan der definierten Aufgaben/Arbeitspakete unter Berücksichtigung der Anordnungsbeziehungen zwischen allen Aufgaben / Arbeitspaketen, der geschätzten Dauern für jede Aufgabe / Arbeitspaket und eventuellen Fixterminen.

Netzplantechnik
Verfahren für die Ablauf- und Terminplanung eines Projektes.

Norm
Weisung, vorwiegend technischen Inhalts, die auf internationalen oder internen Fachvereinbarungen beruht, mit dem Zweck, Ordnung, Einheitlichkeit und Wirtschaftlichkeit zu fördern,

Pflichtenheft
Im Pflichtenheft stehen die verschiedenen technischen Lösungen, die auf der Basis des Lastenheftes entwickelt werden.

Phase
Das ist ein definierter Zeitabschnitt der Projektabwicklung, in dem ausgehend von den Sachergebnissen eines Beginn-Meilensteines die Phasenergebnisse eines Ende-Meilensteines erarbeitet werden.

Phasenfreigabe
Sie ist zum Abschluss einer Phase die offizielle Freigabe der erreichten Sachergebnisse und der Planung der nachfolgenden Phase. Wird auch Meilenstein-Freigabe oder Phasenentscheidung genannt.

Phasenplanung
Die Planung einer Phase legt offen, welche Aufgaben/Arbeitspakete in welcher Reihenfolge von wem, von wann und bis wann, in einer Phase bearbeitet werden.

Plankostenrechnung
Bei Vergabe von Plankosten für einzelne Kostenstellen und Kostenträger. Zukunftsrechnung mittels Hochrechnung, Schätzung und Messung.

Planungsprozess
Im Planungsprozess werden der Inhalt und die Vorgehensweise bei der Planung von Projekten geregelt. Hier im Buch werden dazu zehn Schritte angeboten.

Problemanalyse
Status-quo-Bestimmung, in der die momentane Situation („Kernproblem") mit ihren Ursachen und Auswirkungen beschrieben wird.

Produktstruktur
Sie stellt die Bestandteile des am Ende des Projektes an den Kunden/Auftraggeber zu übergebenden Produktes dar. Die Produktstruktur stellt in grafischer Form den Liefer- und Leistungsumfang an den Kunden/Auftraggeber dar. Der Sammelbegriff für die Produktstruktur oder die Anlagenstruktur ist die Projektergebnisstruktur.

Projekt
Ein Projekt ist nach DIN 69901 ein Vorhaben, das im wesentlichen durch Einmaligkeit der Bedingungen in ihrer Gesamtheit gekennzeichnet ist, wie z.B.

- Zielvorgabe,
- zeitliche, finanzielle, personelle oder andere Begrenzungen,
- Abgrenzung gegenüber anderen Vorhaben und
- projektspezifische Organisation.

Projektablage
Die Projektablage stellt ein Schema dar, nach der technische und organisatorische Unterlagen pro Projekt abzulegen sind. In der Regel legt jeder Verantwortliche seine technischen Unterlagen phasenweise oder entsprechend der Projektstruktur ab.

Projektabschluss
Zeitpunkt, an dem alle bei Projektgründung übernommenen Verpflichtungen erfüllt und abgenommen sind.

Projektabschluss-Bericht
Der Projektabschluss-Bericht dient zur Erfahrungssicherung und soll die Ziele des Projektes mit den eingetretenen sachlichen, terminlichen, kostenmäßigen und sonstigen finanziellen Ergebnissen kritisch würdigen. Er ist am Ende des Projektes zur letzten Meilensteinfreigabe vorzulegen.

Projektantrag
Schriftliche Fixierung einer Projektidee:

- Planung vorhandener Ressourcen (Kapital, Personal, Material, etc.)
- Wirtschaftlichkeitsrechnung
- Grobe Terminplanung

Der Projektantrag dient als Vorlage für ein Entscheidungsgremium, welches darüber befindet, ob diese Projektidee als Projektvorschlag ausgearbeitet werden soll.

Projektarten
Eingruppierung von Projekten, z. B. in die Kategorien

- Produkt-/Innovationsprojekte
- Auftrags- und Abwicklungsprojekte
- IT-/Organisationsprojekte

Projektbericht
Schriftliche oder mündliche Stellungnahme der Projektleitung, die eine Gegenüberstellung des gegenwärtigen Projektstandes und der Projektplanung enthält. Der Projektbericht ist die Protokollierung der Ergebnisse der Projektstatusbesprechung einschließlich der Erledigungsliste (LOP). Der Projektbericht wird an die Kernteammitglieder, ggf. an die Mitglieder des erweiterten Teams zur Information und Bearbeitung verteilt.

Projektergebnis
Es stellt alle Detailergebnisse, wie Komponenten und Objekte in grafischer Form (Baumstruktur) dar, die am Ende des Projektes an den Auftraggeber bzw. Kunden konkret übergeben werden.

Projektinformationssystem
Gesamtheit der Einrichtungen und Hilfsmittel, um Projektinformationen für weitere Auswertungen zu erfassen und zu speichern.

Projektleiter
Er leitet die Mitarbeiter eines Projektes (Kernteam) und trägt im Rahmen der ihm übertragenen Funktion, sowie der ihm zur Verfügung gestellten Personal- und Sachmittel die Verantwortung für die Technik, das Qualitätsmanagement und das Projektmanagement.

Projektleiter-Verantwortung
Dies ist die Verantwortung für die mit der Geschäftsleitung abgestimmten Sach-, Abwicklungs-, Managementziele und Rahmen/Randbedingungen. Die Verantwortung des Projektleiters kann um die Ergebnisverantwortung (Gewinn) erweitert werden.

Projektleitfaden
Auszug aus dem Projektmanagement-Handbuch zur operativen Unterstützung der Projektleiter.

Projektleitung
Diejenige Person oder Personengruppe (Teileinheit der Projektorganisation), die für den technischen, terminlichen und wirtschaftlichen Erfolg des Projektes verantwortlich ist.

Projektmanagement
Gesamtheit der Planungs-, Leitungs- und Kontrollaktivitäten, die bei zeitlich befristeten Vorhaben (z.B. Anlagenbau, Reorganisationsmaßnahmen, Forschungsprojekte) anfallen. Arten des Projektmanagements sind die Stab-Projektorganisation, die Matrix-Projektorganisation und die reine Projektorganisation, bei der die mit Projektaufgaben betrauten Personen einer selbständigen organisatorischen Einheit zugeordnet werden [01].

Projektmanagement-Handbuch
Grundlegende Festlegungen für die einheitliche Anwendung von Projektmanagement in einem Unternehmen, wie z. B. Festlegung von Funktionen, Arbeitstechniken, Festlegung des Zusammenwirkens aller Projektbeteiligten.
Das Projektmanagement-Handbuch dient folgenden Zielen:

- Einführung einer einheitlichen methodischen Vorgehensweise
- Verbesserung der Kommunikation
- Schaffung eines einheitlichen Projektverständnisses
- Erhöhung der Transparenz des Projektfortschritts
- Wirtschaftliche Abwicklung des Projektes.

Projektmanagement-Software-Werkzeug (PMSW)
Hilfsmittel zur Unterstützung des Projektleiters bei Planung und Controlling von Projekten durch transparente Berichterstattung und Dokumentation.

Projektmanagement-Standards
Die Standards des Projektmanagements sind bei Unternehmen die wichtigsten Elemente der Phasenorganisation mit Checklisten und alle für die Projektarbeit verwendeten Methoden und Dokumente. Die Checkpunkte pro Meilenstein sollen sicherstellen, dass das Kernteam an alles denkt und damit das Projekt reibungslos ablaufen kann.

Projektmanagement-System
Es stellt das Projektmanagement in seinen Elementen und deren Beziehungen untereinander dar. Die Elemente können methodischer Natur sein oder Verhaltenskomponenten darstellen.

Projektorganisation
Die Projektorganisation definiert die Hauptaufgaben/-funktionen und ordnet diese Hauptaufgaben/ -funktionen Personen zu. Damit werden auch die Verantwortung und die Rechte für diese Hauptaufgaben festgelegt. Die Projektorganisation gliedert sich in Kernteam und erweitertes Team.

Projektplan
Er ist die Summe aller für das Gesamtprojekt erstellten Pläne, also Projektergebnisstruktur, Projektstrukturplan, Terminplan und weitere Pläne, soweit notwendig.

Projektplanung
Die Planung klärt die Phasen/Meilensteine, die Arbeitspakete und die Aufgaben. Dabei werden sie so aufbereitet und dargestellt, dass klar ist: Wer macht was, bis wann und mit wem. Dadurch wird auch transparent, mit welchem Aufwand/welchen Kosten das Projektergebnis voraussichtlich erreicht wird.

Projekt-Regelkreis
Darstellung einer Projektabwicklung, die von Störgrößen beeinflusst wird. Der IST-Stand des Projektes wird an den Projektleiter zurückgemeldet, der ihn mit den SOLL-Vorgaben vergleicht und diese den geänderten Rahmenbedingungen anpasst, somit als Regler fungiert. Unter den neuen Voraussetzungen wird das Projekt weiterbearbeitet.

Projektstart
Der Start des Projektes beinhaltet im wesentlichen die Klärung des Auftrages, die Darstellung der wichtigsten Projektergebnisse und Meilensteine, die Verabschiedung der Projektorganisation und die ersten Kernteambesprechungen.

Projekt(status)besprechung
Sie ist ein periodisch, regelmäßiges Treffen der Kernmitglieder eines Projektes, um den Stand und die weitere Entwicklung des Projektes zu ermitteln und im Projektbericht zu dokumentieren. Die Projekt(status)besprechung bedarf einer sorgfältigen Vorbereitung und in der Durchführung einer gekonnten Moderation, um den zeitlichen Aufwand auf ein Minimum zu reduzieren und der Realität entsprechende Aussagen zu erhalten.

Projektstelle
Stelle zur Erfüllung spezifischer, zeitlich begrenzter Projektaufgaben; wird speziell für ein Projekt eingerichtet z.B. Projektbüro.

Projektsteuerung
Kontinuierlicher SOLL-/IST-Vergleich zwischen Projekt-Plandaten und dem tatsächlichen Projektverlauf. Der Projektleiter analysiert Abweichungen, erarbeitet entsprechende Maßnahmen und sorgt durch deren Umsetzung dafür, dass das Projektziel qualitätsgerecht im Rahmen der vorgegebenen Ressourcen erreicht wird.

Projektstruktur
Mit Hilfe der Projektstruktur wird das Projekt in sachliche Projektergebnisse und in terminlicher (Phasen/Meilensteine) Hinsicht in überschaubare Einheiten (Arbeitspakete) zerlegt. Um den Verwaltungsaufwand in Grenzen zu halten, sollten die Aufgaben in Arbeitspaketen gebündelt werden.

Projektwerkzeuge
DV unterstützte Hilfsmittel und Formulare für Projektmanagement-Arbeiten werden als Projektwerkzeuge bezeichnet.

Projektziele
Die Projektziele sind alle Anforderungen an das Projekt. Darüber hinaus sollen die relevanten Managementziele für das Projekt aufgezeigt werden. Ferner sind die Sach- und Abwicklungsziele im Kernteam zu definieren und die Randbedingungen offen zu legen.

Prozess
Er ist das Heranreifen von Ereignissen/Ergebnissen. Der Prozess wird von Menschen gestaltet.

Prozessmanagement
Es kann auf Projektmanagement übertragen werden. Dies bedeutet das Leiten, Gestalten und Steuern von Prozessen innerhalb eines Projektes. Es kann zwischen den methodischen, technischen, organisatorischen, teamorientierten und intrapersonellen Prozessen unterschieden werden.

Qualität
Gesamtheit von Eigenschaften und Merkmalen eines Produktes oder einer Tätigkeit, die sich auf die Eignung zur Erfüllung gegebener Erfordernisse bezieht.

Rand- und Rahmenbedingungen
Sie sind feststehende Einflussfaktoren auf das Projekt, die den Handlungsspielraum der Beteiligten eingrenzen.

Reviews
Maßnahmen und Techniken zur Qualitätssicherung von Projektteilergebnissen bzgl. fachlicher Richtigkeit, Vollständigkeit, Übereinstimmung mit den Projektzielen.

Risikoanalyse
Sie zielt darauf ab, technische, juristische, kommerzielle und terminliche Unwägbarkeiten z.B. durch Vertragsanalyse herauszufiltern, die Risiken nach Wahrscheinlichkeit und Tragweite zu gewichten und geeignete Maßnahmen zur Risikobeseitigung oder Risikominimierung zu ergreifen. Spätestens mit dem Abschluss der Projektplanung ist die Risikoanalyse durchzuführen.

Rückwärtsrechnung
Netzplanberechnungsmethode (ausgehend vom Projektendtermin) zur Ermittlung der spätesten möglichen Lage jedes einzelnen Vorganges bei Aufrechterhaltung des Projektendtermins.

Sachziele
Dies sind Anforderungen an eine Sache bzw. an ein Produkt, eine Anlage oder ein Thema, die bei der Realisierung als Auswahlkriterium für die beste Lösung herangezogen werden.

Schätzeinheiten
Mehrere gleichartige Arbeitspakete können aus Gründen der Arbeitsvereinfachung zu Schätzeinheiten zusammengezogen oder im Analogieschluss geschätzt werden.

Schätzklausur / Expertenbefragung
Treffen von Fachleuten zur Schätzung des Aufwandes bzw. der Kosten pro Arbeitspaket.

Schätzteam
Die Schätzung wird von einem Schätzteam durchgeführt. Zusammensetzung: 1 – 2 Vertreter des Projektes, 3 – 5 erfahrene Experten.

Situationsanalyse
Systematische Durchleuchtung (Analyse) eines bestehenden Zustandes (Situation) unter Berücksichtigung der gegebenen Rahmenbedingungen zur Schaffung einer für den Problemlösungsprozess notwendigen Transparenz.

Struktur
Sie ist die Gesamtheit der wesentlichen Beziehungen zwischen den Bestandteilen eines Systems. Sie beschreibt den Aufbau und die Wirkungsweise des Systems.

Targets
Sie legen die wertmäßigen Zielvorstellungen des Projektes, heruntergebrochen auf Liefer- und Leistungsumfänge aus der Projektergebnisstruktur, fest.

Teilprojekt
Wird eine bestimmte Anzahl von Arbeitspaketen (deutlich über 50 Arbeitspakete) für ein Projekt überschritten, müssen daraus zeitlich, organisatorisch und hinsichtlich der Hilfsmittel eindeutig abgegrenzte Teilprojekte gebildet werden. Jedes Teilprojekt muss einen quantifizierbaren Nutzen bringen.

Terminplan
Er gibt Auskunft welche Aufgaben/Arbeitspakete in welcher Abfolge bei welchem Verantwortlichen terminlich bearbeitet werden. Durch die Ergänzung von Durchlaufzeiten pro Aufgabe/Arbeitspaket im Ablaufplan entsteht der Terminplan. Die Darstellung kann in Form eines Netzplanes oder eines Balkenplanes erfolgen. Ein Terminplan sollte pro Projekt mit den zu bearbeitenden Phasen und Meilensteinen vorliegen.

Top down
Vorgehensweise zur Erstellung eines Projektstrukturplans. Ausgehend von Projektergebnissen und den Meilensteinen wird das Projekt von der ersten Ebene bis zur Ebene des gewünschten Detaillierungsgrades gegliedert.

Übergabe
Kein gesetzlich oder rechtlich definierter Begriff.
Im Anlagengeschäft: Erklärung der Bereitschaft zur Übergabe, zwecks... z.B. Abnahme, Nutzung durch den Übernehmenden, Inbetriebnahme usw.
Mit der Bereitschaftserklärung zur Übergabe ist jeweils zu definieren, um welchen nachfolgenden Zweck/Vorgang es sich handelt.

Variable Kosten
Das sind Kosten, die abhängig von einer bestimmten Kosteneinflussgröße anfallen.

Voraussichtliches IST
Das ist die Ermittlung der Aufwände/Kosten, geschlüsselt nach Aufgaben, Arbeitspaketen oder Meilensteinen und nach Perioden, einerseits der bisher aufgelaufenen Aufwände/Kosten und der noch geplanten und zu erwartenden zusätzlichen Aufwände/Kosten.

Vorgang
Er beinhaltet ein definiertes Sachergebnis, das innerhalb eines festgelegten Zeitrahmens durch entsprechende Aufgaben/Arbeitspakete erarbeitet wird.

Vorgangsknoten-Netzplan
Das ist ein Netzplan, in dem vorwiegend die Vorgänge beschrieben und durch Knoten dargestellt sind.

Vorgangspfeil-Netzplan
ist ein Netzplan, in dem vorwiegend die Vorgänge beschrieben und durch Pfeile dargestellt sind.

Vorwärtsrechnung
Netzplanberechnungsmethode (ausgehend vom Projektstarttermin) zur Ermittlung des frühesten möglichen Projektendtermines durch Berücksichtigung der frühesten möglichen Lage jedes einzelnen Vorganges(Aufgabe/Arbeitspaket).

Werkvertrag
Er regelt die Herstellung und/oder Veränderung einer Sache oder durch Dienstleistung bzw. Arbeit herbeizuführenden Erfolg für das zu erbringende, zugesicherte Ergebnis.

Ziel
Es ist ein bestimmter, in Zukunft angestrebter Zustand oder ein angestrebtes Ergebnis.

Zielkatalog
Der Zielkatalog des Auftraggebers wie auch des Auftragnehmers umfasst die Bereiche System-, Sach-, Abwicklungsziele und Rand- und Rahmenbedingungen. Er ist der Kern eines Lastenheftes. Beim Zielkatalog des Auftragnehmers kommen noch die Managementziele dazu.

Stichwortverzeichnis

—O—

—P—

—Q—

—R—

—S—

Quellennachweis

[01] **ENZYKLOPÄDIE**, Band 17, Seite 526, 528, Brockhaus, Mannheim,1992

[02] DIN 69900: **Projektwirtschaft Netzplantechnik,**
DIN 69901: **Projektwirtschaft Projektmanagement,**
DIN 69902: **Projektwirtschaft Einsatzmittel**, Beuth Verlag GmbH Berlin, 1987

[03] AEG BILDUNG:
Projektmanagement, Seminarunterlage, Institut für Training und Beratung, Frankfurt, 1994

[04] GROTH, RAINER; WOLF, MAX L. J.:
Projektmanagement für Klein- und Mittelprojekte, VDI-Wissensforum, Düsseldorf, 2003

[05] BURGHARDT, M.:
Projektmanagement, Siemens AG, München, 2. Auflage, 1999

[06] DÖRFEL, HANS-JÜRGEN:
Projektmanagement – Aufträge effizient und erfolgreich abwickeln, Expert Verlag, Renningen, 1995

[07] HANSEL, J.; LOMNITZ G.:
Projektleiter-Praxis, Springer Verlag, Berlin Heidelberg New York, 1993

[08] BOEHM, B. W.:
Wirtschaftliche Software-Produktion, Forkel Verlag, Wiesbaden, 1986

[09] LEHNER, BIRGIT:
Selbstsicher handeln: Erfolgreich im Beruf und Alltag, Beltz Verlag, Weinheim, 1993

[10] LECHLER, TH.,:
Erfolgsfaktoren des Projektmanagements, Hrsg.: Schelle, Reschke, Schnopp, Schub, erschienen in „Projekte erfolgreich managen", TÜV-Verlag, Köln 1994

[11] DIN-Norm 3694:
Lastenheft/Pflichtenheft für den Einsatz von Automatisierungssystemen, Hrsg.: VDI/VDE Gesellschaft Mess- und Automatisierungstechnik, Düsseldorf, 04/1991

[12] KEPLINGER, W.:
Erfolgsmerkmale im Projektmanagement, Zeitschrift für Organisation, Schäffer-Pöschel Verlag, Stuttgart, 1992

[13] SIEMENS AG:
Organisationsplanung – Planung durch Kooperation, München, 1979

[14] FRANCIS, D.; YOUNG, D.:
Mehr Erfolg im Team, Windmühle Verlag, Hamburg, 2. Auflage, 1986

[15] HÜNSELER, STEPHANIE:
Teamverlag, Seminarunterlage, Eigenverlag, 1994

[16] THOMANN, C.; SCHULZ VON THUN F.:
Klärungshilfe, Handbuch für Therapeuten, Gesprächshelfer und Moderatoren in schwierigen Gesprächen, Rowohlt, Hamburg, 1993

[17] MLEKUSCH, RUDOLF J.:
Transaktionsanalyse, erschienen in Der Arbeitsmethodiker, Heft 4, Gesellschaft für Arbeitsmethodik, München, 1982

[18] BIRKENBIHL, V. F.,
Kommunikationstraining, mvg Verlag, Landsberg/Lech, 2002

[19] KUKA SCHWEISSANLAGEN-ROBOTER GMBH:
Projektmanagement Handbuch der Fa. KUKA, Augsburg, 1995

[20] EHRLENSPIEL, KLAUS:
Integrierte Produktentwicklung: Methoden für Prozessorganisation, Produkterstellung und Konstruktion, Hanser Verlag München, 1993

[21] WOLF, MAX L. J.:
Expertenklausur in Software-Projekten, Hrsg.: GPM, Beiträge zur Jahrestagung, München 1986

[22] **Projekt-Controlling bei Anlagengeschäften,** Hrsg.: VDMA, Frankfurt 1982

[23] KRAUSE, HANS-HELMUT
Risikomanagement, Vortragsunterlagen, Eigenverlag, 2001

[24] GROTH, R.; ERBSLÖH, F. D., HUGELSHOFER, H.-J.; STROMBACH, M. E.:
Projektmanagement in Mittelbetrieben, Deutscher Instituts-Verlag, Köln, 1986

[25] HELLING; SPENGLER; SPRINGER; WEBER:
Fehler richtig geplant, Beton-Verlag, Düsseldorf, 1987

[26] BECKORD, E., SAINT PAUL, HENNING VON:
Projektkosten-Kalkulation, Planung und Steuerung, VDI-Wissensforum, Düsseldorf, 1992

[27] ALBERT, IRMTRAUT; HÖGSDAL, BERNT:
Trendanalyse, TÜV Rheinland, 1987

[28] WASIELEWSKI, E. V.:
Projektkennzahlen, erscheinen in Projektmanagement 2 und 3, TÜV-Verlag, Köln, 1993

[29] FLÖTHER, ECKART:
Herrn Meier macht es keinen Spaß mehr, erschienen in Süddeutsche Zeitung, Ausgabe 132, SZ Verlag München, 1994

[30] SINN, JÜRGEN:
Programmieren Sie Ihren Erfolgskurs, erschienen in Management-Wissen, Heft 3, Verlag ManagerSeminare, Bonn, 1991

[31] WOLF, MAX L. J.:
Projektmanagement bei Klein- und Mittelprojekten, erschienen in Fachzeitschrift für Organisation Rationalisierung Informationsverarbeitung Produktionstechnik, Heft 5 bis 12, Planung + Produktion Verlag, Winterthur, 1995

Weiterführende Literatur

AGGTELEKY, B.; BAJNA, N.:
Projektplanung, Carl Hanser Verlag, München, Wien, 1992

ANDREAS, D.; SAUTER, B.; RADEMACHER, G.:
Projekt-Controlling und Projekt-Management im Anlagen- und Systemgeschäft, Maschinenbau, Frankfurt/Main, 6. Auflage, 1992

ANTES, W.:
Projektarbeit für Profis. Planung, Marketing, Finanzierung, Teamarbeit. Mit CD-ROM "Projekt Manager", Ökotopia-Verlag, Münster, 1997

BAGULEY, P.:
Erfolgreiches Projektmanagement: Strategische Planung, Erfolgreiche Durchführung, Effiziente Kontrolle, Falken, Niedernhausen/Ts., 1999

BALCK, H. (HRSG.):
Neuorientierung im Projektmanagement., TÜV Rheinland, Köln, 1998

BIETA, V.; MENDE, W.:
Projektmanagement. Praktischer Leitfaden, Oldenbourg Verlag, München, 1997

BIRKENBIHL, V. F.:
Kommunikationstraining, mvg Verlag, Landsberg/Lech, 21. Auflage, 1999

BÖKER, L.:
Vertragsrecht und Claimmanagement, Expert Verlag, Renningen, 1996

COLLIGNON, G.:
Wie sag' ich's am besten ...Die Prozesskommunikation, Sieber Dialog, Jengen, 2. Auflage, 2001

COVEY, S. R.:
Die sieben Wege zur Effektivität, Campus Verlag, Frankfurt/Main, 1995

COVEY, S. R.; MERRILL, A. R.; MERRILL, R. R.:
Der Weg zum Wesentlichen, Campus Verlag, Frankfurt/Main, 1997

CUBE, F. VON; ALSHUTH, D.:
Fordern statt verwöhnen. Die Erkenntnisse der Verhaltensbiologie in Erziehung und Führung, Piper, München, 2. Auflage, 1987

DÖRFEL, H.-J.:
Projektmanagement - Aufträge effizient und erfolgreich abwickeln, Expert Verlag, Renningen, 1995

ENGL, J.; THURMAIER, F.:
Wie redest Du mit mir?, Herder-Spektrum, Freiburg, 1995

FISHER, R.; URY, W.; PATTON, B.:
Das Harvard - Konzept, Campus Audio Books, Frankfurt/Main, 1996

GAREIS, R.:
Projektmanagement im Maschinen-und Anlagenbau, MANZ, Wien, 1991

GEIER, J. G.:
Persönlichkeits - Profil, Brockhaus Verlag, Wuppertal, 1990

GOLDRATT, E.:
Die kritische Kette, Das neue Konzept im Projektmanagement, Campus Verlag, Frankfurt/Main, 2002

HAMMER, M.; CHAMPY, J.:
Business Reengineering, Campus Verlag, Frankfurt/Main, 1994

HANSEL, J.; LOMNITZ, G.:
Projektleiter-Praxis: Erfolgreiche Projektabwicklung durch verbesserte Kommunikation und Kooperation, Springer Verlag, Berlin, 3. Auflage, 2000

HARRIS, T. A.:
Ich bin o.k., Du bist o.k., rororo-Verlag, Hamburg, 1975

HECHE, D.:
Der richtige Umgang mit Verantwortung, WOLF - PMT, Unterschleißheim, 2004

HEINTEL, P.; KRAINZ, E.:
Projektmanagement eine Antwort auf die Hierarchiekrise ?, Gabler Verlag, Wiesbaden, 2. Auflage, 1990

HELLING, P.; SPENGLER, B.; SPRINGER, T.; WEBER, H.:
Fehler richtig geplant, Beton-Verlag, Düsseldorf, 1987

HERBST, H. M.:
Kommunikation und Kooperation im Unternehmen, Rudolf Haufe Verlag, Freiburg, 1990

HERBST, H. M.:
Positiv verkaufen, Wirtschaft, Recht u. Steuern WRS, Planegg, 2. Auflage, 1996

HERZOG, D.; REINKE, H.:
Jedes Projekt gelingt!, Carl Hanser Verlag, München, 2002

KATZENBACH, J. R.; SMITH, D. K.; MC KINSEY&COMPANY INC.:
Teams, Der Schlüssel zur Hochleistungsorganisation, Manager Edition, Überreuter, Frankfurt/Main, 1993

KERZNER, H.:
Projektmanagement - ein systemorientierter Ansatz zur Planung und Steuerung, mitp-Verlag, Bonn, 2003

KOCH, R.:
Das 80/20 Prinzip - Mehr Erfolg mit weniger Aufwand, Campus Verlag, Frankfurt/Main, 2. Auflage, 2004

KOSTNER, J.:
König Artus und die virtuelle Tafelrunde; wie Sie Teams aus der Ferne zu Höchstleistungen führen, Signum Business, Wien, 1998

KRAUSE, H.-H.:
Wenn Meilensteine zu Stolpersteinen werden - Projekte weitab vom Kurs, WOLF - PMT, Unterschleißheim, 2004

KUPPER, H.:
Zur Kunst der Projektsteuerung, Oldenbourg Verlag, München, 5. Auflage, 1988

KÄLIN, K.; MÜRI, P. (HRSG.):
Führen mit Kopf und Herz, Ott Verlag, Thun, 3. Auflage, 1991

MADAUSS, B.-J.:
Projektmanagement, Schäffer-Pöschel-Verlag, Stuttgart, 6. Auflage, 2000

MALIK, F.:
Führen - Leisten - Leben, DVA, Stuttgart, 7. Auflage, 2000

MEES, J.; ÖFFNER-PY, S.; SÜNNEMANN, K.-O.:
Projektmanagement in neuen Dimensionen, Gabler Verlag, Wiesbaden, 2. Auflage, 1995

MLEKUSCH, R.; KRAUSE, H.-H.; WOLF, MAX L. J.:
ZEITPROFI für Projektleiter, Expert Verlag, Renningen, 2005

MOTZEL, E.; PANNENBÄCKER O.:
Projektmanagement-Kanon, TÜV Rheinland, Köln, 1998

NAGEL, G.:
Wagnis Führung, Carl Hanser Verlag, München, 1999

NEMETH, A.; WITTFELD, U.:
So setze ich mich durch - Geschäftsführungsmethoden für Entscheider - Das WIN - Erfolgsmodell, Expert Verlag, Renningen, 2003

NEUMANN, R.; BREDEMEIER, K.:
Projektmanagement von A - Z, Campus Verlag, Frankfurt/Main, 1996

NOTH, T.; KRETZSCHMAR, M.:
Aufwandschätzung von DV-Projekten, Springer Verlag, Berlin, 2. Auflage, 1986

REDLICH, A.; SCHRADER, E. (HRSG.):
Konflikt-Moderation, Windmühle GmbH, Hamburg, 1997

RESCHKE, H.; SCHELLE, H.; SCHNOPP, R.; SCHUB (HRSG.):
Loseblattsammlung "Projekte erfolgreich managen", TÜV Rheinland, Köln, 2004

RIEMANN, F.:
Grundformen der Angst, Ernst Reinhardt Verlag, München, 14. Auflage, 1979

RINZA, P.:
Projektmanagement, Planung, Überwachung und Steuerung von technischen und nichttechnischen Vorhaben, Springer Verlag, Heidelberg, 4. Auflage, 1998

RKW UND GPM (HRSG.):
Projektmanagement-Fachmann, Band 1 und 2, RKW Verlag, Eschborn, 6. Auflage, 1998

ROHR, R.; EBERT, A.:
Das Enneagramm - Die 9 Gesichter der Seele, Claudius Verlag, München, 15. Auflage, 1992

SAYNISCH, M.; SCHELLE, H. (HRSG.):
Konfigurationsmanagement, TÜV Rheinland, Köln, 1984

SCHELLE, H.:
Projekte zum Erfolg führen - Projektmanagement systematisch und kompakt, dtv Reihe Beck-Wirtschaftsberater, München, 4. Auflage, 2004

SCHULZ VON THUN, F.:
Miteinander reden 1, 2 und 3, Rowohlt Taschenbuch Verlag, Hamburg, 1981, 1998

SCHULZ-WIMMER, HEINZ:
Projektmanagement Trainer, Rudolf Haufe Verlag, Planegg, 2003

SCHWAB, J.:
MS Project 2000, Projektplanungen realisieren - Ein praktischer Leitfaden, Carl Hanser Verlag, München, 2001

SCOTT-MORGAN, P.; LITTLE, A. D.:
Die heimlichen Spielregeln, Campus Verlag, Frankfurt/Main, 1994

SEIFERT, J. W.:
Moderation & Kommunikation, Gabal Verlag, Offenbach, 2. Auflage, 1999

SEIFERT, J. W.; PATTAY, S.:
Visualisieren - Präsentieren - Moderieren, Gabal Verlag, Offenbach, 16. Auflage, 2001

SPRENGER, R. K.:
Mythos Motivation, Wege aus der Sackgasse, Campus Verlag, Frankfurt/Main, 1991

STROHMEIER, H.:
Die Architektur erfolgreicher Projekte, Carl Hanser Verlag, München, 2003

THOMANN, CH.; SCHULZ VON THUN, F.:
Klärungshilfe, Handbuch für Therapeuten, Gesprächshelfer und Moderatoren in schwierigen Gesprächen, Rowolth Taschenbuch Verlag, Hamburg, 1988

TROUT, J.; RIVKIN, S.:
Die Macht des Einfachen, Überreuter, Wien, 2002

TUMUSCHEIT, K. D.:
Erste - Hilfe - Koffer für Projekte - 33 Lösungen für die häufigsten Probleme, Orell Füssli Verlag AG, Zürich, 2004

TUMUSCHEIT, K. D.:
Immer Ärger im Projekt - Wie Sie die Projektkiller austricksen, orell füssli Verlag AG, Zürich, 2001

WIRTZ, T.; MEHRMANN, E.:
Effizientes Projektmanagement, Econ Verlag, Düsseldorf, 1992

WOLF, MAX L. J.:
Hilfe, meine Arbeitspakete bleiben unerledigt!, WOLF - PMT, Unterschleißheim, 2003

WOLF, MAX L. J.:
Prima, ich kann mich durchsetzen! 1. Teil: Verhalten und Tips, WOLF - PMT, Unterschleißheim, 2003

WOLF, MAX L. J.:
Prima, ich kann mich durchsetzen! 2. Teil: Techniken, WOLF - PMT, Unterschleißheim, 2004

WOLF, MAX L. J.:
Welche Kompetenzen benötige ich für meine Projekte?, WOLF - PMT, Unterschleißheim, 2004

WOLF, MAX L. J.:
Moderieren Sie mit SEKT, WOLF - PMT, Unterschleißheim, 2004

WOLF, MAX L. J.:
Verbindlichkeit im Projekt, WOLF - PMT, Unterschleißheim, 2004

Die Autoren

Max L. J. Wolf

Studium der Volkswirtschaft

Berufliche Praxis

- ⇨ Organisation Weiterbildungsmaßnahmen im Software-Bereich eines Elektronik-Konzerns und Methodensicherung für IT-Projekte
- ⇨ Projektbüro für Kommunikationsendgeräte und Mobilfunknetz
- ⇨ Projektleiter für Trainingsprojekte und Einsatz von CASE-Werkzeugen
- ⇨ Seit 1990 Geschäftsführer der Wolf Prozessmanagement-Training GmbH

Beratung und Prozessbegleitung

- ⇨ Installation von Projektmanagement im Automobilzulieferer-Bereich und bei Anlagenfirmen incl. Aufbau von Projektmanagement-Standards
- ⇨ Coaching von Projektleitern von Anlagen- und Forschungsprojekten
- ⇨ Moderation von Problem- und Konflikt-Workshops bei mehreren Automobilherstellern
- ⇨ Konkrete Mitarbeit in Projekten als Projektsupport

Seminare und Trainings

- ⇨ „Projektführung mittels PM-Lotsen", „Produktprojekt mit Erfolg meistern", „Meeting situativ steuern", „Nach SEKT moderieren" und „Arbeitsorganisation mittels ZEITPROFI", „Regeln der Teamarbeit" und „Anlagenprojekte mit Bravour stemmen"
- ⇨ Projektmanagement bei Klein- und Mittelprojekten beim VDI-Wissensforum
- ⇨ Gastdozent für Projektmanagement an der Universität Augsburg
- ⇨ Firmeninterne Maßnahmen vom Start bis zum Abschluss von Projekten, Moderations-, Projektstatus-, Kommunikations- und Konfliktmanagement-Trainings

Weiteres Engagement

- ⇨ Verbandsarbeit über Ganzheitliche Methodik e.V. (1985 bis 1995) bis zur Regionalleitung München (1996 bis 2001) und Beirat (1998 bis 2001) der GPM Deutschen Gesellschaft für Projektmanagement e.V.
- ⇨ Autor des Buches „Projektarbeit bei Klein- und Mittelprojekten", Mitautor des Buches „ZEITPROFI für Projektleiter" und Veröffentlichung diverser Artikel in Fachzeitungen

Dr. Rudolf J. Mlekusch

Studium Mathematik und Physik, Informatiker und Projektleiter

Berufliche Praxis

- ⇨ Software-Entwickler (Betriebssystem-Erweiterungen, Textverarbeitungssystem, Integrierte Datenverarbeitung im Fernmeldebereich, Struktur-Generator, ...)
- ⇨ Projektleiter BORA „Bedienungsrechner Organisationsprogramm für Realzeit-Aufgaben" und andere Projekte
- ⇨ Als Abteilungsbevollmächtigter Betreuung von mehreren Projektleitern
- ⇨ Systemanalytiker / Datenmodellierer (Hydrographisches Informations-System, Entwicklung von Oracle- und Access-Datenbanken für techn. Anwendungen)

⇨ Qualitätssicherung Wasserwirtschaftliches Informations-System
⇨ Einsatz von Visual Basic 6 für Microsoft Office Applikationen

Seminare und Trainings
⇨ Sommerschule am M.I.T. in Boston (Realtime Operating Systems)
⇨ General Management Seminar beim Universitäts-Seminar der Wirtschaft in Köln
⇨ Firmeninterne Seminare zu den Themen Projekt- und Zeitmanagement

Weiteres Engagement
⇨ Chef vom Dienst der Vierteljahreszeitschrift „Der Arbeitmethodiker“ der Gesellschaft für Arbeitsmethodik e.V.
⇨ Verbandsarbeit (Artikel, Vorträge und Seminare) bei der Ganzheitlichen Methodik Akademie e.V. und der Deutschen Gesellschaft für Projektmanagement e.V.
⇨ Autor des Buches „ZEITPROFI für Projektleiter“

Gerhard Hab
Studium des Wirtschaftsingenieurwesen

Berufliche Praxis
⇨ Projektmanagement und Controlling in der Automotive-Industrie , in leitender Verantwortung für Projektcontrolling und Auftragsabwicklung zuständig; weiterhin Projektleiter für Organisationsprojekte, wie z.B. die Einführung von PM
⇨ Seit 1997 Unternehmer und Mitgesellschafter eines innovativen Unternehmens in der Baubranche
⇨ Seit 2000 Inhaber der Firma hab.projekt.coaching

Beratung und Prozessbegleitung
⇨ Begleitung von Unternehmen als Berater und Coach mit dem Schwerpunkt: „Projektmanagement-Umsetzung“, u. a. für einen Elektronik-Konzern, namhafte Automobilzulieferer und junge HighTech-Unternehmen
⇨ Begleitung von Jungunternehmern als Gründungscoach beim Unternehmensaufbau

Seminare und Trainings
⇨ Gastdozent für Projektmanagement an der Universität Augsburg
⇨ Projektmanagement bei Klein- und Mittelprojekten beim VDI Wissensforum
⇨ Lehrbeauftragter an der Fachhochschule München, Fachbereich Wirtschaftsingenieurwesen für das Master-Programm in PM

Weiteres Engagement
⇨ Ehrenamtlich engagiert als Vorstandsmitglied der Wirtschaftsjunioren Augsburg, Regionalleiter der GPM Deutsche Gesellschaft für Projektmanagement e.V., Mitglied bei CiW Christen in der Wirtschaft und VDI Verein Deutscher Ingenieure
⇨ Autor verschiedener Fachbeiträge und Mitautor des Buches „Projektmanagement in der Automobilindustrie“

Inhalt der CD

Was? finden Sie	**wo?**
Artikel zum Thema Projektmanagement	Wolf-PM-Methoden.pdf Wolf-Projekt-Status-Besprechung.pdf
Begriffe	PM-Begriffe.pdf
Checklisten	PM-Checklisten.pdf
Datenerfassung MTA-KTA-ETA mit Beschreibung	Anleitung MTA und KTA in Excel.pdf Datenerfassung MTA_KTA_ETA.xlt
expert verlag	Produktinformationen
Know-how-Check	Fragen zur Wiederholung des Stoffes.xlt
Kompetenzen für PL	Kompetenzen steigern.pps
Musterbeispiele Projekt „Ampel am Gymnasium“	Projekt Ampel am Gymnasium.pdf
PM-TOOLs	🗀 Produktinformationen 🗀 PM-TOOL-Auswahl 🗀 Links zu TOOLs
Projekt-Check	PETRA.xlt
Projekt-Dokumente	🗀 Start 🗀 Planung 🗀 Steuerung 🗀 Abschluss
Projekt-Imbiss	🗀 Link zum Projekt-Imbiss
Projekt-Lotse	PM-Lotse.pdf
Projekt-Tagebuch	PM-Tagebuch.pdf
Projekt-Teamprofil	Projekt-Team-Profil Auswertung fuer 1 Teammitglied.xlt Projekt-Team-Profil Auswertung bis zu 10 Teammitg.xlt
Seminarunterlage	MSProject.pdf
Vorlage Terminplanung MS Project	Vorlage Terminplanung MS Project.mpp
Wolf PMT-Dienstleistungen	Wolf-PMT-Angebot.pdf www.wolf-pmt.de